トランプ後のアメリカ社会が見えるか

資本主義・新自由主義・民主主義

髙橋琢磨

信山社

はしがき

トランプ後のアメリカ社会が見えるかと問いかけながら、本書の副題は「資本主義・新自由主義・民主主義」である。もしテレビの人気番組「プレバト!!」の夏井いつき先生がこれを見たら「離れ過ぎている!」と一喝をくらいそうである。

そこで、あわてて釈明をすることにすれば、現代は一九三〇年代の経済社会状況と非常によく似ているといわれるが、その時代の最後にあたるときにジョセフ・シュンペーターが『資本主義・社会主義・民主主義』という書物を出版している。彼は、一九三六年に現在と同じ問いの「資本主義は生き延びられるか」という講演をしており、上掲書がシュンペーターが自分自身で出した答えであったことは間違いない。

シュンペーター自身は社会主義者ではなかったが「資本主義・社会主義・民主主義』における社会主義は、シュンペーター研究者の塩野谷祐一教授からは叱られそうだが、資本主義との対比の上で必要になったものであったが期待が込められていたことは間違いない。だが、社会主義を自称したロシア圏が冷戦で崩壊する運命をたどった。一方、本書の副題で真ん中に位置する新自由主義（リバタリアニズム）は逆に過去数十年にわたり私たちの思考、なかんずくアメリカ人の思考を支配してきたが、今や退陣を要求されているというインプリケーションになっている。

シュンペーターは民主主義を構想したが、戦後の議会制民主主義の黄金期を見ることなくこの世を去ったが、本書における民主主義はその黄金期の民主主義が大きく崩れ危機に陥っているところから出発している。

こう述べてくると本書が抽象的な議論のように見えるが、そうではない。「トランプ後」と銘打っているように、アメリカを題材にした具体的な記述なのだ。ただ、二〇一六年の選挙でトランプの登場を言い当てた数少ない一人、コメンテーターの木村太郎氏に言わせれば「(ぼくは身体を張って予測をしているのに対し) 髙橋くんは一歩下がった位置から見ている」ということになる。

だが、見方は人、あるいは職業によるのではないか。最近現役のまま亡くなったマーチン・フェルドシュタイン教授を実質金利についての議論をしようとハーバード大学に訪ねた時のことだ。一通りの説明を終えデータの話になったときだ。「なにー、君はこんなサンプル数でこれだけのことを言おうというのか!」と一喝され、「燕がどの町にもやってきました。夏がやってきたことは真実です。QED(証明終わり)で、どこがおもしろいのですか」と憎まれ口を叩いて、引きさがるより致し方なかった。

その後、「燕がどの町にもやってきた、QED」という論文がIMFから出たが、筆者の思考なり記述は、大きな変化はどこかに先駆的に現れている、それを見つけ、評価を試みよというピーター・ドラッカーの教えに支配されているのかも知れない。

では、「トランプ後」で具体的に何が見えるのか。大統領選挙で言えば、白人がマイノリティに転落するかも知れないという恐怖を利用するトランプ陣営からすれば、国境に一〇〇〇キロの壁を築きテキサス州を守り切れるかということになるが、ニューディール政策への途を模索する民主党で言えば、先駆として国民皆保険を掲げてカルフォニア州の知事選を制した後、政策の幅をどれだけひろげられ、どれだけ浸透できるかにかかっていよう。

だが、本書の中心的な命題は、所有権、所有の自由をベースにして組み立てられてきたアメリカ社会、アメリカの思想、アメリカ生まれの経済学が、シュンペーターのいう「成功的発展そのもの」の中に変わらざるを得ない要素を生み出していることを描くことにある。

シュンペーターのような碩学にして初めてメタ理論としての『資本主義・社会主義・民主主義』が難なく上梓できたとされる。しかし、浅学菲才の筆者のような場合、相撲で言う「なまくらよつ」にならざるを得ない。専門家を訪ねたり、知人に紹介を受け碩学から知恵を授かるなどして、自分の立ち位置がどのあたりにあるかを探りながらの本書の執筆は長い時間を要した。しかし、明治学院大学で「アメリカ経済社会論」を講じたときに始まる長い懐妊期間は、酒席をもうけてもらってなおかつ教えをうけるといった望外のこともあり、楽しいものだった。

一方、本書の出版は難産だった。大手出版社の編集者たちは、ほとんど異口同音に、「編集者としてはおもしろかったし大変勉強になった、しかしこれだけの内容の四〇〇ページの本を読む読者がいるのですかね。商業出版はむつかしい」というものだったからだ。

その意味で、難産に終止符を打ち、「これだけの内容の稿ですから、どこかが出版してくれますよ」と断りの手紙の最後に書き添えてくれた某社社長の予言を実現してくれた信山社の袖山貴・稲葉文子の両氏には感謝のほかかない。

東大の正門の前にある信山社を訪ねてみると、「すでに海外では売れた実績のある翻訳本しか大部の本は出せないというのは、出版人としての矜持を失っている。本は読者が見い出し、育んでいくもので、いいと思ったものはまず出版するというものでなくてはならない」と切り出された。すぐには答えられず、黙っていると、「なんて格好つけちゃいましたが、売れなきゃ困っちゃうのは私たちのような弱小出版社、どんな読者を想定していますか」。

「読んでくれるかどうか、あやしいのですが、「コミュ力」万能だと思っている若い人、自己責任をたたきこまれた就職氷河期に育った人ですね。所有の自由、自己責任の重圧の中で育ってきたアメリカの若い人たちが今それを克服しようと躍起になっていることを本書は描いているのですから」

「そんな弱気でどうします」。「しまった」と思ったら「稿の段階での反応もあったでしょう」。「はい、東大の柳川範之先生には、全体を読んでいただき、読むべき論文を教えていただくなどたいへんお世話になりましたが、一丁目一番地の金融を捨象した経済学は本当の経済学か、などは経済学者への痛棒ですねなんて言われました。人権問題のNPOの人からは民主主義の教科書になっているとも……」。

「弱小出版社には何もできません。でも、本は生き物です。産み落として、どう育っていくかを見守ることにしましょう」。そうだ。無名の著者にとって、本書がこの世にオギャーと生まれたこと、それだけでも運が良かったのだ。

好運を感謝しつつ　　著者しるす

二〇一九年秋

目次

目　次

トランプ後のアメリカ社会が見えるか

資本主義・新自由主義・民主主義

第1章　故障した偉大なるエスカレーター「アメリカ号」

社会に参加しようとしない七〇〇〇万人の成人が意味するもの

1 トランプ大統領登場で判明した「選挙地盤」の入れ替わり

トランプ大統領は、任について一年も経過しないうちに影の大統領ともいわれたスティーヴン・バノンをホワイトハウスから追放した。にもかかわらず、雇用を守るぞ、国境を管理するぞとばかりのジェスチャーの大統領令を濫発しながらなお白人貧困層の支持を得る一方、法人税の引き下げと所得減税では五〇万ドル以上の年間所得を得る層が減税の四五％をもっていく金持ち優遇の税制改革法を成立させるなど、金権政治を展開することで党内ポリティックスを基盤として政権をながらえていくことに終始している。

構成された政策ではなく、つまみ食いの選挙公約をアドホックに実施するトランプの脈絡のない政策、金権ポピュリズム政策の乱発は、しばしば同じ態度、同じ脈絡ない政策の「実施」で政権を長く維持したイタリアのベルルスコーニ政権のシナリオとの類似が指摘されてきた。

しかし、だらだらと政権が続くと言っても、大国アメリカでは政策の海外への影響が大きいトランプの場合は、違うものになるだろうというの筆者の見方だった。

事実、転換が起こったのは外交面からだった。一七年の一二月にはアメリカ第一の旗印の下で力による外交を展開するとの国家安全保障戦略を発表したことだ。すなわち、中国とロシアのような修正主義国家、イランといったならず者国家、国際的なテロリストグループ、いずれもがアメリカの敵だとする新戦略である。そしてアメリカの覇権を脅かすに至った中国に対しては、貿易戦争を仕掛ける一方、ペンス演説をもって全面対決をしていく方向を打ち出した。これは、冷戦の勝利に酔ったアメリカが、その啓蒙主義の伝統に沿い、ロシアをG7の場に招待し、中国をWTO（世界貿易機構）に招き入れ、中ロを国際秩序の中に徐々に組み入れていくという関与政策が完全に破綻していることへの対応ということになろう。つまり、ロシアはウクライナを侵攻し、米欧の選挙への干渉をしている一方、中国はWTO加盟を梃子に大きく台頭してアメリカ経済のライバルとなり、南シナ海で環礁を埋め立てて戦闘機が飛び立てる基地を建設しただけでなく、ハイテクの分野でもアメリカのレベルに肉薄してアメリカの安全保障への脅威となっているからだ。一帯一路政策を掲げる中国を包囲するという意味ではトランプが「開かれたインド太平洋」構想という外交政策を打ち出すという展開となって現れている。

くわえて、非核化を掲げ北朝鮮がアメリカとの直接対話を求めているという動きに飛びつき、直接対話の途を開いた。確かに、北朝鮮の体制保障を求めてのアメリカへの接近は自国の立場を強くするための手段であり、アメリカにとっても北との和平、そして北の核脅威の削減とは対中国の安全保障上の強化という成果を生む。非核化を旗印にしながら進展しない中でも首脳会議が三度にわたり開かれたのは、ある意味では、当然だったことになる。長らく放置されてきた冷戦の終焉の収穫を今刈り取るというほどの意味になるからだ。つまり、北朝鮮にとっては相次ぐ核実験、そしてアメリカの東海岸へ到達可能な大陸間弾道ミサイルの開発によって、アメリカのレッドラインを超えた恐れもあったものを鎮静化したことであり、トランプにとってのメリットは北朝鮮に圧力をかけたことで対話に応じ核の脅威をなくす方向性を示すという筋書きは、選挙民に受けるからでもある。

とはいえ、北朝鮮への努力の傾注は中東政策を犠牲にするものだった。シリアへの空爆という警告に加え、イラン核合意からの離脱表明は、それによってトランプ政権は北朝鮮に向けて強い警告を発することを意味した。中東と東アジアの二つで戦端を開ける力は今のアメリカにはない。当時の国防長官ジェームズ・マティスの反対を押し切る形でシリアからの軍撤退も決めた。これは中東の混乱を放置するものだ。そして、中国へは大々的な貿易戦争の仕掛けている。

トランプの外交は一見脈絡がないように見えながら、筆者が期待していたように、「中国の和平崛起は不可能だ。グローバルな視野を持てば、今や中国を牽制することが最優先されるべきで、ウクライナ政策では新視点を持ち込み、ロシアとの妥協を図るべきだ」と主張してきたシカゴ大学教授のジョン・ミアシャイマーの路線に沿うものになって大国政策になってきているようにも見えなくもない(1)。その点で、九・一一で国際的テロだけに目を奪われてきたブッシュ・ジュニア政権以来の外交に本来必要な大国外交の視点が多少とももたらされたことは評価できよう。だが、この反面が啓蒙国家アメリカの伝統である自由と民主主義を守るというおおらかな理念が大きく後退し、力の外交が前面に押し出され国際的な緊張が高まってきていることが注目される。

当選して以降の三年に近い期間でのトランプ言動は、政策の整合性、脈絡にかまうことなく、ひたすら自分の支持者たちにした約束に従って、選挙公約を声に出し、それを実行に移し、岩盤の支持者をつなぎとめる行動に終始したといえよう。その結果、中間選挙で受けた評価はどんなものだったのか。

中間選挙では下院で共和党が少数派に転落し、世論調査ではトランプ政権への支持は史上最低で低迷している。だがトランプは上院ではトランプ親派で議席を増やしたのであり、「トランプ革命」によって掘り起こされた共和党支持者は、一見支離滅裂の政策展開をし挫折を繰り返しているトランプ大統領に対し、なお支持を与え続けている。ことに白人貧困層からの「信頼」には根強いものがあり、それがトランプをして大統領権限での非常事態宣言による国境の壁建設予算ともなった。そして経済の活性化への種火だという減税策は、自陣営、共和党候補への選挙資金提供者への謝礼だ。つまり国民を包摂しようという民主主義とは程遠く、富者による分割して統治する政治を地で行く、いわゆる寡頭政治を展開しているのだ。

選挙対策だけがトランプ政策の柱であり、それによって共和党院内での支持を固めているように見える。つまり、共和党議員たちも次の党内予備選を勝ち抜いて初めて再選への道がつけられることから新たな票田を掘り起こしたトランプを容易に見放すことができないのだ。それは、トランプが新たに掘り起こした支持基盤に共和党全体が依存するということに外ならない。その意味では、証言をもとめるロバート・モラー特別検察官の要求を振り切り、共謀を断定できなかった報告書を受け取ったウィリアム・バー司法長官は陰謀を認定できなかったと宣言したことで、少なくとも一旦はロシア疑惑を否定できたことはトランプに有利に働いている。

もちろん、有罪だと断定しきれなかったこととおそらく無罪だというのでは雲泥の違いがあり、そのことは報告書に全文開示への圧力となろう。だが、選挙民がフェークニュース馴れをしている可能性もあり、国境の壁でいったんトランプへ反旗を翻した議員も旗を降ろす可能性もある。いずれにせよ、党内が問題であって、国民全体の支持率低下は問題にならないという発想なのだ。

ではトランプが掘り起こした層とは何だったのか、改めて見ておくことにしよう。大統領選でトランプに勝利をもたらした選挙区の多くは、民主党の地盤であったダストベルト地帯である。その住民は全国平均を下回る所得に甘んじる白人を中心とした中間層で、平均所得より上であったのはアラスカ、ユタなど四州にとどまる。もしアメリカ国民を自由に世界を飛び回れるエリートとそうでない層に分けることができるとすれば、彼らは明らかに「フライオーバー（飛び越された人々）」だった。トランプは、彼らの怒りを吸収したことで当選したのだ。

トランプが吸収しようとした彼らの「怒り」とは、在日アメリカ大使館のある政治担当によれば、一九八〇年代の日米貿易摩擦の印象を大きく引きづっており、最近になって中国との鉄鋼摩擦で職を失った人たちも、その延長線上にある。若者は製造業に携わったことのない世代になっており、低くなった賃金と中国からの安価な日常品の供給とはセットになって生活が構成されていて住宅格差こそが不満のもとだった。

民主党は都市部の住民、女性、マイノリティなどを基盤とした選挙を戦ってきたが、トランプはこれまで声を上げることのなかった田舎の層を掘り起こしたのだ。当選を果たしたトランプ大統領は、国民の宥和を説くべき就任演説で、「権力をアメリカ国民の手に取り戻す」とエリート層への不満をぶつけ、「保護こそが繁栄と強さをもたらす。皆のために戦い、決して失望させない」と怒りをあらわにした。

歴史人口学者のエマニュエル・トッドも、ＥＵを離脱したイギリスとトランプを選んだアメリカに共通する社会現象として、エリートと中間層の乖離を指摘する。その乖離の中心にあるのは中間層のグローバル化への懐疑の高まりだというのである。国が真っ二つに割れ相手を敵視するようになったアメリカでは、対立をあおり、エリートに反対を表明することが、支持者にとっては「正しいこと」をわれらの大統領がやってくれていることを確信できることなのだ。新大統領の支持率は歴代とくらべ低く、下院で多数を握った民主党は弾劾をオプションとしているが、国民の大半が「アメリカ第一」を支持し、貧しい人々がトランプの歯切れのよい言葉に今なお酔っているのだ。

共和党でトランプが、そして民主党ではバーニー・サンダースが注目を集めた前回の大統領選挙を評してポピュリズムの蔓延という見方がされることが多い。だが、『ポピュリズムとは何か』を著したヤン＝ヴェルナー・ミュラーは、ポピュリズムという用語はあまりにも多くの意味で使われていると苦言を呈する。

これまで多くの政治学者がいくつかの二つの指標を掛け合わせたマトリックスを用いることで、保守主義、リベラリズム、リバタリアニズ（自由至上主義）の三つに関してはその性格をある程度明らかにすることに成功しているが、四つ目の項目に関してはなお試行錯誤が続けられているといってよいだろう。(2) その四つ目の項目の候補の一つにポピュリズムがあるとすれば、人により定義が異なってくることは避けられない。反エリートという性格はあるが、それをエリートの側から使えば右のポピュリスト、トランプ、左のポピュリスト、サンダースというおかしなことになるとミュラーはいう。ヨーロッパ的なコンテキストでポピュリズムを定義すれば反多元主義ということになるが、そうなると左のポピュリストというのは意味が通じなくなる。怒りということも重要な要素であり、そこには単なる感情以上のものがあることも確かだ。つまり、怒りの理由は、一定の割合のアメリカ市民にとって、この国が文化的にきわめて不愉快な方向に変わってしまったという感覚に関連している。そして自分たちだけが正しく人民を代表しているのだと申し立てをすることになる。(3) そこには、自分たちの「世界（ワールド）」しか見えていない。反対者も、ましてや「海外（レスト・オブ・ザワールド）」のことを考える余裕がないのだ。

なぜアメリカの政治はここまで追い詰められたのか。ジョン・F・ケネディとの戦いに敗れたリチャード・ニクソンを南部票の掘り起こすことで大統領に導き、その後政治ジャーナリストに転じたケヴィン・フィリップスは、一九九〇年代の冒頭、経済成長の成果の大宗が国民全体というよりも一部の金持ちのもとへ転がり込み、このために中産階級の可処分所得はごくわずかなものとなっている現状を憂えると同時に政治の振り子が必ず振れて修復作業が起こるはずだと予測した。

歴史的に観ても、一八八〇〜九〇年代（金ピカ時代）と一九二〇年代と一〇〇年の間に二度同じような経験をしており、その反動ともいうべきエリートへの反乱の共同体政治的うねりが続いて起こっているので、来たるべき九〇年代も同じような反動が来ければならないと、政治の循環が起こることを確信していたのだ。(4)

グレートギャッツビーの一九二〇年代の次に来たのは、いわずと知れた一九二九年のウォール街の崩壊であり、三〇年代の大恐慌だ。

金ピカ時代に見捨てられていた人たちとは小農である。一八九二年に全国組織として生まれたのが人民党である。エリートに反抗する政党としての人民党は元祖、ポピュリストであった。人民党は東部エリートに対抗すべく選挙改革を推し進め、見捨てられていた小農の利益を反映した政策を打ち出し巧みな選挙戦術によって大方の「民意」を勝ち取っていく。そして従来は大地主、銀行の党であった民主党と選挙でタイアップして民主党の性格を変え、九六年の大統領選挙ではアンドリュー・ジャックソンを候補に立て、東部のエリートを打ち破って当選を果たすことになる。民主党もこの運動を通じて見捨てられていた小農の利益を代表するようになり、九六年の大統領選をもってポピュリストとしての人民党は解党された。だが、ジャックソンとその仲間たちは初めて自分たちを民主主義者と名乗るようになり、人民党はアメリカ政治を共和制からいわゆるジャックソン民主主義へと転換させるという触媒以上の役割を果たした。このジャックソン民主主義についてはやがて再論する。

フィリップスが九〇年代に期待したことは、こうした平等への巻き返しである。アメリカ政治のこうした循環はアーサー・シュレジンガー・ジュニアの説く公益追求と私益追及の三〇年周期説と重なるところでもある。[5] ところが、現実にはフィリップスの警告した貧富の格差拡大の傾向は九〇年代どころか、二〇〇〇年以降も続いた。民主党のビル・クリントンを挟んで、レーガン、ブッシュ・シニアの路線をさらに強化したブッシュ・ジュニアの時代があって先のフィリップスの予測を狂わしたのだ。

実は、春秋の筆法をもってすれば、ケネディとの戦いに敗れたニクソンを大統領に導いた南部票の掘り起こしたという戦略家、ケヴィン・フィリップスの功績こそが、政治評論家、ケヴィン・フィリップスの予言を狂わす「元凶」だったのだ。

南部票の掘り起こしには、誇りを失ったかに見えた南部の白人男子に対し、普通の人には分からぬ、つまり特定の人にだけそれとわかる犬笛のような形で白人優位、さらには男性優位を訴えるという手段が使われてきたのだ。トランプはそれを誰にでもわかる、あけすけな表現で口にしたのだ。そして、多くから顰蹙を買いながらも、南部票、なかんずく貧困な白人男子の支持を得て当選を果たした。

では南部票の掘り起こし策で、フィリップスは具体的にはどんな政策を打ち出したのか。それは、法と秩序、タックス（税）というささやきだ。安全を確保するためのミニマムの政府で十分で、福祉を削れば減税ができる。それは税をとられる白人、福祉の対象になっている黒人という暗喩にもなる。リンドン・ジョンソン大統領が六四年に公民権法、六五年には投票権法という黒人の権利を拡張する法案を通していたことから、白人の鼻をくすぐる政策提示となって、フィリップスのニクソンのための南部戦略は大成功を収めた。一九六六年の選挙では、ロナルド・レーガン知事が誕生し保守派の星と見なされるようになっていたが、全体的な政治的空気の中ではまだニクソンでこと足りており、フィリップスにとってはニクソン大統領でなくてはならなかったのだ。

それでは、対する民主党はどうしたのか。少し時代はさかのぼることになるが、現在、民主党の上院内総務チャールス・シューマー議員を筆者が八〇年代の半ばに訪ねた時の第一声が印象深く残っている。当時、シューマーはまだマンハッタンを選挙区とする下院議員だったが、その第一声とは「世間では私のことをソロモン・ブラザーズのエージェントだといった陰口を叩いているようであるが、決してそんなことはない」というものだった。トランプ後の大統領選挙で民主党の有力候補の一人と見なされるエリザベス・ウォーレン上院議員にも、かつてヒラリー・クリントンへの評がある。その評とは、「彼女がニューヨーク州選出の上院議員となる以前の彼女と自分の考えはほとんど同じだった。しかし、上院議員から大統領を目指すようになってからは大きく違った。彼女はウォール街の利益を反映した発言をするようになり、ユダヤ人への配慮をするようになった」というものだ。

換言すれば、リバタリアンに占拠された共和党の流れとしては、ロナルド・レーガン、ジョージ・ブッシュ・シニアの路線がさらに強化したブッシュ・ジュニアの時代があったが、そこに挟まれて登場したビル・クリントンの民主党政権が何の違和感もなく連続してみえるという事実だ。それはクリントンがウォール街からの人材を多く起用し一部の民主党議員までも落胆させながら共和党政権さながらNAFTA（北米自由貿易協定）や金融の規制緩和といった政策を推進したからだ。

イラク侵攻をしたブッシュ・ジュニア政権の後始末、二〇〇八年に発生した金融危機への対応を求められたオバマ政権もまたクリントン政権時代の経済政策チームから多くの人材を再登用し、S&L危機とは比べ物にならないリーマンショックという危機を経験しながら金融界の規制を十分には強化できなかった。二〇〇八年の金融危機への対応がいかに生ぬるいものだったかは、二つの危機で処分された人数の比較からも容易に想像がつこう。一九八〇年代後半から九〇年代前半に貯蓄貸付組合(S&L)が連鎖破綻したS&L危機では一〇〇〇人近くが有罪判決を受けたが、リーマンショックで投獄された銀行員はわずか一人だったのだ。いかに民主党がウォール街寄りだったかが分かろうというものだ。その伏線として二〇〇八年の大統領選ではオバマ陣営には金融業界から一六六〇万ドル(業種中四位)の献金がなされ、その最大がゴールドマン・サックスであった事実があった。先進国の国民のエリートへの不信を要約したFT(フィナンシャルタイムズ)のチーフポリティカルコメンテーターのフィリップ・スティーヴンスの言を借りれば、これが「金持ち優遇」でなくて何だろうということになり、「白熱教室」の教授、マイケル・サンデルが、労働者に寄り添うはずの民主党までがプロフェッショナル階層やウォール街に近づき、労働者を見放してしまっていたと糾弾するゆえんである。(6) 自分たちが投票できる政党がなかったというジャクソン民主主義が出てくる前の状況に似ているといえよう。

◆「格差」がもたらした荒涼とした風景

トランプの国境に壁をつくるという公約も実行に移され、すでに一〇〇〇キロの長さの壁が出来ている。だが、これを完成させるためには予算を通過させることが必要だが、民主党多数の下院では壁の予算を削った予算案が議決されている。大統領は政府機関の一部閉鎖で対抗して民主党に翻意をせまるチキンゲームを展開し、先に触れたように非常宣言での壁建設には共和党内からも一二名の造反がでて大統領令は覆されている。

そうした中、ＴＶではアメリカン・ドリームを求めてやってくる移民たちの姿が映し出され、それを阻止しようという国境警備隊の様子がクローズアップされている。それは、アメリカは移民国家であったはずであり、そして何よりもアメリカは人々に「夢」がシェアされ、勝者への称賛できる社会だったという語り掛けだろうか。それとも、国境を閉ざすべきだという主張になるのだろうか。アメリカ国民が割れていていることは確かだ

では、現実にアメリカン・ドリームは、存在するのか。閉塞感をもつトランプの支持者にはそれが見えない。見えるのは、低い賃金で働き、自分たちの賃金を引き下げている移民労働者であり、工場を閉鎖するまでに追い詰めた「海外」の工場と労働者だ。

筆者は上梓した『二一世紀の格差』の中でグローバル化がもたらした格差を論じることでピケティの『二一世紀の資本』の批判をした。だが慶應義塾大学教授の樋口美雄は、『エコノミスト』に寄せた書評の中で、グローバルな視点をもって一つの専門にとらわれない論を展開していると評価してくれたが、紙数の関係もあってかグローバル化のメリットを受けた中国、メリットを受けられなかった中東イスラムという対比にまでの言及はなく、ピケティ批判の書として直接とりあげてはいない。

世界銀行のエコノミストを経て、現在はニューヨーク市立大学教授をつとめるブランコ・ミラノビッチの「象のチャート」が出て、筆者の提示の仕方の「拙さ」を思い知らされた[7]。筆者が言いたかったことがこのチャートで実に「うまい具合に」あらわされていたからである。グローバルな金融化を推進して金融的利益を得たディーラー銀行のプレイヤー、グローバルな直接投資で成功した多国籍企業経営者など一握りの金持ち層を表象する象の鼻の先、途上国並みの国際分業の段階を迎えて潤った中国などの

図1-1 「象のチャート」：世界の所得階級別の実質所得（1899〜2008年）伸び率で見たグローバルな不平等

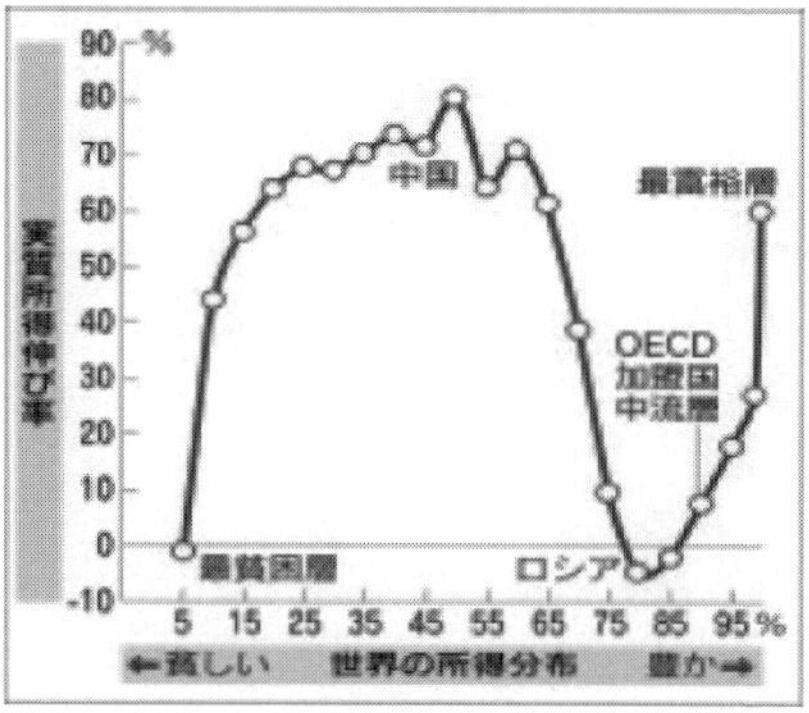

（出所） ブランコ・ミラノヴィッチ『大不平等』（立木勝訳、みすず書房、2017年）に加筆

トップ層を表象する象の頭あたり、そして所得が増えなかった中東イスラムの若者たちを表象する象の尻尾である（図表1-1）。

この象は、環境学者で論文「コモンズの悲劇」で有名なギャレット・ハーディンが一九七四年に提示した救命ボートの比喩を思い起こさせる。ハーディンは六〇人乗りの救命ボート（宇宙号でなく「地球号」としよう）に五〇名が乗り込んでいるが、なお一〇〇名が海に投げ出されている状況を設定し、一〇〇名をどうするかと尋ねた。[8] ハーディン自身の考えは、一〇〇名は助けたいがそれは無理な要求だというものだった。ハーディンは轟々たる非難を受けた。ハーディン夫妻は心中という死を選んで世を去った。

さて、その後の「地球号」はどんな航海をしたのか。一〇〇名全員をボートに乗せたわけではないが、結果として、その方向が選択されたことはまちがいない。なぜなら図1-1に見る如く、海に投げ出されていたはずの中国が大変な所得を向上させる結果となった一方、乗っていた五〇名のほとんどが振い落とされてしまいはしないでいるものの落とされる危機にさらされているからだ。国連や世界銀行の立場からすれば、グローバル化は生まれた場所、生れた家庭、性などで決まる「悪しき不平等」を少なくしつつ先進国と途上国の所得格差の縮小をもたらしたという成果を人類にもたらしたというのが本来の主張になろう。[9]

スイス東部ダボスで毎年一月に開かれる会議は、長い間、冷戦の終わりとは自由民主主義の勝利であるというフランシス・フクヤマの「歴史の終わり」を確認するものだった。つまり、彼らにとってグローバル化とは人類の進歩の基盤の拡充であり、民主主義と資本主義の勝利が世界に拡大していっていると確認するものだったのだ。

ところがグローバル化がもたらしたものは、地球に何百万人もの難民をあふれださしている。難民危機はヨーロッパだけで起きているわけではなく、アジアでも南米でも起きている世界的な現象だ。ドイツのボン大学で歴史哲学を講じるマルクス・ガブリエルの定義によれば、民主主義とは潜在的なコミュニティの形成とその平和だ。つねに相互に批判し合っている状態、多様性を受け容れることこそ、民主主義が機能している証拠ということになる。民主主義は私たちが普遍的価値をこの仕組みのベースとして受け入れた時にのみ機能するということになろう。

そして普遍的価値は他人の苦しみを理解する人間の度量次第だという時、果たしてトランプの率いるアメリカのその度量が残っているのかが問われる。民主主義の基盤が突き崩されていることはないのか。二〇〇八年にはリーマンショックが起こり、ミラノヴィッチの翻訳には『大不平等』という題名があたえられた。ダボス会議に集うエリートたちも、自国の多くの貧しい人には目を向けてこなかったことに思いを致さなくてはならなくなった。ミラノヴィッチの「象のチャート」は、その社会の中に、鼻の先から尻尾の端に至るまでの「格差」を人種という彩をつけながら一国の中に納めている移民国家であるアメリカ国民の所得分布図でもある。アメリカには多くの「フライオーバー（飛び越された人々）」がいて、そこからの光景が荒涼たるものにならざるを得ないゆえんである。

◆アメリカの鏡、中国

先進国の乗組員・旅客からなる「地球号」の船長は、海に投げ出されることを恐れる旅客を一顧だにせず、海に投げ出された人々の救助に専念していたのだろうか。

二一世紀のアメリカは、九・一一事件によって幕を開けたと言っても良い。アメリカは米英戦争のさなかにワシントンが爆破されたという事件を除けば外敵から攻撃されたことのない「絶対的な安全」を誇ってきた。それがニューヨークの貿易センタービルが爆破され倒壊するという場面をテレビで繰り返し繰り返し見ることになったのである。こうした恐怖の経験、衝撃がアメリカ人を原理主義へと走らせ、覇権国であるアメリカにイラク戦争という過剰反応をもたらした。その過剰反応が中東の地にＩＳという鬼っ子を生み出し、その鬼っ子に過剰反応するという悪循環を生んだのだ。現在の東海岸までとどくＩＣＢＭを開発した北朝鮮への過剰といえる反応も同じであろう。「地球号」の船長は船を安全に航行させるという本来の目的を忘れてたまたま飛んできた流れ弾にかかりっきりになっていたのだ。そして旅客もまた将来は不確実なものであるという刷り込みを受けた。

海に投げ出されていた漂流民はいかにして救助されたのか。中国という漂流民が救助されたのは、国民党の中国がもっていたＧＡＴＴ創立メンバーシップを国共戦争に勝利したことからそれを引き継いでいたからだ。ドーハで開かれたＷＴＯ第四回閣僚会議で共産党の中国の加盟が認められたのは、アメリカが九・一一に見舞われたと同じ二〇〇一年の一一月のことだ。

ＷＴＯ加盟を認めたのは西側諸国が新たな市場の取り込みという経済面のみならず政治面でも、近代的法治国家に相応しい民主主義や人権の保障がなされるようになることを中国に期待したからだ。鄧小平のいわゆる改革開放政策が開始された時点では、中国は社会主義経済システムの中での国内経済改革と対外経済開放の間の差異の存在を前提として、中国に外資を導入すべく制定されたのが直接投資をうけいれるために渉外経済法を設定していたに過ぎない。ＷＴＯへの加盟が認められれば、内外平等の原則をもった各種法規の制定へと向かうだろうとの期待である。これが対中国の関与政策に外ならない。ロンドン・スクール・オブ・エコノミクス（ＬＳＥ）教授のジョン・グレイは、一九世紀の啓蒙主義を引きずったままのアメリカは市場化が進めば民主化が進むという期待があったことを指摘する。一方、中国国内では、いわゆる保守派は和平演変を恐れて開放に反対であり、一枚岩でＷＴＯへの加盟を推進していたわけではなかった。だが、習近平は改革開放の先進地である福建省で一七年を過ごし、この間に華僑ネットワークとの接触があり、ＷＴＯへの加盟により福建省が発展するはずだと加盟に旗を振っている。

ＡＳＥＭが一九九六年に創設されるに先立って、欧州委員会が中国の海南島で開いた三日間のセミナーに筆者は中国の解放政策と東アジアでの発展の経緯からすれば相互の影響はより中国に大きなものになるとのペーパーを提出した。[10]これは、ギンデスが、グローバル化とは、ある場所で生じる現象が、はるか遠く離れたところで生じた事件によって方向づけてゆくという形で、遠く隔たった地域を相互に結び付けていく、そうした世界規模での社会関係が強まっていくことと定義できるとしたことと軌を一にする。[11]そして一九一三年の歴史研究国際会議の会長演説でも述べられたことと同じだ。

だが、中国が実際に行ったことは、グローバルな自由主義経済を国内の共産党支配の経済、都市戸籍、農村戸籍を峻別する戸籍制度などの諸制度をそのままに市場を取り込むというもので、制度として国有企業、企業家、そして外国資本に安価な労働力を限りなく提供するというものだった。それは単に安定的な供給だっただけではない、都市戸籍をもたず工場に動員されたいわゆる「農民工」は、その弱い立場ゆえに景気変動での雇用調整弁にされてきたのだ。つまり、単に低廉な労働力の源泉であるだけでなく、景気変動の調整弁の役割も担わされてきたのだ。

中国の市場経済の導入は鄧小平の南巡講話ではじまった。だが、それは「先富主義」の下、工業化が進む中で農民が農民戸籍のまま都市に出て「工員」になる以外にないという条件の中で、その「農民工」に社会保障制度、最低生活水準の保障資格、子供の義務教育などの公共サービスを受けられる都市戸籍を認めず国営企業や共産党に近しい企業家に利益を保証しながらの高度成長だった。それは清華大学教授の秦暉がいうように「格差」を固定し、農村と都市の生産性格差をいとも容易く裁定できる中国版アパルトヘイト型のルイス・モデルだったことになろう。効率的な経済成長にはつながったが、まさに極端までに新自由主義そのものであった。

では、西側の期待はどれほど実現したのか。新たな市場の開放という点では、中国は市場と技術を交換するという戦術をとった。その典型的である自動車市場を例にとって解説すれば、中国は途上国としてWTOの過渡的なメンバーシップというステータスを最大限に活用し、完成車の輸入に高い関税を課し中国市場に参入するには直接投資以外のルートをふさぐ一方、参入を希望する外国メーカーを国有企業との合弁に誘導し、そこでの技術移転を促したのである。逆に言えば、中国は経済成長の追究という点では最も効率的な体制を築く一方、共産党の独裁を維持するためには外国からの影響を最大限にブロックする体制をとってきたことになる。

二〇一六年のダボス会議では中国のWTO加盟では西側は騙されたという嘆息がしきりだった。

二〇一七年、米通商代表部（USTR）で開かれた公聴会でも、米企業から中国とのビジネスにあたり、投資の制約や国有企業への助成金、製造業の過剰設備、サイバーセキュリティ規制、技術移転の強要などの脅威に直面しており、これら不公正とみなされる中国の通商慣行のすべてをＷＴＯルールではカバーできないとの見方が陳述された。ＵＳＴＲが一七年に議会に提出した中国のＷＴＯルール順守に関する報告書でも同様の懸念が指摘された。中国にＷＴＯルールを完全に順守させたところで、これらの政策のすべてを変えることはできないとＷＴＯが中国のような重商的政策を展開してくることを想定していなかったとの指摘である。ことに深刻なのは、米国情報技術工業協議会（ＩＴＩ）の幹部が指摘している、中国が技術移転を奨励するため外国企業を不利な立場に置く一連のルールと政策であろう。

西側はどこを見誤ったのか。哲学者にして中国研究家のフランシス・ジュリアンは、『効力論』という刺激的なエッセイの中で、行動にまつわる西欧と中国の考え方の違いを前者では自己実現をなす能力の実験の場として世界を構築しようとするのに対し、後者では世界の観察に基本を置き世界の諸特性を最大限利用しようと行動すると述べた[12]。戦略論で言えば対立を明確に認識するクラウゼヴィッツと戦わずして勝つことを目指す孫子という違いになる。中国は、グローバル化の果実を摘み取るのには、その推進者であるアメリカの新自由主義体制のエッセンスを自らのものにするとの選択をしたことになる。ジョン・グレイは、資本主義とか自由経済は超歴史的なものではないし、西洋で生まれたような啓蒙思想や個人主義、民主主義のないところでも成り立つことを指摘していた。

だがこれらはいずれも綺麗ごとで実態を糊塗しているまでで、実際のところは西側の貪欲な資本家が中国市場の魅力にとりつかれ、中国の傍若無人の振る舞いを受け容れてきただけのことではないか。

中国における転機は一九八九年六月四日に起こった天安門事件（六四事件）であったことに誰しも疑問はないだろう。天安門事件に関して筆者には、あるいは東アジアに民主革命を起こす契機となって、世界の冷戦構造をユーラシア大陸の反対側から終わらせる発端となっていたかも知れないとの期待も持った。趙紫陽が民主化を求める学生に同情的だったからである。

だが、バランサーの鄧小平は、学生デモを共産党支配に対する抗議を見る李鵬ら保守派に与して戒厳令をしいた。そして鄧小平はデモを起こした学生たちの排除を人民解放軍に命じたが、北京防衛の任務を負う第三八部隊の司令官は人民への砲撃を半ば公然と拒否した。鄧小平の驚愕はいかほどのものであったかは想像に難くない。その驚愕が鄧小平をして別の部隊を動員させ、その軍隊によって学生デモを粉砕させることになったといえよう。そして事件そのものの存在が中国共産党によって抹消されたのである。

以後の中国では、上記のとおり鄧小平の南巡講話によって、民主化、世界への自国の誇示を封印し、グローバル経済が進展するとの読みから中国をその体制の中に組み込み、ひたすら経済発展を図るという方向づけがなされてきた。

なぜ中国ではなぜそうした選択が可能になったのか。新左派のチャンピオン、汪暉は、屈折点における一九八九年に「改革を推進する国家」を前面にして市場社会化を進めることができたことによって高度成長が可能になったとの見方を示した。つまり、一九八九年の社会衝突は、一見して「伝統的体制を批判する」ものであるように見えて、実のところ「改革を推進する国家、あるいはまさに市場社会に向けて次第に変化しつつある国家」への批判が根本要因であったとの解釈を提示している。したがって、この一九八九年の社会衝突を弾圧して収束させた国家は、以後スムーズに「改革を推進する国家」を前面にして市場社会化を進めることができ、ヨーロッパや日本では考えられないような新自由主義体制が生まれた、というのである。

汪暉は民主化の意義を認めていない。天安門事件のあった一九八九年を中国における新自由主義元年と位置づけるばかりである。換言すれば、南巡講話は、それまですでに進められていた新自由主義的な「改革を推進する国家」への方向性を確認するものに過ぎなかったというのが汪暉の見方である。つまり、市場至上主義の西側経済と共産党の社会主義市場経済とはともに新自由主義の下にあるというのだ。汪暉の立ち位置は今や習近平体制そのものへと変わってきている。だが、彼が鄧小平政策へ対して行った批判はそのまま現代アメリカの新自由主義の批判になっている。中国はアメリカの姿を写し出す鏡なのだ。

アメリカでは、先にも触れたように、フィリップスが選挙民の反乱が起こるとの予測を出し続けていた。だが、民主国家アメリカで、新自由主義の犠牲になってきた層の声が実際の票に結びつくには長い時間を要した。不信を表明すべき格好のタイミングとその相手を否応なく顕在化させたのが、リーマンショックだった。フィナンシャリゼーションの波に乗って踊り転げ落ちながらも、金融危機の回避という名目で、納税者のおカネで大手金融機関が救済された金融エリートが目の前に現れたからだ。

これはきわめて不公平な取り扱いではないか。ところが、その時には自分たちが乗っている「地球号」から振るい落とされそうになって声をあげたい者たちの前には投票すべき候補者がいなかった。そのため不信の表明は、ウォール街占拠といった形でしかできなかったのだ。そこにトランプが現れ、思わず、自分たちの見方と見間違えて多くが投票した結果がトランプ大統領の選出だった。

確かにトランプに心酔する層がいる。そしてトランプ大統領自身がその執務室にジャクソンの肖像画を飾ったのだ。しかし、ミュラーは、先にも見たように、トランプは単なるポピュリストで、ジャクソンを名乗るに値しないと指摘する。反移民、反自由貿易の極右の一つとの見方もある。ＦＴのチーフエコノミックスコメンテーターのマーティン・ウルフも、それに同意し、トランプにはジャクソンたる資格はまったくないという。

では、現状でジャクソニアンが出てくる可能性があるのか。ウルフの現状の金権政治を推し進める共和党による政治に対する見立ては、むしろきわめて大きな格差を抱えていた南北戦争の前の南部の政治と酷似しているというものだ。当時、南部における上位一％の持つ富は中位数でみて北部上位一三倍となっており、南部の格差は白人の間でも大きかったが、その格差は標準的指標で見て、一七七四年から一八六〇年にかけて七割拡大したというのである。したがって南部の貧しい白人は奴隷を持てるほどの財力もなかったが、金権政治を行った支配層から人種的文化的に奴隷を脅威と叩き込まれ、南北戦争が始まると彼らは奴隷を閉じ込めておくために南部の主力となって戦い、三〇万人以上の兵士が命を落とした。白人というアイデンティティに訴えた扇動に多くの貧しい白人が犠牲になったのである(13)。ジャクソニアンが出てくるには南北戦争によって南部のプランテーション農場主の没落を待たなくてはならなかったことになる。

南北戦争前の扇動家と同じようにトランプに勝利をもたらしたスティーヴン・バノンは、貧しい白人に対し人種的な怒りを煽っている。バノンが政権を去っても、アメリカ社会には根深いエリートに対する根深い不信が消えることはないだろう。そうした場合、トランプが外交エリートの上に乗って政策運営を始めた時にはどんな反応を示すのか。筆者が拓殖大学学長の森本敏やブルックリングス研究所外交研究部長のマイケル・オハンロンらとの共著の中で、中国の台頭は一九世紀末のヨーロッパ諸国のように、中国国民の不満を外に向かって爆発させる危険をもつと指摘したのは二〇年前のことになる(14)。中国の現在は依然として同じ危険を持ちながら、トランプのアメリカにも同じ危険が潜むようになったことを意味しよう。世界のリスクはそれだけ大きくなったのだ。

２ 倍以上に増えた富に対し、まったく伸びない仕事、賃金

では根深い不信はどこに根差しているのか。二〇〇〇年ころまではアメリカ人を常により良い生活へと前進させ上昇させてきた偉大なるエスカレーター「アメリカ号」が作動していた。ところが「アメリカ号」が故障して止まったままだという指摘をしているのが、保守的なシンクタンク、ＡＥＩ（アメリカン・エコノミック・エンタープライズ）の政治経済学者ニコラス・エバーシュタットである。情報化時代だ、ビッグデータ革命だといった掛け声に対応していかなくてはならないとの主張にも一理はあるが、アメリカの行方に責任のある人はこの壊れてしまったエスカレーターがどうして壊れたのか、どうするのが良いのか真剣に考えるべき時ではないかと主張する。(15)

二一世紀の経済社会の在り方をいうにはまず根深い不信の元凶を除去するよう真剣に考えなくてはならないのではないかとの指摘である。

◆労働市場に出ようとしない七〇〇万人の集団

故障箇所はどこなのか。二〇〇〇年に入ってからのアメリカ経済は二〇〇八年のリーマンショックという大恐慌以来の不況はあったが、それまではインフレなき拡大としてグレートモデレーションと名づけられたほどの第二次ゴールデンエージではなかったのか。すなわち、二〇〇〇年にはＩＣＴ不況に対応して連邦準備銀行のアラン・グリーンスパンが政策金利を一％まで切り下げた超金融緩和策をとった

が、金融経済の激変にもかかわらず、物価は一九八四年から約二三年にわたって安定していた。グリーンスパンはこれをニューエコノミーの成果であるとみた。金融政策におけるテイラーの法則の提唱者として知られるスタンフォード大学教授のジョン・テイラーも、「金融政策が精緻化してインフレのために景気を抑え込む必要がなくなった」と金融政策の成果をうたっていた。

　最近では先進国で大きな金融引締めのない時代に入ったと考えられたのは、ＩＣＴ革命の進捗も一因かも知れないが、ＢＲＩＣｓの安価な財の供給によって低インフレーションが

図1-2　著しく低下したアメリカの雇用率（タテ軸）

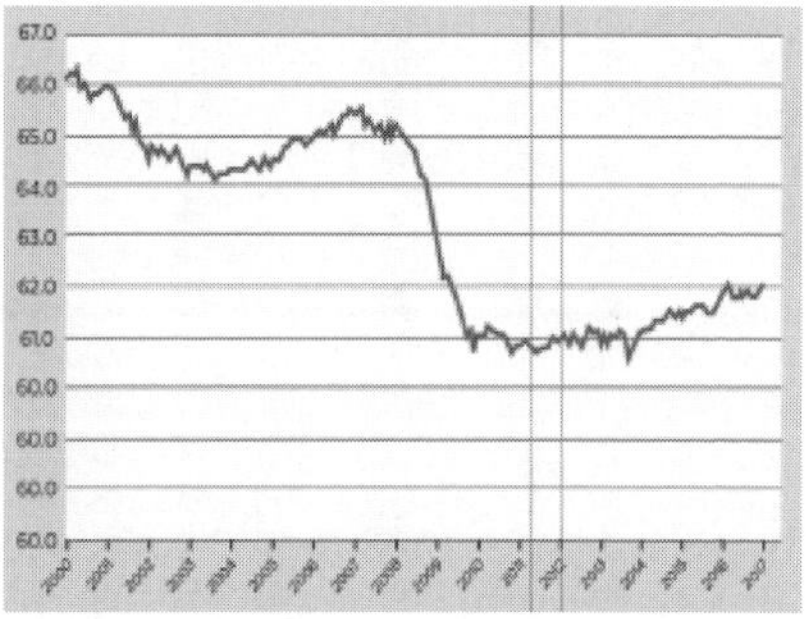

（出所）　Nicholas Eberstadt, *Men withoot Work*, 2016

世界経済の中に組み込まれていたことが大きいのではなかろうか。

　これに対して、エバーシュタットはこの程度の見直しでは先進国経済の抱えている問題に到達できないと指摘する。富の蓄積が目的だというのなら、途中リーマンショックの凹みはあったが、二〇〇〇年から一六年の終わりころまでに四四兆ドルが九〇兆ドルと、倍増以上の成果を収めており、第二次ゴールデンエージは継続中だといえるかも知れない。

　だが、その富の増大はほとんどの人に恩恵を及ぼしていない。このことが問題だとエバーシュタットはいうのである。

　実は筆者が彼の存在を知ったのは立正大学学長の吉川洋らとの共著『「エイジノミクス」で日本は蘇える――高齢化社会の成長戦略』の執筆中に、アメリカでは二〇一五年現在、就労可能な二〇～五四歳

の男性人口の六人に一人が失業中か職を求めることなく社会の一角を占めるようになっていると、ゴールデンエージとされた二〇〇〇年初めの一五年の暗黒面を照射した書物に遭遇したからである。[16]いま二〇歳以上の男女がどの程度働いているか、雇用者数／二〇歳以上の人口という指標で見てみると、六四・六から五九・七へと五ポイントの低下をみている（図1-2）。

就労率の五ポイントの低下、六〇というレベルは、労働経済を専門とする人でなければ、それがいかに記録的な低い水準なのか、いかに大変かを理解するのはむずかしいかも知れない。実は労働統計局は、人口動向予測に基づき、就労率は二〇〇六年の六六・二％が一六年には六五・五％へ低下すると警告していたが、それを大幅に上回る低下なのだ。

同じ期間に富が二倍以上の増加であるのに対し、この雇用者比率はリーマンショック前に戻れないでいることに深刻さが推測できよう。単に就労者比率だけでなく、二〇〇〇～一五年の一五年間の有償支給の労働時間の増加は、それ以前の一五年間の伸びが三五％だったのに対し、わずか四％でしかなかった。この間に二〇歳以上の人口は一八％増えているので、実は一人当たりの有償支給の労働時間は一二％の「減少」だったことになる。

足元を見れば、この厳しい労働市場の環境が、先に見たように、働こうとしない男たちをもたらしているが、それは女性でも同じだという。であるとすれば、成年男女は当然求職をするという意思をもつことを前提に計られた二〇一九年半ばの失業率三・七％は完全雇用に近いという説明とは裏腹のいつわりの数字ということになり、エバーシュタットは化石のような統計をベースに経済政策を策定するというのは茶番ではないかと問う。働こうとしない七〇〇万人の問題は以下、さまざまな視点から論じることになろう。

化石のような統計の意味を考える上で格好の材料の一つは、フリーランスという働き方が大きく増えてきたことの意味を問うことではなかろうか。

◆「ジョブ」の終焉

フリーランスという働き方は、特定の企業や団体、組織に専従することなく、自らの才覚や技能を提供することにより収入を得るやり方ということになろう。そして企業や他の個人から請け負った業務を実際に遂行する本人は、フリーランサーである。彼らは、雇い主に雇われ賃金を支払われる労働者ではなく、社会的に独立した個人事業主もしくは個人企業法人ということになる。

アメリカの非営利組織、フリーランサーズ・ユニオンとクラウドソーシングサービスを運営するアップワークの共同調査によると、フリーランサーは二〇一四年に五三〇〇万人、一五年は五三七〇万人だったが一六年には五五〇〇万人にのぼり、米国労働人口の三五%にのぼることがわかった。これには副業も含むが、フリーランス全体の稼ぎとしては、年間一兆ドルと見積もられている。リーマンショック後に政権をになったオバマ大統領は、二〇〇九〜二〇一三年には失業率が七%を超え十分なジョブの提供が乏しい状況にある中で、一つの「出口」として起業の勧めをおこなった。起業はアメリカ社会の伝統であり、自主独立の自営業は脈々と受け継がれてきたというのである。

いわゆるジョブ型の就業構造を持つアメリカでは、そもそも新卒の就業段階でも一括での新卒採用を行わないし、そのため大学卒業前後にインターンを経て就職するケースも少なくない。言い換えれば、企業の側で一定の専門的な知識および経験を求めることが多いので、求職する側でも、そもそも自分の役割はなにか、自分に何ができるのか、ということを問うことになる。その意味では、オバマ大統領の問いかけに応じ、スキルがあればフリーランスという名の起業を試みた結果が三年連続の増加につながったという見方ができなくもない。

だが、以下に見るように、インターネット、ＳＮＳのフェイスブックといった情報通信技術の社会への浸透こそがフリーランスという働き方を促進したというのが大方の見方で、二〇二〇年には、アメリカのフリーランスは労働人口の五〇％を占めるようになるという予測もある。

しかしながら労働省が二〇一八年に発表した非正規雇用労働者調査では、独立契約者は全就労者の六・九％で、前回二〇一二年調査の七・四％より減少しており、公式統計ではフリーランサーが陸続と増えているという実態はとらえきれていない。それは副業が捉えにくかったり質問票での誤解があったりしたこともあるからだが、フリーランサーズ・ユニオンの発表する数字への一定の留保が必要だろう。とはいえ、起業、フリーランスが雇用市場の主流だというのは極めて大きな変化、大転換ということになろう。そもそも疑似商品としての労働は、景気変動によって大きく価値を変動させる。一九四六年雇用法は、そうした労働者の持つリスクを保証するのが政府の役割だとするものだった。四五年に当初は完全雇用法案として出て来たものが、保守派から「完全」はありえないとして、雇用法として成立したものだ。後述するように、「ケインズの死」とともに完全雇用があたりまえになり、一九七八年完全雇用法が誕生している。

社会においてフリーランス、起業が主流というのは、新自由主義という潮流の中で雇用の権利が解体されていることを意味しよう。解体といわないとすれば、「コップに半分の水」ということになろう。このため、ＡＩという人間の強力なライバルが現れ、今やＩＣＴがジョブの終焉をもたらしたという声もでてきている。[17] ジョブという英語はケルト語のお粥（オートミール）を意味するＧｏｂから生まれたようで、賃金を得てお粥を食べ飢えをしのいだということに由来するらしい。日本語の粥をすることを意味する「糊口を凌ぐ」も、『広辞苑』によれば、かろうじて生計をたてるという意味になり東西の発想の一致に驚かされる。

トランプは盛んに製造業での雇用を復活させると言っている。リチャード・ボールドウィンは、ケネス・ポメランツの『大分岐』が今や逆転して中国、インドなどが大きく台頭したのは情報技術の発達によって起こった知識のオフショア化こそがアメリカの労働者を路頭に迷わせる事態をもたらした原因だとする『グレートコンバージェンス』を上梓し、その考えをベースにすれば物理的にモノをつくる施設を復活させようとしてもジョブは戻ってこないと、トランプ政策の的外れ、時代遅れを指摘する。(18)

とはいえ、トランプの舌鋒は日本企業を震え上がらせ、二〇一七年の日本の対米直接投資残高は、前年から五〇〇億ドル超と商務省統計で過去最大の増加をみており、現状でも七つの案件が進行している。だが、日本の七件の投資は、眼には見えてもアメリカの製造業での雇用全体の復活をうながすものではない。だとすれば、ではＧｏｂや粥に代わって現代人が得たものは何か。ブルーカラーのジョブが消え、すべてが仕事（Working）に変わったというのが一つの回答だろう。

だが、今や労働が「Ｇｉｇエコノミー」のＧｉｇになったということに同意を示す人も多いのではなかろうか。「ギグ」というのはジャズのセッションなどで一曲、二曲だけの演奏なり歌うことができる、細切れの「ジョブ」を意味した業界用語だった。転じて隙間時間でできる仕事といったほどの意味になった。

こうした「隙間の仕事」を簡単に仲介し、寄せ集めることができるようにしたのが、最近の情報テクノロジーの進化であり、その雄がアップワークであることは誰でも理解するだろう。その意味で一九八〇年代からアメリカで徐々に増え始めていた雇われない働き方、フリーランスが最近になって急激に増加しているのは、ＩＣＴの進化により、いつでも、どこでも仕事をしやすくなっていることに加え、「隙間の仕事」を簡単に寄せ集めることができるようになって、フリーランスの可能性が広がったと見ることができるだろう。

フリーランサーズ・ユニオンは、フリーランスの働き方をする労働者の権利を守るための団体として始まった。雇われない働き方をする人々、つまりフリーランサーには、個人で企業と契約を結ぶうえで、労働時間や最低賃金などの労働条件や、健康保険や年金、技能の向上など、不利な立場におかれている。だが、企業と労働組合が合法的な団体交渉を行うための手続きを示す全国労働関係法および独占禁止法は、雇われない働き方をする労働者による団体交渉を認めていない。

そこで立ち上がったのが、コーネル大学労使関係学部およびニューヨーク州立大学（バッファロー）ロースクールを卒業して弁護士資格を取得し全米で最大のヘルスケア労働組合であり公民権運動に深くかかわった、サラ・ホロヴィッツである。彼女は、雇われない働き方をする労働者のためのＮＰＯであるWorking Todayをニューヨークで一九九五年に設立したが、これをベースに二〇〇一年にフリーランサーズ・ユニオンを立ち上げたのだ。

ユニオンと名乗っているが、すでに非営利法人として紹介したように、労働組合ではない。芸術・デザイン・メディア・広告・ＩＣＴエンジニアなどの個人事業主でつくる組織で、会員は現在約三五万人を擁する。健康保険の団体割引制度や職業訓練機会の提供、情報共有の場などを提供している。つまり、フリーランサーズ・ユニオンのやり方は、元請業者との団体交渉権を求めるというより、業界団体や政治家、行政などを巻き込んだ「ラウンドテーブル型」で交渉し、請負労働者保護の枠組みをつくろうと

いうものだ。(19)

二〇一六年一一月にはニューヨーク市で、フリーランサー賃金条例の制定を勝ち取ったのは、こうした「ラウンドテーブル型」のロビー活動の成果だ。レティシア・ジェームス市政監督官によると、非正規雇用者の七〇%以上が報酬をごまかされたり、また、二〇一四年には全米の非正規雇用者の半数が支払いに関する問題に直面したりする経験をもっているという。条例では、例えば八〇〇ドル以上の請負労働を契約する場合には、対価の支払期日や金額を書面で明記するなどと定めている。(20)

◆シェアリングエコノミーの雄、ウーバーの光と影

ＩＣＴの発達を受けて活発化しているのが、シェアリングエコノミーだ。つまり所有よりも使用に重きを置く生活スタイルの浸透により自動車も自分で所有するよりもライドシェアで済ませることになり自動車産業にとってビジネスモデルの大転換を求められる脅威である。そのシェアリングエコノミーの雄がウーバーであろう。

従来からレンタル業界やリース業界は存在していたが、情報通信技術が発達したことから、いわゆるサーチコストが格段に安くなり個人資産たる自動車も運転手も時間と場所があれば有効利用できるようになったのだ。たとえば、ＧＰＳ搭載があれば、見知らぬ配車と顧客が出会うことは簡単になり、ナビによって見知らぬ土地へのドライブも容易にできる。こうした個人資産活用ビジネスの場はＰ２Ｐプラットフォームと呼ばれている。

ウーバーは、二〇一〇年の創業からわずか九年足らずだが、ベンチャー企業としては非常に高い評価を受け一足先に公開した同業のリフトと共に上場も果たした。

だが、プラットフォーマーのトップ５、ＧＡＦＡの利益率が下がってきていることから、ライドシェアのビジネスモデルへの疑念も生まれてきている。すなわち、ライドシェアは、利用客がクレジットカードで支払った運賃から、仲介料二〇％を除いた乗車料金がウーバーから運転手に支払われるという単純なもので、五〇カ国二五九都市以上に進出している。確かに一八年も売上は四三％と高い伸びだが、ウーバーをとれば一八億ドルの赤字のままで、しかも海外市場は必ずしもアメリカとビジネス環境は同じではない。とはいえ、スマートフォンのアプリケーションを介して、タクシーの利用者と運転手をつなぐライドシェアを提供する企業、ウーバーと契約する「事業主」が全米で六〇万人を超えたことは、そのプラットフォームの拡張性への評価ともなる。たとえば、Ｇｉｇ　Ｊｏｂ提供ビジネスであり、そのプラットフォームが定着したことで同時通訳、編集者、広告クリエーターといったイメージで見られたフリーランサーのイメージも大きく変えることになった。

どう変わったのか。二〇一六年にウーバーがその公式サイトに「ウーバーと契約している運転手の年収の中央値」がニューヨークで九万ドル、サンフランシスコで七万四〇〇〇ドルと表記されたことから俄然評判になった。連邦取引委員会（ＦＴＣ）もウーバーの調査に入り、誇大広告をしたとして二〇〇〇万ドルの罰金を課した。ところがＦＴＣが発表した決定書を見ると、「実際の年収中央値」は、ニューヨークが六万一〇〇〇ドル、サンフランシスコが五万三〇〇〇ドルと、『フォーブス』誌の記事から推測される三万六〇〇〇ドルをはるかに上回るものだった[22]。

ウーバーの伸長はタクシー需要への浸食でもある。タクシーはウーバーが参入する二〇一一年までは一日当たりの乗車回数が五〇万回前後で推移していたが、一二年以降減少が始まり、二〇一七年七月には一日当たり乗車回数は、タクシーが二七万七〇四二回に対し、ウーバーは二八万五〇六六回となりニューヨーク市タクシー・リムジン委員会（ＴＬＣ）がデータを取り始めて以来初めてタクシーの乗客数を上回った。

平均よりも良い収入が得られるという情報が与えられたことから、アメリカでは中古車を買い、それでウーバー・ドライバーになる人が増えているという。だが、ライドシェアの車両台数は需要に応じて何の制限もなく増減できるが、タクシーの場合、市が営業権として「メダリオン」を発行し、そのメダリオンを所有した車しか業務ができない。一一年からの六年間で全体の需要の伸びは一四％でしかない中でタクシー需要は四〇％程度減少せざるを得なかったゆえんである。現在、稼働するタクシーの数は一万三五八七台に対し、ライドシェアは約六万台だとされる。ウーバーがタクシー業界を圧迫した形で伸びているため「メダリオン」相場も急激に下落、メダリオンを担保にしたローンの差し押さえも急増している。(23) 自殺者も出た。

そこでニューヨークでも市議会がライドシェアの車両台数の制限法案を提出した。しかし、それは否決された。「自由競争原理で拡大してきたライドシェアにタクシー業界も学ぶべきことは多い」というデブラシオ市長の立場を反映した形だ。その一方、香港ではウーバーのライドシェアを違法としてウーバーで運行した運転手を摘発し、政府は自己の発行したタクシー業界の営業権を守っている。香港では職業別団体に議員が割り当てられ、タクシー業界の発言権が強いからだ。ロンドンでもウーバーの試験的運用が終わったところで期間の延長を認めなかった。ＥＵではウーバーはタクシー業界に指定された。

タクシーはあらかじめ決められた料金体系で賃走する透明性が売りだ。これに対し、シェアドライブでのシェアが高いウーバーは、需給をつかむことができ、相乗りを促したり、需給を反映した価格設定のサジェッションをしたりすることもできる。

二〇一三年の大雪に見舞われた時には、ジェリー・ザインフェルト夫人が、彼女の娘を外泊先で拾いユダヤ集会場で降りるという、短い距離の乗車に四一五ドルをチャージした。もちろん、需給をにらんだ価格設定それ自身が違法というわけではない。だが、アルゴリズムの自動的な価格づけに、ウーバーは価格引き上げをしているのではという疑いを抱かせるものだ。中国の同業、滴滴出行はほぼ独占的地位を得た途端に三割近い値上げをしたと騒がれている。

ニューヨーク市でも、ライドシェアが公共交通、徒歩などからの転換がタクシーからの転換よりも多いこともあり交通渋滞をもたらしたため、ライドシェアの業務に一定の歯止めをかけることになった。ライドシェアも万能ではないのだ。

にもかかわらず、シェアリングエコノミーは、中国と同様に、ドライブシェアリングに限らずアメリカ社会、アメリカ経済を席巻している。フェイスブックなどを通して、部屋を貸すエアビーアンドビーが有名だが、その拡張形態として自分の家で、手づくりのご飯を作って、知らない人を招待して食べさせる疑似レストランサービス、あるいは逆に材料を提示してこんな料理にできるとケイタリングサービスをするなどの「事業」も出てきている。つまり、Ｐ２Ｐプラットフォームが、単に物理的な出会いをアレンジするだけでなく、フェイスブックで「こういう人で、友人もいるちゃんとした人だ」ということを確認する「信頼形成」の道具になっているというのだ。

こうしてＩＣＴプラットフォームは、ロンドン・ビジネススクール教授のリンダ・グラトンがいうように、シェアリングエコノミーを推進し、シェアリングエコノミーは「Ｇｉｇエコノミー」化を促し、十分な雇用機会が与えられない中で独立を強要する圧力となっていると見ることも可能だ。

これに対し、ベネズエラの元経済相でかつて米州開発銀行の初代のチーフエコノミストをつとめたこともあり、現在はハーバード大学教授で開発経済学を教えるリカルド・ハウスマンは、一人の人が持っている能力を「パーソンバイト」という単位で表し、ソシアルネットワークが高度化したことによって「パーソンバイト」という単位でサプライチェーンの価値を付与する機会を増やしているとポジティブにとらえる。ハウスマンは、多様な「パーソンバイト」を集積している国では、より専門性が高くなる傾向があり、集団になったときの能力、つまり「ピープルバイト」がより付加価値の高い製品を生み出すことができ、その結果、経済的に豊かになると主張する。

だが、世界最大の「切り出し仕事（フリーランス・ジョブ）」をオンラインで仲介するプラットフォームは、前出のアップワークだ。二〇一五年にオンラインワーキングのパイオニア、Elance と oDesk が合併して誕生し、急成長している。その〈アップワーク〉が仲介するフリーランスジョブは、ウェブデベロッパー、プログラマーやデザイナーが人気だが、翻訳、管理サポート、販売・マーケティングなどクラウドソーシングサービスで一般的な職種は網羅されている。

何が起こっているのか。二〇一五年、一六年あたりを境に、サービス労働が国境を越えていくグローバル化が起こっているのだ。リチャード・ボールドウィンは、これをモノの移動の第一のグローバル化、アイディアの移動の第二のグローバル化につづく、第三のグローバル化として『テレマイグレーション（Telemigration）』と名づけている(24)。彼はロンドンでウェブサイトを運営しているが、その編集は〈アップワーク〉の仲介でバンコクで行われている。彼はコストがロンドンより三五％安いと、テレマイグレーションでの勝者は、こうした中進国だろうと屈託がない(25)。

その〈アップワーク〉に蓄積されたデータを用いて分析を試みたのが、ニューヨーク大学のジョン・ホートンらだ。彼らの分析では、プラットフォーム上で仲介されたクラウドソーシングサービスの九割前後が海外への発受注で、ジョブ・オフショアリングの仲介、あるいはクラウドソーシングサービス貿易といってもよい。しかも、その貿易の流れは南北が主流で、ジョブの二八六三万件のオファーに対し応募は一億八三五万件という具合に限りなく弾力性のあるものになっている[26]。ホートンらは、P&GやNASAが〈アップワーク〉のプラットフォームを使用して世界のあらゆるところから才能がある、アイディアがあるものを探り当てオープンイノベーションに成功している例を挙げ、ハウスマンの仮説が当てはまることを例示している。

だが、データ分析そのものはアメリカの労働者、ウェブデザイナーなどはインドや中国、フィリピンの労働者、ウェッブデザイナーと直に競争させられているという構図の提示になっている[27]。

◆社会学者シュトレークの問題提起

ICTプラットフォームの出現を単純に技術進歩の恩恵と考えてよいのだろうか。それとも、エバーシュタットの言うように、そんなものは目くらませに過ぎず、〈アップワーク〉の仲介は限りなく低コストの働きを強要するものであり、機会を失い絶望して「オピオイド」で薬物死を選ぶ白人男性を救い出す手立てを考えなくてはならないのだろうか。

リーマンショック後に生まれた職は低賃金で、オバマの唱えた格差是正は掛け声におわり実現されなかった。これでは、なかなか社会の中ではいあがることはできない。アメリカでは、先のサンデルによれば、貧しい家庭に生まれれば七割がそのまま貧困に留まり、上位二〇%に這い上がれる確率は四%と、階級社会とされてきたヨーロッパの階層移動よりも相当に低くなっているのだ。経済ブログで有名なタイラー・コーエンもまた、米国社会が物理的にも社会的にも移動しなくなり、それでよしとする社会になってしまったと嘆く。社会は分断されたままだというのに。

トランプ大統領が働きに出ようとしない成年男子をむしばんでいる「オピオイドはこれまで我々が直面したことのない問題だ」と、ラストベルト地域、否アメリカの病理に目を向けたのは、当然の流れということになろう。政権の瓦解をとめるためバノンを斬った以上、低所得白人男子の問題の解決は政権にとって必須の条件となり、「国家非常事態宣言」も辞さないとしているゆえんである。

何がアメリカをして病む国に変えてしまったのか。何が世界を不安定にしているのか。ドイツ最高の研究所にしてシンクタンク、マックス・プランクの社会研究所の名誉所長であるヴォルフガング・シュトレークは、グローバル化が、既存の組織、規範といったものを破壊しながらきわめて早いスピードで進む一方、グローバル化の下で必要な経済的・政治的統治に必要な制度を作れていないことにある、との見解を示す(28)。

グローバル化に対応してEUという新しい装いをもった帝国が生まれ、そのEUの中でもドイツは一人勝ちとされる。ところが、シュトレークによれば、EUもまた新自由主義の流儀を取り入れた改革によってグローバル化に竿を差し、EUの中では「マシ」に見えるドイツも、アメリカ同様の問題を抱えているというのだ。

シュトレークの問題の書『資本主義はいかにして終わろうとしているのか』の主張を見ておこう。シュトレークは、現代の民主主義は通常の市民（Staatvolk）に加え、市場市民（Marktvolk）とでもいうべき存在に主権が与えられており、この二重主権のもと格差の拡大、経済の停滞、国家債務の増大をもたらしてきているという。こうしたシュトレークの主張は、創知・情報化には、専門・技術職層など少数の「知識階級」エリートといった社会の核になる部分の役割を担うものに対しては、ある程度明示的に報酬が予定されるが、それ以外に関しては十分な報酬が与えられないリスクを予想したフランスの社会学者、アラン・トゥレーヌの見方に重なる。[29]そしてAIが発展する今後は高度の技術体系に対応できるスキルの有無が、スタンフォード大学AI研究所の研究員にして起業家のジェリー・カプランが指摘しているように、ますます格差を拡大させる要因になっているのだ。[30]くわえて新自由主義的な社会の下で形成される価値観によって構築された二重主権の制度にあっては、シュトレークが憤慨しているように、スキル・エリートたる市場市民には、リーマンショックがそうであったように、投機のあげく二つの市民に共通の利害のためにという形で救済が用意される一方、一般市民は格差の拡大の罠から抜け出せない悪循環の中に置かれることになる。つまり、資本主義はカール・マルクスが主張したように崩壊するのではなく、不確実性の中での循環を続けざるを得ないというのである。

同じように、共にハーバード大学教授であるスティーブン・レビツキとダニエル・ジブラットは『民主主義はいかに死ぬか』と題した新著で民主主義はクーデターとか、何かの事件とかが起きて突然死するのではなく、民主主義をささえている、たとえば選挙といった制度、習慣などの逆説として富者による寡頭政治が起こるなど、ジョセフ・シュンペーターのいう民主主義の自己管理システムが徐々に破壊され、いわば酸素不足になって衰え死に至るが、トランプ選出はその危険な領域の一つのポイントを超えたことを意味するとの見方を提示している。[31]一方、先にも紹介したタイラー・コーエンは、アメリカ国民の多くが変化対応拒絶症とでもいうべき症状に陥っており、底流に現状で良いではないかという気分があると指摘する。コーエンによれば、トランプの「アメリカを再び偉大にする」というスローガンも彼らのための子守歌ということになる。[32]

シュトレークのいうように資本主義のグローバル化が民主主義を抑圧してきて、資本主義も、民主主義も、衰弱し、危機を迎えていることは間違いないだろう。ところで、ハーバード大学教授のダニ・ロドリックは、国際金融のトリレンマを模して、グローバリゼーションと民主主義、国家主権の三つが同時には成り立たないとの論を立てている。[33] これは平等を追求するにはグローバリゼーションを少しく制限して国家主権を回復し、民主主義を守らなくてはならないと主張するシュトレークの指摘と符合する面がある。

もちろん、シュトレークの議論をこうした接点だけで要約してはならないだろう。だが、シュトレークの議論に対しては、かつてダボス会議の事務局にいたことのあるFT記者のマーチン・ウルフが、シュトレークの指摘することはもっともな部分も多いが、資本主義の終焉ということは今までも繰り返し主張されてきたテーマで、その終焉の宣言はいつでも覆されてきた、シュトレークのいうように超悲観的になる必要がないと一蹴している。[34] グローバル化自身は益が大きいので、グローバル化のデメリットを補う政策を援用すればよいという立場になろう。

これに対し、コロンビア大学の歴史学の教授であるアダム・トウーズは、シュトレークの議論にはヨーロッパ的なバイアスがあることは確かだが、アメリカを含め現代の先進国が抱える危機一般に対する鋭い分析であり、軽くあしらうべきものではないと指摘する。[35] 筆者もまた自己責任原則を貫徹すべく銀行システムの崩壊を放置して一九三〇年代には悲惨な経験をしたことから金融危機が起きれば直ちにシステムの救済に向かうというコンセンサスゆえに、現代資本主義は結果として金融危機の連鎖になると主張してきたことからシュトレークの議論には同意するところが多い。[36]

筆者にはまた、以下展開するように、ニューディールに始まるアメリカ社会はドイツ語圏から生まれた二つの「経済哲学」の潮流の中で方向性を定めたり逆にさまよい続けたりしてきたが、現在、また歴史的に見ても間違いなく深刻な社会問題に直面して再びドイツ語圏の「経済哲学」に救いを求める必要があるのではないかとの思いもある。ところが一方のウルフは難しいわけではないと説くが、当のシュトレークは現在の問題から脱却がほとんど実現不可能なものだとする。

果たしてトランプ政権に危機克服ができるものなのかを、アメリカ社会の歴史をさかのぼりながら見ていくことにしたい。その際には、シュトレークの議論も一つのレファレンスとしていくつもりである。

（1）ジョン・ミアシャイマー『大国政治の悲劇――米中は必ず衝突する!』（奥山真実・訳）五月書房、二〇〇七年。
（2）Brendon Swedlow, "Beyond liberal and conservative," *Journal of Political Ideologies*, vol.13(2), 2008.
（3）ヤンヴェルナー・ミュラー『ポピュリズムとは何か』（板橋拓巳訳）岩波書店、二〇一七年。
（4）ケヴィン・フィリップス『富と貧困の政治学』（吉田利子訳）草思社、一九九二年。
（5）アーサー・シュレジンジャー・ジュニア『アメリカ史のサイクル⑴⑵』（飯野正子　訳）パーソナルメディア、一九八八年。
（6）マイケル・サンダース「これからの民主主義を話そう」『日本経済新聞』二〇一七年一月二二日朝刊。
（7）Branco Milanovic, *Global Inequality*, Harvard University Press, 2016.
（8）Garret Hardin, Lifeboat Ethics, 1974.
（9）ブランコ・ミラノヴィッチ『大不平等』（立木勝訳）みすず書房、二〇一七年。
（10）Takuma Takahashi, 'Actors on Different Stages are Playing in the Same Theatre', paper presented at *The Seminar on Future of East Asia*, sponsored by EC Commission Haiko, Haiman, 1995.
（11）アンソニー・ギデンス『近代とはいかなる時代か』（松尾精文・小幡正敏・訳）両立書房、一九九三年。
（12）ピエール・ロザンヴァロン『カウンターデモクラシー：不信の時代の政治』（嶋崎正樹訳、岩波書店、二〇一七年）からの引用。
（13）Marin Wolf, "A Republican Tax Policy for Plutocrats," *Financial Times*, Nove.21, 2017.
（14）Takuma Takahashi ,'Economic Interdependence and Security in the Asia-Pacific Region' in Mike Mochizuki (ed.) *Toward A True Alliance : Restructuring U.S. -Japan Security Relations*, ,Washington D.C., Brookings Institution, 1997.
（15）Nicholas Eberstadt, "Our Miserable 21st Century," *Commentary*, Feb. 15, 2017.
（16）Nicholas Eberstadt, *Men without Work: An Invisible Crisis*, Templeton Press ,2016.

（17）Taylor Pearson, *The End of Jobs: Money, Meaning, and Freedom without the 9-to-5*, Kindle Ed., 2015.
（18）Richard Baldwin, *The Great Convergence: Information Technology and the New Globalization*, Harvard University Press, 2016.
（19）山崎憲「フリーランサー条例ＮＹ市で制定へ」労働政策研究・研修機構、二〇一七年二月。
（20）Noam Schreiber, "As Freelances' Ranks Grow, New York Moves to See They Get What They're Due," *New York Times*, Oct. 27, 2016.
（21）Federal Trade Commission, "Uber agrees to pay 20 million dollars to settle FTC charges," Jan.19, 2017.
（22）伴百江「窮地のイエローキャブ」日本経済新聞二〇一七年一〇月一七日夕刊。
（23）Richard Baldwin, *The Globotics Upheaval: Globalization, Robotics, and the Future of Work*, Oxford University Press, 2019.
（24）リチャード・ボールドウィン「グローバル化の将来は」『日本経済新聞』二〇一八年六月五日。
（25）John Horton, William Ker, and Christopher Stanton, "Digital Labor Markets and Global Talent Flows," *NBER Working Paper*, April, 2017.
（26）アップワークからデータを得てものしたホートンらの論文は反アップワークではない。実はこの構造こそ、後述するジンガレスがファイナンス学会の会長演説の中で学界の多くがデータを得て論文を書きたいゆえにフィナンシャリゼーションに棹さす論調になってしまったと反省を表明したことなのだ。
（27）ヴォルフガング・シュトレーク「資本主義の限界」マイケル・トッド他『世界の未来』朝日新書、二〇一八年。
（28）アラン・トゥレーヌ『脱工業化の社会』（寿里茂、西川潤・訳）河出書房新社、一九七〇年。
（29）ジェリー・カプラン『人間さまお断り』（安原和見訳）三省堂、二〇一六年。
（30）Steven Levitsky and Daniel Ziblatt, *How Democracies Die*, Crown, 2018.
（31）ダニ・ロドリック『グローバリゼーション・パラドックス』（柴山桂太・大川良史・訳）白水社、二〇一四年。
（32）タイラー・コーエン『大分断　格差と停滞を生んだ、現状満足階級』（池村千秋訳）ＮＴＴ出版、二〇一九年。
（33）Martin Wolf, "The Case against the Collapse of Capitalism," *Financial Times*, Nov. 2, 2016.
（34）Dam Tooze, "A General Logic of Crisis," *London Review of Books*, Jan.5, 2017.
（35）髙橋琢磨「解説・金融規制と危機循環」Ｉ・マーチン『メイクイトハップン：世界最大の銀行を破綻させた男たち』（冨川海訳）ＷＡＶＥ出版、二〇一五年。

第2章　失われたアメリカン・ドリーム
アメリカ社会の不都合な真実

1　ハーツの唱えた自由至上主義、アメリカニズム

アメリカの独立宣言を起草したトーマス・ジェファソンは不可侵の権利としてジョン・ロックが挙げていた「生命、自由、財産をめぐる権利」という言葉を、「生命、自由、幸福の追求の権利」に書き換えた。これは、国家レベルにおいて夢を見るという行為に価値が付与され、アメリカの起源として重要な意義を持つこととなった。

国家レベルで夢を見るとは何を意味するのか。ハーバード大学の政治学者のルイス・ハーツは、一九五五年に著した『アメリカの自由主義の伝統』の中で、それは自由主義であり、それこそが唯一のイデオロギーあると宣言した。(1)アメリカにはもともと封建制を経験したヨーロッパのように階級はなく、国民的な児童本作家ホレーイショ・アルジャーの作品の中の語りにあるように、ベンジャミン・フランクリンのように勤勉で節約して努力の日々を送れば、だれでもが資本家となり企業家となることができるという国民的信念、アメリカニズムが共有できているというのである。

ハーツのいうアメリカニズムとは、アメリカン・ドリームに外ならない。ハーツのいうアメリカニズ

ム、アメリカン・ドリームは、今日よりも明日、明日よりも明後日がより良い日が迎えられるという楽観論に支えられてきた。二〇年前にシーモア・リプセットは『アメリカ例外論』を世に問い、アメリカの道徳の退廃、個人主義の行き過ぎ、さらにはアメリカ衰退論などいろいろ言われているが、アメリカン・ドリームが人びとの間でシェアされている限りアメリカのシステムは健全だと述べていた[2]。

ところが、アメリカン・ドリームの実態を追うべく、毎年三〇歳の若者に親の世代が同じころ得ていた年収を上回るケースを問うてきたスタンフォード大学のラジ・チェティは、リプセットの条件が消えたと指摘する。一九九〇年までくらいは親を上回ると答えた若者は六〇%を超えたが、二〇一六年には上回ると答えた比率は五一%と、四〇年前の八六%から大きく低下したというのだ（図2-1）。

図2-1　「アメリカの夢」を失いつつある若者（親より稼ぐ子の生まれ年別比率）

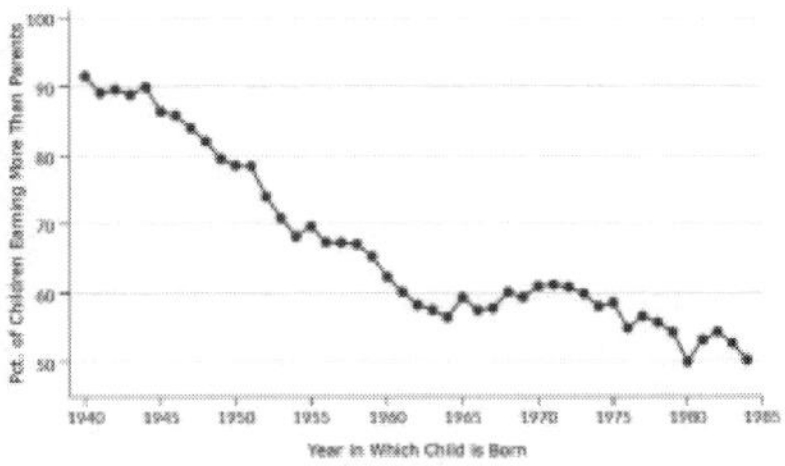

（出所）The 2016 Report of the Equality of Opportunity Project

調査の対象が大学卒ということは多少ともエリートだということだ。格差の存在、そして三〇歳という年齢を考慮に入れれば、若者一般では五〇%を割っているということである。つまり、客観的に見た彼らは親よりよくなるという希望、ささやかなアメリカン・ドリームを夢見ることができないということである。

◆自由と平等をつなぐ「アメリカン・ドリーム」と機会均等

ハーツのいうアメリカニズムは、教会、家庭などを通じて、アメリカ人の考え方の根本になっていった。かくしてアメリカン・ドリームは個人の欲望とアメリカ人としてのアイデンティティを橋渡しするレトリックとなった。だが、自由と平等とは、本来矛盾する概念の組み合わせである。自由とは何か。自由という概念は近代になって生まれたもので、国王の支配する国家からの干渉が及ばない領域を確保しようという人権の擁護、個人的自由の尊重といったものだ。こうしたヨーロッパの伝統からすれば、「自由」とは規則で律された行動で、受け入れる規則を認識していて、どうにもならないときに手放したものだということになろう。たとえば、人々が奴隷制や帝国主義の継続をあきらめ始めたとき、その人々は自らの行動を、植民地における行動を決めていた規範が見当違いだったと理解し、自由の意識における進歩があった瞬間ということになる。

一方、平等の方は、権力の正統性をどこに置くかという問題で国民に主権があり、支配者と被支配者は一致すると宣言する民主主義に依存して生まれたもので、その社会の構成員において衡平が保たれるものとして出て来た概念である。

自由主義の伝統の上に立ち民主主義を取り込む形で「法の支配」(Rule of Law) を提唱したのは、オックスフォード大学の憲法学者（ヴァイナー講座担当教授）のアルバート・ダイシーで、一八八五年に著された『憲法序説』はそのバイブルとされる。畏友、田島裕の解説によれば、民主主義とは国民に国家主権があることを意味し、その国民の意思は議会を通じて確定されるとし、法の支配が議会主権、民主主義の根幹となっていることをうたうとともに、究極のところで公平な裁判を受けられるということに尽きる。[3] 現代世界にあっては、社会を構成するにあたり、この本来あい矛盾するはずの「自由」と「平等」は、二つの間のバランスはともかく、両ながら要請されると考えられるようになった。自律を説く自由主義者も、少なくとも法の下での平等や機会均等までを否定することはないだろう。

だが、田島の要約はイギリス的バイアスをもっているように思われる。アメリカ的バイアスをもって言えば、自由主義は、ふたつの系譜をもっている。一つは、財産権あるいは経済的自由の擁護に重点を置く思想をアメリカ革命に持ち込んだ経済社会的理念としてのロック的自由主義であり、今一つはやがて論じるように共和主義から出発して多数者の専制を防ぐための工夫としての分権によって多元的な政治の確保を目指すマディソン的自由主義である。自由主義と民主主義をつなぐものが制度としての単に議会主権ではなく、大統領選挙を含む代議制民主主義であり、理念的類型としての自由民主主義ということになろう。ここでは、経済社会的理念としての自由主義が問題になるが、京都大学教授の待鳥聡史も指摘しているように、そもそもロックの唱えた自由主義も、経済や社会における自由と政治的な自由は重なり合うという発想をもっていた。[4]

一方、現代の民主主義が困難な状況に陥っていることへの考察を試みたシャンタル・ムフは、近代民主主義が上記で見たように、二つの異なる伝統の接合に由来する種差性をもった社会であるということを忘れがちだと警告する。[5] 西欧社会では、二つの矛盾する概念が両ながら受け入れられていったのは、民主主義の力が自由主義を押し戻す形でだった。

ジャン・ジャック・ルソーは、人間は自由なものとして生まれたにもかかわらず、いたるところで鉄鎖に繋がれている」と書き残した。このルソー・パラドックスは「自由」と「平等」とが同時に成り立たないことを記述しているように見える。だが、カール・ポランニーは当代の知的集団が民主主義を構成するに見える「自由」と「平等」とを対立的にとらえるのは間違っていると、ルソーが発見した普通の人の日常生活が織りなす文化のなかでは、様々な価値の不一致や対立が緩和されるだろうと主張した。そして、そのパラドックスは、自由の拡張がその国、その国での社会事情に応じて独自性をもったものになっていることを示唆した。

ポランニーは、効率を金華玉条とする産業社会がとるに足らない私的財を過剰に生産していると主張するジョン・ガルブレイスの『豊かな社会』に衝撃を受け、産業社会における良き生活の復権を説き、自由の拡大のために雇用、生産を所得とを結び付けることなく社会保障の拡充を提案していることに得心しパラドックス解消の可能性を見たようである。(6)この点に関しては、後のベイシックインカム論に関連して振り返ることにして、ここではポランニーの示唆に導かれ、アメリカでは二つの概念が矛盾なく受け入れられたのは、フロンティアが残されていたからだと指摘しておきたい。

そこでアメリカの平等の特色を見ておくために、たとえば、一九九二年制作の映画『遥かなる大地へ』をとりあげることにしよう。映画は、一九世紀末に実際あったオクラホマランドラッシュを題材にしており、クライマックスは横一線に並んだ白人男女が号砲一発インディアンから奪いとった新たな土地の区画を競いあう場面である。横一線に並んだところに機会均等があり、ルールの範囲内であれば多少のトリックも許される。そして何よりも土地を得られるという夢があった。そこにアメリカン・ドリームがある限り自由と平等に矛盾がない。

だが、アメリカが「フロンティア」と称してきた土地はアメリカン・ネーティブの土地だったのだ。アメリカの単独主義はアメリカン・インディアンを追い払っただけでなく、フランスやスペインを排除して創り上げた国なのだ。ルイジアナはフランスから買い取った州だが、フランスが売らないといっても居住者たちは力づくで奪ったであろうし、カナダがイギリス領として残ったのは米英の友好関係ゆえではなく、当時はイギリスの力が強かったからだ。オバマの広島訪問を陰で推進し最近亡くなった日本人ジャーナリストの松尾文夫も『銃を持つ民主主義』との形容をしているように、アメリカが武力行使をもって「正義」を貫くのは建国の精神にまでさかのぼると指摘する(7)。

アメリカは先進国の中では異常なまでに軍事国家である。ところが『アメリカ例外論』を著したリプセットは、厳しい銃規制をもてない国民性をもち、力を信奉する軍事国であることをアメリカの特徴として取り上げていない。あまりにも当然と考えたのだろうか。

さてアメリカでは機会均等が社会の規範とされ、日本ではどちらかといえば結果平等を志向してきた。なぜそうなっているのか、社会の成り立ちと規範を考える上で、その背景を考えてみよう。

いま、Aさん、Bさんの二人がいて、交渉をしながらAさんがもっている自動車の取引をしようとしているとしよう。Aさんも Bさんも正直に取引すればAさんもBさんも両方共にもうかって二万円ずつもうかる。ところが、どちらかが騙して取引すると騙した方は三万円の得になり、騙された方は二万円の損になるとしよう。今Aさんは相手のBさんが正直に取引するか、それとも騙す人なのか分からないとする。Aさんの立場にたって考えてみると、相手が正直に取引した場合には三万円の得になり、騙してきた場合にも自分が正直に取引した場合よりも損が少ない。そこで騙すことになる。同じようにBさんの立場にたってみても同じ結論になり、結果はAさん、Bさんともに騙すという(-1、-1)、つまり共に一万円ずつの損失という選択になってしまう。ゲーム理論で、いわゆるナッシュ均衡と呼ばれるものだ(図2-2)。

このゲームの意味するところは、騙す可能性を排除しなければだれも取引をするインセンティブを持たないということである。(8) この騙し合いを回避して市場取引を成立させるために日米はどのような工夫をしてきたのだろうか。

広い国土をもち、移民で成り立ってきた国、アメリカでは取引で出会う人達はお互いをよく分からないケースが多かった。そこで、アメリカでは騙し合いをできにくくするために情報公開を求め、同じ土俵で対等の立場で売買契約を結び、取引のゲームができるように反トラスト法によって強いものが無理をいわないようなレベルプレーイングフィールド（先の映画の場面で言えば横一線）を設定するなど、正直な取引ができるような舞台づくりに意をもちいてきた。契約を守らなかったり、ゲームのルールを破ったものに対する制裁（映画でいえば騎兵隊が違反者を射殺）を加えるための司法システムにも大掛かりだ。こうしたシステムを支える価値観が機会均等ということになる。

図 2-2　騙しの可能性のある取引の状況

		Aさん（騙す）	Aさん（正直に取引）
Bさん	（騙す）	（−1，−1）	（3．−2）
Bさん	（正直に取引）	（−2，3）	（2　,2）

一方、島国のなかで長い間お互いに顔を突き合わせて生きてきた日本では、相手を騙して一回はもうけたとしても、また取引をしなければ商いはつづけられない、そこでお互いが正直に取引することが結局得なのだということを身にしみて理解できることになる。実際、図2-2のようなゲームも一回限りでなく、繰り返しゲームになると正直ベースの取引が解として得られることが知られている。ここで尊重される精神は先々のことを考えれば、お互いに得をする、結果的に不平等にならないということである。

「囚人のジレンマ」を社会心理学の立場から説明したのは、最近亡くなった山岸俊男だ。その著『信頼の構造――こころと社会の進化ゲーム』でいう「安心社会」は、自分が説明していた日本社会と同じではないか。「安心社会」が「長期的関係」「内部市場化」「均質化」を伴うのに対し、「信頼社会」は「短期的取引関係での信頼関係の確立」「外部市場化」「異質性の肯定的評価と活用」を特徴とするという対比は分かりやすいと感じた。当時北海道大学の客員教授をしていた筆者は、さっそく同じキャンパスにある彼の研究室を訪ねた。山岸は、筆者を実験ブースに入れ、「信頼」測定をする実体験をさせてくれながら、自己の研究生活を振り返った。そして「安心社会」の特徴が日本国内の組織だけでなく日本社会全体にも当てはまることにも話題は及んだ。島国である日本は、言語も文化も比較的均質で、日本語や日本社会はあまりにも強く「自己」の世界をつくりだし、英語などを「非自己」とみなしてしまい、多様な言語や文化を持つ取引相手や労働者を「排除」してしまう。

今、移民の国、アメリカも変化しアメリカ社会も成熟していくいうことも考えられないか。つまり、図2-2で規定した取引も繰り返し繰り返し行われる可能性である。外交の世界では長い間お互いに顔を突き合わせていくことから借り貸しを勘定に入れた外交政策がとられる。だとすれば、アメリカも日本と同じような取引形態をとるようになってもおかしくはない。

アメリカと日本とが接近を示した過去の例を回顧すれば次のような例をあげることができる。フランクリン・ルーズベルトのニューディールがアメリカで画期的だったのは、個人の怠惰や不誠実のせいではなく、社会の仕組が問題だとして労働者を救済しようとし、職を生み出すために公共投資が行われた点である。大恐慌を経験したことが他者の痛みを感じられる国民を生んだといえよう。

だが、ルーズベルトの副大統領だったトルーマンが大統領に就任し、「企業の自由」を唱え前大統領の路線に一部修正を加え始めた。すると、ニューディーラーたちが新しい実験の地を求めて大挙日本に来て、市場制度、民主主義制度の移植に励んだ。敗戦を経験した日本はアメリカを中心とする占領軍の平等化政策を素直に受け容れ、経済復興に邁進した。日本社会には受け入れるだけの素地があったのだ。そしてこの時には、日米ともに経済成長、平等、自由を謳歌する民主主義の黄金期を迎えた。

しかし、トルーマンの「企業の自由」に端を発する新たな流れは当初こそわずかな伏流水に過ぎなかったが、やがて新自由主義、いわゆるリバタリアンの思想が大きな流れとなってアメリカ社会を覆い、それが必然的にグローバル化への奔流となって行った。ＩＣＴの発達に伴うグローバル化の流れは日本流の繰り返し取引の世界を閉ざす一方、アメリカでは第1章で見たように新しい取引インフラが生み出され、そのインフラに則った取引を要求するようになった。グローバル化が必然であるとすれば、変わらなくてはならないのは日本社会だということになろうが、ＩＣＴの発達で変ってしまった取引のインフラの公平性を問うとともに、アメリカ流の「取引」形態が続いている背景を見ていく必要があろう。

◆アメリカの市場制度の成り立ち

不動産ビジネスの出身であるトランプ大統領の政策は「取引」を行うようなやり方だといわれる。逆に言えばビジネスの世界では変わることなくアメリカ流の「取引」形態が続けられているのだ。それは制度と慣習が確立されていたからだといえよう。そして、取引は所有権と結びついていた。

アメリカの経済・市場制度は、アメリカにおける法制史学の創始者といわれるウィスコンシン大学教授であったジェームズ・Ｗ・ハーストが指摘するように、一九世紀のうちに整備されていたと見ても差し支えない。一九世紀のアメリカでは、私有財産権が確立され、会社法が作られ、経済活動に伴う契約や不法行為に対する法律も整備された。このような法律面からの基礎づくりを経て、自由な経済活動が保証される基盤ができあがった。これらの法整備は、ある意味で、強い国家があって法の適用がある一方、なおその国家からの介入がないというアームズレングスの距離感のもとに、所有権や契約が成り立っているといえる。アメリカは、鉄道の敷設によって経済活動を行える大きな市場を生み出し、そしてイギリスの技術を改良しながら大規模生産によってコストを大幅に引き下げることができたのである。(9)

この点を二〇一八年のノーベル経済学賞を授けられたポール・ローマーが『ブルッキングス・ペーパー・オン・エコノミックアクティビティ』に寄せた論文の中で示した専有可能性という概念に関して作表した図2-3で敷衍してみよう。

ローマーは世界銀行のチーフエコノミストを早々に引き上げニューヨーク大学に復しているが、筆者がこの論文をベースに議論をしたいと訪ねたのは彼がまだスタンフォード大学で教授をしていた頃のことだ。訪れてみると、筆者がバークレーに学んだということが分かると、いきなりジョージ・アカロフをどう思うかに始まり、次から次へ質問が出てあたかも入試を受けているようだった。

私有財の筆頭に未整地を例示として挙げるのはいかにもアメリカ的である。というのは、所有による自由というのは、先に見たジョン・ロックの主張である。長い歴史をもつヨーロッパでは理念としてしか成り立たなかったロックの主張をアメリカで成り立たせたのは、この未整地の存在だった。

この未整地の所有権を、西谷修流に解釈すれば、アメリカへの移住者たちは、土地所有の概念や、それを支える権利の法体系に無縁だった先住民たちの「無知」につけ込み、巧みに土地譲渡の書類にサインをさせ、それを盾に先住民を追い立てた。そして、映画『遙かなる大地へ』で見たように、その土地をあたかも「手つかず」の未整地のように見做し、その上に所有の権利を打ち立ててきたということになる。(10)アメリカでは制度的にペテンを成り立たせたという点で、集団として原罪を負っていることになる。そこから派生してきた主張に正統性がないという西谷の主張になる。

未整地に次ぐのは自動車のようなものが続くことになろうが、ここでは図表が普通の財たる「排他的財」（rival goods）と、それ以外の財、つまり「非排他的財」（non-rival goods）とに分けられるということに注目しよう。なぜなら、先に見たハーストは、一九世紀のアメリカの法体系が求めたのは、所有権の強化による現状維持の「安定」ではなく、むしろ「変化」にあったと主張していたからだ。人間は創

図 2-3　さまざまな財の経済特性

占有度	排他的財	非排他的財
100％	私有財：	・スクランブルのかけられた衛星放送
↓	（例）未整地	・ＣＤ音楽
	自動車	・ＭＰＵの設計図
		・コンピュータ・コード
		・ウォルマートの運営マニュアル
		・化学エンジニアリングの原理
	労働者の勤労	・〈ウィンドウズ〉ベースのＧＵＩ
	公海の魚	・コンピュータ・プログラムにおける命令ループ
	清浄な大気	公共財：
0％	ペスト駆除用不妊昆虫	（例）物理学の基礎研究

（出所）　P. M. Romer, “Implementing a National Technology Strategy with Self-organizing Investment Boards,” 1993.

造性に満ちた生き物であり、この人間のもつ創造のエネルギーを、いかにして最大限に解放してアメリカの経済発展に役立てるかという視点から、一九世紀の法制度が整備されていったというのが、ハーストの解釈である。アメリカは二一世紀の創知・情報化社会に向けて知的財産権を初め非排他財での財産権の法整備をしてきた。

したがって、創知情報化社会へと時代が進むにつれて、排他財中心の工業化の時代と比較し、非排他財が中心となってくる。さて排他財であるお菓子は、ある人が食べてしまったら他の人は食べられないが、非排他財である音楽演奏であれば、ある人が聴いて楽しんでも必ずしも他の人が排除されて聴けなくなるわけではない。図2-3ではヨコ軸に二分法によって排他的財と非排他的財の2つをとり、タテ軸に支配の度合い(controllability, appropriability, exclusivity)をとって、支配度の高いものから段々に並べられている。

ところで、財産を持つ権利も、アマティア・センの指摘をまつまでもなく、その財貨が生産・流通・消費される社会的仕組みに大きく依存している。つまり、与えられた社会的制約の中で自分の価値観、自分の生き方にあった権利行使をすることになる。図表は、排他的財、非排他的財の二つにスッパリと分けられるというよりも、二つがより合わさってできており、時代の推移は財を中心に見るのではなく、サービスをベースした経済ロジックで考えるべきとなったことを示唆しているといってもよいだろう。

だが、一番の問題は「労働者の勤労」という擬制された商品、財産権の使い方だ。教育・経験によって勤労の質も大きく異なるが、それを適用する社会がどんなかによっても、これまた大きく異なるからだ。また労働者の勤労ということになると、その買い手から見ても、時間を限っての労働、あるいは契約した成果を支配するにすぎなくなる。また、ケネス・アローの言う、研究者のやる気と怠慢の問題もある。経営戦略論で、組織のベクトル合わせやモチベーションが議論されるゆえんである。

そして「労働」の売り手側からしても、失業といった市場の失敗の問題がある。擬制商品たる労働の価値保存のために設けられたのが一九四六年労働法であり、保全を政府の責任としたことになる。これに対し、先に見たアップワークのようなギグ・ジョブの仲介では利便性が問題とされ、直近にはカリフォルニア州ではギグ・ワーカーも企業の従業員のように扱えるという州法が成立したが、新自由主義的な風潮の中で価値保存の問題は議論されることはなくなってきていた。

一方、非排他的財では、物理学における基礎研究など基礎科学における成果は、万人の財産としての純粋の公共財と定義できようが、相当の個別財産性が強いウォルマートの運営マニュアル、それと比較すれば公共性も相当に出てくるMPUの設計図とOS、具体的にはマイクロソフトの〈ウィンドーズ〉とインテルのMPUでは、どこに線を引くかが問題になってくる。

これに関連して筆者の面談話の続きだが、ローマーが授業でもウォルマートの運営マニュアル、つまりコンピューターシステムのようなものがイノベーションの新しい形態だといっているというのに対し、その通りだが、ウォルマートの運営マニュアルよりセブンイレブン・ジャパンのモノが優れていると思うと茶々を入れた。早速、ローマーの尋問が始まり、筆者はいくつかの例示を求められたが、最後は当時両社の間で結ばれた提携契約の中で両社がウォルマートの品揃えとセブンイレブン・ジャパンのコンピューターシステムとが等価であると認めていたことからローマーの得心が得られた(11)。ところが現在にあってはセブンのシステムでは〈セブンペイ〉が開始一か月で閉鎖を余儀なくされるなど大きく劣化した一方、ウォルマートのオムニチャネルのシステムはeコマースの雄、アマゾンに十分に対応できるものになった。なぜ二〇年前にウォルマートの運営マニュアルだったのか、今から考えればローマーは

「アイディア」だけでビジネスを構築するグーグルのような企業の出現を予期していたとも推測できる。

ところで、肝心のマイクロソフトとインテルのいわゆる〈ウィンテル〉が消費者に対する利便を提供するある程度の公共性を帯びた存在なのか、それとも強力なプラットフォームを梃子として独占利益を得ているのか、そうした議論に移る以前に、日米イノベーション比較などで予定の時間を大きくオーバーし、これらの点に関しては議論できずに終わった。

筆者がマイクロソフトの〈ウィンドーズ〉やインテルのMPU、併せて〈ウィンテル〉の独占問題に関し、様々なネットワーク効果が高い参入障壁を生んでいることなどの問題点を検討した論文をリサーチポリシーに投稿したのは後のことだ。(12) 論文を書くにあたり、筆者もローマー以外にも実際にアメリカの司法当局、規制される側、シンクタンク、大学などを訪れ議論もしたが、当時は独占の問題が盛んに論議されていた。とくに印象深かったのは、最も保守的なシンクタンクの一つとされるケイトー研究所にウィリアム・ニスカーネン所長を訪ねた折、聞かされたことことだ。それは、若い研究員がマイクロソフトの〈ウィンドーズ〉と独占禁止法の関係を論じた論文が研究所のスポンサーとの軋轢を呼んでいるが、スポンサーを失っても研究員と論文を守ってやりたいと考えているとの苦悩の吐露だった。だが、時代は変転していく。

2 スーパープラットフォームの出現を機に見直される市場の役割

ＷＷＷの出現は、冒頭で述べたように、一つの新しい時代の始まりであった。新世代のインターネットに関しては、それが情報の非対称性をなくすという意味でアカロフのいう「レモンの経済」を終わらせアダム・スミスいう見えざる手を現実のものにする技術ではないかとの期待があった[13]。ところでレモンとは、見かけは良いが欠陥をかかえた中古車を指す俗語だ。今や中古車はディーラーによって相応の整備がなされ相応の価格で提供されるようになったが、その昔には図2-2で見たように「騙す」「正直に取引」という想定ができたのだ。アカロフは中古車取引がなかなか成立しないのは売り手には欠陥がわかっていても買い手にはそれがわかりにくいという情報の非対応性にあると見たのである。インターネットの発達によって情報の共有が進めば市場はきわめてスムーズになるとの期待が生まれたのだ。デイヴィッド・エヴァンズとリチャード・シュマレンジーの『マッチメーカー』も、いかに効率的に出会いを創出し需給を統合できているかを説くものになっている[14]。

確かにウーバーの利用者、運転手の相互評価、ホテルやレストランの利用者評価などが、取引を多少ともスムーズにしている。しかし、アダム・スミスの世界が生まれたとは言えないだろう。

二〇一二年に司法省のサンフランシスコ支局が室内装飾用のポスターをネット上で販売するポスターレボルーションの創業者デイヴィッド・トプキンスをシャーマン法違反の疑いで起訴したことはあったが、それ以後には、検索エンジンのグーグル、ネット通販のアマゾン・ドット・コム、SNSのフェイスブックの台頭、独占など近年の問題に関してはアメリカの司法当局が大きな動きを見せることはなかった[15]。いずれにせよ近年の国内での裁判やEU（欧州連合）の罰金による制裁等によってもその性格を問われた〈ウィンテル〉の時代からは様変わりである。

だが第一章で見たウーバーの出現は、社会の在り方を急速につくり替えている。そうした大変化が起こっている中で、誇大広告での摘発程度にとどまってよいのか。新世代のICT取引インフラの公平性は保たれているのかという疑問が澎湃として湧き上がってる[16]。アマゾンによる高級スーパーマーケット、ホールフーズの買収は、単にアメリカのウォルマートの株価だけでなく、オーストラリアのウールワースやイギリスのテスコの株価をも下落させた。ICT企業ないしAIを初めとするICT技術そのものが小売業を消滅させることを市場は嗅ぎつけたのだ。本の通販で出て来たアマゾンは実店舗で営業する本屋、ボーダーを倒産させたが、最近ではアマゾンと独占供給契約を結んでいた玩具のトイザらスが、アマゾンが契約を破棄し仕入れ先を増やした中で倒産した。次は自分たちだと緊張が走ったのだ。

ICT業界の経営者たちは、自分こそは世界を変えるという人物になるとの決意をもって業界に入ってきたのだ。アマゾンが小売業界を消滅させるとしてもそれは望むところなのだ。メリーランド大学教授のフランク・パスクワーレは独占問題が、検索エンジン大手のグーグルのような「超ド級のプラットフォーム」では自社のコンテンツが有利になるようなアルゴリズムを提供すべきでないと説いても、業界関係者からはそんなコードは書けないとの回答が返り、意志の問題ではなく、法律の問題だと注意を促しても彼らはそうした観点から考えようとも、議論しようともしないという。ひたすら検索技術の開発、自己に有利になるようなマインドセットの下での技術開発にしか視野が及んでいないとする。事実、フェイスブックの当事者だったマイク・ホフリンガーもその著でひたすらそうしたコードを書いたことを誇っている。(17) グーグルはアマゾンの製品であるAIスピーカー〈エコー・ショー〉ではグーグルの提供する動画サイト〈ユーチューブ〉を見られなくなる措置をとった。アマゾンもまたグーグル製品を排除しているというのだ。

プラットフォームは図2-2で言えば、公共戦的色彩の濃いものだ。パスクワーレが、ビッグデータ解析のアルゴリズムが弱者を搾取している恐れが高いと規制の必要をとく『ブラックボックス社会:カネと情報を支配する秘密のアルゴリズム』を出版したのは、こうした背景からだ。(18)

ＩＣＴ業界の経営者たちが真のイノベーターなのかと、ジョセフ・スティグリッツも問う。スティグリッツは半導体の発明者やＤＮＡの発見者たちが科学者として社会に貢献したいと考えた人たちだったのであり、現在ネット事業で巨万の富を得ている人びとが依拠しているＷＷＷの発明者のバーナーズ＝リーは自分の発明は万人に利用されるべきだと権利を放棄したと指摘している。[19]

スティグリッツの示唆するところは明確だ。多くが独占から生まれているという疑いが強いというのだ。そうであるとすれば、アメリカの独禁法当局がこれまで国内での反トラスト法の適用がなかったのは、「超ド級のプラットフォーム」がその規模にもかかわらず市場支配力を不当には使っておらず、技術革新により社会に繁栄をもたらしているとみてきたからではなさそうだ。社会の在り方を急速につくり替えている産業、つまりプラットフォーム産業に関して、それが消費者に利便を与えており、公平な競争の問題はないと考えているわけでもなさそうである。

◆超ド級のプラットフォームは消費者の味方か

アメリカの独禁当局の沈黙を破ったのは、ＥＵだ。エコノミスト誌は、今の世の中でもっとも影響力のある業界の先行きに対し、影響力をもつのはワシントンやカリフォルニアではなくブラッセルであり、ベルリンだと指摘する。[20]アメリカの当局が手をこまねいている間にプラットフォーマーたちは民主主義を不安にし、プライバシーを侵害し、個人の権利をも侵すようになっている、これを是正するに立ち上がったのはヨーロッパであり、彼らに正当性があるというのである。

ＥＵの当局は、グーグルに対し最近にデータ規制ＧＯＰＲ違反で八〇〇万ユーロの制裁金を科した以外にも、競争法の三つの分野で警告を発し異例ともべき総額八二億五〇〇〇万ユーロの罰金を科した。

三つの分野を順次取り上げれば、まず「買い物検索」に関して、二〇一五年四月（「異議告知書」送付の時期）に「グーグルショッピング」と呼ぶ自社サービスを検索結果で優先的に表示し、競合サービスを不当に扱ったとして警告を発したのが始まりである。つまり、二〇〇八年にサービスの仕組みを変えた新サイトでは一般的な検索結果の一番上の目立つ場所にグーグル自身の買い物検索の結果を表示し、競合するサービスへのリンクをユーザーがほぼ訪れない検索結果ページの下の方に置くことで、体系的に自社サービスを優遇したというのが欧州委員会の申し立てである。

いくつかの経済取引を統合する、いわゆるプラットフォーム企業ではコース理論が適用できず、独占禁止法の適用をするにも新たな規制概念が必要だとジャンシャルル・ロシェとジャン・ティロールが指摘したのは二〇〇三年のことだ。[21] ティロールらの指摘するようなプラットフォームは読者を増やすことで広告料を高くして廉価な紙面を提供してきた新聞やたくさんの店舗を呼び込むショッピングホールなど多くのネット以外の事業でも見られる。[22] だが、ネット企業の場合、自身が新しい産業の創出であるだけでなく伝統的な産業を変えていくという意味で、伝統的なプラットフォーム事業と比較して格段にパワフルなのだ。[23] したがって古いタイプのプラットフォームであるショッピングセンターはアマゾンやアリババのようなネットのプラットフォーム事業から浸食され閉鎖に追い込まれることも起こっている。

なぜネットプラットフォーマーは強力なのか。それはデジタル化された情報財の場合、複製と移転のコストが低く同時多重利用が可能だから、ネットワーク効果も多大だからである。フェイスブックはオリジナルな事業である交流サイトの〈フェイスブック〉に加え、買収した写真共有サイト〈インスタグラム〉という強力な集客装置（プロダクト）を無料でサービスを提供する一方、これらの集客を梃子に広告収入を得る事業という二つの面からなるプラットフォームになっている。これに対しグーグルは、オリジナルな検索での〈グーグル〉から〈グーグルマップ〉地図、動画投稿の〈ユーチューブ〉などと集客の間口を広げる一方、基本ソフト〈アンドロイド〉をスマホなどに提供してプラットフォームを拡大するなどインフラ構築し、他サイトで広告を巧みに取り込むノウハウを武器に成長したきた、文字通り「情報技術」の会社である。それ自体に課金するのが難しい。両社の年次報告書にはマネタイズ（収益化）という言葉が頻出するが、それは無料で提供するサービスである「サブシディサイド」を梃子に広告に巧みに結びつけるノウハウということになろう。

だが、ＥＵの警告は、広告に巧みに結びつけるノウハウとされるものに不正があり、無料といえども消費者を惑わせるというものだ。アメリカではティロールらの指摘のように取引と取引の間の対応がない等の理由によって従来の理論なり様式なりが適用できないとして規制の方法を巡って混乱が続いているのだろうか。確かに情報のマネタイズという擬制商品の登場するのは初めてのことだ。また、プラットフォームでの取引は多くの取引を束ねるという点では分解し、分業するというアングロサクソンの流儀から外れている。

だが、規制が適用されていないのは手段がないからではなくて、単に政治的「保護」が与えられてきたからだと、トランプ政権下ではこの政治的「保護」がなくなる可能性を投資家に警告したのは、調査会社のストラテガス・リサーチ・パートナーズである。

保護とは何か。オバマ大統領時代の二〇一五年にルール化されたものに「ネットの中立性」原則がある。インターネット上を流れるコンテンツを公共財として規定し、それを「平等」に扱うよう通信会社に求めたものだ。この原則によって通信大手の回線を使って流れるコンテンツはデータ容量が違っても値段に差がなくユーザーに届けられている。動画など大容量データが増えると回線のトラフィック（通信量）を大幅に占有すれば、負荷がかかり配信速度が落ちたり、場合によっては中断したりするので、原則を維持するためには通信会社は大容量のコンテンツに対応するため設備投資を余儀なくされる。ところが、現実に通信回線を流れるコンテンツはフェイスブックなどネット企業のものばかりだ。

「ネットの中立性」原則がなければウェブ閲覧が難しくなり、ネットワーク社会の発展を阻害するというのが建前だった。スカイプのようなサービスはネット中立性がなければビジネスモデルとして成り立たなかった可能性もある。だが、現実はネット企業には回線インフラのただ乗りを許しているだけではないかとの見方もできる。クリントンはウォール街の利益を、オバマはシリンコンバレーの利益を代表したとみるトランプはFCC委員長にアジット・パイを起用し、そのパイはネット政策の見直しを進め「ネットの中立性」原則を撤廃した。ストラテガスの指摘は当たったのだ。フェイスブックやネットフリックスは猛反対しているが、反オバマの政策を掲げるトランプ政権の下では元に戻ることはあり得ないだろう。通信会社からは料金引上げの攻勢が確実に始まり、コンテンツの提供者からは料金徴収の動きが出てくるに違いない。ニューズ・コーポレーションを率いるルパート・マードックが信頼性、有益性などをベースに報道機関の格付けを始めるとしたフェイスブックに対して、報道ニュースを掲載した場合「掲載料」を支払えとの声明を出したのは、そうした動きの始まりといえよう。

だが、欧州委員会の視線はもっと高いところにある。同委員会がネット検索市場での独占的地位を乱用したとしてグーグルに対し二四億二〇〇〇万ユーロの制裁金を課したのは、二〇一七年六月のことだ。欧州委は同社が仕組みを変えた時、競合サイトへのアクセスは急減したとし、グーグルの市場シェアは欧州諸国で九〇％を超えたと訴えを退け、罰金を課すことになったとしている。

さてEUの二つ目の警告は、二〇一六年四月の携帯端末向け基本ソフト〈アンドロイド〉に関し「抱き合わせ」販売を強要したというものだ。すなわち、〈アンドロイド〉を検索や地図など自社アプリと抱き合わせでメーカーに提供し、競合するアプリを締め出したとの申立てである。つまり、〈アンドロイド〉のライセンス契約内容には、YouTube、Google Maps、Gmail などの Google アプリをフルに事前インストールするよう端末製造元に義務づけていたことが、競合他社に大きく不利な状況をもたらしているというわけである。ＥＵによる〈アンドロイド〉告発という事実がアメリカの独禁当局が産業政策上の理由から告発を見送ってきた二つ目の理由でもあり得る。なぜならアメリカ政府は筆者がトロンプロジェクトで論じたように、ＩＣＴでの覇権が他国の手にわたりそうな怖れがあるときには強引な手を使っても、それを阻止してきたからだ。〈アンドロイド〉こそがＧＳＭで、いったんはＥＵが握った携帯端末システムのＯＳでの覇権をアメリカの手に取り戻した立役者だ。一方、ＥＵの独禁当局もまたアメリカを相当に意識して動いている気配が見える。筆者がＥＵの独禁当局を訪問したのは二回しかないが、二度目の訪問時、前回と同じ担当者に連絡したところ映画の担当になっていた。

この〈アンドロイド〉に関連して欧州委が四三億四〇〇〇万ユーロとＥＵ競争法違反の罰金としては過去最高の罰金を課したのは二〇一八年になってからだが、同委員会が過去二年間で三度目となる一四億九〇〇〇万ユーロの罰金をグーグルのインターネット広告事業を対象として課したのは一九年三月のことだ。欧州委は一六年七月にグーグルが広告配信サービスを利用する第三者のサイトに対し、競合サービスが配信する広告の掲載を禁じるなどしたとして警告を発したが、グーグル側もアマゾンなど大手の影響力を考慮に入れていない、競合サイトへのグーグル検索経由の流入は増えていると反論し、警告に異議を申し立てていた。だが、消費者はネットで買物を擦る場合、アマゾンやイーベイなど多くのサイトで商品を探しており、グーグルの検索サイトはそれほど支配的ではないという主張は退けられ今回の罰金に至ったことになる。先にグーグルはアメリカでは二〇一六年のデジタル広告の六割を押さえていると指摘したが、その伸びはさらに高い。

一方、同期間のヨーロッパにおけるオンライン広告仲介市場のグーグルのシェアは、二〇〇六～一六年の間に七〇%を上回ったとしている。また、注意勧告を受け是正するまでウェブサイトの運営者との契約で自社の広告を優先させていたことも罰金の多寡に関係している。すなわち、今回違反の対象となったのは、こうしたサイト内の検索機能を使った際に、検索結果と一緒に関連性の高い広告を表示する「検索向けアドセンス」と呼ばれるサービスになる。

だが、先にも触れたようにプラットフォームの開発者たちには中立的なものをつくりだそうという発想はこれっぽちもなく、競争相手をうまく排除することだけを考えているのだ。考えるだけでなくグーグル、アマゾンの間ではお互いを排除し始めている。

二年の間に合計八二億五〇〇〇万ユーロという制裁金は、ＥＵ競争法違反の罰金としては異例ともいうべき高額だが、それ以上に重要なことは、社会の在り方を急速につくり替えている産業、つまりプラットフォーム提供産業に関しては消費者に利便を与えているとしても、それが公平な競争となっているかどうかをチェックするとの欧州委員会の立場を明らかにし、他の規制主体に行動を征したことだろう。先にシェアリングエコノミーの雄、ウーバーやアップワークが働き方をドラスティックに変えているが、市場をほぼ独占していることによる弊害に関しては点描こそしたものの、それを深く論じることはなかった。だが、欧州委員会はネット企業にどう対処していくのか大まかな指針を示したのだ。その点で、自社のプラットフォーム上で競合する企業によって商品やサービスを提供される時、グーグルやフェイスブックの支配的なプラットフォーム提供企業はどんな責任を負うのか、という問題提起をした欧州委員会の取組みは称賛されるべきということになる。

ＥＵ当局は、プラットフォーム事業者の自分たちは消費者の利便性を図っているという主張に対して、改めてスーパープラットフォームは消費者の味方かと問いかけたのである。ＥＵの告発を機にＧＡＦＡの独占を批判する声があがっている。物理的なインフラに注目し、グローバル化はなお前進するとみているパラグ・カンナは、グーグルが世界に張り巡らせる通信ネットワークの五分の一を保有する寡占企業の一つであると指摘している。[24] 一方、日本経済新聞は二〇一七年四月時点での世界の時価総額トップ五社がいずれもアメリカ企業、しかもＩＣＴ企業であり、彼らの独占的利益はデータを独占していることに起因しているとする。グーグルの検索エンジンでのシェアは七〇％、アメリカのデジタル広告の六〇％を占めたのが、フェイスブックと彼らの独占がそのまま独占的利益になっていることに注目する。[25] ＦＴ記者のラナ・フォルーハーは投資家だけでなく、リーマンショック前の投資銀行家か、それ以上に傲慢なＩＣＴ企業経営者も用心すべきだと警告した。

ところが、こうした動きに水を差す声が、こともあろうか、ＦＴＣから出て来た。ＦＴＣ委員長代理のモーリン・オールハウゼンは「技術のもたらすイノベーションは明らかに消費者にとって恩恵がある。その点を考えると、他の目的のために消費者の利益をないがしろにする方向へと推進する動きには懸念を示す」と、暗にＥＵ当局の問題提起に反発する発言をしたのだ。

だが、無料サービスで消費者に利便性を提供しているという彼女は完全にまちがっている。消費者は個人ではとくに大きな価値を感じているわけではないが、それを寄せ集めることによってプラットフォーム事業者にとっては非常に大きな価値となる情報を対価として払っているのだ。しかも、プラットフォーマーはデータを交換することによって、ウェッブの閲覧歴や位置情報、趣味などのデータを付け合わせ、誰がどこにいるかを秒単位で分かるまでにしているのだ。こうしてプラットフォーマーたちが集めている情報は国家のレベルを超えている。つまり、米国中にわたるスーパープラットフォーマーは、消費者の発するデータを集め分析することで彼らを監視し、かつてない効率で彼らの誘発された行動を読み解き収益化するという新たな資本主義が生み出されているのだ。ハーバード大学名誉教授のショシャナ・ズボフが「監視資本主義」の危険を認知しなければならないと警告するゆえんだ。[26]

中国では、ネット空間の主権と安全保障を確保することを目的としてインターネット安全法が二〇一七年六月に施行されている。すでに「金盾工程」を実施し、反政府の言動を取締ってきたことから考えればネット安全法の導入はその根拠を改めて用意したに過ぎない。だが、それは「自由」を核心として生まれたインターネットを「統制」の下でのみ利用可能であると中国が宣言したことを意味しよう。事実、アリババ傘下のアント・フィナンシャルでは電子決済の履歴や学歴、そしてSNSの交友関係などをポイント化するアプリ「芝麻信用」をはやらせ、それを融資のためのデータとして活用している。一方、中国政府は、国民それぞれをその行動によって個別に点数付けしていく「社会信用体系」なるものを築く計画を立ち上げ、あらゆる人やものの動きをリアルタイムで監視できる「天網工程」なるシステムをほぼ完成させた。加えて民間の取引もすべて中央銀行を介して行うべきこととしたから、水も漏らさぬ監視システムが構築できたことになる。この「天網工程」は公安警察に大いに役立ち、公安員が次にどう活動すべきかまでを指示するが、中国はすでに「天網工程」をアジア、アフリカの二〇か国以上に輸出している。

こうした中国の動きを、アメリカで生まれ広がってきたサイバー空間のありように大きな影響を与える真逆の動きといった感覚でとらえていた。しかし、ズボフは、監視は単に中国や民主化の遅れた国だけの問題ではない、アメリカでも起こっていることだと警告したのである。それはフェイスブックの偽情報事件、個人情報のずさんな管理などから、ようやくプラットフォーム事業のもつ新たな権力形態への警戒感が生まれてきている。だが、フェイスブックが偽情報を排除するとして、真偽を誰がどう判断するのか。中国では情報の判断は共産党の政府が行うことは当然のことになるが、先進国ではどうあるべきなのか。ＦＴＣはフェイスブックの個人情報のずさんな扱いに対し五〇億ドルの罰金を科したが、基本、自主規制に止めた。情報というものに西側の主体よりもある意味で真摯な取組みをしてきた中国政府がたまたま問題点を先に見出し、それへの先手を打ったまでのことが問われることになる。

資本主義の原点、市場は価格づけにある。ところがプラットフォーム資本主義では多くが無料の罠に落ちいっており、場所を変えることで価値が大きく変えることができる錬金術師が仲介している情報のやりとりに、創知情報化時代にふさわしい価格体系が確立されていない。これに価格を導入することで、プラットフォーム資本主義の問題点を克服することは可能になるのだろうか。価格が存在することはデータの国外持ち出しを禁じた中国の「悪しき規制」の経済的意味を考えた時に類推できるだろう。

どんな方法でという点に関しては、ＥＵが消費者各人が自分の情報を管理し、その情報をマネタイズする方法を決める権利をもつという方向を打ち出したことが契機になろう。つまり、ＥＵの一般データ保護規制（ＧＤＰＲ）は、そのような権利を個人に賦すことによって、結果として個人データにも価格づけの途を開いたことになる。ヨーロッパにはナチスドイツが国民の個人情報を集積して、徴兵やユダヤ人の割り出しなどに利用したという負の歴史を背負っていることから厳しいデータ保護ルールを打ち出し、それをグローバルスタンダードへともってきた情熱がある。一方、ブロックチェーン技術が個別のデータを紐づけるものとなるだろうから日米欧からなるデータ流通圏の形成も可能になるとみるのだ。

◆超ド級のプラットフォームとどう折り合いをつけていくのか

消費者の利便性とは何をいうのか。消費者にとっての利益は何か。グーグルの検索結果の上に商品と価格がきれいに並んでいれば、消費者はそれで十分ではないのか。価格比較サイトの扱いのために消費者が損害を受けることはあり得るのか。FTC委員長代理までが無料で提供される利便性を言い立てる時に、こうしたことを立証することは相当に難しいように思われる。

こうした中、出たのが『フィッシングされるのはバカだ（Phishing for Phool）』である。フィッシングという語が登場するのは、インターネットの活用が始まった一九九六年だとされる。『オックスフォード英英辞典』によれば「だますことにより個人情報を狙い、オンライン詐欺を行うこと」といった定義が与えられているが、日本でもそのままフィッシングで通用している。著者の一人は、ローマーの質問の第一にあった「レモンの経済」をもって颯爽と登城したジョージ・アカロフだ。もう一人は、ジョン・ケイにいわせると、株式市場を見守っている者ならだれでも直感的にわかりきっている命題を丹念に証明したことで受賞したに過ぎないが、筆者にとっては『投機バブル　根拠なき熱狂』で人々を得心させたロバート・シラーである。書名を見て筆者がとっさに考えたことは、二人のまともなノーベル経済学賞受賞者によるインターネット経済の批判だろう、これはおもしろいものになりそうだというものだった。

ところが、邦訳では『不道徳な見えざる手』となったように、同書では、フィッシングという語はもっと広い意味で使われており、ネット上で消費者の利益に反するフィッシングが行われているといったことを取り扱ったものではなかった。

テネシー大学教授のモーリス・スタックとオックスフォード大学教授のアリエール・エズラッチは、

プラットフォーム上での競合を確保し、競合する企業に不利になる形にはならないよう厳正中立を守らせるべきだと注文を付ける。彼らはコンピューターのアルゴリズムが厳正中立をとらず、システムに有利になるようにするケースには大きく分けて四つのタイプがあるが、司法省が摘発したポスターレボルーションの例はそのうちの一つ「メッセンジャー」と名づけられるもので、アルゴリズムは価格を高く維持するための補助的な役割にとどまり、ポスター価格の談合には人が直接関与するもので、摘発しやすかったと見る。

ウーバーの価格つり上げの場合も、アルゴリズムそれ自身に「つり上げ」のメカニズムがくみこまれているわけではない。ただアルゴリズムが、ベースレートとどれだけの「サーチャージ」がどこで、いつまで可能かを提示しているので、ウーバーが圧倒的なシェアをもっているときには、運転手は、自分で価格づけをするよりも、その表示にしたがって「サーチャージ」をした方が得と判断し、先のように雪の日に四一五ドルをチャージしてしまうのだ。これは、指揮者がメンバーに対して、これこれのことができるはずと指示する「ハブ・アンド・スポーク」と呼ばれる古典的な価格つり上げ策に相当する。[27]

ニューヨーク大学教授のスコット・ギャロウェイのように、ネットのプラットフォーマーに対しても従来と同じように独占体に対して分割命令を出していくことで市場は機能するようになると主張する人もいる。[28] だが、使い勝手の良いアプリケーションを適用して構築してできているプラットフォームに、旧来型の独禁法の措置を適用して分割するといった方法は必ずしもうまくいくとは思えない。ネットワーク効果の問題があるからだ。新しいアプローチを考える必要があるのだ。ウーバーの場合、〝買い手〟と〝売り手〟を取り持つ典型的な仲介業者になっているというプラットフォーム企業の事業の本質を考えれば、証券市場でのトレーディングファシリティーズの集中化のアイディアが役立つ可能性がある。

その点で、私的取引システムの乱立に対応した一九七五年の証券市場改革で生まれた「全米市場システム（NMS）」にならえというFT記者のロビン・ハーディングの提言は正鵠を射ているように思われる。先に紹介したタクシーとライドシェアが交錯しているニューヨークでは、タクシー業界がスマホで配車ができるアプリを二〇一五年に導入、一七年六月からは市内で急成長するライドシェアのビアと提携し、ビアのアプリを通じてタクシーも相乗りのサービスを開始したが、市もこうした動きを後押しするため、タクシードライバーがライドシェア会社のドライバーも兼務できるユニバーサル免許の制度を導入している。こうした相乗りをさらに一歩進め、公共的な性格を持たせるのだ。ハーディングは、NMSは複数の市場の価格情報と約定情報を集約し、その透明性と効率性を高めるためには二つの規制をかけることが特別に重要だと指摘している。一つは取引所などが非会員に不当なアクセス制限を課すことを禁じたアクセス規制であり、もう一つは、最良の希望価格を提示した市場に売買注文を送ることを義務づけたオーダー・プロテクション規制である(29)。

こうした規制環境を配車サービスに適用するためには、取引の標準化が必要になる。証券取引の場合、取引の証券は同じ規格の商品ということになるが、配車サービスにはサービスの規格化が必要になるがむつかしいことではないだろう。そうした摺り合わせ後の取引を集中することは、ウーバーを分割するのではなく公共的な性格をもつ全体取引の部分へと変えることになり、独占状態が解消されることになる。すなわち、アクセス規制があれば、ウーバーと同業各社とは配車を望む利用者と、乗客を探している運転手の情報を共有することになる一方、オーダー・プロテクション規制があることにより、ウーバーは、運転手の登録先が自社か他社かを問うことなく、低料金を提示した運転手の中で利用者の最も近くにいる運転手に配車させなければならないことになる。これにより、どの企業のアプリを使おうと、時間優先、価格優先で取引全体が一つのスクリーン上に表示され、透明性をもって配車取引が個別プラットフォームの壁を乗り越えて次々と成立していくことになる。つまり、アクセス規制があれば、ウーバーと同業各社とは、配車を望む利用者と、乗客を探している運転手の情報を共有することになる一方、オーダー・プロテクション規制があることにより、ウーバーは、運転手の登録先が自社か他社かを問うことなく、低料金を提示した運転手の中で利用者の最も近くにいる運転手に配車させなければならないことになる。

これに対し、中国の滴滴、シンガポールのグラブなどに出資しているソフトバンクがアメリカのウーバーに対しても二〇％程度を出資し、配車サービスでの世界連合を形成することを提案している。ソフトバンクの提案する世界連合ができればＮＭＳのような運用と機能が実現されるのであろうか。自己の受けたオーダーをどう全体と整合させていくかのアルゴリズムによるが、どの企業のアプリを使おうと、時間優先、価格優先で取引全体が一つのスクリーン上に表示され、透明性をもって配車取引が個別プラットフォームの壁を乗り越えて次々と成立していくということよりも、新規の参入を防ぐためのモノになる可能性が高い。規制当局はＮＭＳのような運用を目指すべきだろう。

ここ数年、シリコンバレー企業はあらゆるサービスにウーバーの事業概念を応用しようとしてきた。ＮＭＳタイプのインフラ構築がどの程度のコストでできるか、そしてプラットフォーム上で行われる取引の標準化がどの程度進むかにもよるが、この原則は、ネットワーク効果を持つソーシャルネットワーク企業など、ほかのプラットフォーム企業にも適用可能だと思われ、旧来の独禁法の規制で縛るよりも効果的だと思われる。なお取引所型の取引に移行した場合には、決済システムなどのインフラ整備が必要との見方もないではないが、時には数百億ドルに相当する高額な資金の決済となる証券取引と異なり少額であることから、それぞれのプラットフォーム企業が提供する決済システムで間に合うはずだ。

だが、プラットフォームの提供者がそれぞれ別々の価格づけ機能を備えていて一見競争的になっていると見えても、アルゴリズムが相手の出方、市場の状況を把握できるように組まれている「予測能力をもったエージェント」になっている場合、どうなるのだろうか。さらにいえば、ICTの進歩で市場の状況把握は一段と精緻になっていく「デジタルの眼」のケースでは、そうした状況を神の視点ともいえる市場把握をし、AIを使って学習を繰り返しながら次から次へと常に「ベターな判断」をしていくことになろう。前者の場合でも、もしシステムが勝手に暗黙の談合をしてしまったとすれば、その談合が目に見えないが、後者にあってはますます捕捉できず、独禁当局はお手上げの状況になってしまうことになる。

どうした対応があり得るのか。事後的な対応ではなく、データの保護や移動、プライバシーの確保など、事前の対応をプラットフォームの提供者に対し要求することによって消費者の利益につながる可能性があるとエズラチらは指摘する。(30) 個人データに関しての価値・価格体系ができていない中での一つの賢明な行動指針、独占の弊害の予防になり得るというのである。アルファの子会社グーグルは、単独でウェッブサイト、ストーレッジ、企業向けアプリなどを通じてインターネットコンテンツの約二〇%を支配しているが、別の子会社グーグル・ディープマインドは全世界で二〇〇〇人とされる第一線のAI研究者の半数を囲い込んでいる。主要なプラットフォーム提供者が支配力を梃子に新規参入を妨げたりしないようにすることが求められているが、M&Aによって新規のアプリを獲得してきてこれ以上の市場支配力を高めることがないよう、ドイツの独禁当局が実際に採用するようになった、これまでの売上規模に代えてイノベーション力のプロキシ—としての時価総額を適用して彼らの買収をチェックすることも一案であろう。

利用者にも事業者にも多大な恩恵をもたらしたように見えるプラットフォーム企業の独占問題を解決しようということは未来の市場の公正の確保を目指すものと言えよう。だが、多くの新古典派経済学の提唱者は未来へと目を向ける前に、反省すべき過去があるのではなかろうか。

『不道徳な見えざる手』にもイエールの学生たちがフェイスブック中毒になっている描写が出て来て、それは競争の激しさから逃れるためだとの解読もなされている。筆者もハーバード大学教授のベンジャミン・フリードマンを訪ねた際、偶然に登校拒否をしている新入生を説得している場に出くわした経験があり、この解読には納得できるところもある。だが、フリードマンは二〇〇五年の段階で『経済成長とモラル』を上梓し、政府とリーダーたちは公正な分配を伴う成長に失敗していると警告し、ある意味で新古典派経済学に反省を加えた。『不道徳な見えざる手』には、経済学者としての反省は盛り込まれていないのか。

3『不道徳な見えざる手』の著者たちの回心

『不道徳な見えざる手』と邦題がつけられた著ではフィッシングという語が広い意味で使われてことから訳者である山形浩生は日本にはカモにする、カモがねぎをしょってやってくるなどの言い習わしがあることから「カモ釣り」なる訳語を充てている。同著を読んだ筆者の当初の感想としては、物足りなく、本人たちもいうように「新しい経済学」と呼べるようなものは何もなくて、ノーベル経済学賞受賞者として期待をした身からは詐欺にあった気分だった。訳者も、二人の著者が高齢ではあるものの、いずれ「ものがたり」を核とした新しい可能性について描き出してくれるのではないかと期待を示す形であとがきを終えている。確かにオシドリ教授としてカリフォルニア大学（バークレー）で研究生活を送っていたアカロフも妻のジャネット・イエーレンが連銀議長に就くと、関節炎になやまされながらワシントンではＩＭＦでの訪問教授、ジョージタウン大学教授という裏番組を組まなくてはならなかった事情は理解できよう。だが、ながながとしたあとがきが何事かを言いたいことがあることを示唆していた。

何ごとかとは何を意味するのか。それは、後述のように『ジャーナル・オブ・ファイナンス』に掲載されたルイジ・ジンガレスの会長演説を読み、その目で邦訳なった『不道徳な見えざる手』を読んでみて初めて分かった。新古典派経済学の重鎮であるアカロフとシラーは、「フィッシング（カモ釣り）」という語を持ち出して読者の目をあざむく形で新古典派経済学の冒してきた間違いを修正する「良心」を吐露する書を著したのだと。

壮絶な格差を生みだし、金融危機をもたらした背景には、かつてジョン・メイナード・ケインズが指摘したように、自分たちの展開してきた経済理論なり、政治哲学なりがあったに違いない。ケインズは言っている。経済学者の思想は、それが正しい場合も間違っている場合も、通常考えられている以上に強力である。実際、世界を支配しているのはまずこれ以外にない。誰の知的影響も受けていないと信じている実業家でさえ、誰かしら過去の経済学の奴隷であるのが通例である。(31)

アカロフもシラーも市場経済というものが常に「フィッシング（カモ釣り）」という人をあざむく行為をやすやすと生み出していることによって「見えざる手」が理想の状況を生み出すという、古い経済から生み出された教訓とはかなり違った結論になることを提示し、また何の留保もなしに大統領演説を「政府こそ問題だ」と切り出したレーガンが語り始めた「国のものがたり」が「まちがっている」と明確な反省を口にしていたからだ。ところが、ケインジアンたちを葬ってきた歴史、最も基本的なところで市場を讃えるという態度を変えるわけにはいかないようなのだ。これらの点はおいおい読み込んでいくことにしよう。

◆ニューディール政策からの脱却へのひたむきな努力

東京大学教授の宇野重規は、現代の保守の意味の検討を試み『保守主義とは何か』を上梓した。その宇野が明快に語っているのは、保守の起源ではなく、ニューディール政策の成功である。政府主導のもとに社会の発展と個人の平等をはかる「リベラリズム」に対する幅広いコンセンサスをもたらし、進歩と改革が時代の基調となるなかで、保守が占めるべき位置はどこにもなかったというのである。ルーズベルトのニューディールがアメリカで画期的だったのは、個人の怠惰や不誠実のせいではなく、社会の仕組が問題だとして労働者を救済しようとし、職を生み出すために公共投資が行われた点であると宇野は指摘する。いうならば、貧困なのは自己責任ではないということになる。

ところが現在のアメリカは政府の役割に関してまったく逆の立場にあるリバタリアン（自由至上主義者）に席巻されている。リベラリズムとは訳せば自由主義だ。しかし、宇野のリベラルという語の使用例にみるように、アメリカではルーズベルト以後には明らかにリベラル社会民主主義的なニュアンスをもつようになった。ヨーロッパの古典的なリベラルは保守であろうが、このねじれはどうイギリス人などの目に映るのだろうか。エコノミスト誌の記者たちが著した『右派の国――なぜアメリカは特異なのか』の中で、同じエール大学の出身で共に大統領選を争い敗れたジョン・ケリーは、大きな政府を支持するリベラルの伝統を受け継いでいるとみられた一方、新自由主義者ないしリバタリアンを名乗った保守のジョージ・ブッシュ・ジュニアの当選は金持ちとは言えない層に支えられたものであることから、アメリカはもともと右派の国なのだと結論づけた。(32) リベラルがルーズベルトに乗っ取られるようになった一方、第二次大戦に至るころには伝統的な自由主義もまた国内的にも信用を落としていく中で、アメリカの保守主義者はリバタリアンと名乗るようになったが、宇野が指摘しているように、どこにも占める位置がなかったのだ。

自由主義と民主主義の同盟は、自由主義の側からの譲歩で生まれたものだ。しかし、保守主義者の眼から見れば譲歩をし過ぎたと映った。アメリカの保守はそれを復活をさせるにあたり、国家権力への懐疑、愛国心などいくつかヨーロッパの自由主義の伝統を引き継いだ。しかし、平等より自由、啓蒙主義といったアメリカの特色を残すもので、それが小さな政府を唱えながらイラクに軍事介入していくというブッシュ政権の行動へとつながった。

ではリバタリアンはいつ、どのようにして出てきて、世に跋扈するまでになったのか。まずリバタリアンだが、彼らにとっての正義とは、市場が財を安全に正しく配分してくれるので、個々人はその財を自由にできる権利をもつということなのだ。こうした経済的リバタリズムが倫理的リバタリアンを生み、世にリバタリアニズムが風靡してきたのだ。彼らは、社会に不満があったり、自分を活かせないと思ったりすれば、市場はいろいろな選択肢を提供しているのだからさっさと場所を変え自分を活かす方法を見つければいいとうそぶく。裕福な人びとは、公的教育の質が落ちている、自分の主張と相いれないとすれば私立学校の子弟を通わせる、時にはアドホックに私立の学校をつくってしまう。そしてコミュニティ、警察による公共サービスが気に入らないとすれば、ゲーティッドシティをつくり、警備員を雇い入れて防御態勢をとる。そこには、政策によって是正しようという姿勢がない。いうなれば、なるよう

（市場）に任せておけばよいという考えだ。

ニューディール体制のリベラリズムからリバタリアン保守の跋扈へと、アメリカが動いたことは、民主主義と自由主義のハッピーな結婚がやがて新自由主義が資本主義と手を携えグローバル化を推進していったことで自由主義が民主主義を抑圧し、折り合いが悪くなっていることと軌を一にしていると見てよいだろう。そして、その背景にはどうやら財を自由にできる権利が重要な役割を果たしているということが推測される。

どのように変わっていったのか。ハーバード大学の政治経済学の教授のアルベルト・アレシーナらが『ブルッキングスペーパー・オン・エコノミックアクティビティ』に寄せた論文「どうしてアメリカはヨーロッパ型の福祉国家になれないのか」が一つの手がかりを与えてくれるようにおもわれる。筆者がアレシーナらの論文がこの大変化に対して役立つと考えるのは、アメリカでは良くも悪くも大きな政府が問題にされているが、同論文が所得の再配分ということに絞って統計的な手法をもって国際比較をし、そこからアメリカの特色を見出そうとしている点だ(33)。

彼らは、まずアメリカでは課税前の所得での分散がヨーロッパと比べると極端なまでに大きくなっているがアメリカだけが不確実性が高いといえないので、経済的な理由とは考えられないと指摘する。ではどんな理由が考えられるのか。アレシーナらは選挙制度、裁判制度などを含め政治制度が大きな制約になっていると指摘する。二大政党制が部分的な政治的要求を上手く反映できないためにヨーロッパでは社会主義、社会民主主義政党が形成され発展できたのに対しアメリカではそれらが永続する形になれなかったというのだ。

シーモア・リップセットとスタイン・ロッカンは、宗教革命、産業革命を経たことによって起こった社会の亀裂の結果、有権者の出自によって、それが裕福で伝統を重んじる保守と、労働者・零細業者などを基盤とし社会民主主義を標榜するようになったリベラルとの、二つの政党とその政党支持が固まって、それが長いこと続いているが、それがアメリカにも適用可能だという凍結仮説を提示した。(34) だが、これはアメリカには当てはまらないというのである。アメリカではアカへの抵抗も強い。ヒラリー・クリントンが指名を目指した民主党の予備選挙で出て来たサンダース候補のように、社会主義者を名乗りながらも二大政党制の下では民主党の中での一潮流という位置づけで終わらなければならなかったことがこれに該当しよう。

またアメリカでは、南北戦争の経験、そして一九世紀までは「フロンティア」が実際に存在したことも国家と個人の関係を考えるうえでのアメリカ人のマインドセットに大きな影響を残していることも指摘している。

要すれば、アメリカでは経済的自由、つまり、あまりに強い所有権のため所得再配分への抵抗が強かったが、ヨーロッパでは所有権を規定していたもろもろの制度、慣習が次第に弱まっていったため所得再配分への機運が次第に盛り上がっていったというのだ。こうした指摘は、欧米先進国の間でアメリカが民主主義の「進化」の点で、アメリカの憲法が時代遅れになっていることを強く示唆するものになっている。すなわち、ヨーロッパでは社会運動などを通じ民主化の深化が起こり法制度もそれにつれて多数による支配をベースにしたものへと転化し、福祉国家を建設するものへと変わっていった。

ＬＳＥ教授のトマス・マーシャルらは、『シティズンシップと社会的階級』を上梓し、福祉国家の前提には人身保護という狭義の市民権が拡張され生活の地位的保障まで含む、シティズンシップと呼ぶ広義の「市民権」になったことがあると指摘した。マーシャルらは歴史的に振り返ると、三つの段階を経てシティズンシップは獲得されてきたと見る。人身保護法、言論・思想の自由、契約の自由といった自由的権利が一八世紀の成果だとすれば、一九世紀の権利の拡張は参政権の裾野の拡大にあり、二〇世紀の人権はそれが尊厳を保ちうる生活の地位的保障、「社会」的権利の拡張へと動いてきたのだ。[35]

ところが、所有論に大きく引きずられているアメリカでの人権論は、自己の身体と諸能力もまた個人の所有であるとの論（possessive individualism）を立てている政治学者のC・B・マクファーソンを今も十分に受容できないでいるのだ。すなわち、マクファーソンは『所有的個人主義の政治論』を著し、ロックの所有権論に関しても、それは単なるモノの所有権（property rights）ではなく、貨幣経済の導入によって土地の所有者と非所有者に階級分化が起こり、賃労関係が発生するが、その非所有者のもつ労働もまた一つの商品としたことに功績があると見た。また自然法のもとでは個人、その家族の消費内にとどめられていた消費の範囲内にとどめられていた所有権が無制限の権利へ移行したことを認識したこともロックの所有権論の収穫だと主張した。こうしてマクファーソンは一七世紀以来のイギリスの所有的個人主義の流れの中に現代の自由な民主主義国家の政治的理念があるとの論を展開した。

なぜアメリカはマクファーソンの議論を受容し、福祉政策を展開できないのだろうか。アレシーナらは、アメリカでは白人が多数派を占め、マイノリティが多くの民族から構成されているという人口構成も所得再配分への嫌悪を助長するものになったことも間違いないという。実際に所得再配分を行おうとすると、それは圧倒的に白人から巻き上げたお金が黒人などマイノリティへ再配分されていくという構図になるからだ。つまり、先に上げた共和党の南部票の掘り起こし策と同じで、それを理屈づければ再配分が必要だというほどに貧乏しているのは彼らがなまけものだからだ、アメリカにはアメリカン・ドリームというものがあって努力さえしていれば貧乏することはないはずだということになる。その方が自分に納得がいくからだ。

アンケートをすると、アメリカ人は人々が貧乏になるのは六〇％の人が「努力が足りないからだ」と答え、ドイツなどヨーロッパでは七〇％の人が「社会的要因による」と答えている。アメリカ人は七一％が貧乏から抜け出せるはずと考えるが、そう考えるヨーロッパ人は四〇％にとどまる。人々が、機会均等は重要だと考えているが、その機会均等が実現していないと信じるときに所得配分への欲求は強くなり、累進性の高い税制などの導入となるのだ。(36)

アレシーナらの論文は現在から過去の要因をあぶりだす。だが出発点としてのルーズベルト連合のリベラリズムは、その個人の欲望とアメリカ人としてのアイデンティティは中産階級の誕生という形となって楽観論を支えた。自由のシンボルが自動車なら、平等の証が住宅だった。これはアメリカの多国籍企業が抜群の国際競争力をもっていたことから実現したともいえる。

アカロフらは『不道徳な見えざる手』の中で、アメリカ史には改革の時代と呼ばれる時代があり、このニューディール実験主義もその一つで自由市場の行き過ぎに対する歯止め役としての政府の役割が有効であり、有益だという幅広いコンセンサスを形成されたと述べている。ケインズ政策で経済成長を加速させ、市民権の法制化を提案したジョン・F・ケネディにとどまらず、共和党のドワイト・アゼンハワーも人々のニーズに応えるためには政府を喜んで使い、保守派のニクソンもまた社会保障手当の増額を実施するなど、戦後の歴代大統領は違った形で政府を人々のために役立てた。ニクソンは「今やわれわれは皆ケインズ主義者だ」と述べた。ところが、ロナルド・レーガンになって「政府こそが問題だ」と大統領演説で切り出し、新しい国の物語をつくりだし、それまでの国の物語を古いものにしてしまった。「政府こそが問題だ」という言は、まさに人々をあざむく「カモ釣り」だったというのだ。

だが、保守派が新しい国物語を国民に説得していった歴史の綾は少しく複雑で長い歴史をもっている。

◆「ニューディール連合」殺し

戦後初めての大統領選挙はニューヨーク知事トマス・デューイが共和党の候補となりルーズベルトの死亡で副大統領から昇格したハリー・トルーマンとの間で争われたものだ。この一九四八年の選挙では繰り返し行われた世論調査では常にデューイの優勢がつたえられていた。ところが、蓋を開けてみるとトルーマンが当選していた。予定原稿でデューイの当選を報じたシカゴ・トリビューン紙を掲げて、トルーマンが得意満面の笑顔を見せる写真は、二〇一六年のトランプの選挙を想起させる。世論調査の手法が見直され、出口調査が取り入れられるようになったのは、この選挙を契機としている。

シカゴ・トリビューンが誤報を発した背景には共和党が分裂していて、中央部に拠点をもつ彼らは大学も出ていないトルーマンのような小物は軽々と打ち破れると見ていたのだ。保守強硬派は、いずれ「アカ」が問題になる、これを梃子に政権を奪回できると見た。これに対し、デューイは、大きな政府で多くが満足しているニューディール連合を破るには、小さな政府を掲げても勝ち目はない、「人物」で戦う以外ないと大統領選での敗戦九か月で、コロンビア大学総長になっていたドワイト・アイゼンハウアーを訪ねた(37)。

確かに保守派の期待通りに「アカ」が問題になる事件が相次いだ。一九四九年にはソ連が原爆の実験に成功し、アメリカの核の独占は短期間で終わった。中国ではアメリカの支援を受けていた国民党政権が大陸を追われ、毛沢東の中国共産党の支配が決まった。その衝撃はアカへの恐怖となり一九五〇年二月にはマッカーシー議員が国務省には共産党員がいると声をあげ、いわゆるマッカーシー旋風が巻き起こった。これにより国務省のアジア局は総崩れになり、以後国務省はしばらく中国政策が立案できなくなり、アメリカの外交を歪なものにしていく。

原爆のオッペンハイマー、V2開発者のなどのドイツからの貴重な頭脳だけでなく、ヨーロッパから多くの難民がなだれ込んだ。ヨーロッパを援助し経済を立て直すことは、ある意味で難民の数を減らすことになる。だが、マーシャルプランに関して言えば、ロバート・クーパーは、ケナンの封じ込め作戦と関係があると指摘している。つまり、ソ連と建設的な関係を外交ができるようになるまでは、反共政策を支える側に回るヨーロッパ、日本を強化しておくことが重要だと考えたというのである。クーパーはアメリカが通常の帝国主義とは違い他国の外交を支配するところまでは望まないが、意のままに操ることをめざしているとみた(38)。

一九五〇年代のアメリカは世界のGDPの五割のシェアをもっていた。筆者がチャールズ・キンドルバーガーをMITの図書館に訪ね、マネーセンターの話を聞いたのは氏の晩年のことだが、アメリカの覇権、パックスアメリカーナを恩恵的な覇権だと規定したのはアメリカ経済学会の会長演説の中でのことだ。そうした恩恵的なアメリカの覇権的な行動は戦後のマーシャルプラン、ガロリアエリアの援助などに代表されることが多い。そして五〇年代に始まる三〇年間は援助を受けたヨーロッパ、日本も高度成長を謳歌できた「黄金の三〇年」で、そこに生まれた大量の中産階級は社会的「平等」とそれに基づく民主主義、そして経済的自由、市民的自由など自由主義のポジティブな面を享受した。自由主義と民主主義の結婚は資本主義からも祝福されたのである。

五〇年代にあって、保守には、宇野によれば、占めるべき位置はどこにもなく、保守派コラムニスト、ジョン・ウィルによれば保守とは軽蔑語の一つと見られていた。こうした中、単なる反共主義を超えて保守の思想はどのように形成されていったのか。

アメリカで記者生活を送った会田弘継によれば、アイヴィリーグの大学と言っても南部にあるデューク大学で修士課程を終えた無名の学徒、ラッセル・カークがスコットランドのセントアンドリュース大学へ留学したことが一つの転機をもたらした。カークは、第二次大戦には徴兵されてユタにあった化学生物兵器実験場に勤務した経験をもつが、そこで開発された焼夷弾がドイツや日本で使用され、多くの一般市民が焼き殺され、あるいは窒息死した現実に、これが自由と平等のために戦っているアメリカなのかと、暗澹たる気持ちを抱いたという。啓蒙的な民主主義の二重基準に強い反発をしめしたカークは、一九四四年の大統領選挙では戦争反対を唱えていた社会党候補のノーマン・トマスに投票した。カークは、自由主義、集産主義、個人主義、プラグマティズムなど、アメリカの近代が生んだ全てのものへの疑念を禁じえなかった。彼が選んだ道は、アメリカの思想のルーツを探す旅としてのスコットランド留学だった。

カークの三年にわたる精神の巡礼の成果が、フランス革命を批判して、『フランス革命の省察』という書を著わしたエドマンド・バークをなぞってアメリカの保守主義の系譜をあとづけた博士論文『保守主義の精神：バークからサンタヤナまで』であった。社会党候補に投票した若者が保守主義者になってアメリカに戻ってきたのである。アメリカには保守という言葉はあっても、それはリベラルに対して輝きのない、どちらかといえばダーティな存在だった。また、東西の冷戦が本格化する中で反共主義はマッカーシー旋風に見るようにヒステリックで、ただの市場主義では単純すぎた。それを、カークはバークに始まるイギリス保守思想と対比させる語りで、アメリカ建国の祖の一人、ジョン・アダムスから説き起こし、一九世紀後半の南部の保守主義者ジョン・カルフーン、哲学者にして詩人のジョージ・

サンタヤナに至る保守思想の流れは立派にイギリスの保守思想に比肩しうるものだと主張したのである。同著が一九五三年に上梓されると、ニューヨークタイムズは好意的な書評を掲載し、戦後を風靡した雑誌タイムは、特集まで組んだ。これをもって、会田は、冷戦時代に突入したアメリカの思想の新潮流が始まったと主張する。[39]

これに対し、宇野重規は、カークの『保守主義の精神』がアメリカの保守主義の源流になったものだと記す一方、カークの著が源流になったというのも後づけに過ぎず、同時代に必ずしも大きな反響を呼んだものではないとする。

では、誰だったのか。ヨーロッパから直接アメリカにわたって来てシカゴ大学に「シカゴ学派」と呼ばれる保守の牙城を築いたフリードリッヒ・ハイエクこそが、アメリカの保守主義のイデオローグであり、仕掛け人ということになろう。

◆ケインズ経済学を葬った経済リバタリアン

ハイエクは、社会主義者が地方政権を担っていた一九二〇年代の「赤いウィーン」の時代には「アカ」のカール・ポランニーらと議論を戦わせていた、「保守」のミーゼスの私的ゼミナールの一員だった。同ゼミナールはアメリカのロックフェラー財団の援助を受けて開催されていたが、ウィーン大学を卒業したハイエクも、ミーゼスらとともに、競争的資本市場がなければ実行可能な経済システムはありえないばかりか、市場に対するいかなる形態の介入や規制も個人的自由を侵害することになると論じていた。ウィーンでの議論ではいつもポランニーらが優勢でハイエクらが劣勢に立たされていた。なぜだったのか。それは前者の体系には土地、労働、貨幣という擬制商品が織り込まれていたの対し、均衡を前提とする後者では貨幣の存在がなかったことにも起因していたと考えられる。

だが、資本理論や景気循環論で業績をあげたハイエクは、一九三一年に英国のＬＳＥ（ロンドン・スクール・オブ・エコノミクス）に招かれた。だが、実情は一九三四年にケインズが「自由放任の終焉」と題する講演を行ったとき、ハイエクが「すさまじいまでに浅薄」と切って捨てるなど、反ケインズの強い姿勢が評価されたための招致ともされる。それはハイエクが集産主義は成り立たないと考えていたからだ。つまり、設計主義の拒否だ。だが、それは周辺の議論にとどまった。

社会主義に親和性をもつイギリスの知識層を意識してハイエクが一九四四年に上梓したのが、人間の理性には限界があり、慣行・慣習・マナーといったルールに従うべきであると説いた『隷属への道』である。ハイエクはイギリス労働党政権によって導入された社会福祉制度を全体主義の出現としてとらえた。集産主義は隷属への道であり、自由と個人主義を貫くことが必要と説く同書は、初めはアメリカでは売れなかった。しかし、リーダーズダイジェストが短縮版を出したことからニューディール政策の計画経済的な性格に反感を抱くようになったビジネスマンにも共感を呼ぶことになりベストセラーとなった。この本の機縁によって、ハイエクはシカゴ大学に移り、経済学を専門とする学者から、より深い洞察をもって社会哲学の分野へと進んだ。

しかし、その頃アメリカでは『雇用、利子および貨幣の一般理論』が経済学の世界に知的革命をもたらしており、現実にも先のアカロフらの指摘にもあるようにケインズ政策が進められていた。文字通り「貨幣」を組み込んだ体系をもつケインズ革命が起こっていたのである。そうした中、ハイエクに出番があったのか。実はハイエクが経済学を離れ社会哲学へと進んだことが重要になる。一九五七年九月、スイスでモンペルラン・ソサエティの世界大会が開かれ、そこで会長のハイエクと出席したカークの間で論争が行われた。ハイエクは、自分はアメリカでは保守主義者で通っているがリベラルであると名乗る一方、カークらを伝統主義者と呼び、「臆病で、家父長的な権威主義で、反民主的で、反知性主義で、論理的でない」と批判したが、一方、カークもリバタリアンが完璧な自由市場が達成されれば社会問題は解決されるという幻想をもっていると批判を返したとされる。

しかし、ハイエクが小異を捨てて保守主義者は大同団結すべきだと説いたことによって転機が訪れた。受け皿となったのが、ヨーロッパでナチズム、共産主義の波をくぐり抜けた自由主義者とアメリカへ渡った自由主義者が一九四七年にスイスで集ったモンペルラン・ソサエティであった。

これに対し、アメリカの保守主義者たちの合同を推進したのは若き保守主義者ウイリアム・バックリー・ジュニアの創刊した『ナショナル・レビュー』誌だったと会田は指摘する。なぜなら、それは伝統主義などアメリカの保守主義者、「大変貌」によってもたらされたヨーロッパからの移民保守主義者の意見表明のための受け皿となっただけでなく、六〇年代にはネオコンをも包摂するものになったからだという。確かに同誌が呼び起こした保守系の人物は豊富だ。惨敗におわったバリー・ゴールドウォーター候補の支援演説では、ロナルド・レーガンというスターを誕生させたが、「大変貌」の移民保守主義者の代表ともいうべきレオ・シュトラウスはなお今日まで影響を及ぼし、ブッシュ・ジュニア政権で国連大使に就いたネオコンの代表的人物、ジョン・ボルトンは今日トランプの安全保障担当補佐官として亡霊のごとく蘇えったからだ(40)。

だが、アメリカ社会の保守への流れという点では、カークが幻想ではないかと批判したリバタリアン、分けても経済的リバタリアンのリードが大きな役割を果たした。なぜか。宗教的な内乱以後、宇野重規がいうように、もはや宗教が人間の情念、つまり暴力を外的に制御することができないことがはっきりし、その情念の行き過ぎを社会のなかでどう制御するかが模索され、行きついたのが人間と人間の対話としての価格メカニズムだったのだ。[41] 経済的リバタリアンという意味では、ハイエク自身というよりも、ハイエクが育てていったミルトン・フリードマンなど、シカゴ学派を形成する経済学者が大きな役割を果たすことになる。フリードマンは『選択の自由』の中で次のように託宣する。「世界の多くの人びとが、（中略）お互いに話し合ったりお互いを好きになったりすることさえも必要とせず、（中略）それでもかなりの利益を促進できるようにするという仕事を、われわれのためにやってくれるのが「価格機構」だ」と。[42] 価格機構のエレガントさ、予定調和はオーストリア学派の牙城だ。オーストリア経済学は、自由主義的資本主義を奉じるアメリカという豊かな土壌があって、そこに根づいたことになろう。[43] 対話が必要ないというのなら熟慮民主主義とは無縁の「計算箱」ということになろう。

ハイエクの政治的主張である『自由の条件』や熟慮民主主義と計算箱の話は後述することにし、ここでは経済学の優位の確立と、ケインズ政策の「放擲」によって新古典派経済学の天下が生まれたことを見ていこう。つまり、民主主義と自由主義の結婚はケインズ経済学を社会の前面に押し出したが、やがて自由主義の力が強くなり民主主義を抑圧していく過程は、新古典派経済学への天下へと局面を変えていくのだ。

フリードマンは、当初、ニューディール政策を遂行していた連邦政府で職を得るが、その後スタグフレーション下のアメリカ経済に対して貨幣数量説を割り当て、多くのケインジアンを論破した。すなわち、一九七〇年代に入るころに始まった、いわゆるフィリップス曲線論争を契機に、ケインジアン排除、新古典派の勝利宣言へという形で進む。

フィリップス曲線とは、期待インフレ率が上昇すると、名目賃金には硬直性があるため、実質賃金

（＝名目賃金／予想物価水準）が低下し、完全雇用が達成されていない短期においては、この労働力価格の低下を受けて雇用量が増加し、失業率が減少するので、期待インフレ率と失業率の間には右下がりのトレードオフ関係として描けるというものだ。事実、一九六〇年代にはきれいな曲線が得られた（図2－4左）。

一九七〇年代になると、少々の失業は自然失業であり、長期のフィリップス曲線は垂直になると主張するマネタリストや新古典派的立場の論者と右下がりの関係のフィリップス曲線が成り立つというケインジアン的な立場の論者の間で論争が始まり、フリードマンは一九六七年のアメリカ経済学会の会長講演でフィリップス曲線の理論を徹底的に批判した(44)。

そして、次第にインフレ率と失業率には逆相関の関係はないということになる。実際、八〇年代以降の先進諸国では、インフレ率を低位に安定させる金融政策が目指されたことにより、期待インフレ率が漸減していったため、フィリップス曲線は次第に下方にシフトし、実現したインフレ率と失業率の間にはきれいな右下がりの曲線が描けなくなった。描けないだけではなく、それは九〇年代には逆に左下がりのものになった（図2－4右）。これでは、フィリップス曲線はそもそも存在しないことになる。新古典派は、景気の状況によって財政・金融政策を頻繁に動かすのは、逆に経済を不安定にすると主張するようになった。

フィリップス曲線を追放した経済学はどう変わったのだろうか。サミュエルソンらによって新古典派綜合が唱えられていたときには、失業が存在する時にはケインズ政策を、完全雇用と見なせるようなときには「価格理論」にもとづく経済効率化を図れというマクロ、ミクロ経済学の二本立ての構成をもっていた。つまり経済学は当てはめの理論だった。そして、労働という擬制商品が、景気変動によって起

図 2-4　1960年代と90年代のフィリップス曲線

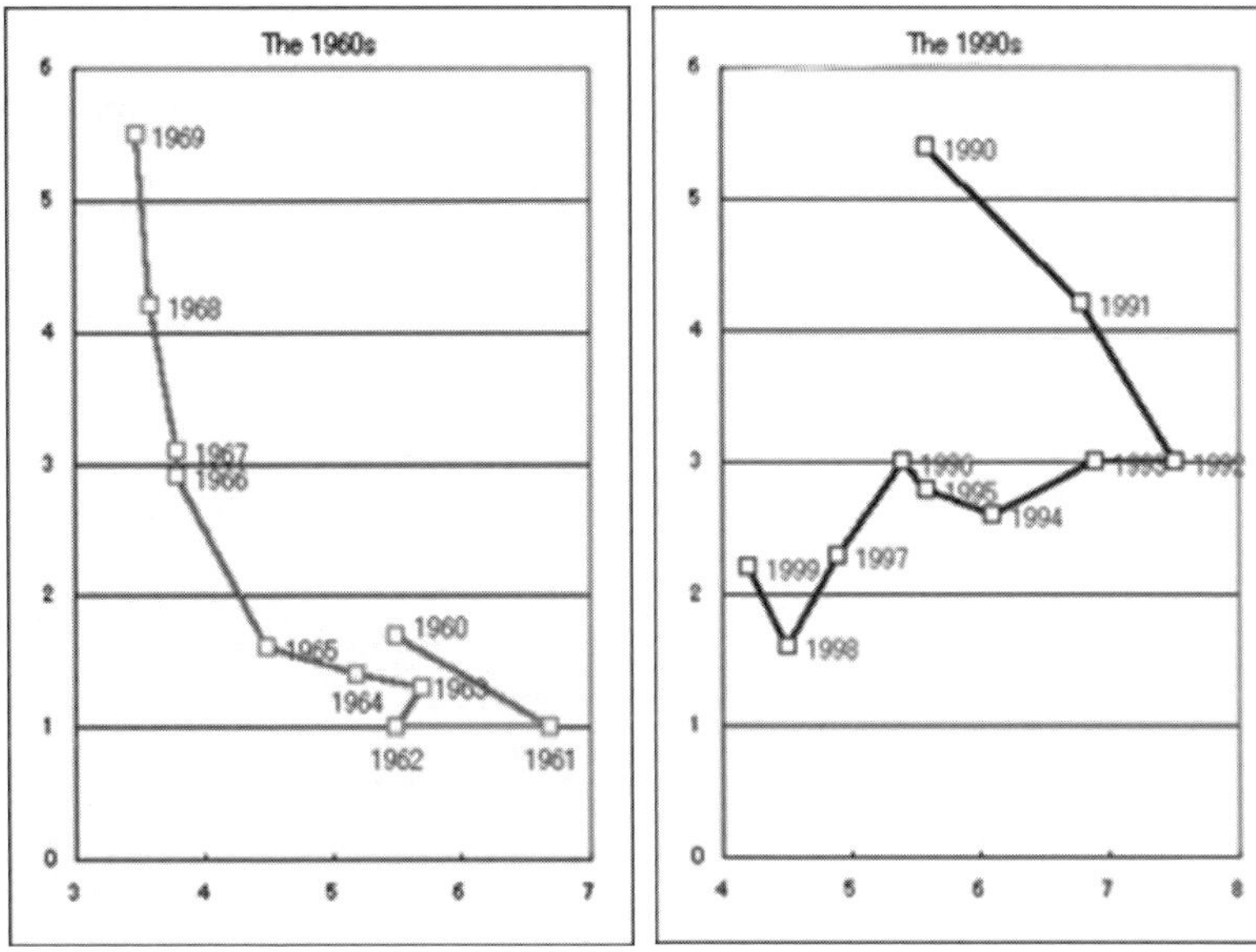

（出所）アメリカ商務省

こる極端な減価を食い止めることを政府が引き受けた。ところが、やがてノーベル経済学賞を受賞することになるロバート・ルーカス・ジュニアは、一九八七年出版の自著の中でインフレーション、経済循環などマクロの問題をミクロの枠組みで説明できるようになって、もはやマクロ経済という言葉は死語になり、スミス、リカード、マーシャルの時代のように、単に経済学といえばよい時代になったと新古典経済学派の勝利宣言をした[45]。

ケインズはいらない、いらないどころかケインズ政策こそがインフレをもたらしている元凶だというのだ。そして、それは同時に小さな政府の提唱でもあった。かくしてケインズ経済学の要諦ともいえる不確実性を織り込む「貨幣」の存在が消滅させられてしまった。貨幣とは不確実に将来にむかっての「投機」に外ならない。ルーカスが唱えたのは、そのまったく逆の合理的期待仮説である。当然インフレ期待も利子率の中に織り込まれ、実質金利が金融政策のツールとなった。

こうしてフリードマンとその一派はアメリカでのケインズ的裁量政策否定の筆頭と目され、経済的リバタリアンのチャンピオンと見なされるようになっていく。イギリスでも保守はケインズ政策に固執した旧い労働党を「ウェット」と軽蔑の眼を向けたが、その労働党もまたビル・クリントンのアメリカの民主党にならった保守化によってニューレーバーへと「脱皮」していく。西側でのこうしたケインズ否定の動きをよそ眼に、国家による大々的建設投資、つまり華ばなしいケインズ政策の遂行によって二〇一一年にいわゆるルイス転換点を迎えるまで三三年の長きにわたり年率九・八%の高度成長を続けるようになったのは中国であったことは言うまでもない。

経済学も変わったが、変わったのはアメリカ経済も同じであった。キンドルバーガーによって恩恵的覇権と形容された世界に抜きんでた存在であったアメリカ経済も、かつては援助の対象であった日本や西ドイツからの激しい競争に追い込まれるようになったのだ。この衝撃はことに日本企業との競争に敗れるようになったアメリカの多国籍企業に大きかった。そうした企業経営者に向かって出された処方箋がマイケル・ポーターの競争戦略論であり、ジャンセンとメッケリングによるエージェント理論であった。二つの異なる視点をもつ「理論」は、対日本企業への戦略という意味では同根であった。

アメリカで政治思想としてのリバタリアニズムを展開したのは、ロバート・ノジックだ。ジョン・ロールズは、一九七一年に出版した『正義論』中でジェファーソン流の機会均等は不運な人を置き去りにするための平等の機会を意味するに過ぎないと、メリットクラシーの社会をもって公平な正義が貫徹されてないとした。これに反論する形で、ノジックは一九七四年に所有を基礎にした自由論を展開した

『アナーキー・国家・ユートピア』を出版し、一躍ロールズを批判する保守主義者として名をあげた。

だが、社会への影響という点では、前述したように、経済的リバタリアンの影響力が大きかった。それは新古典派経済学の経済学は今や科学になったと、社会科学の頂点に立つものとする学会ヒエラルキーを築いたからでもある。そして、新古典派経済学のチャンピオンを自認するルーカスをして分配問題を扱おうというのは、健全な経済学を傷つけるものにとどまらず、最も毒素をふくんだものだと言わしめるまでになっていった。長年にわたりハーバード・ビジネスレビューの編集に携わってきたジャスティン・フォックスは、ケインズはいらない、合理的選択理論と市場の効率性に対する「信念」に置き換わったと表現した(46)。

◆フィナンシャリゼーションの三つの側面、その一つ、アメリカ経済の変質

新古典派が追放した「貨幣」が逆襲を始めたのは、ニクソンショックを契機としている。アメリカの経常収支の赤字をベースとした過剰ドルが創出され、そして相次ぐ金融イノベーションが、世界に潤沢な流動性をもたらしたのである。

新古典派が「貨幣」を追放した。そのことが経済学の一丁目一番地であったはずのマネー経済学の発展の道筋に「止め」のサインになったことを、東大教授の柳川範之も認める。もちろん、先に触れたようなテイラーの法則といった部分的な貢献はあったが、ケインジアンとして出発したマーヴィン・キングが嘆くように、中央銀行の経済予測モデルにまでマネーが織り込まれていないままなのだ。

それだけではない。貨幣を追放した新古典派の前提には、マネーは実物経済を支えるに過ぎないという暗黙の前提がある。つまり実物経済とマネー経済の規模は一対一になっているはずのものだ。今、仮

に世界の為替の取引高がカネを、世界貿易額がモノの取引を代表するとして、両者を比較すると、旧IMF体制のもとでは、常に為替不足を意識しながら結果としてようやく一対一を維持していたと推定されよう。これがフロート制になって一〇倍になり、二〇倍と一気に爆発し、オイルショックをもたらした。

オイルショックが一巡したレーガン政権の一九八五年という年は、アメリカの転換点だった。グラム＝ラドマン法以降の金融の自由化の一層の進展によってアメリカ経済がいわゆる金融モデルに代わっていった年でもあった。つまり、それまでのアメリカでは、技術革新→大量生産→生産性上昇→賃金上昇→大量消費→設備投資→技術革新という工業時代のサイクルがあった。以後、それが消滅したのだ。金融技術は、帳簿上の数字の付け替えという性格のために、ICT技術とはなじみが強い。その結果、情報をすばやく裁定する金融産業は情報化の先端ともいえる存在と考えられ、経済のグローバル化を促した。それは創知が金融モデルによっていとも簡単に裁定されてしまうということでもある。この点は、先にICTの発達によってアイディアがいとも簡単に移動できるようになったと主張しているリチャード・ボールドウィンの議論とからめて再論することになろう。

そして一九八七年には放送法の改定が行われ、それまでアメリカの放送・報道の中立性という制度と精神が崩壊する契機となった。FOXニュースなど言論の自由を超えるような党派性の強い報道の萌芽とその急速な拡大は他のメディアの変質へと影響を及ぼし、アメリカの政治をも変えてアメリカ社会の分断のための道具立てともなっていく(47)。この点も、やがて生まれるツィッター、フェイスブックなど、ソシアルメディアの発展とその影響力を見ていく中で再論することになろう。

さて、なぜアメリカ主導でグローバル化が起こったのか。アメリカン・ドリームのための条件、つまりフロンティアをなくしたことから、その代替をグローバル化に求めたからと見ることができる。アメリカで優勢になったリバタリアンたちの新自由主義がグレイのいうアメリカに残った啓蒙思想によってグローバルに適用されていったのだ。折からの冷戦の終了こそが、くたびれをみせていたサッチャー、レーガン流の新自由主義を蘇らせ、WTOに加盟した中国、ソ連東欧を巻き込む形で一層のグローバリゼーションが進むという僥倖をもたらしたのだ[48]。歴史の終わりが唱えられグローバリゼーションへの賛歌となった。

また冷戦の終了によってソ連という敵が消滅したことにより、それまで自己を規定するうえで重要な役割を果たしてきた平等を掲げたイデオロギー集団の「他者」をアメリカは失った。突然に「他者」を失ったアメリカは反面教師となるような「他者さがし」を始めた[49]。「他者」は見つかったのか。筆者はここでは福祉の無料提供を掲げる社会主義陣営が消滅し、生き残ったはずの社会主義国中国では福祉を切った極端な新自由主義経済を展開したため、アメリカでは福祉支出への強制力がなくなったことをあげるべきだと考える[50]。

そして、二〇〇〇年の声を聞くようになると、BRICsの台頭が視野に入り、その世界の工場化によって、大規模な工業時代の復活が起こった。これは先進国の製造業を蝕むということでもあったが、エリートたちは中国を初めとする途上国からの安価な財の供給によってインフレーションを伴わない経済の拡大をグレートモデレーションと呼んで、もて囃した。その一方、直接投資、貿易を通じ、先進国の賃金と途上国の賃金の裁定が進み、先進国の賃金率が現実に下がり、フリンジベネフィットが削減されていった。冷戦の終了によって分配問題への政治的関心の希薄化がもたらされた中、「小さな政府」は一つの流行になり、株主価値の追求を訴えるコーポレートガバナンス論は経営者報酬の高騰をもたらした。金権主義の台頭だ。

なぜ、こうした状況が生まれたのか。それは、経済的リバタリアンの主張のもとで生まれたグローバル化の下に形成されたグローバルガバナンス空間が誕生し、そこでは国家の存在が希薄になり、そこでの有力構成員である多国籍企業の「自由」が貫徹するまでの強さをもったからだ。つまり、新自由主義の空間での政治共同体の構成員という存在が希薄になり、かつてのヨーロッパで国王の干渉を排除したと同じように「自由」を謳歌できるようになったのだ。

では、国家の存在が希薄になる新自由主義のグローバルガバナンス空間はいかにして生まれたのか。ジュネーブ高等国際問題・開発研究所教授のリチャード・ボールドウィンの見立てによれば、グローバリゼーションは、ＩＣＴの発達によりアイディアを移動させるコストが著しく低下したことに要諦があり、企業間や企業内でのアイディアの流れが加速され、企業は、製造業の国際的なエコシステムを一部途上国の工業化に利する形で展開したというのである。

先進国のアイディアと途上国の廉価な労働を結び付けた典型的なものが部品ということになる。経済産業研究所の調べにより具体的に言えば、二〇一五年までの三五年間の世界の製品輸出も一一倍と飛躍的に伸びたが、部品の輸出は一七倍とさらに大きかった。単に製品レベルの貿易が部品、中間品の貿易に置き換わっただけではない。これら部品とは、ボールドウィンのいうところの先進国から漏出した知財と途上国の廉価な労働の合わさったもので、途上国から先進国への部品輸出も出現するなどいわゆる下剋上をおこしているからだ。こうした下剋上の部品レベルでの分業が進んだことによって中国は従来では考えられなかったペースでの産業の高度化を進めることができた。つまり、先進国の脱工業化という歴史的変化の中で、これが途上国の発展に非常に有利に働き、中国のような新興国を飛躍的に発展させる原動力になった。

貿易や直接投資が製品レベルのものであれば、先進国と途上国の労賃の裁定パワーは、バラッサ・サミュエルソン仮説の範囲に留まった。しかし、下剋上の部品レベルの貿易、直接投資となると、労賃の裁定パワーは極めて強力なものに転じた。こうした国際分業、グローバルエコシステムの展開の結果として、先進国と中国など一部途上国の経済力、引いては労働賃金の大きな収斂がもたらされたのだ。[51]

貿易品の中心が製品である段階では、それぞれの国が自国の比較優位の産業に特化する形でお互いがウィンウィンの関係に納めることができた。しかし、グローバリゼーションがここまで進み深化すると、優位は国のレベルから多国籍企業の手に移ってしまった。

こうした動きをワールドワイドウェブ（ＷＷＷ）が誕生してからの変化として記述してみよう。『「接続性」の地政学』を著したパラグ・カンナはＷＷＷの誕生によってインターネットの高度利用が始まり、さまざまなタイプのサプライチェーンのネットワークの構築が進み、国内のインフラ、都市などを国境をまたいでつなぎ合わせていく「接続性」を基本とする新たな時代が始まったとする。[52] サプライチェーンの世界では非効率は敵である。この効率性を求めてやまないグローバル・サプライチェーンのシステムは、カンナがいうように、国家に代わりグローバル文明の中心に躍り出た。

パソコンの製造過程は分解され、部品の製造、組み立てはすべて最も効率的な地、業者にグローバルに配分され、その配分流に沿う形で組織は再編された。そこではアメリカや中国のような超大国でも、システムは単独では支えきれないという点では、受け身にならざるを得ない。そこでは労働者もその他の市民も同じくサプライチェーン文明の下での等しき市民のはずだった。

グローバリゼーションとは、なくなった「フロンティア」を代替するものではなかったのか。責任を全うするならば、グローバル化に対応して本来ならば世界政府のようなものが生まれてしかるべきだった。国ごとの比較優位という梃子を失った国家はなす術もなく立ちすくみ、グローバルエコシステムの捷を握った多国籍企業の経営者は労働を単なるコストと見なす一方、コストカットに成功した自己への報酬を著しく拡大することに成功した。これがいわゆるグローバルガバナンスと称したものの実態ということになる。そもそも「ガバナンス」という概念は、民主主義とではなく、あきらかに自由主義と親和性をもつものだ。そこでは責任というものが希薄になる。そうした状況下では分配、平等を配慮しないものへと変容し民主主義の空洞化が起こらざるを得なかったのだ。[53] 結果として起こったのがルーズベルト連合の崩壊だった。

いずれにせよ、大きな政府への反対、新自由主義の賛歌という流れが生まれたことは間違いない。そうした潮流の中で何とか政権をとりたいと、アメリカでは民主党のビル・クリントンが、そしてイギリスでは新しい労働党を提唱するトニー・ブレアたちがその中間、いわゆる第三の道を選択した。あるいは、民主党のクリントン政権はまさに共和党の政策を延長した形で分配の公平よりも経済成長、グローバリゼーション、フィナンシャリゼーションの波に乗った政策を続けたに過ぎず、とうてい第三の道と呼べるものではなかったといってもよい。それは、グローバリゼーションの波に乗った政策を続けた方が政権を獲得しやすいと踏んだからに外ならない。

アメリカ民主主義のいつの時代にも超党派の合意というものはあった。だが、しばしの合意を超えて、政府という機能は必要ないどころか悪だという、あたかも永遠の合意があるという政治状況はおかしいのではないかと、政治学者のトーマス・マンとノーマン・オーンシュタインは指摘している。[54] だが、エリートたちは、グローバル化で景気はよく、労働者の賃金は下がっても、中国からの安い物品が提供されることから問題にはならない、それどころかそれをグレートモデレーションと呼んで資本主義は新たな黄金期の段階に入ったなどともてはやしていたのだ。誕生したのは、各国家の一体化を成り立たせている主要な決定要素には目もくれず、市場の自動調整機能が誉めそやされ、自由貿易と自由な国際金融市場に全面的に依存するグローバル市場である。ニューテクノロジーのなせるわざにより世界が需要と供給の法則にしたがって放っておいても調和的な世界が生まれたというのだ。

この流行、賛歌が民主党をして労働者から遠ざけたのだ。アメリカ社会のこうした傾向に、次に見る人種、宗教という視点も入れながら、警鐘を鳴らしたのが、二〇〇四年に出版された、デーヴィッド・ウォールドシュトラァイヒャー『逃走するアメリカ――ベンジャミン・フランクリン、奴隷制、アメリカ革命』だ。同著は、フランクリンが印刷工という低い地位をスタートラインに置き、ペンシルバニア奴隷廃止協会の会長に納まりながら、自ら奴隷を所有し、その過酷な状況にある奴隷に関しほとんど関心を払わなかったことをあばき、建国の父の一人の偶像を破壊した。いうまでもなく、同著は、自分の所有権を自分にあるとできるなら奴隷制度だってあり得るといわんばかりのリバタリアンへの皮肉であり、一見自由で平等な社会であるはずの現代アメリカが隠し持っているダブルスタンダードの問題を照射しようというものであった。

フィリップス自身は、共和党政権下での自由に傾き過ぎた政策がそれを誘導してきたことが問題を大きくしていると共和党批判をしていたが、主流の経済学者は、振り落とされそうな人々には目も向けようとしなかった。ロバート・ハイルブローナーがウィリアム・ミルバームとの共著で、経済学が分析だけを追求するという内部展開をしてビジョンを失ってしまい、「保守だ」と自認するケインズすら葬ってしまったが、そんなことで良いのかと警告を発し、政治経済学として再構築すべきではないかと提案していた[55]。岩井克人は『不均衡動学の理論』を著し、フリードマンが暗黙に、そして新古典派経済学が明示的に前提とする「均衡」はまったくの幻想であり経済の常態は不均衡であると主張した[56]。

一方、亡くなった篠原三代平は『世界経済の長期ダイナミクス――長期波動と大国の興亡』を著し、経済学説は超長期（五〇～六〇年程度）の景気循環の局面に応じて適用可能な当てはめが妥当ではないかと、新古典派の経済学は科学だという主張に疑義を示した。つまり、景気循環の「谷」付近では需要不足が顕著となる「ケインズ的局面」を迎えケインズ政策の出番となるが、景気が回復し、やがて「資源制約の天井」にぶつかる長波の「山」付近に現れる「ハイエクの袋小路」ではケインズ政策は効力を失うという、長期の景気循環に応じて有効な経済学説が交代するとの仮説だ[57]。拙著『マネーセンターの興亡』を評価してくれた篠原と筆者も共鳴した。

だが、これらに応えるものは出なかった。勝利した新古典派経済学にとり、グローバリゼーションとは不可逆的かつ正しいことであり、疑いもない処方でもあった。歴史家でコロンビア大学教授のマーク・マゾワーは、最強のイデオロギーは常にそうだが、グローバリゼーションも「イデオロギーを含んでいない」ことを誇っていたと描写する[58]。一方、ミルトン・フリードマンの息子でニューヨークタイムズのコラムニスト、トーマス・フリードマンは冷戦後のグローバリゼーションの象徴はＷＷＷであり、グローバリゼーションこそが冷戦後の唯一のイデオロギーであると主張した。

だが、アメリカに主導されるグローバル化は必然的にフィナンシャリゼーションを伴った。筆者は、先に見たモノとカネの比率が一九九〇年代には三〇倍のレベルにあったものの、二〇〇〇年代になるとさらに取引は膨らみ六〇倍台とほぼ倍増しているとフォローしてきた[59]。実物経済と金融経済の乖離は一目瞭然だ。それは何を意味するのか。それはおカネがおカネを生むという極度のフィナンシャリゼーションが進んだことを意味しよう。フィナンシャリゼーションという言葉を最初に使ったのは経済学者のジェラルド・エプスタインだとされるが、金融界では使用が忌避された。それは、グローバル化、フィナンシャリゼーションには、間違いなく、「格差」を初め多くの問題を含んでいるからだ。その意味では、グローバリゼーション、フィナンシャリゼーションに大きな声をあげていたのは社会学者たちだった。[60]

二〇一五年に『金融に未来はあるか』を著したジョン・ケイが、「お見苦しい単語」だがと断りを入れながらも、フィナンシャリゼーションという語を使ったことは画期的といえるかも知れない。[61] ケイとは、イギリス政府の諮問を受けて資本市場改革をうたったケイ・レポートをまとめるなど、シティの守護神とでもいう存在だからである。ケイは、過去三〇年から四〇年の間に金融業界が経済の中でこれほどまでに支配的な役割を獲得するに至った過程をフィナンシャリゼーションという言葉で表現せざるを得なかったからだと断っている。それは金融が政治、経済、社会に深い影響を及ぼした歴史を一言で説明してくれる便利な表現だからという。

ケイは興味深いことに資金仲介の経路がいかに異常なレベルにまで長くなっているかを示すに際し、筆者と同じく実物経済のプロキシーとして世界貿易を、金融経済のそれを為替取引高を比較し、旧IMF体制のもとで一対一であったものが、現在では一〇〇倍になっていると指摘している。そして返す刀で、金融の本来の役割は、決済システムの提供、貯蓄を生産的投資へ仲介すること、個人のライフサイクルに応じた金融活動を支援すること、リスクを移転管理することなどにとどまるべきだったが、資金仲介の経路を異常なレベルにまで長く複雑にして、そこに存在する様々な金融資産の間で起こる裁定利益を追求することに主眼を置くものへと変質していたと非難を浴びせた。

今、フィナンシャリゼーションというフローの概念をストックで置き換えてみると、それは世界の債

図2-5　積みあがった世界の債務残高

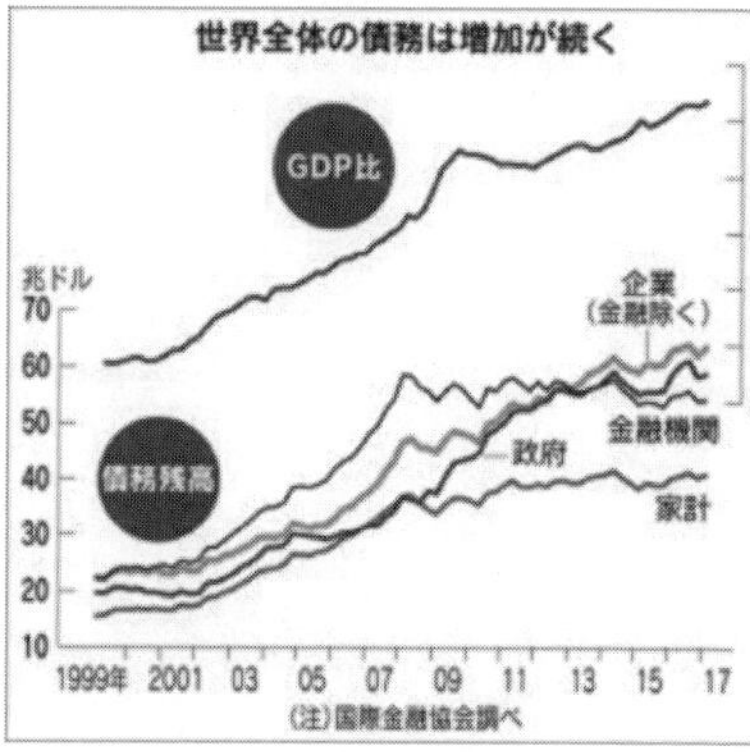

務残高が急激な勢いで積みあがってきたこととして観測できる（図2－5）。世界全体の債務残高は最近では二一七兆とリーマンショック前の一・二倍に膨らんでいる。危機後の債務の伸びは低いように見えるが危機の発生で救済やその後の経済刺激策で政府部門の伸びが大きいのだ。一方、世界全体の対GDP債務残高の伸びをみると、過去二〇年弱の間に二四〇％から三三〇％へと実物経済以上の伸びを続けていることが分かる。中国やドイツの過剰貯蓄が英米の投機資金となりアメリカの住宅・商業用不動産への過剰投資という流れとなって債務が積みあがっている構造といえよう。

さてフィナンシャリゼーションには、社会学者のアムステルダム大学のナターシャ・ファンデア・ツヴァンによれば、少なくとも三つの側面がある(62)。一つはマクロ経済を工業化のサイクルから金融のサイクルに転換させたことだ。そして二つ目は株主価値への極度の傾斜、あるいは株主主権という妄想であって、それは株主主権をうたい経済成果の配分で著しく資本家・経営者に有利にしたことだ。そして三つめが制度、生活の中に入り込んできた金融化、別の表現をすれば家計の貯蓄を仲介していた金融ビジネスのモデルを家計に資金を貸し付けることを主力にするモデルへと転換させたことだ。まとめて言えば、グローバル化、フィナンシャリゼーションの進展によってもたらされた果実は、株主価値経営の下、ひどく偏った形で分配されてきたということだ。

先にグローバルエコシステムの構築によって新自由主義空間が形成され、そこでは労働への分配が途上国並みへと収斂していくメカニズムが組み込まれていることを見たが、そうした間接のものではなく直接に労賃を裁定システムが提供されるようになった。すなわち、〈アップワーク〉や〈フリーランサー〉のような代仲介業者がＩＣＴプラットフォームを活用し、ギッグ・ジョブを南北で強力に直接に裁定していることだ。こうして先進国における労働の需要曲線はこの引き下げられた労働賃金率の下で水平になってしまったのだ。

ほとんどの先進国で起こっている労働賃金が途上国の下剋上に悩まされるという状況下では、金融緩和策をとっても何のポジティブな反応もない。それどころか金融の不均衡を拡大するものにすらなっている。民間に資金需要がないからだ。中古品を仲介するサービスやシェアエコノミーの出現も社会を金融政策に反応しにくいものに変えた。野村総合研究所のリチャード・クーは、こうした状況は構造的な変化で、かつて観察されたフィリップス曲線の復活などは夢の夢になったと見て、途上国の下克上に遭遇している先進国を「被追国」とでも呼ぶべきだと提案している。そして民間の過剰貯蓄がバブルに陥ることを防ぐためにも極端なまでに低下している国債金利を活用して公共投資をする、つまり新ケインズ政策を実施すべきだと説く(63)。

だが、クーは被追国経済学をローレンス・サマーズなどが良い見方と称賛してくれても誰も政策に反映させるほどにはなっていない、自称先駆的な見方に留まると嘆く。したがって、被追国の現実が厳しいものになっている現状に変わりがないことになる。

アメリカは経済のグローバル化を先導し、先進国の中でももっとも恩恵をうける国のはずであった。ところがどうだ。図２－１はアメリカの若者が「夢」を失いつつあること示唆していた。だが、現実はもっと悪かった。ハーバード大学教授のローレンス・カッツは、アラン・クルーガーとの共同論文で

図2-6　所得の停滞ないし落ち込みを経験した家計の比率（2005-14年）

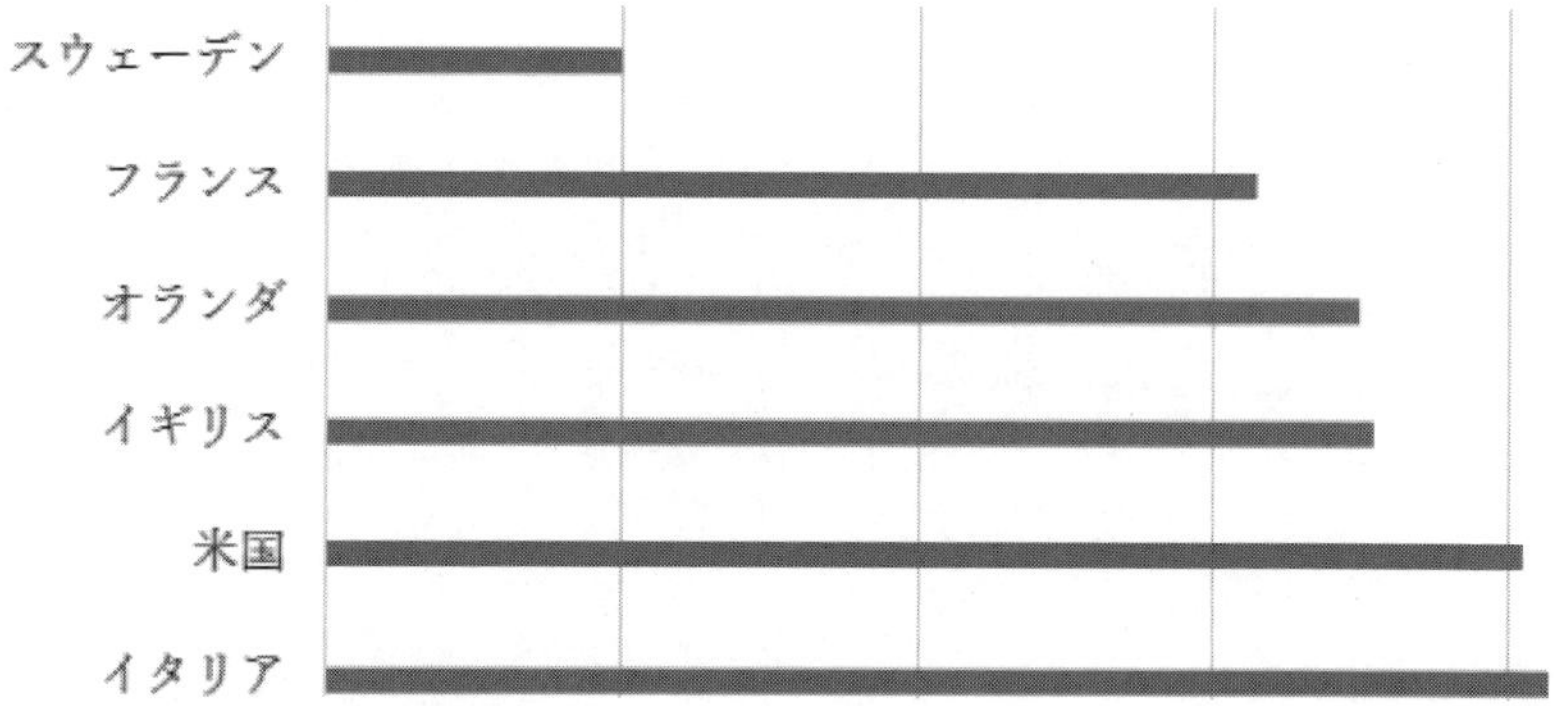

（出所）　マッキンゼー研究所

三〇歳強のコホートの観察から正確な計測として一九四〇年生まれでは九二％が親よりも良い稼ぎをしたが、一九八四年生まれではその半分になったと報告した(64)。一方、二五の先進国の家計所得の比較によってアメリカでは二〇〇五〜一四年の間に八一％の家計で所得の停滞ないし落ち込みだったことを指摘したのがマッキンゼーの研究所だ。こうした傾向は他の先進国でもみられ、六五〜七〇％で落ち込みないし停滞があった（図2-6）。これは、一九九三〜二〇〇五年をとると、落ち込みないし停滞の家計はわずか二％であったこと比較すると格段の変化だったことがわかる。

だが、図2-6の国別でみた場合、スウェーデンでは所得の停滞ないし落ち込みが観察された家計はわずか二〇％だ。問題は所得分配であることが一目瞭然だ。筆者は別の書物で日本とほぼ同じ経済システムを持ちほぼ同じようなパフォーマンスを上げていたスウェーデンが冷戦、金融危機後には日本を引き離した高パフォーマンスを示すようになったのは同国が一種の多国籍企業で環境変化に適応して労働市場の自由化をしなければならなかったからだと分析した。一方トマ・ピケティは、こうした警告にもかかわらず、アメリカでは格差が生じているのは、裕福な状況にある自分自身を含めて、才能と能力によって生じているとアメリカの経済学者は説明していると「アメリカの経済学者はトップ所得層にあり、その多くがアメリカの経済はかなりうまく機能しているし、とりわけそれは才能と実力に正しく報いているからだ、と信じている」と辛辣な言葉を投げ皮肉った。アメリカ経済学会でN・グレゴリー・マンキューと対峙したときのことだ。経済学の教科書ライターのスポンサーは、アメリカ、さらには世界に広がる新古典派経済学のシンパたちであろう。マンキューは、世界で最も使われている経済学の教科書の著者としても有名である。そのまま英語でも世界中で読まれてもいるが、二〇か国語に翻訳されており、日本語でも、『マンキュー経済学Ⅰ：ミクロ編』と『マンキュー経済学Ⅱ：マクロ編』が三版に、『マンキュー経済学入門』が二版となっている。アカロフらは『不道徳な見えざる手』の中でマンキューの教科書の価格設定の問題は医薬品の価格設定とのアナロジーとして取り上げられ、『経済学入門』がアマゾンでは「たった三一五ドル一五セントで手に入る」と記した。

アメリカでベストセラーの経済学の教科書の著者であることは、日本流に言えば印税収入だけでもかるく億万長者になる。筆者は、今は連銀副議長も退任したが、かつて国際経済のテキストブックの著者であったスタンレー・フィッシャーにMITにアポを求める手紙を出したことがある。日本で行われたセミナーで、筆者は当時東大教授だった浜田宏一らに次ぐ三番手のフィッシャーの発表のコメンテーターだったが用意したコメントは二人で言い尽くされ、苦し紛れでその場で思いついたコメントをしたところ、それをフィッシャーがいたく気に入り、アメリカに来ることがあればいつでも会う用意があるということになったのだ。手紙にはスタンフォード大学に来てくれとの返事がきた。サバティカルを利用して国際経済のテキストブックの改訂版の執筆をしていたのだ。売れる教科書の金融的結果はフィシャーが連銀の副議長に就任する際に明らかにされたが、二〇一三年時点で保有する資産の価値が一四六〇万〜五六四〇万ドルのレンジにあるとされた。フィッシャーはイスラエル中央銀行の総裁、IFMの副専務理事などを歴任しており特別かも知れない。だが、『不道徳な見えざる手』の著者の一人、ノーベル経済学賞受賞のアカロフ夫妻の資産額も夫人が公職についたことから明らかにされている。カリフォルニア大学（バークレー）の教授から連銀副議長になり議長となったジャネット・イエレンと、同じく大学教授の夫が保有する金融資産の二〇一三年における価値は前年からやや増えて五二〇万〜一四一〇万ドルだったと報道されている。

アメリカでは数少ないリベラルなノーベル経済学賞受賞者、ジョセフ・スティグリッツが、格差の問題は今や経済学のテクニカルな問題というより、本当の意味で現実の政治の問題だと発言した。しかし、民主党左派が大判振る舞いの財政支出を伴う政策提示をしている中、その期待の星であるアレクサンドリア・オカシオコルテス下院議員の支持表明を通じて一躍有名になったのが、MMT（現代貨幣理論）だ。ハイマン・ミンスキー、アバ・ラーナーといった先駆的経済学者のアイディアをもとに、ミズーリカンサス市立大学教授のランドル・レイやニューヨーク州立大学（ストーニー・ブルックス）教授のステファニー・ケルトンなどによって築かれた理論とされるMMTは、二〇一六年の大統領予備選で旋風を巻き起こしたバーニー・サンダーズ上院議員なども支持していたものだが、若手のホープを通じて若者たちの関心を呼んだのだ。MMTは、①自国通貨を持つ国家の政府は、純粋な財政的予算制約に直面することはない、②すべての経済および政府は生産と消費に関する実物的および環境上の限界がある、③政府の赤字はその他全員の黒字であるという三つの主張をもっている。

MMTは、一つの金融制度の中では、という前提をおくことで、黒字と赤字は足せばいつもゼロになるという③が成り立っているという意味で、財政の垂れ流しをしている日本モデルになっていると言っても良い。このため、経済の長期的な停滞リスクを抑えるには財政支出を通した投資を行うことが重要との考えを示しているサマーズからもMMTはオープンエコノミーでは成り立たない理論でインフレを起こす迷論だと猛攻撃を受けている[65]。にもかかわらず、中央銀行はあっても財政当局がないEUは①の条件にはずれるので本来MMTが適用できないはずだが、そこでも関心が高い。たとえば、EU離脱中のイギリスでは野党・労働党のコービン党首は二〇一五年に政府主導で中央銀行の出資により、インフラ整備に投資するスキーム「民衆のQE」を提唱したが、最近ではイタリアの連立与党が、低迷する経済を再生するため、EUの課す財政規律を終わらせて公的支出を増やすことを希望し、EU本部と対立している。

だが、MMTが話題にのぼるのは、新自由主義への反発であり、ケインジアンへの回帰へののろしであると見ることができよう。その意味でMMTの攻勢とそれへの反論をみることよりも重要なのは、エリートエコノミストから反省の言が続いて出てきていることにも注目したい。アメリカでファイナンス学会の会長についたルイジ・ジンガレスが、過去四〇年の金融、金融理論に痛烈な反省をくわえた会長演説をしている[66]。それは、ジョン・ケイが同じく金融界に痛烈な批判をなげかけた『金融に未来はあるか』を出版したと同じ二〇一五年のことだったからだ[67]。ケイは、金融当局がこの金融構造の異常を放置したまま、異例の金融緩和策をとり政府の介入を強める形で対応しようとしているが、健全な経済、健全な金融の姿を取り戻すには程遠いままだという。ケイは、実物経済と金融経済の乖離を是正し、新たな有形の投資対象を探す業務と資産の管理業務を遂行できるよう金融システムを再構築せよと説く[68]。だが、そうした姿にしていくには気の遠くなるような時間が必要になるかも知れない。

かれらの言説は、ある意味で翌年に起こったイギリスのＥＵ離脱、そしてアメリカでのトランプ大統領の誕生を予言していたことになろう。事実、イタリア出身のジンガレスは、イタリアでトランプと同じようなスタイルで政界に登場し、ポピュリズム政治で席巻したベルルスコーニとあまりにも似ていると、トランプが大統領候補に正式に名乗りを上げる以前から予言をしていたが、ベルルスコーニ政権が永らえたように、トランプ政権もだらだらと続くことを懸念している。

4 移民の国にしてイデオロギー国家、アメリカ

公平な市場があり、そこで与えられた均等な機会を最大限生かしていけば、成功への道が開けるというアメリカニズムは、フロンティアがない中では最早幻想でしかなくなった。そして経済リバタリアンと化した新古典派経済学の下での経済運営で、アメリカ国民の間に大いなる「格差」が生じている。それ自身、アメリカニズムという精神的な縛りゆえに、アメリカ人、わけても若者、貧しき白人を苦しめているが、それは、イデオロギー国家として生まれたという出自、移民国家というアメリカの宿命によって、さらなる苦悩を呼んでいる。

トランプの移民制限の大統領令や国境の壁建設のための大統領令が大きな反発を呼んでいるのは、多くがアメリカは移民の国だというアイデンティティをもっているからだ。だが、現状を客観的に見ればアメリカは先進国の中で特記すべき移民国家ではなくなってきている。ＯＥＣＤ加盟国のうちもっとも外国生まれの居住者の比率が高いのは二七％のオーストラリアで、同国が過去二六年間にわたり二〜三％の成長を謳歌してきたのは白豪主義を捨ててアジアに門戸を開いて移民国家になったことにある。

それに次ぐのは二〇％のカナダで、アメリカは人数的には四〇〇〇万人と最大の移民国家ではあるが一二％という比率はＯＥＣＤ平均でしかない。

移民国家、アメリカは、一八二〇〜一九六〇年に四七〇〇万人の移民を受け入れ、帰国したものを除くと二五〇〇万人がアメリカの地に住み着き、それが制度を少しずつ変える要因ともなって、アメリカという国を特徴づけてきた。一九七〇年代以降もアメリカは積極的に移民を受け入れ、二〇〇〇年代に入った現在も合法だけでも年一〇〇万人を超える移民を受け入れており、二〇一六年もネットで一二〇万人余を受け入れたが、二〇〇七年に三億人を突破し一七年には三億二五〇〇万人を超えるに至ったアメリカの人口増加が、今や自然増に支えられていることはあきらかである。

言い換えれば、アメリカ社会は、先に見たコーエンや法政大学名誉教授の渡部亮が指摘するように、一世移民が人口の今や人口の一四・五％を超え、もはや一二％の移民を受け入れるだけのダイナミズムを失いつつあるとの見方もできよう[69]。にもかかわらず、アメリカの広大な土地を占めてきたのは植民者であり、その子孫であるというアイデンティティは失いたくないのだ。それは建国の時代にあったフロンティア精神をもつ白人植民者が社会のマジョリティを維持し、マイノリティの労働者を雇い入れるという構造をその後も持ち続けてきたということだ。プランテーション時代のアフリカからの奴隷輸入しかり、ゴールドラッシュ時代のアジアからの契約労働者の移入しかり、そして限界を迎えつつある現在も合法、違法を含めて移民の受け入れが続いているのは、移民がアメリカ経済社会の中に埋め込まれているからでもある。たとえば、海外からＨ１Ｂビザを取得してやってくるタレントある若者なしに成り立たないというハイテク産業や、果実の収穫などではメキシコ等からの不法移民がいなければ成り立たないといわれるカルフォルニアの農業などだ。

このため、アメリカの国内に途上国を抱えることになり、その二重構造が経済成長率引き上げ要因になっているとも見なされる。また彼らに機会を与えることによってアメリカン・ドリームがなお健在であることを証明することにもなろう。移民吸収力が限界に近づいてきていることの一つは、非白人の増加によって一九六〇年には八五％を構成した白人も今や六四％まで低下してきたことだ。白人にはいずれ自分たちがマイノリティに陥るのではないかという怖れのようなものがあり、それが彼らの心理の上に重くのしかかっている。それはアイデンティティ・クライシス以上のものだということになろう。

◈白人の地位を映し出す鏡：人種の坩堝からイスラムと対峙するキリスト教徒

植民者によって国が形成されて来たという歴史がアメリカのバックボーンを形成した。すなわち、独立したアメリカ人は、ヨーロッパとは別の形で自分たちの権利を主張するためには、独立宣言の中でうたったように、神意と個人に与えられた自然権に求めた。歴史を断ち切ったのであるから、そこで生まれた考え方は抽象的なものになる。個人に基礎を置く社会であり、特定の集団の利益を中心に考える特定集団主義（particularism）に対する、普遍主義である。

普遍主義（universalism）とは、人はだれでも生まれ、階級、宗教、民族、性、肌の色に関係なく同じように扱われるべきだという考え方である。個人に基礎を置くとは、国家、社会の成り立ちも、道徳的な責任感を持った自由で平等な個人が社会運営の基礎の上のものになっていると、理性ある道徳的な行為者としての個人を強調しているのである。アメリカ合衆国憲法は、このような抽象的な理念をうたっており、この憲法への忠誠をちかうことで誰でもが市民、国民であるとみなされた。

だが、普遍的な理念といいながら、当初の担い手はヨーロッパ、ことにイギリスからの移民であった。

ところが、一九六〇年代以降、アメリカは英語と憲法への忠誠という単純な基準で生まれた単一国民という理念からはずれてエスニック集団的な要素をどんどん強めていくことになった。

第一は六〇年代に盛んになった公民権運動によって人権問題は黒人にまで拡大されていくようになったことである。

第二は、それまでの移民法は、戦前の首相、近衛文麿が憤慨していたように、出身地によって差別をしていたが、一九六五年の改正によって、それまで制限されていた中南米、アジア出身の移民が増え、非白人人口の増加、人種の多様性が増した。

そして、第三は、白人の中産階級が教育などによって豊かになる階段を登ることのできたグループと、そうでなかったグループに分断化されたことによって起こった新しい現象である。つまりマイノリティ優遇策（affirmative actions）など、ポリティカル・コレクトネス（ＰＣ）で逆差別を受けているのではないかと、取り残されたと感じた白人グループもまた、自らのアイデンティティを出身国という集団に求め始めたのである。そしてグローバル化が進展する中で、アメリカ人は国内でのグローバル化として自分たちを祖国と自分の国をハイフンで結んだ形で、アングロサクソン系アメリカ人、アフリカ系アメリカ人、韓国系アメリカ人と呼ぶようになったのである。これによって、彼らは実際の社会生活における集団的な拠り所としてサブナショナルな民族的なルーツを保有しつつ、同時に憲法的にはアメリカ人のナショナル・アイデンティティを共有することで国民を形成していると見なされるようになった。

九・一一事件は、こうしたアメリカにさらなる衝撃を与えた。二一世紀のアメリカは、このことによって幕を開けたと言ってもよい。アメリカは米英戦争のさなかにワシントンが爆破されたという事件を除けば外敵から攻撃されたことのない「絶対的な安全」を誇ってきた。それがニューヨークの貿易センタービルが爆破され倒壊するという場面をテレビで繰り返し繰り返し見ることになったのである。それは、心理的な求心力となった。ブッシュ大統領が、国土安全保障室（Office of the Homeland Security, 後に省に昇格）をつくり、アメリカ政治史上初めてホームランド（祖国）という語を用いたことにも現れている。これは最早アメリカが普遍的なものと唱えることがかなわず、母国、アメリカと表現せざるを得なかったことを示していると考えられる。[70]

求心力のもう一つの端が、遠心力でもってバランスをとろうとする勢力への反感だ。見渡せば、中国系も、インド系も大きな勢力となり彼らはグローバル化した環境を活かして母国との間を行き来するディアスポラとして活躍している一方、イスラム系アメリカ人がいつの間にかイスラエルの外では最大で政治的にも文化的にもアメリカに大きな影響を与えてきたユダヤ系アメリカ人の集団を抜くほどの勢力になっていたのだ。このことに驚きが隠せなかった。一九世紀の終りにはアメリカ社会は、人種の坩堝というアイデンティティをもっていた。ところが、それはサラダボールとなり、ついにはイスラムとユダヤというお互いに相容れ難い勢力を含有する場となったのである。

ハーバード大学教授のサミュエル・ハンチントンがアメリカは英語を話す国民とスペイン語を話す国民、ヒスパニックに二分され、言語の違いが文化的格差も反映するようになると警告したのは、二〇〇四年の著書『分断されるアメリカ』の中でのことであり、そしてハンチントンと同じケネディ・スクール教授のジョージ・ボージャスが『移民の政治経済学』を著し、移民問題は広汎なインパクトもつ事象であるとして経済学者の多くが移民の経済的な効用ばかりを説くことに警鐘を鳴らしたのは二〇一四年にさかのぼる。[71]

だが、スペイン語を話す住民の増加は、それ以上の影響をアメリカ社会にもたらし始めた。すなわち、中南米系移民の増大は民主党の支持者を増やす形でアメリカの選挙基盤を変え始めたことだ。それはメキシコとの国境沿いの州で民主党が党勢を伸ばしていることに顕著に現れている。理由はヒスパニック（中南米系）の移民の急増だ。二〇一六年の大統領選の出口調査によれば、ヒスパニックの六六％が民主党に投票した。黒人の八九％には及ばないものの、ヒスパニック人口が増えるほど、民主党に有利になることは間違いない。事実、一九六八年から六回連続で共和党が勝利してきたニューメキシコでは一九九二年に逆転が起こり、それ以降は二〇〇四年を除き民主党の勝利が続いている。

そこで現在にわかに注目されるようになったのが、メキシコに国境を接するテキサスだ。同州ではヒスパニック人口が徐々に増えており白人を抜くのは二〇二二年ごろと見込まれているからだ。テキサスには全米二位の三八人の選挙人が配分されている。これまで、アメリカの大統領選で最大の戦場とされ注目を集めて来たのは、選挙民が多い海沿いと白人主体の大陸中央部の境目にあるオハイオである。第二次世界大戦後、同州で負けて大統領になったのは一九六〇年のJ・F・ケネディ一例あるのみだ。だが、テキサスの重みはオハイオの比ではない。共和党がテキサスで敗北することになれば、共和党はこの先ずっと大統領選に勝てなくなる。

テキサスは過去二〇年以上にわたり、共和党の牙城であり、白人人口がヒスパニックを上回る現状かならすれば、二〇一八年の上院議員選でも現職の共和党候補テッド・クルーズの圧勝と思われていた。ところが民主党のベト・オルークが敗れはしたものの猛追をみせた。オルークが「オバマの再来」とも呼ばれるほどの個人人気に支えられていたとしても、次の大統領選での逆転、つまりトランプ敗退の前触れかもしれない。これ以上の中南米移民を増やしてはならない。トランプがメキシコとの国境地帯に建てた柵は既に約一〇〇〇キロに及ぶ。

だが、大統領が柵を完成させるには建設予算を議会通過させなくてはならない。ねじれ状況になって民主党優位となった下院が柵建設を除く予算案をもって対抗する中、大統領は政府機関の閉鎖をもって民主党の非を訴えたが、一時的に政府の閉鎖を止める妥協をせざるを得なかったのは、右派からはトランプが折れたと批判をされている。再選を目指すトランプはこれ以上の後退はできなかったところに援軍が来た。最高裁の大統領令による柵建設の合憲判断だ。

だが、両者の攻防は続いており、その攻防には厳しいものがある。それはアメリカの政治の岐路であり、白人の岐路でもあるからだ。そしてトランプは、アメリカの中枢に自分たちがいない日が来るかもしれないという白人の恐怖をベースに次の大統領選を戦おうとしている。

◆アメリカの「市民宗教」と白人の置かれるべき位置

先に、冷戦後にはアメリカがほとんど唯一、最強のイデオロギー国家となったとの歴史家マゾワーの言に触れた。それは冷戦時代にはソ連東欧、共産中国という社会主義イデオロギー国家群があって目立った存在ではなかったというものでもない。イデオロギー国家の裏面は、自由と平等というイデオロギーを共有し、英語という同じ言語を話すことによって移民もまたアメリカ国民となる、移民国家ということだ。リプセットの『アメリカ例外論』が、冒頭の第一章でアメリカはイデオロギー国家であることを指摘していることは示唆的である。(72)

なぜ、そうなのか。アメリカは独立革命から生まれた最初の国家だからである。歴史家のリチャード・ホブスタッターは「国家としてイデオロギーを持つのではなく、イデオロギーそのものになることが、われわれの運命である」と書いている。つまり、多くの国がイデオロギーではなく、共通の歴史によって、生得権をもった共同体として自らの国を規定していることとは異なった成り立ちなのだ。アメリカは、その独立にあたってイギリスと決別する形で自己の権利宣言をし、ジョン・ロックが挙げていた「生命、自由、財産をめぐる権利」という言葉を、トーマス・ジェファソンは「生命、自由、幸福の追求の権利」に書き換えた。これは、国家レベルにおいて夢を見るという行為に価値が付与され、アメリカ人にミッション意識を植え付けた。つまり、アメリカのシステムの押し売りである。アメリカの単独主義は、実はアメリカの「市民宗教」と強く結びついている[73]。つまり、一九六〇年代後半のアメリカ社会の混乱の中でルソーが『社会契約論』の最終章で説いた「司祭の宗教」に代わる「市民宗教」をもってトグヴィルの時代へ帰れと宗教社会学者がロバート・ベラーが提唱したところのものだ。市民と普遍的な名称を与えながら、ベラーの指摘は政教分離を唱えるアメリカ社会の中に近代的な政治装置の中に入り込んでいる事象で、それが外に向かって適用されると空回りとなったり、齟齬を起こしたり、時には相手国を傷つけたり同盟国に被害をもたらすこともあり得るのだ。ベラーもその点には気づいており、市民宗教が世界におけるアメリカの役割の点で歪曲の危険が大きいといっている。

アメリカにおいてイデオロギーと市民宗教とが分かちがたく結びついているゆえに、恐怖が原理主義へと走らせているのだ。前者が掲げた理想が危機に陥らんとするとき、それに至るための方法たる経典は原理主義への立ち戻りなのである。その意味で、ブッシュ・ジュニアがアメリカ単独主義を唱え、トランプがアメリカ第一を叫んでも驚くに値しない。アメリカ第一とは、ハーツのいうアメリカニズムだからだ。トランプ政権は九・一一に翻弄されたブッシュ・ジュニア政権の原理主義者たちの航曳の中にあるといえよう。

レーガンからブッシュ・ジュニア政権に至る保守派大統領の経済政策ブレーンをつとめたジョージ・

ギルダーは、連邦準備制度の政策がカネを創出し、それを企業家たちの創造的なビジョンの実現のために直接供給することは、神の意志が無から世界の原型をつくり上げたことを人間のやり方で再現したに過ぎないと主張した。このサプライサイド経済学は、パット・ロバートソンのような伝道師たちによって「通貨創造という神の名に値する初の理論」とあがめられ、宗教的原理にまで高められ、その揚げ句が権力と同様にカネこそが信仰の核心になった。拝金主義がアメリカの信仰、宗教の問題にまでになったのである。[74]

「市民宗教」とは「歴史」を引きずっていないアメリカ民主主義の特徴としてトクヴィルが指摘した社会公共領域に宿る宗教である。[75] 確かにアメリカの憲法は「連邦議会は、国教を制定するための、また宗教的自由な活動を禁止するための、……いかなる法律をつくってはならない」と「国教の禁止」や「信教の自由」を規定している。アメリカは世界で最初の「世俗国家」として成立し、政教分離を貫いてきた。それが今日も公私両面にわたってみられるアメリカの豊かな宗教性を可能にしている。

ラッセル・カークは、六つの規範を掲げたが、その第一に人間の意識と社会を等しく支配する超越的秩序、もしくは自然法をあげ、キリスト教的な超越性に深い帰依を示した。宇野重規も、思想的にいえば、決して当然でも、必然的でもない「信仰箇条」が一つのパッケージとして列挙されている点こそ、『保守主義の精神』が現代アメリカの保守主義の「バイブル」と呼ばれるゆえんだろうとする。だが、アメリカは、外交官のロバート・クーパーが指摘しているように、先進国としては異常なほどに宗教国家である。

だが、ともあれ、他の先進国では政経分離が進み、国家宗教がなくなっていることと比較した時、アメリカにおける「市民宗教」が「市民宗教」として活気をもっていることは確かである。[76] なぜ活発なのか。ベラー自身は、トクヴィルの推論とも似ているが、独立の当初において人権とキリスト教が何の違和感もなく両立するものとして受け入れられ、それが公立学校行事として繰り返されてきたことを指摘している。だが逆にいえば、開拓当時には学校を含め政府機関が存在しなかったために、教会、聖書などが心の拠り所になってきたとの説明が説得力をもつのではないか。門外漢として教会活動を覗き見た筆者には、その両方であり、アメリカ人の心の拠り所になってきた教会自身がキリスト教に名を借りたアメリカン・ドリームの伝道者であるとの印象が強い。ことに教会の牧師とは無関係に各地を巡回して説教して回る巡回説教師の場合には、テレビ説教師ビリー・グラハムやシンクレア・ルイスの小説を映画化した『エルマー・ガントリー』の印象が鮮明なだけに、そう思われる。そして教会相互の競争を通じて活性化してきたという側面も強いと思われる。

そうした市民宗教、教会の活動の歴史を考えるとき、リプセットの『アメリカ例外論』では、別の一章を割いて、黒人と白人とからなるアメリカを論じられていたことが注目される。それは、アメリカにおけるアフリカ系アメリカ人の置かれた状況が、収容所に入れられた日系人という例外を除けば、他のどの人種・民族的少数派とも質的に異なることを問題にしている。彼らは貧困や差別から逃れようとして、自分の意思でアメリカに到着したわけではないというのである。

アメリカ社会が成熟する中で、機会を失っていたアフリカ系アメリカ人に対しては、いわゆるアファーマティブ・アクションがとられるようになった。機会均等を掲げるアメリカの立場からすれば、これまで黒人に対し機会を与えてこなかったことに対する補償行為ということになろう。

アメリカ人は、意識調査をすると、補償行為と優遇措置をはっきりと区別している。補償行為には、恵まれない集団が一般社会設定した競争の基準に追いつくのを手助けすることが含まれ、ポリティカリイ・コレクトネス（PC）と呼ばれるものだ。一方、優遇措置には、そういう競争の基準を無視して、白人男性と同じ基準に達することのできない恵まれない集団の人を入学させたり、採用したりすることが含まれる。

自由、平等という概念は、一九六〇年代になると、それまで視野に入れられていなかった黒人の間までに浸透していった。その後の展開は、黒人だけでとどまらない。インド系を初め、留学、ハイテク企業などを通じてアメリカ国民となった。つまり、アファーマティブ・アクション政策の現実の展開は、例えば大学入試では、それがなければ入学できていたであろう白人が排除さることになる。そして、現実に黒人、その他の非白人移民たちが旧来は白人が独占していた社会の領域に出てくるようになった。

これに対し、二〇年前のリプセットの指摘はアファーマティブ・アクションの政策が取り入れられたことで平等主義的な価値観と個人主義的な価値観とが強く対立するようになったというにとどまっていた。先に指摘した白人貧困層たちは文化的、民族的認知を求める「アイデンティティ政治」に反発する。非白人に白人が頭を押さえられていると感じるようになったのだ。先に見たニクソンの南部戦略に見るように、公民権法を浸食するような形で選挙が行われてきたのだ。つまり、隠喩としての人種差別だ。トランプは、その隠喩を隠喩で終わらせず、PCなどくそくらえと、あざけることで大統領の座を射止めたのだ。

トランプ支持者は、EU離脱を推進したイギリスの一派と同様に、給料が上がらない中間層の怒りを移民のせいだと告発し、「恐怖」という人類最悪の本能を「炎上」させたポピュリストの扇動に乗ったと見るのは、先にキャス・サスティーン『ナッジ』の共著者として紹介したシカゴ大学教授のリチャード・セイラーだ。『準合理的経済学』の著書もあるセイラーは、EU離脱に賛成した人、トランプに投票した人も冷静に「合理的な計算」をしたわけでなく、怒りに任せた「感情的な計算」で思考停止に陥ったとの観察を提示する。彼は、二〇一七年のノーベル経済学賞の受賞者でもあるが、自身がパイオニアである行動経済学の視点から、こうした合理的でない個人の行動を上から目線で切り捨てる。

これに対し、彼らは非合理的な存在なのか、行動経済学を名乗り科学を標榜する見方は実は「経済的利益」の観点だけから彼らの行動を捉えようとしていたのではないかと問い返すのは、カリフォルニア大学〈バークレー〉教授のアーリー・ホックシールドだ。彼女は南部ルイジアナ州レイクチャールズ市で二〇一一年からの五年間、丹念なヒアリング調査を重ねる中で、貧しい白人たちの「感情的利益」に気づく。そして自国にいながら異邦人であるという感覚に苛まれながらも、自らを「犠牲者」と呼ばせないでいる白人たちを『壁の向こうの住人たち』として描いた。(77) こうした屈折した感情こそが彼らをしてトランプ大統領に共鳴させたことになる。

一方、壁の向こうの住人たちを別の視点から見たのがアン・ケースとアンガス・ディートンの統計調査だ。彼らの調査によれば、自殺、肝障害、薬物中毒などのために四五〜五四歳の非イスパニック白人の死亡率が一九九〇年代から一貫してあがっているのだ。彼らの説明はイスパニックや黒人よりも白人の期待値が高いためだとしているが、先にも見たように裕福な白人が貧しい黒人などに施しをする福祉は要らないと主張してきた構図が壊れ、貧しい白人が福祉のお世話になっている現実に耐えらず絶望死を選んでいるのではないかというものだ。(78) ケースはアメリカが高卒以下の国民と大卒以上の国民とに分裂した国家になってしまったと指摘する。アメリカにおけるジョブの三分の二以上が高卒だけでは対応できなくなっているのに、労働力の半分以上が高卒以下だというのだ。

いずれにせよ、一九三〇年代に公的年金が導入されて以来、アメリカ人の平均寿命は伸び、高齢者の自殺率も大きく下がってきていたが、その傾向が変わったのだ。つまり、二〇一六年末に出た平均余命が七八・九歳から〇・一歳だけ短くなって以降、寿命が縮み始めているのだ。

こうした現象は先述のエバーシュタットの労働参加をあきらめた白人層の一部をなすものだ。実のところ、下層にある白人は追い詰められているのだ。では、壁のこちら側にいる人々は何をしていたのか。ディートンの発見に刺激されて「働き手はどこへ行ってしまったのか」というワーキングペーパーを出したのが、プリンストン大学のアラン・クルーガーである。同論文はその今や働こうとしていない一団の男女の別、年代別のプロファイルを明確にしている(79)。先に体制内のエコノミストは失業率にからまない、六〇〇〇万人とも七〇〇〇万人ともいわれる働こうとしていない一団の存在を無視しているといったが、クルーガーはオバマ大統領の下で閣僚級ポストの経済諮問委員会の委員長や財務省で経済担当の次官補をつとめた経済政策、労働経済学の泰斗だ。

クルーガーによれば、今や七〇〇〇万人と言われる働かない一団の半数が毎日鎮痛剤のお世話になっており、毎日鎮痛剤を服用している人の三分の二が処方を受けている。そして半分の人が気分がすぐれず四割の人が痛み等のため仕事に就けないでいる。そして、これをセンサスの所得・プログラム参加者調査で補足すれば、二〇一三年現在でみて、二五~五五歳の男女の五人に一人、二一%がメディケイドの受給者になっており、働かない一団をとれば五三%が、そしてその一団の非イスパニックの白人男子をとれば四八%が対象者ということになる。そして、非イスパニックの白人男子の五七%が連邦なり地方政府の身体障碍者プログラムを利用し〈オピオイド〉を手に入れ過剰摂取で死に至っているのだ。ところが二〇一九年三月にはクルーガーが五八歳で亡くなったとの報が届いた。その前週にスタンフォード大学で「ユニバーサル・ベーシックインカムはなぜこれほど議論を呼ぶのか」という題で、所得分配や労働市場規制について講演していたクルーガーの死は、先のハーディン夫妻の心中にも似て、自殺だった。

自分たちの世代でオピオイド汚染は止めなくてはならない。自分のことをいつも誇らしげに語る大統領のトランプも、自らの禁酒の誓いがアルコール依存症であった兄の死を契機としたものであったことに触れ、「非常事態」を宣言してまでオピオイド汚染の撲滅に取り組むとした。

純正のオピオイドは高価で、実際にはその代替品が過剰摂取され、それによって中毒死している。その代替品の代表的なものが「フェンタニル」だ。その「フェンタニル」のほとんどは中国で合法的に製造され、密売組織によってアメリカにもたらされているとされる。その意味では現代版アヘン戦争になっている。清の時代のアヘンが簡単に克服できなかったようにアメリカの薬物依存症の撲滅は短期に解決できるものではない。トランプの「非常事態」宣言も公衆衛生上の非常事態の宣言であって、現実には長期の取組みにならざるを得ない。多くの場合、まずは心の拠り所探しであろう。白人が拠ったところが、長老派、バプティストなどをまたぐ福音派キリスト教、つまりエバンジェリカルということになる。反作用という意味では現代版の太平天国の運動ということになろう。

ブッシュ・ジュニアは福音派の不満を取り込んで当選を果たした。ところが、近年稀にみる宗教合戦となった二〇〇八年の大統領選挙では、最終的に勝利を収めたのは自分の信仰告白を率直に語ったオバマだった。宗教までもが、非白人、つまり黒人の掌中に収められ、黒人の大統領が誕生したのだ。オバマの勝利は、ブッシュ政権に関与した宗教右派に対しては厳しい対決姿勢を見せる一方、ジャクソン、キングの公民権運動世代とは違う穏健な社会派としての自分を売り込むことに成功し、福音派の支持を伸ばしたからだとされる。

このオバマの包み込み作戦を切り裂いたのがトランプだ。トランプ政権は、急激な人口動態の変動によって白人がマイノリティになるという恐怖を感じ始めた「オルタナ右翼」、キリスト教右派など、いわゆる強硬派を支持基盤として誕生した。

今アメリカで起こっていることは、あらたなWASP運動なのだ。かつての出身地による差別を復活させ、安全確保を確保しようというトランプの一連の移民制限策のもう一方の端には、白人優位の回復の意図が見え隠れしている。アメリカの中核をなしたのが白人で、そのまた中枢がアングロサクソン系のプロテスタント（WASP）ではなかったのかという心情である。

だが、これは一九五〇年代に台頭したWASPのWの真の意味が（富裕なwealthy）であったのと対象的に現在におけるWは（怒りwrath）、つまり『怒りの葡萄』だといえよう。その「怒り」を政策に持ち込んでいたのが、影の大統領ともいわれた首席戦略官・上級顧問のスティーヴン・バノンであっただろう。したがってKKKの流れをくむ白人優越を顕示しようというデモがシャルロッテで起こっても当初人種差別をしていると非難する声明が出せず、世論の強い反発に慌ててあらゆる人種差別をゆるすものではないと釈明を余儀なくされたのだ。だが、五〇〇〇万人の信者がいるとされるエバンジェリカルの総本山にして世界最大の宗教大学、リバティ・ユニバーシティ学長のジェリー・ファルウェル・ジュニアは、こうした非難にもかかわらず、トランプは正しい判断をしたのだとツイートしている。ファルウェルは、逸早く、つまり候補選びの最初の段階であるアイオア集会の前にトランプ候補への支持を明確に打ち出した筋金入りのトランプ支持者なのだ。

コロンビア大学教授のマーク・リラが復活のための指針を示す『かつてのリベラルを取り戻せ』という書物を出したのもこの時だ。[80] 彼は二〇一六年の大統領選をトランプの勝利ではなく、リベラルの自滅だと総括し、包摂のための民主主義はどこに行ったのかと問う。リベラルは、いつの間にやら大きな政治課題を忘れ、アイデンティティリベラルに堕していたというのである。トランプに負けたのではなく、民主党が自滅したのだからリベラルの思想を取り戻しニューディールに匹敵する大きな政策を打ち出せというのである。当然、それはトランプ政権とは別のものだ。

一方、保守の立場から現在の混乱からどう立ち直るかを論じたイギリスの哲学者、ロジャ・スクラトンは改めて進歩や改良が是だという考えを拒絶の文化の中で再考し、制度や慣習をまもっていく伝統の意義を強調した。(81) しかし、現在の混迷から抜け出す見通しとして、民主主義の良さを引き出したのは共産主義へ対抗する形で生まれたことに鑑み現代にあってはイスラムの対抗が差し当っての契機とするなど議論は十分に説得性を持つとは言えないように見える。なぜならバノンら側近の考えるイデオロギーを見てもイスラム世界の猛攻からユダヤ・キリスト教徒の世界を守ることに終始し、自由や平等、人権といった普遍的な価値を守るという意識は希薄であるように見えるからだ。そして、なおエリートを叩き、分裂をあおっているなかで、大同した政策の策定ができるとは思えないからだ。

この国内の分裂は過去の経験と照らし合わせると危険な要素をもっている。クリストファー・ソーンの『英米にとっての太平洋戦争』によれば、一九三〇～四〇年代のアメリカ社会は、前半が国内の分裂が最優先であったがやがて人種の戦いという規定をし、日本を先頭とするアジアの台頭への戦いになったからだ。現在のトランプ政権はある意味で国内での分裂と、台頭してきた中国へのハイテク戦争という海外での分裂を同時的に受け止めているとみることができようが、それはどんな形で納めることができるのか。

現在のアメリカが分裂を極めていることは確かだ。だが、アメリカの分裂をいうのであれば、史上最大の分裂は南北戦争という内戦を起こした時であることは間違いない。つまり、『怒りの葡萄』の一九三〇年代、四〇年代には、街に失業者があふれ、人種差別、日系人の収容所送りといったこともあって社会はとげとげしかったが、分裂という点では白人同士が内戦を戦った南北戦争にとどめを刺すのだ。そもそも南部諸州で起こっている白人たちの怒りは、南軍を率いたリー将軍の銅像が人種差別者の偶像になっていると撤去され始めたことへの反発が一つのきっかけになっている。ポリティカリコレクト（PC）なんて、くそくらえだというのだ。トランプ大統領は「偉大な我が国の歴史が引き裂かれるのを見るのは悲しい。次は誰だ。（奴隷労働を使っていた）ワシントンか、ジェファーソンか。愚かなことだ」とつぶやいた。

オバマが、二〇〇九年の就任式ではリンカーンと同じように列車でワシントン入りし、二期目の一般教書演説をリンカーンの誕生日を選んで行ったのは、アメリカ国民が南北戦争の分裂を自分たちは乗り越えてきたではないか、それに比べれば今日の分裂など、小さな溝に過ぎないという思いからだろう。トランプも就任の際の宣誓にリンカーンの使った聖書を用いている。

私たちはエイブラハム・リンカーンによる「人民の、人民による、人民のための政治を地上から絶滅させないために」というゲティスバーグ演説のこの下りをよく知っている。

だが、この五分間演説には、「この地を聖別し、神聖化する」といった下りがあり、きわめて宗教的な意味合いをもっていたこと、また戦争が終わって再選されたリンカーンが、暗殺される一か月前に行われた就任演説で、さらに明確に神の怒り、人知を超えた神の企ての意味を語っていることをあまり知らないのではないだろうか。

「確かにアメリカの奴隷制度は神の意思に反し、それゆえに神はこの恐れに満ちた戦争を、その罪を罰するために起こされた。しかし、南部を悪と決めつけることも、北軍を神の軍と賞賛することもできない。なぜなら、南部と北部の双方が神の前に罪を犯し、そのために神の怒りを招いたからで、戦争という苦しみの経験は、合衆国の再生のためにこそ意味がある（『リンカーン演説集』岩波文庫）」。

リンカーンを尊敬するバラク・オバマは、この「市民宗教」を通じてアメリカ国民に団結を訴えた。しかし、良かれとして行った国民皆保険制度は反って国民の分断を呼んでしまったのだ。民主主義は、持てる者、持たざる者を一つのコミュニティに溶け込ませるという意味で、ある意味で、どんぶり勘定の保険のリスクプールと似ている。ところが、新自由主義発想が、細分化しカスタマイズした保険を生み、保険強者が保険弱者を差別するようになった。そして最近のデータ分析がその傾向をさらに助長し、その動きを巻き戻すことは不可能になっているようにも思える。そして、プラットフォームの出現によって、人々はプラットフォーマーの指示通りに動くことを知らず知らずに強制されるようになった。そのために無力感を感じ、自分たちの「市民宗教」へと逃げ込んだとみることもできよう。

国民が危機に直面した時に宗教へ、しかも原理主義へとなびくことはいつでもどこでも起こり得ることだ。イスラムに限らずアメリカに限らないということだ。アメリカがそうした精神状態から抜け出せるとしたら、それはどんなことなのだろうか。

アメリカが移民国家であることが契機になることが考えられる。先に指摘したのはヒスパニックが政治状況へ大きな影響を与えるだろうということだった。だが、実際のところ、年間の移民流入数でみると、二〇一〇年以降、中国とインドとを含むアジア系が中南米系を上回っているのだ。彼らが増えることは、アメリカの人口構成をモザイク画のようにして、ハンチントンが予想したような国民の分断が避けられる可能性を示しているのではないか。エスニックな動きが出てきた一九九一年にアーサー・シュレジンジャー・ジュニアが『アメリカの分裂』を著している。[82]多文化主義は、さまざまな文化が栄える基盤である自由・民主主義・多元主義を打ち壊す反アメリカ的なムーブメントだというのが彼の見立てであった。国民的な同一性のゆらぎを憂いてのことだったが、そこから四半世紀を経てアメリカの人口構成のモザイク状況、多文化主義が先鋭しかねない対立を防ぐものとして評価するのは皮肉だ。しかし、移民国家アメリカの一つの断面でありダイナミズムの反映だとみることもできよう。

フリーランサーが五〇％を超える勢いで増えていることも民意を大きく動かす可能性がある。中間選挙で多数派になった民主党は高齢のナンシー・ペロシを下院議長に選出し何の変化も起きていないように見えるが、国民皆保険を掲げニューヨークの選挙区から当選したアレキサンドリア・オカシオコステスのような存在もある。ペロシを継いで下院議長にもなるとみられた重鎮、ジョセフ・コローリーを予備選で破っての当選なのだ。底流では大きな変化が起こりつつあると見るべきだろう。

5 アメリカ、世界の趨勢を決めた一〇〇年前のウィーンの対立軸

先に第一次大戦後の一九二〇年代の赤いウィーンの時代でフレデリック・フォン・ハイエクとカール・ポランニーとが議論を戦わせていたと述べた。そして、ハイエクこそが第二次世界大戦後のアメリカ社会の在り方を方向づけたリバタリアンの登場を促した思想家だったとの見方を示した。

そのリバタリアンたちが推し進めてきたグローバル化が今や大きく行き詰まりを見せている。グローバル化の問題点をどう克服するのか。山下範久は、「非人間的な市場」の暴力に対して社会を救済するというポランニー的な解決と資本主義による「人間の顔をもった市場」の破壊を阻止するというブローデル的な解決があり得ると指摘する。

ポランニーのいう市場の暴力は容易に理解できよう。一方、ブローデルの人間の顔をもった市場は多少の説明が必要だろう。ブローデルは経済社会の成り立ちを三つの段階で理解しようとする。その著、『物質文明・経済・資本主義』のタイトルが示すように、それは規模の拡大に伴いながら一階部分が物質文明、二階が市場経済、三階が資本主義という構成になっている。物質文明というのは貨幣の媒介を経ない物々交換の世界であり、これはポランニーの市場社会以前の社会と重なる。(83)

問題はポランニーの市場を規模によって「市場社会」と「資本主義」に分けている点だ。市場に属する主体は規模の小さな主体であり、それが生み出す利潤も小さなものであり、市場の循環を支えるものが公正で平等で透明な「等価交換」システムとなっている。これに対して資本主義の階に属する主体は規模が大きく、そのような主体は「資本」へのアクセスを持っている存在で、大きな資本そのものがリスクヘッジとなっていて投機をして大きな利益を稼ぎ出すことができる。

資本家の稼ぎはいってみれば独占から生まれる。独占利益はイノベーション、つまりシュンペーターいうところの「創造的破壊」からも生まれるが、「資本」へのアクセスを独占するという企業家精神とは似て非なる行動から生まれることが少なくない。

独占は技術進歩の結果、別の形でも現れる。プラットフォーム企業の場合、いったん固定投資をしてしまった後の限界費用は限りなくゼロに近い。つまり、利用者が増えるほど利用者の利便性が高まるネットワーク効果も働くため、一気に規模を拡大できデジタル経済は巨大企業を生む傾向がある。こうしたデジタル経済の観察から、ジョナサン・ハスケルとスティアン・ウエストレイクは、『キャピタリズム・ウィズアウト・キャピタル（資本なき資本主義）』の中で、経済全般の投資を縮小させる傾向もあると指摘している。背景には、デジタル経済にはアップルやグーグルなど一握りの企業だけを潤す「勝者総取り」の効果があるため、一部のデジタル企業が巨大化する一方で、デジタル化の流れに乗れていない企業との二分化が起こっていることがある。創出される雇用の数が大幅に減少し、需要も縮小傾向にあるといった近年の好ましくない傾向の最大の理由は、恐らくこの勝者総取りの影響による。

ブローデルのモデルでは「市場社会」と「資本主義」とが分けられているが、両者はつながっており相互作用を働かせている。ブローデルは巨大な資本をもっている独占者が、その独占を維持するために一番安全な選択は、逆説的だが、投機を行うことだという見方をする。古くは投機と投資がわけられるものではないとの分析を示した宇沢弘文の指摘とつながるが、プラットフォーマーの場合、技術的、構造的に両者が合体したものになっていると見ることもできよう。

だが、独占行動の場合、市場の公正で平等で透明な市場を圧迫し、独占を形成しようということに努力を傾注することになり、独占は市場の敵ということになる。

◆市場の大転換：ブローデル・モデルの挫折とポランニー・モデルへの期待

ブローデル・モデルでは、先にも見たように、市場化自体は何も非難されるべき対象ではない。問題は、創知を促進しながら、独占行動をいかにして抑制できるかだ。したがって、ブローデル的な議論から導かれることは、独占利潤に媒介されないかたちで、創知の機会が最大限できるような交通空間を確保し、そうすることで経済社会の生産と分配のシステムを効率化するというシナリオが中心となろう。(84)

ブローデルが生きた時代からは交通・通信空間も大きく変貌してきた。そして、そうした交通・通信空間の水平的なアクセスの確保のためにはインフラ提供者とその行動を監視するための独占禁止法とその運用の透明性を確保するために司法当局が努力も重ねてきた。ただし金融資本市場ではインフラ提供者とインフラの運用の公平性、透明性を監視する主体とが通貨創造というプロセスとの連続性ゆえに十分な「距離」が確保できないというハンディを抱えていた。先に過去四〇年にわたる金融資本市場（financial markets）の在り方に痛烈な反省を加えたとして紹介したジンガレスにはラグラム・ラジャンとの共著の『セーヴィング・キャピタリズム（原題：資本市場を資本家たちから救え）』という著作がある。

ブローデル・モデルに当てはめて考えれば、この場合、資本家が「資本主義」の主体であり、資本主義が分かちがたく結びついた「市場」と「資本主義」ということになろう。発達した金融は人々の機会を広げ、それによって富を作り出しうるが、逆にその「抑圧」は権力の集中をもたらし、経済発展を押しとどめる。今、金融資本市場をみると、強い立場にある資本家たち（金融の既得権者）は政府と結びつき、金融市場の発展を「抑圧」する危険性にさらされているというのである。

金融資本市場は自由放任（レッセフェール）のもとで発展するわけではない。政府は、本来、発達した市場のインフラを形成するために、公正で平等なルールを作り上げ、それが実効性をもっている透明な運用をする「見える手」であらねばならない。

ところが、第二次大戦後に生まれたニクソンショック、統制された競争システム「リレーションシップ資本主義」は、旧ＩＭＦ体制のもとでは機能していたが、ＩＣＴ革命、グローバル化という環境変化が生じるに至り、そのシステムを壊して新しいルールに基づく金融資本市場のインフラづくりに向かう環境を作りだしたのが、金融市場の発展に付随して起こる様々な不祥事に対応する中で、結果として、既得権益者と困窮者の「意外な同盟」が生まれ、競争を「抑制」してしまっている危険性があるというのだ。

だが、困窮者の機会を拡大するためと称して進められた住宅ローンの証券化の流れはサブプライム問題を起こし、リーマンショックを発生させた。そして二〇一八年のいわゆる「適温相場」を崩壊させた引き金は、株価変動率の売りを組み込んだ証券の存在だった。空前の低利回りが世界を覆い、株式市場は波音ひとつ立てない環境が続き、それが永続すると見て多くが保険料を受け取り、市場の変動リスクを引き受ける証券を売った。ところが、FRBの金利政策がハイペースとなり、トランプの貿易戦争スタイルの政策のためボラティリティーの指数（VIX）が急上昇し、VIXが異名通りの恐怖指数となり、この証券の損失が雪だるま式に拡大し、ほとんど無価値になったのだ。

そこには、ICT革命、グローバル化、さらには分かちがたく結びついた「市場」と「資本主義」への過信があったことは間違いない。『セーヴィング・キャピタリズム』の共著者だったラジャンがジャクソンホールでの演説で金融革新が本当にリスクを減らしているのかと疑問を呈し、むしろリスクを増幅している可能性があることを示唆したのは、リーマンショック前の二〇〇五年のことだ[85]。ところが、リーマンショックが起こり、その経験から学んだはずの一〇年後にも同じような陥穽に落ちたのだ。

では、どこに盲点があったのか。ポランニーはイギリスの金本位制の下で進んだグローバル資本主義のメカニズムにあっては経済が社会的諸関係に埋め込まれるのではなく、社会的諸関係が経済システムのうちに埋め込まれてていると指摘し、市場の「自己調整市場」が社会から切り離されたものになっていると主張した[86]。ブローデルの衣鉢を継ぐミッシェル・ボーは、二〇世紀がまさに終わろうとしている時に著した大著『資本主義の世界史』の中で、アメリカにリードされる世界経済がイマニュエル・ウォーラスティンのいう万物の商品化、貨幣化をもたらしていることを指摘し、市場の自己調整機能が「システムの源泉と母体」になりはて、人間と社会の関係をおカネの関係に還元してしまっていると告発した。そして、ジョージ・ルーカスやゲイリー・ベッカーに代表されるアメリカの新古典派経済学者が、この還元こそが解答であって、極大化、最適化といった経済学の計算さえできればよいというあまりにも単純化した議論がまかり通っていると非難した。(87)

こうした見解は現実の経済というものは、純粋な形をもって成り立つわけではなく、歴史的に見ても資本主義は一国的かつ世界的であり、民間的でありかつ国権的であり、さらに競争的であり反面で独占的でもあったとするボーの見方を反映したものでもあるが、ブローデルの見解にも近いものだったといえよう。そしてアメリカ主導のグローバル資本主義が、まさに社会から切り離された「自己調整市場」であるとの告発を行ったのがジョン・ケイということになろう。

もちろん、小林慶一郎のように、人類のごく一部の富裕層がＡＩとバイオテクノロジーの力で超人類（ホモ・デウス）にアップグレードされ、現生人類のまま取り残された大衆との間に絶大な格差が生じるといった議論は現状を外挿法で引き延ばしたに過ぎず、長い年月をかければ反転すると主張し、ルーカスらの論を擁護する立場を表明する人もいないではない。(88)しかし、世代を超えての長期を考えれば変化し得るとの議論は、「長期的には、われわれはみんな死んでいる」と述べたケインズの指摘に応えていないことになる。そこで、小林は、時間の経済学の中では、ロールズの「正義論」が世代間を越えて成立するか問うが、成り立たないと結論する。同様にシュトレークのいう国家債務の増大の削減もライフボートジレンマのための困難で時間軸を通じて将来世代への負担の先送りをしない、という結論を導き出す新しい政策理念が必要だというのだ。(89)したがって、小林によれば、市場が選択する技術による自動調節に期待する以外になさそうに見える。だが、読者が期待していることは、合理的期待仮説の下、小さな政府で運営されてきたはずの経済が膨大な国家債務を抱えることになったのか、その釈明ではなかろうか。

自己調整市場のもつ限界が顕わになった以上、「社会の自己防衛」が必要なのではないか。しかし、ケイの処方箋には、一九世紀以来の自由放任の市場経済に対して、戦間期に行われた対応に匹敵する対策は示されていない。振り返ってみれば、ブローデル型の救済策は必ずしも成功しなかったために、暴力的な市場の力を抑え込むというポランニー・モデルによる解決策が志向されたのではなかろうか。戦間期から戦後に行われた対策とは、福祉国家型の「社会のセーフティネット」の確立に向けてコミュニズム、ファシズム、ニューディールという三つの運動であった。それは機能しない自由主義や民主主義への異議申し立てという性格をもち、ある意味で、自由の制限であり、国民国家への回帰という意味でグローバル化の制限であった。すなわち、コミュニズムのソ連を民主勢力とみなす米英民主国家連合と全体主義を唱えるグループとの対峙としての第二次大戦を経て、需要管理のケインズ政策、失業・医療保険、年金などの社会保険の導入・拡充策として一定の地歩が築かれていった。戦勝国から敗戦国にも移植されたという意味で、待鳥にしたがって戦後和解体制といってもよい。だが、それは日本が豊かになってからの視点で、おそらく以下で見ていくように自動車、郊外の住宅に象徴される豊かな経済をもつアメリカ・モデルというべきものだったというべきだろう。

新古典派経済学に疑義が突き付けられているとしても、イデオロギー化し地位を確立した新古典派経済学に席巻される現代のアメリカにケインズ経済学を蘇らせることは可能なのか。リバタリアンの跋扈するアメリカ社会に失業・医療保険、年金などの社会保険の拡充ができるのか。社会主義・ファッシズムという対抗軸を失った民主主義を本来の姿に戻すことができるのだろうか。

（1）　ルイス・ハーツ『アメリカの自由主義の伝統』（有賀貞訳）講談社学術文庫、一九九四年。

（２）シーモア・Ｍ・リプセット『アメリカ例外論：日欧とも異質な超大国の論理とは』（上坂昇、金重紘訳）明石書店、一九九九年。
（３）田島裕『議会主権と法の支配』有斐閣、一九七九年。
（４）待鳥聡史『代議制民主主義』中公新書、二〇一五年。
（５）シャンタル・ムフ『民主主義の逆説』（葛西弘隆訳）以文社、二〇〇六年。
（６）若森みどり『カール・ポランニー：市場社会、民主主義、人間の自由』ＮＴＴ出版、二〇一一年。
（７）松尾文夫『銃を持つ民主主義』小学館、二〇〇四年。
（８）ロバート・アクセルロッド『つきあい方の科学――バクテリアから国際関係まで』（松田裕之・訳）ミネルヴァ書房、一九九八年。
（９）James W. Hurst, *Law and The Conditions of Freedom in The Nineteenth- century United States*, Wisconsin University Press, 1956.
（10）西谷修「アメリカ—異形の制度空間」『世界』二〇〇九年一一月号〜二〇一〇年二月号。
（11）髙橋琢磨『戦略の経営学：創知情報化・グローバル化の衝撃と適応』ダイヤモンド社、二〇一二年。
（12）Takuma Takahashi and Fujio Namiki, "Three Attempts at De-Wintelisation: Japan's TRON Project, the US Government's Suits against Wintel, and the Entry of Java and Linux," *Research Policy*, vol.32 December, 2003.
（13）最近に亡くなった二〇一二年のノーベル経済学賞受賞のロイド・シャプレーはマッチング理論の生みの親とでもいう存在で、受賞もそれをたたえたものだが、それがアダム・スミスの世界を創り出すと考えていた。
（14）David S. Evans and Richard L. Schmalensee, *Matchmakers: New Economics of Multisided Platforms*, The Harvard Business Review Press, 2016.
（15）Jill Priluck, "When Bots Collude," *The New Yorker*, April 25, 2015.
（16）John Naughton, "How do you throw the book at an algorithm?"，*The Guardian*, Dec.4, 2016.
（17）イク・ホフリンガー『フェースブック：不屈の未来戦略』（大熊希美訳）ＴＡＣ株式会社、二〇一七年。
（18）Frank Pasquale, *The Black Box Society: The Secret Algorithms that Control Money and Information*, Harvard University Press, 2015.
（19）ジョセフ・Ｅ・スティグリッツ『世界の九九％を貧困にする経済』（楡井浩一・峯村利哉訳）徳間書房、二〇一二年。
（20）"Why Big Tech Should Fear Europe," *The Economist*, March 23, 2019.
（21）Jean=Charles Rochet and Jean Tirole, "Platform Competition in Two-sided Markets," *Journal of European Economic*

Association, June, 2003.
(22) ティロールらの問題提起の意義を解説してくれた奥野正寛東京大学名誉教授に感謝したい。
(23) David S. Evans, Andrei Hagiu, and Richard L. Schmalensee, *Invisible Engines: How Software Platforms Drive Innovation and Transform Industries,* The MIT Press, 2008.
(24) パラグ・カンナ『「接続性」の地政学・下』（尼丁千津子・木村高子訳）原書房、二〇一七年。
(25) 山下晃ほか「ニュー・モノポリー：米ＩＴビッグ５」日本経済新聞社、二〇一七年七月一四、一五日朝刊。
(26) Shoshana Zuboff, *The Age of Surveillance capitalism,* Profile Books, 2019.
(27) Maurice E. Stucke and Ariel Ezrachi, "How pricing bots could form cartels and make things more expensive," *Harvard Business Review,* Oct. 27, 2016.
(28) スコット・ギャロウェイ『the four GAFA 四騎士が創り変えた世界』（渡海圭子訳）東洋経済新報社二〇一八年。
(29) ロビン・ハーディング「ネット企業の独占打破へ「取引所」方式を」ＦＴ．コム、二〇一七年八月四日。
(30) Ariel Ezrachi and Maurice E. Stucke, *Virtual Competition: The promise and the Perl of Argorithm-driven Economy,* Harvard University Press, 2016.
(31) ジョン・メイナード・ケインズ『雇用、利子および貨幣の一般理論』（間宮陽介訳）岩波書店、二〇〇八年。
(32) John Micklethwait and Andorian Wooldrdge, *The Right Nation-Why America Is Different,* Penguin Press, 2004.
(33) Albero Alesina, Edward Glaeser, and Bruce Sacerdote, "Why Doesn't the United States Have a European-style Welfare State?," *Brookings Papers Economic Activity,* 2001, vol2.
(34) Seymour M. Lipset and Stein Rokkan, "Cleavage Structures, Party Systems, and Voters Alignments" An Introduction," in Seymour M. Lipset and Stein Rokkan eds. *Party Systems and Voter Alignments,* Free Press, 1967.
(35) Ｔ・Ｈ・マーシャル、トム・ボットモア『シティズンシップと社会階級――近現代を総括するマニフェスト』（岩崎信彦・中村健吾・訳）法律文化社、一九九三年。
(36) Claudia Senik, "Income Distributio n and Subjective Happiness," OECD Publishing 2009.
(37) Ｄ・ハルバースタム『ザ・フィフティーズ・上』（金子宣子訳）新潮社、一九九七年。
(38) ロバート・クーパー『国家の崩壊：新リベラル帝国主義と世界秩序』（北沢格訳）日本経済新聞出版社。
(39) 会田弘継『破綻するアメリカ』岩波書店、二〇一七年。
(40) 亡霊のごとくと表現しているのは、いうまでもなくネオコンの機関誌ともいうべき「パブリック・インタレスト」が二〇〇五年には廃刊になっており、初代編集長のアーヴィング・クリストテルも一定の役割を果たし終えたとしていたからだ。

（41）宇野重規『民主主義のつくり方』ちくま選書、二〇一三年。
（42）ミルトン&ローズ・フリードマン『選択の自由──自立社会への挑戦・新装版』（西山千明訳）日本経済新聞出版社、二〇一二年。
（43）カリ・ポランニー・レヴィット「日本語版への序文」カール・ポランニー『市場社会と人間の自由』大月書店、二〇一二年。
（44）岩井克人『経済学の宇宙』日本経済新聞出版社、二〇一五年。
（45）Robert E. Lucas, Junior, *The Models of Business Cycles*, Basil Blackwell, 1986.
（46）ジャスティン・フォックス『合理的市場という神話』（遠藤真美・訳）東洋経済新報社、二〇一〇年。
（47）この点に注意を促してくれた山本信人慶應義塾大学教授に感謝したい。
（48）佐伯啓思・松原隆一郎編著『「新しい市場社会」の構想：信頼と公正の経済社会像』新世社、二〇〇二年。
（49）ジェフ・コルガン「リベラリズムを脅かす「他者化」メカニズム──二〇一七年をとらえるもう一つの視点」『フォリンアフェアーズ』二〇一七年、no.2。
（50）コルガン自身は、トランプがエリートを「他者化」して成功したと指摘しているが、当たってはいるとしてもレベルとして低いような気がする。
（51）リチャード・ボールドウィン『世界経済：大いなる収斂』日本経済新聞出版社、二〇一八年。
（52）パラグ・カンナ『「接続性」の地政学──グローバリズムの先にある世界』（尼丁千津子・木村高子訳）原書房、二〇一七年。
（53）三宅芳夫「「自由主義・民主主義」体制の終焉?：真意自由主義グローバリズムの文脈において」『比較経済研究』五四巻一号&二〇一七年一月号）。
（54）Thomas E. Man and Norman J. Omstein, *It's Even Worse Than It Looks*, Basic Books, 2012.
（55）R・ハイルブローナー、W・ミルバーム『現代経済学──ビジョンの危機』（工藤収明・訳）岩波書店、二〇〇三年。
（56）岩井克人『不均衡動学の理論』岩波書店、二〇一六年。
（57）篠原三代平『世界経済の長期ダイナミクス──長期波動と大国の興亡』、TBSブリタニカ、一九九一年。
（58）マーク・マゾワー『国際協調の先駆者たち』（依田卓巳・訳）NTT出版、二〇一五年。
（59）髙橋琢磨「解説：金融規制と危機循環」I・マーチン『メイクイトハップン：世界最大の銀行を破綻させた男たち』（冨川海訳）WAVE出版、二〇一五年。
（60）髙橋琢磨『東芝、VW、エンロンの蹉跌はグローバル化のゆえか──社会学者らが見たコーポレートガバナンス論①』ＫＤＰ、二〇一六年。
(61) ジョン・ケイ『金融に未来はあるか』（藪井真澄訳）ダイヤモンド社、二〇一七年。
(62) Natascha van der Zwan, "Making Sense of Financialization," *Socio-Economic Review*, vol.12(1), 2014.
(63) Richard Koo, *The Other Half of Macroeconomics and the Fate of Globalization*, Wiley & Sons, 2018.
(64) Lawrence F. Katz and Alan B. Krueger, "Documenting Decline in U.S. Economic Mobility," *Science*, April 28, 2017.
(65) Lawrence Summers, "The left*s embrace of modern monetary theory is a recipe for disaster," *Washington Post*, March 5, 2019.
(66) Luigi Zingales, "Does Finance Benefit Society ?" *Journal of Finance*, vol.70(4), 2015.
(67) John Kay, *Other Peoples Money*, PublicAffairs,2015.
(68) ジョン・ケイ『金融に未来はあるか：シティ、ウォール街が知らなかった意外な真実』（藪井真澄訳）ダイヤモンド社、二〇一七年。
(69) 渡部亮「アングロサクソン・モデルの変質（上・下）」二〇一八―一九年。
(70) Robert Kaplan *Warrior Politics: Why Leadership Demands a Pagan Ethos*, Random House, 2002.
(71) ジョージ・ボージャス『移民の政治経済学』（岩本正明訳）白水社、二〇一八年。
(72) シーモア・リプセット『アメリカ例外論』（上坂昇・金重紘訳）明石書房、一九九九年。
(73) ロバート・クーパー『国家の崩壊：新リベラル帝国主義と世界秩序』（北沢格・訳）日本経済新聞出版社、二〇〇八年。
(74) ジョージ・F・ギルダー『富と貧困：供給重視の経済学』（斎藤精一郎訳）日本放送協会出版、一九八一年。
(75) トグヴィルの引用に当たり、公共宗教ではなく「市民宗教」にすべきと教示してくれた島薗進教授に感謝する。
(76) 会田弘継『トランプ現象とアメリカの保守思想』左右社、二〇一六年。
(77) A・R・ホックシールド『壁の向こうの住人たち』（布施由紀子訳）、岩波書店、二〇一八年。
(78) Anne Case and Angus Deaton, "Rising morbidity and mortality in midlife among white non-Hispanic Americans in the 21st century," *Proceedings of the National Academy of Science of the United States*, vol.112(49), 2015
(79) Alan P. Krueger, "Where Have All the Workers Gone ?," October 4, 2016.
(80) Mark Lila, *The Once and Future liberas*, Harper, 2017.
(81) Roger Scruton, *Conservatism: An Invitation to the Great Tradition*, All Point Books, 2018.
(82) アーサー・シュレジンガー・ジュニア．『アメリカの分裂』（都留重人・訳）岩波書店、一九九二年。
(83) ブローデル『物質文明・経済・資本主義　一五―一八世紀・Ⅱ・1』（村上光彦・山本淳一訳）みすず書房、

一九八六年。
(84) 山下範久「現代帝国論――人類史の中のグローバリゼーション」NHKブックス、二〇〇八年。
(85) Raghuram G. Rajan "Has Financial Development Made the World Riskier?" *Proceedings*, Federal Reserve Bank of Kansas City, Aug., 2005.
(86) カール・ポランニー『新訳・大転換――市場経済の形成と崩壊』（野口建彦・栖原学訳）東洋経済新報社、二〇〇九年。
(87) ミッシェル・ボー「資本主義の世界史」（筆宝康之・勝俣誠訳）藤原書店、一九九六年。
(88) 小林慶一郎「A士と超人類の時代　弱者がもつ強み」『日本経済新聞』二〇一九年二月一六日朝刊。
(89) 小林慶一郎『時間の経済学』ミネルヴァ書房、二〇一九年。

第3章　アメリカの繁栄と自由を象徴した自動車

中産階級を生み出したGMの倒産・再生の意義

一九五〇年代のアメリカでは、年間一一〇万世帯という勢いで中産階級が量産され、一九五六年末には中流に属する家庭は一六六〇万世帯、五九年末には少なくとも二〇〇〇万世帯、つまりアメリカの全世帯の半数が中流家庭に属するようになっていた。核家族が形成され、それらの多くは郊外に瀟洒な家を構えるようになった。

アメリカでは一戸の住宅が建設されると、その四倍以上の住み替えが起こる。ところが今、センサスのCPS総移動の推移を紐解くと、総移動比率がかつての常識であった二〇％前後という数字は一九八四～八五年に二〇・二％を記録したのを例外として大きく低下傾向を見せ、二〇一五～一六年には一一・二％と記録上最低の水準に落ち込んでいる（図3-1）。すなわち、海外からの移民が総移動比率の〇・五％程度の底上げをしているが、その底上げ分を差し引いた国内だけでの移動比率、州を越えての移動比率は半減していることになる。もし総移動比率の高さが、社会的階層移動のプロキシーのようなものであり、アメリカの上昇を司る偉大なるエスカレーター「アメリカ号」の推進力であったとすれば、それはコーエンがいうようにガス欠状態寸前ということになろう。

「アメリカ号」の推進力を低下させたものは何か。それは世界の中でのアメリカ経済の台頭、それを支える抜群の競争力をもった多くの企業の栄枯盛衰が関係していることは間違いないだろう。それとともに、サンフォード・ジャコービーがいう長期安定雇用を含む従業員の労働意欲を高めようとし一九世紀末から営々と築いてきた福祉資本主義が一九八〇年代半ばまでに変容し、グローバル化が一段と進んだ九〇年以降には放棄されることになったことがあげられよう。[1] すなわち、ジャコービーによれば、反組合、反国家を標榜するアメリカでは福祉国家に代わるものとして、企業が福祉を提供するという形をとらざるを得なかったということになる。ところが、一方での国際競争力の低下、他方での環境変化によって、企業と従業員との関係が大きく変わったということになる。

1 中産階級を生み出した製造業のシンボルとしてのGM

アメリカ経済はW・W・ロストウが指摘したように自動車産業の推進力によってテイクオフした。その意味で二〇世紀のアメリカを代表する人物がヘンリー・フォードであるというのは衆目が一致するところだろう。自動車もまたやがてアメリカ人の生活のバックボーンとなった。そしてザックスは、より多くの人が自動車を運転するようになるモータリゼーションによって、自我を認識させ、やがて階級をなくし、民主主義を駆動させるようになったといっている。フォード、GMをもって、アメリカの中産階級の盛衰を瞥見することにしよう。

◆正規労働者を生み出したフォード・システム

GMは、ヘンリー・フォードがT型フォードの生産を開始した一九〇八年に誕生している。それはフォードへの対抗手段としての弱小企業の合併だった。

フォードがT型フォード生産のためにラインを設け、流れ作業によって自動車の組み立てをしたことは、二〇世紀的な生産システム、フォーディズムの開始として知られる。フォードはまた新しい雇用システムを作り上げた。今日、非正規、正規労働者の区別が問題になっているが、フォードが日雇いをやめて常雇用こそが正規労働であると認められることになる制度の始まりであった。その当時、ラインワーカーは一日（九時間）二・三四ドルで毎日雇い入れられていた。すなわち一九一三年の労働回転率は三八〇％と計算された。労務担当者は、一日（八時間）五ドルでも常雇いにするメリットがあると考え、社長のヘンリー・フォードの反対を押し切って新しい雇用システムを作り上げた。

フォードはT型フォードのモデルチェンジをせず、同じモデルでの生産にこだわり続けた。フォードがT型、しかも色は黒一色の車の生産を続けるというこだわりをもったことは、今日では愚行として語られることが多い。だが、それは大量生産によって自動車をサラリーマンでも持てるものにしたいというフォードの強い思いがあったからである。一九〇八年から二七年に生産を中止するまでの、足掛け二〇年間弱での累積生産台数は一五〇〇万台となった。一方での平均的なサラリーの四五％の上昇、一方での売値の下落により、二〇一四年当時サラリーマンの報酬二二か月分であったものが、二七年には三か月分に低下した。これによって自動車はプチブルジョワジーの持ち物になった。(2)

◆中産階級の誕生と「自由」の感覚

だが、歴史的に見れば、フォードによって拓かれた大量生産方式は直ちに大量消費に結びついたわけではない。一九二九年のアメリカでは、〇・一％の人が底辺の四二％の所得に相当する収入を得ていたため、近代的な流れ作業から生まれてくる自動車を市場が吸収できなくなっていたからである。

ルーズベルト時代の労働立法たるワグナー法は、自動車労働者たちにUAW（全米自動車労働組合）を誕生させることになった。そして一九三七年に「アメリカ的な水準に見合った賃金水準」を謳ったGMがUAWとの間に結んだ協定こそが、大量消費に道をつけた画期的なものだった。アメリカの工業化時代が、その国際的な競争力を背景に、健全なミドルクラスを生み出したのである。

「自由」は多義的である。しばしばヨーロッパ人にとっての自由は封建君主から勝ち取った君主の束縛などからの自由でLibertyが相当し、アメリカ人にとっての自由は特定の制度の下で許された自由でFreedomが相当するといわれる。アメリカ建国の祖たちには、ヨーロッパ的な自由は持たれていず、奴隷解放が行われ、それが全アメリカ人の間でシェアされるようになって初めて生まれたものだ。プラットフォーマーたちにプライバシーが冒されているとの批判が出てくる中で、エール大教授のジェームズ・ホイットマンは、EUは「尊厳（dignity）」ベースで論じ、アメリカでは「自由（liberty）」ベースで思考すると提唱している[3]。かくのごとく自由はどのようにも定義が可能かもしれず、また流動的だと言えなくもない。

一方、西谷修は、その多くの「自由」の中で、アメリカでは自由とは経済的自由であることを非難している[4]。だが、今日の開発独裁の国では、たとえば西谷が想いを寄せる中国がそうであるように、しばしば政治的自由に対して経済的自由が優先される。自活できること、人並みの生活ができることこそが基本だというのである。ニューディール時代という未曽有の大不況と大きな所得格差の存在のなかでアメリカでも経済的自由の優先度が高まったことは確かである。

自動車産業はまたアメリカ経済の要となった。経済的自由、産業的自由とは、職をもつことによって生活の安定が得られ、労働組合の団体交渉権の役割が認知され、解雇の恐怖を和らげ安定を得るために先任制が一般化していった。こうして富の再分配を通じて、アメリカは繁栄を取り戻していったのである。一九三五年には自動車は全世帯の五五％で保有されるようになった。

◆所得に応じた乗用車を（a car for every purse）

フォードは、流れ作業という革新によって飛躍し一九二〇年代初めには六〇％のシェアを誇った。だが、三〇年代にはGMがトップに立ったことからGMは率先して「アメリカ水準の賃金」を支払うことができたのである。

自動車産業でなぜGMの時代が到来したのだろうか。一九二〇年代も半ばなると自動車は労働者階級の一部にも普及しだし、プチブルジョワジーは自分たちの車が見た目が悪く、また労働者階級の車と差別化できていないことにいらだちを覚えるようになった。GMのアルフレッド・スローンが「大衆高級車」の時代が来たと唱え始めたのはちょうどその頃である。単なる移動手段というもの以上のものにプレミアム価値を支払う用意のある消費者がいるのというのである。彼が所得に応じた乗用車という方針を打ち出したのは間もなくであった。

スローンは事業部制という新しい経営体制を構築し、それによってきめ細かなマーケティングも可能になった。GMはこの顧客セグメンテーションによって優位に立った。つまり、各セグメントに一つの事業を割り当て、セグメント内での業績を最大限に高めることを追求できる組織が作られたのである。具体的には、GMは各事業部に高級車（キャデラック）から大衆車（シボレー）、スポーツカー（ポンティアック）まで一つずつターゲット市場を割り当てた。シボレーのような入り口商品づくりでマスを囲い、最上級車のキャデラックでがっぽり稼ぐという図式だ。これを消費者の立場から見れば、ニューディール路線によって、自活できるという安心とともに、消費での選択の自由を得たことになろう。

スローンの敷いた路線は、一九三〇年代半ばにはGMのシェアを四二％に押し上げ、二一％のフォードを大きく引き離した。こうしてGMは一九三三年にトップにたって以来、二〇〇九年にトヨタに抜かれるまで、七七年にわたって世界トップの座を譲ることはなかった。スローンがGM中興の祖といわれるゆえんである。

◆中産階級を生み出したGM

その七七年のうちでもGMが権力の頂点をきわめたときは、アメリカが世界のGDPの半分を占め、自動車とその関連産業がアメリカの製造業の半分を占めた一九五〇年代であっただろう。

一九五二年、アイゼンハワー大統領はスローンの後任としてGMの会長になっていたチャールズ・ウィルソンを国防長官に任命した。長官就任の議会ヒアリングで、同会長は、「長官の立場で、国には有益ではあるがGMには不利益になるようなことも決断できるか」と聞かれ、「そういった状況を私は想定したことはない。アメリカにとって良いことはGMにとっても良いことで、逆もまた真なり」と答えた。GM、あるいはチャールス・ウィルソンの傲慢さを物語るエピドードと受け止められている。その通りで、一九五三年にはGMの北米市場でのシェアは五〇％を超えるようになり、GMは自動車時代を謳歌することになったことも確かだ。

だが、GM、その会長ウィルソンが旧来の労使の対立という構図をアウフヘーベン（止揚）して中産階級というものをつくり出し、アメリカの民主主義の基盤を生み出したことに間違いない。中産階級とは一言で言えばホワイトカラーであり、彼らがアメリカ社会、アメリカ民主主義のバックボーンになるはずのものだった。だが、『ホワイトカラー』を上梓した社会学者、C・ライト・ミルズにいわせれば、本来ならば経済発展に先行するはずの社会的、心理的な準備ができていないうちに豊かになり、一種のいらだちを感じる人たちということになる。彼らが厳格な宗教心や職人気質といったものを失い、民主主義社会の中に希薄化といったものが起こっているというのだ。(5) 同書は概して好評だったが、歴史家のリチャード・ホフスタッターは中産階級全体をバッシングし過ぎていないかと疑問を投げかけた。

GM会長のウィルソンは、UAW（全米自動車労組）に提案しGMの従業員のために世界最初の企業年金制度の創設したことでも有名でである。彼は、同名の別人チャールズ・ウィルソンと区別するため、エンジン・ウィルソンと呼ばれたが、確かに従業員にエールを送ったエンジンであった。UAWはより多くの年金受給を望む高齢組合員とより多くの現金支給を望む若年組合員との対立をもたらすことも懸念した。一九四〇年代にGMの調査コンサルに入ったピーター・ドラッカーは、この年金が一九三〇年代に存在したら会社は危機に直面しただろうと論評した。(6)

だが、『ホワイトカラー』では新しく登場した中産階級に辛口であったミルズは次に出した『パワーエリート』ではお互いに結束して超大国アメリカを構築した勢力に焦点を当てた。(7) 歴史家のデーヴィット・ポッターも「アメリカの天啓は「民主主義こそが世界に革命を起こす」ということであると我々は想定してきたが、実際は、これは「豊かさこそが世界に革命を起こす」ということであった」と論評した。(8) そして一九五九年にリチャード・ニクソン副大統領とニキータ・フルシチョフ・ソ連共産党第一書記との間で起こったキッチン論争は、「豊かさ」を競うものであった。ニクソンはアメリカの郊外の家を展示した会場で行った「われわれにとって自由は何を意味するか」と題する演説の中で、五六〇〇万人が自動車を持ち、五〇〇〇万人の人がテレビもつというアメリカの飛びぬけて高い消費水準の意義を強調し、資本主義の優位を説いた。

一戸建ての家に住む核家族は、一九六〇年代には、都市住民、農村住民のいずれよりも多くなり、郊外の家と自動車に代表される消費生活を謳歌するようになったのである。東京都写真美術館が所蔵する三木淳の写真「ダラス・モーターショー」は、未来的流線型の姿をとらえ、輝くばかりのアメリカを象徴している。GMを筆頭とするアメリカの製造業は中産階級をつくり、彼らに自動車を初めとする贅沢とも言える商品を買う、その資格を与えた。そして生まれた中産階級は、戦後一貫して消費がまた次の消費を生むという経済の拡大をもたらした。アメリカの雇用全体に占める製造業の割合は、一九六〇年代には三〇%以上あり、大手製造業の社員の生活は、世界一豊かなものだった。

自動車を持つことが生活のバックボーンとなり、カプセルによって保護された自分が自由なときに自由に移動できるという感覚は、まさに、アメリカ人をして「自由」を実感させるものであったといえよう。『自動車と移動の社会学』に「自動車が動かす感情」という論考を寄せたミミ・シェラーは、「運転をしているとき私はほとんどいつも幸福です。実際どんな場所でも、そこに向かって運転していることは、私を興奮させ、期待でいっぱいにしてくれるんです」というある運転者の言葉を引用している。同書の編者のひとりで、同じく「自動車移動のシステム」を寄せているジョン・アーリは、自動車は自己を拡張させ、身体、精神の一部となったと主張する。(9)

2 GMを崩壊へと導いたオイルショック

自由、平等という概念は、一九六〇年代になると、それまで視野に入れられていなかった黒人の間までに浸透していった。移動の自由、消費の自由選択などを自動車の世界でそれを実現したのがGMのスローンが所得に応じた乗用車という方針を打ち出したことによって始まったのである。この方式はのちのちまで引き継がれた。

◆スローンの呪縛を解けなかったGM

一九七〇年代以降GMの描くイメージがなぜあいまいになったとされるか。それはなぜか。まず、図3－2では家族向け・機能的－個人向け・スポーティという軸と、ステータス・高級－経済的・実用的の軸で、自社の車を他社のモデルとの対比で位置づけしていたことを確認しておこう。すなわち、この図表は、後述するGMのサターン部門が一九九〇年代初めに作図したものだが、歴史的に見れば各事業部のブランドイメージがあいまいになり機能しなくなるまでは、このアプローチはGMに高い収益をもたらした要因とされた。だが、消費者の好みをある程度反映していたとしても、技術、環境、安全などでの大きな動向変化を最早うまく表現できなくなったのだ。

では、自動車業界にとっての大きな動向変化とは何だったのか。一九七〇年代以降にGMの描くイメージがあいまいになったのは、リチャード・ニクソンが、一九七一年にいわゆるニクソン・ショックを起こし、ドルの金への縛りを解放し、それがためにオイル・ショックがもたらされたことを抜きに考えられないだろう。

経済混乱のなかで、企業の投資を促し、生産性をあげるために減税と政府の規制緩和が求められるようになった。一九七四年、GMは他の四社とともに、アメリカ独立二〇〇周年を記念する行事の一つ「アメリカ自由列車」のスポンサーとなった。一九四七年には、独立宣言、リンカーンのゲチスバーグ

図 3-1　GMの描いた北米自動車市場

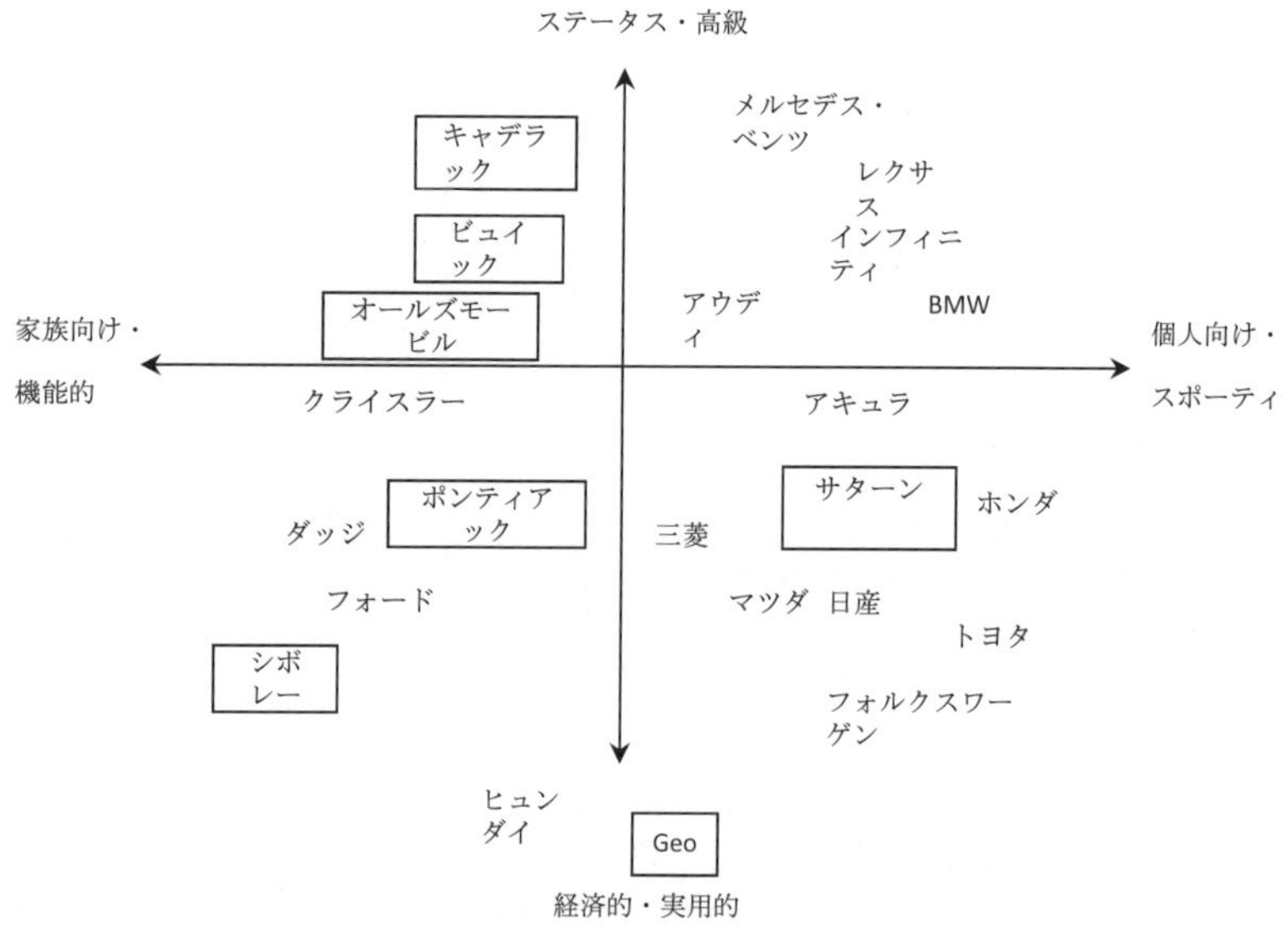

（出所）　GMの内部資料

演説などを積んだ同じ「アメリカ自由列車」が人気を博し一七か月という長い旅をした。だが、人気バスケット選手のスニーカー、『オズの魔法使い』でジュディ・ガーランドが着たドレスなどを追加した一九七四年のものは不評であった。

スローンの処方箋を信奉し過ぎていたGMは時代の変化に鈍感だったのだ。競争の軸が変化した。まず筆者のいう「下からの攻め」によって日本車の性能が上がってきたことが挙げられる。次いで、ガソリン価格の高騰によって小型車のグローバル・ニッチ市場が生まれ、北米市場も大きく侵食されることになったことが挙げられよう。

後講釈として、社会学者デーヴィッド・ガートマンの言説に耳を傾けよう。彼によれば自動車産業も、他の産業と同じように、一九六〇年代を終わる頃からポストモダーンの段階に入っており、自動車産業は細かく別れたサブカルチャーごとのライフスタイルに合致したニッチ製品を提供し、そこで差異をつけなければならなくなっていた。つまり、大量生産を旨としたフォーディズムの時代からポストフォーディズムの時代へ移行が進んでいたというのである。(10)ところが、そのフレキシブルなポストフォーディズムの生産方式にのっとり、幾多のニッチモデルを生産していくことは経費がかさむことになり、大幅な利益の縮小を生んだ。

この矛盾を克服するために生まれたのが、部品の寿命を長くしつつ開発と生産のコストを削減して廉くて品質の良い車づくりをするリーン生産方式であったということになる。(11)GMが新モデル開発に五年かかっていたものが、トヨタでは三年足らずで開発していた。造り込まれた車は故障が少なかった。ところが、GMには一〇〇年にわたって蓄積されてきた経営科学に値する遺産があった。その遺産のために、従業員は考えるよりも行動するように期待されてきた。しかし、それでは不十分な時代が到来したとの警鐘が鳴っていた。

それでも、GMは二〇〇八年にその座をトヨタ自動車に譲るまでトップの座を守り続けた。一九七八年にGMが記録した全世界で九五五万台という自動車販売台数は、二〇〇八年のトヨタの販売台数を上回り、二〇一六年の一〇一七万台数に遜色ないものだ。

GMの販売台数は、一九七八年にピークを付けたあと、下り坂に入った。二度のオイルショックによって小型車が求められていることを知りながら、当時ロジャー・スミスに率いられたGMは高い賃金、年金、医療の負担をカバーするためには利益率の高い大型に頼る以外にないというマインドセットの中におかれていたためである。小型車はたとえばオペルや大宇などの海外子会社で生産すればよいとの発想である。UAWは経営陣と手を組んで貿易摩擦を騒ぎ立て、ストライキを武器とした交渉で高賃金、高福祉の維持をしてきた。

だが、それでうまく行くわけがない。二度のオイルショックで大きく変わった消費者ニーズに応えたのが日本車だ。日米自動車摩擦が激しかった時、全米自動車労連（ＵＡＷ）は「日本メーカーはわれわれをスーパーの袋詰めの仕事に追いやろうとしている」と反発した。

◆「ＧＭの死はアメリカの中産階級の崩壊なのだ」

自動車の日米貿易摩擦をどうするか。トヨタは摩擦を緩和するにはＧＭとの合弁を通じて日本の車づくりの神髄を知ってもらう以外にないとＮＵＭＭＩの設立を持ち掛けた。現在はテスラの工場になっているフリーモント工場である。筆者も見学に訪れたことがあるがとてつもなく大きな工場だ。

だが、ＧＭがＮＵＭＭＩを設立してトヨタ方式を学ぼうとすれば、労働協約が問題になり、ＵＡＷをそれに巻き込んでいかざるを得なかった。ＮＵＭＭＩでは生産がトヨタ方式で行われ、人事の階層も少なく、ＧＭのように二五〇を超える多くの職なり階層をもっていなかった。トヨタのフレキシビリティを取り入れ生産システムを変えようと説得しようとしても、ＵＡＷは当初「地位低下になる」「労働強化につながる」と否定した。しかし、専門家の研究で日本流が低価格で高品質の車を生み出しているという理解に至り、八〇年代後半からＧＭ経営陣との協力に姿勢を転じた。この労使協調を象徴する機関が〇一年に開設された「ＵＡＷ‐ＧＭ人材センター」である。約六〇人の講師は、主にＵＡＷから派遣された熟練労働者だ。運営資金はＧＭと系列部品会社デルファイが負担していた。同センターには二〇年以上に及ぶＵＡＷとの共同研究の成果が注ぎ込まれている。そして品質・安全確保などでは確かに成果もでた。ＪＤパワーの顧客調査で、北米で購入直後の故障が少ない車を作る工場として、二〇〇二〜

〇五年はトヨタやホンダを抑えてGMの工場が首位になった。二〇〇五年首位にはグランド・リバー工場（ミシガン州）が選ばれた。

しかし、この工場でも作る高級車〈キャデラック〉も売れ行きが悪かった。NUMMIの車も鳴かず飛ばずだった。トヨタ・カンバン方式の核心である的確な「開発」ターゲットの設定と開発スピードといった点は学べていなかったことを意味する。トヨタはGMを怒らせてはならないと御曹司、現在のトヨタ社長の豊田章男をNUMMIに送り込んだ。これに対し、GMは合弁ではせっかく学んだことを自社内に取り込めないとして、自社内にトヨタ方式の開発を学び実践するサターン・プロジェクトを開始した。筆者が「出島方式」と呼んでいるものだ(12)。だが、GMは「出島方式」でも学びきれなかった。それだけ組織の硬直化が進んでいたのだ。

その後会長になったリチャード・ワゴナーは「世間の認識と異なり、外国車メーカーが米国車より生産性が高くもなければ品質が良いわけでもない」とウォン安、円安を問題にした。アジア通貨危機後のアジア通貨が、対米ドルで安く放置されていたことも確かで、ワゴナーの言い分にも一理がなかったわけではない。しかし、自分の家が燃えているのに隣の家の批判をしても始まらない。明らかに、ワゴナーは問題から目をそらしたのである。

そのワゴナーには誇れるものがあった。それはSUV（スポーツ・ユーティリティ・ビークル）である。SUVゆえに小型車が不振でもGMをはじめ米国の自動車業界が好調を維持できたのである。トラック組み立ての仕様でつくられる大型車のSUVは製造コストが安く、オフロードも走れるなどワイルド性と乗用車並みの室内しつらえとで高価格にもかかわらず消費者から受け容れられた。このため、GMのドル箱となってきていた。新しいキャデラックが生まれたとの位置づけである。この反面、従来型の乗用車では日韓メーカーの躍進もあってジリジリと後退を余儀なくされてきた。

ＳＵＶはＧＭだけが独占的に製造できるわけではない。他社の品ぞろえが充実してくるとＧＭの車づくりの弱さが顕在化し、リストラが一九八〇年代から断続的に行われた。ＧＭ発生の地、ミシガン州フリントには、フリント工場があるが、この地で生まれたマイケル・ムーア監督は記録映画『ロジャー＆ミー』を撮り、フリントの街の荒廃とその背景にある自動車会社のあり方を告発した。

バブル崩壊と同時テロで消費が冷え込んだ二〇〇一年九月末、ＧＭは長期的な業績不振の伏線になる別の決断を下した。購入資金を無利子で貸す「ゼロ金利キャンペーン」の開始である。不振続きの新車販売は一〇月に同三割増に急拡大した。これを可能にしたのは、ＩＣＴ不況で景気底割れ回避を目指してグリーンスパンが政策金利を六・五％から一％に落す金融緩和策を実施したからだ。これとタイアップする形の「特別な融資制度」がＧＭの売上を回復させ、景気の持ち直しをもたらしたのである。

だが、短期的な販売増がむしろ、長期的に不可欠な合理化への努力をそぐ結果になった。合理化の先送りが石油危機と重なり、ＧＭをはじめ北米メーカーの苦境をもたらしたのである。こうした中、ＧＭの減産の影響を受けて、ＧＭの部品部門が独立して生まれた会社、デルファイが倒産した。二〇〇五年末のＵＡＷの退職者を除く組合員数は約六二万人と、一九七〇年代の半分以下にまで減ってしまった。

ＧＭは一〇〇年以上も同じものが通用するという非常に長いプロダクトサイクルをもつ自動車事業を本業としながら、自動車以外に関心を広げた経営戦略を展開した。それはレーガン大統領が「政府は問題解決にならない。政府こそが問題だ」と唱えたときと一致している。レーガンの行った規制緩和はこれまでの経済組織の枠組みを壊し、新たな産業を生み出す背景となった。ではＧＭは新しい事業を生み出したのか。アメリカは新しいタイプの産業を生み出したのか。ＧＭは新しい事業の創出にも、自動車事業での競争力の回復にも失敗した。金利が高騰する中、「ゼロ金利キャンペーン」で大量の消費者金融を抱え込んでいたことが命取りになった。二〇〇九年六月一日、GMは連邦破産法一一条の適用をニューヨーク市の破産裁判所へ申請し、GMは一〇一年の歴史の幕を閉じた。

ハーバード大学教授のリチャード・テッドローは、『ボストングローブ』への寄稿「GMと失われた世界」の中で、次のように述べた。森の中の大きな木が音をたてて倒れた。そして、仮にGMが再建されたとしても、かつてのような大きな樫の木にはならない。木が倒れて生じた騒音を、アメリカ人は自国の中産階級を育てた木がなくなったという歴史的な出来事として記憶しなければならない、と。(13) GMの死はアメリカの中産階級の崩壊を意味するというのだ。

確かに自動車はアメリカ経済を走らせ、アメリカ人の生活のバックボーンとなった。テッドローのいうようにGMの一〇一年は、アメリカの一〇一年でもあり、自動車に育てられ自由を鼓舞された中産階級の物語でもある。GMの倒産の意味するところを、象徴的に言えば、GMを解雇された時給七五ドル（社会保障費を含む）の工場労働者がスーパーの袋づめをする時給一一ドルの単純労働者への転落だ。これが経済のサービス化の進展の中でアメリカの中産階級はその数を減らしてきている背景といえよう。

二〇一八年のアメリカの自動車市場では、アメリカ勢はガソリン安で需要がガスラーへとシフトして有利に働いているものの、日本車が現地生産を含め三八％を占めるなど、押され気味である。アメリカの自動車産業では、テスラのEVの量産など新しい動きもあるが、そのGMも、政府の支援を受け、ようやく再建を果たしたが、目の前の課題解決に専念しても、新時代には対応できないというジレンマがあるからだ。すなわち、GMは、チャールス・オライリーの提唱する、困難とされる現状と未来への準備も同時に進める両利き経営を強いられているのだ。(14) そうした中、CEOのメアリー・バーラは、リストラを余儀なくされトランプ大統領から睨まれてはいるが、何とか両利き経営をこなしているといえよう。環境技術については、ＥＶ〈シボレー・ボルト〉の開発をプロトタイプから実売までわずか一年という超高速でなしとげたが、自動運転についても、買収したベンチャー、クルーズオートメーションを買収し、そこにホンダやソフトバンクのファンドを呼び込み、ＧＭクルーズをグーグルに次ぐ地位を獲得するまでにしているからだ。

3 ウーバーの登場が示唆する自動車産業・アメリカ経済の転機

テスラでＥＶの量産が始まった一方、ドイツの大々的なディーゼルエンジン不祥事が起こったことから中国を初め各国政府が一斉にＥＶへと舵を切り、一〇〇年続いてきたガソリン・エンジンの時代が終わろうとしているとの声があがっている。想定以上に早い展開となりそうなＥＶの時代は石油時代の終わりでもある。そして、短期的にもアメリカの自動車産業不振にウーバーの影を指摘する声もある。ＩＣＴの発達と中産階級の没落とがあいまってシェアエコノミーが大変な勢いで普及し始めていることだ。つまり所有よりも使用に重きを置く生活スタイルの浸透により自動車も自分で所有するよりもライドシェアで済ませることになり自動車産業にとってビジネスモデルの大転換を求められる脅威である。

◆新たなモダールシフト

ＥＶへの変化に伴奏する形で自動運転が始まる。まずはトラックが隊列を組んで運行されるようになろう。ＡＩが本格的に活用されるようになり、そして軽い荷物ならドローンが大きな役割を果たす。これらにより物流の在り方も大きく変わろう。

歴史を振り返ってみると、アメリカにおける鉄道から自動車という交通パラダイムシフトは第一次大戦後のきわめて短期間のうちに起こった。個人インフラとしての自動車の普及が急激であり、米国自動車クラブ、米国道路建設業者協会など圧力団体の支持の下、道路建設が促進されたからである。乗用車は一九二〇年代には路面電車に代替し始め、バスは三〇年代には鉄道に代替し始めた。GMがナショナルシティライン（NCL）というバス会社を設立し、石油会社、タイヤ会社と「共謀」して電鉄会社の買収を開始したのは一九三六年のことである。

NCLは、ロサンジェルスでパシフィックエレクトリック鉄道の路線を買収し、GM製のバスの路線に変更した。これによってロスは、最もアメリカ的な都市となることになった。一九二六年にはシカゴでも路面電車は中心部への流入経路として三八％のシェア（鉄道四一％、乗用車一九％）を持ち、九二系統にも及んだ路面電車は一九三八年から撤去され始めた。GM、石油会社、タイヤ会社はNCLのバスの燃料、タイヤの独占契約を結んでいたところから四七年、これらの措置は独禁法違反との判決を受けた。一九四九年のシカゴ連邦控訴審でも有罪判決を受けたが、流れは変わることはなかった。バスは一九二五年以降五五年までに全米四五都市の路面電車を放逐した。一九三八年には連邦ハイウェイ法の改正があり、四〇年には最初の自動車専用有料道路ペンシルバニア・ターンパイクが誕生した。都市間交通でも自動車優位の方向が見え始めた。この徹底的なモダールシフトが、立役者GMをして七七年間にわたってトップの座に就かしめたのである。

その徹底的なモダールシフトがもたらしたものが、地上の移動を全面的に自動車に依存するアメリカであった。アメリカの交通に欠如する鉄道網充実の必要を唱えたトランプが登場した時には、AIの本格活用による自動車の自動運転、ドローンの登場などによって新しい移動のインフラが生まれ、ICTのプラットフォームを活用したシェアエコノミーの隆盛がみえてきた。

保守の二人の論客、ラッセル・カークは、自身が掲げた六つの規範の一つに自由と所有権には密接な関係があると所有権の重要性を強調し、ロバート・ノジックの『アナーキー・国家・ユートピア』もまた、所有権を基礎に論理を展開していた。

所有から離れて生活が展開されていこうという時代に保守派は何が主張できるのか。ましてや哲学もなしに、トランプが保護主義的手段をとるだけで、製造業の復活を果たし、モノの時代を呼び戻せるとは到底考えられない。それどころか、大きな裾野を持ち膨大な雇用を生み出してきた自動車産業も、世界の趨勢がEV、自動運転、シャアエコノミーへと向かうとすれば、雇用吸収力を大きく落とさざるを得ない。OECDがスペインなどで行った実験では、自動運転、カーシェアが進めば現状の五分の一以下の車でこと足りるからだ。そして若者も自動車に期待をしていない。一八歳での自動車免許取得率は五割を割ろうとしているのだ。ジェレミー・リフキンも自動車メーカーの事業そのものが変わらざるを得ないと指摘するゆえんだ。

◆イノベーション・ゼロの時代に向かっているのか

では新しい産業があらたなタイプの雇用を生み出すのだろうか。現在、時価総額トップ五社はすべてICT企業だがその雇用は六六万人、そして一〇年前の時価総額トップ五社の擁した従業員数は一〇九万人だった。時代の推移、ことにICTの発達が省力化をもたらしていることは間違いない。ICT企業の勝ち組の一つ、アマゾンが全世界で一〇年前の一万四〇〇〇人を三四万人に増やしてきて、今後一年半で一〇万人のジョブを生み出すとしても、それはウォルマートだけでも二三〇万人の小売業の職をおびやかしながらのことなのだ。セールスフォースドットコムのCEO、マーク・ベニオフは、AIが二〇二〇年までに一九〇万人の販売員の職がなくなると予想してみせる。GMでの仕事どころか、袋づめの仕事もなくなるというのだ。

こうした傾向をどう読んだらよいのか。デーヴィッド・オーター、ローレンス・カッツらが二〇一七年のアメリカ経済学会での報告で、ICT技術やグローバル化が進展するなかで産業ごとの集中度が高まった一方、ウィナーズテークオールの勝者となった「スター企業」は人減らしをしてきているから労働者の取り分が減少してきているのだとの解説を加えている[15]。これは先に触れた経済の伸びにもかかわらずジョブは増えていないと指摘したエバーシュタットの指摘と符合している。

大企業で雇う人が減っているのはICTの発達で仕事を切り出し、それを請負会社、派遣会社、フリーランサーなどに振っているからだ。こうして振られるジョブは、アップワークなどを通じたオフショアリングなどによって買いたたかれる。この構図は、制度を作る側の少数と制度の中での生活を余儀なくされる大勢が分かれるという、かつてフランスの社会学者アラン・トゥレーヌが予測したものに外ならない。つまり工業社会では資本家対労働者という階級闘争に特徴があったとすれば、脱工業社会を特徴づけるのは、テクノクラート階級と新プロレタリア階級との格差闘争であろうとの予言である。その予言はヨーロッパよりもアメリカに当てはまっている。それは、トレーヌのいうテクノクラート階級として、経営者というカテゴリーが含まれ、そしてスポーツでのプロ化が広範に進んで、彼らの報酬を著しく高いところに設定したからである。テクノクラート層は少数で間に合い、少数だからこそ高い報酬を勝ち取っているともいえる。

何が起こっているのか。ＬＳＥの教授のジョン・グレイの見方は、新しいグレシャムの法則が始まっているというものだ。グレシャムの法則とは、いうまでもなく「悪貨は良貨を駆逐する」である。グレイは、それをもじって「悪い資本主義がよい資本主義を駆逐する」というのだ。具体的には浮遊する国際資本のために、税収が不安定して教育、社会インフラ、福祉などへの投資がおざなりになる、労働者の失業は成長する他産業でも吸収できずに失業が増加し、共同体までもが解体して生活が不安定化しているというのである。

ノースウェスタン大学教授のロバート・ゴードンは、さらに透徹した見方を提示する。その見方とは、産業革命以来の技術の枝にはもう実がなっていないというものだ。ゴードンによれば、世界史的スケールで技術を見れば、産業革命以来今日までの技術は、人間にとって必要と思われる技術をさっさと生み出して、だいたいのところを出し終えた、ワンショットの技術群だった可能性があるという[16]。つまり、産業革命は、第一次（蒸気機関）、第二次（電気機械）、第三次（情報）という三つの段階を経て深まり、広がってきたが、そろそろ第三次もおしまいに近づいており、この塊をまもなく過ぎれば、産業革命以前のような「定常状態」に戻ってしまうのではないかとの仮説を提示したのだ（図3－3）。

こうした見方に対し、カルフォルニア大学（バークレー）の情報学院長からグーグルのチーフエコノミストに転じたハル・バリアンやゴールドマン・サックスのチーフエコノミスト、ジャン・ハチウスらは、生産性が伸びているように見えないのはグーグルやフェイスブックに代表される新しい情報産業では無料で多くのものが提供できるようになって情報機器のコスト性能比の飛躍的な改善を十分に反映できていないためで、計測法を勘案すれば生産性は相当に上がっているはずだと主張する。先に見たように情報には何らかの価値があることは確かだ。だが、無料サービスはＧＤＰの定義でゼロなのであり、中産階級をエンパワーできない技術体系は、ゴードンが見立てるように、社会の真の推進力となっていないのだ。

ローレンス・サマーズは、デロングとの共同論文で、第三次産業革命は始まったばかりで、電気が長い期間をかけて広がっていったように、情報も長い期間をかけてこれから広がっていくとの立場をとっていた[17]。ところが、そのサマーズが、二〇一三年のＩＭＦ総会の席で、需要面から長期停滞を言いだしたのだ。二〇〇八年の金融危機以降、米国経済の回復が遅々として進まないのは、均衡実質金利（完全雇用の状態に見合う実質金利の水準）が長期的にマイナスになっている可能性があるためとの仮説を提示し、一因に労働力人口と生産性の伸び鈍化による投資需要の減少を挙げた。

図 3-2　ゴードンの産業革命の終わり

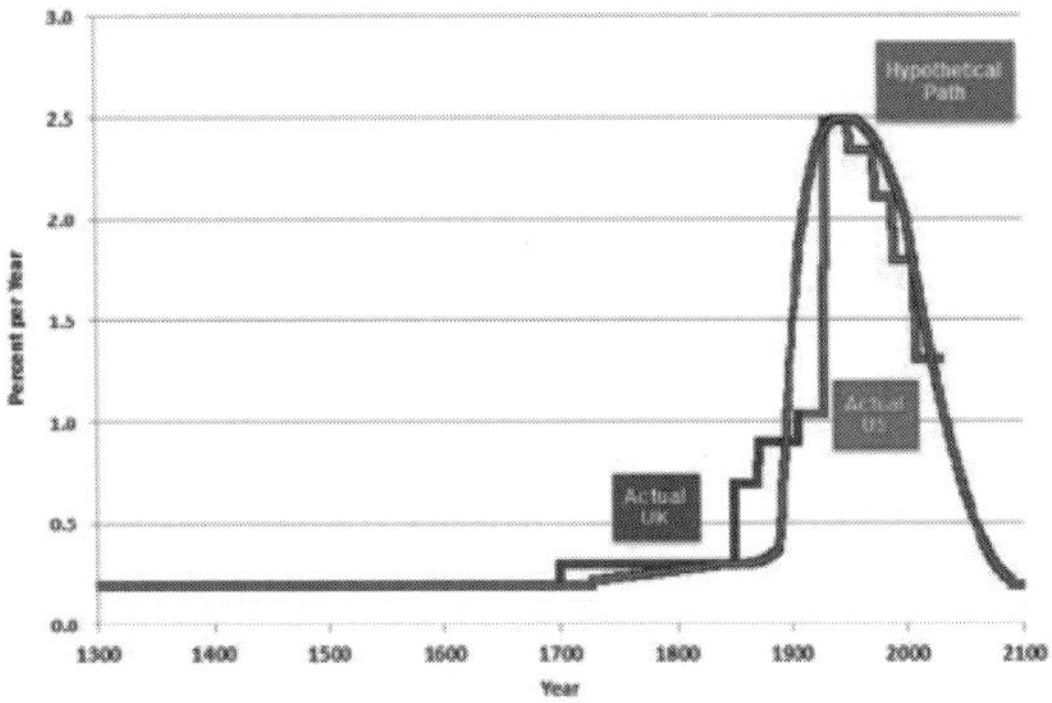

（注）　タテ軸の目盛りが実質一人当たり GDP 成長案。
（出所）　Robert Gordon The Rise and Fall of American Growth, Princeton University Press, 2016.

大不況からの回復が遅れたのは今回だけではない。大恐慌の後、ニューディール政策による回復過程でも、その回復テンポが弱く失業が解消しない状況が長く続いた。このとき、当時のハーバード大教授、アルビン・ハンセンは長期停滞と捉え、基本的な原因を人口成長率の低下による投資需要の減少に求めた。投資需要の減退や人口学的要因を重視しているという意味で、サマーズの長期停滞論は一九三八年のハンセンの古典的な長期停滞論を継承しているといえよう。

（1）サンフォード・ジャコービー『会社荘園制：ニューディール後の福祉資本主義』（内田一秀他・訳）北海道大学図書刊行会、一九九九年。
（2）秋元英一『アメリカ経済一四九二―一九九三年』東京大学出版会、一九九五年。
（3）James Q. Whitman, "The Two Western Cultures of Privacy: Dignity versus Liberty" *The Yale Law Journal*. 2004.
（4）西谷修、前掲「アメリカ―異形の制度空間」
（5）C・ライト・ミルズ『ホワイトカラー：中産階級の生活探求』（杉正孝訳）ちくま学芸文庫、一九七一年。
（6）ピーター・ドラッカー『会社という概念』（岩本忠訳）東洋経済新報社、一九六六年。
（7）C・ライト・ミルズ『パワーエリート・上下』（鵜飼信成・綿貫譲治訳）東京大学出版会、二〇〇〇年。
（8）David M Potter, *People of Plenty: Economic Abandance and American Character,* University of Chicago Press, 1954.
（9）マイク・フェザーストーン、ジョン・アーリ、ナイジェル・スリフト編『自動車と移動の社会学』（近森高明訳）法政大学出版局、二〇一〇年。
（10）David Gartman, *Auto Opium: A Social Hist ory of American Automobile Design,* Routledge, 1994.
（12）髙橋琢磨『戦略の経営学』ダイヤモンド社、二〇一二年。
（13）Richard S. Tedlow and David Ruben, "GM and th e world we have lost," *Boston Globe,* Ju ne 3, 2009.
（14）チャールス・A・オライリー、マイケル・L・タッシュマン『両利き経営』（入山章栄・渡部典子・訳）東洋経済新報社、二〇一九年。
（15）David Autor, David Dorn, Lawrence Kats, Christina Patterson and John Van Reenen, "Concentrating on the Fall of Labor Share," *American Economic Review,* May, 2017.
（16）Robert J. Gordon, *The Rise and Fall of American Growth: The U.S. Standard of Living since the Civil War,* Princeton University Press, 2016.
（17）Bradford DeLong and Lawrence H. Summers, "The New Econmy:Background,Historical Perspective, Questions, and Speculations," *Proceedings-Economic Policy Symposium-Jackson* 2001.

第4章　重荷に感じられるようになった「平等」を象徴する家
家計を借金づけにしたフィナンシャリゼーションの功罪

アメリカにおいて自動車が自由の象徴であったとすれば、平等を意識させるものは住宅、特に郊外の戸建てだった。第二次世界戦争が終われば、戦争ブームが終わり不況が予想された。動員をかけた兵士たちを報いなくてはならない。用意されたのが一九四六年雇用法だ。疑似商品としての労働は、景気変動によって大きく価値を変動させる。これをケインズ政策により減価させないようにするのが政府の役割だというのである。第二次大戦を戦って帰った兵士のために、退役軍人局は住宅のファイナンスを与えた。そこへもってきて、戦後は大方の予想に反して好況で始まった。

何が起こったのか。アメリカ人のほとんどが、自由に動き回れる自動車に加え、郊外に電化製品を備えた大きな自分の家が持てるようになった。職があり、家が持てる、この感激である。

第二次世界大戦からの兵士の帰還ブームとともに始まった住宅建築は、着工ベースでみて一九四四年には一一万件に過ぎなかったものが、四六年には九四万件、五〇年には一七〇万件へとうなぎ上りだった。五〇年に始まり、その後三〇年にわたって続いた郊外化では実に六〇〇〇万人の人々が郊外へと流れ込んだが、その反面として二五の主要都市のうち一八で人口減少が起こるという激しさだった。退役軍人局のプログラムが起点となって郊外住宅ブームが始まったとされるが、それは「核家族」の形成でもあった。一九七〇年には郊外人口が都市人口を上回り、アメリカの経済成長の八割が郊外で行われたとされる。

家のもつ「平等」への象徴性はこうした戦後の原体験によって生まれたものだ。このことによって、兵士たちには自分たちが自由と平等のために戦ってきたのだという実感を抱かせることになった。つまり、職を得て核家族の形成とともに移り住んだ郊外の住宅は自分の城であった。家事から解放され、自動車を乗り回すことこそが自由と平等を象徴するものだと感じ、それがニューディールから続く政策の流れを支持する投票行動となった。戦後和解制度、わけてもアメリカの代議制民主主義はスムーズに動き、待鳥のいう代議制民主主義の黄金期が生まれた。

この間、ソ連の優位性を見せつけられたスプートニク・ショックが起こっている。だが、当時の大統領のアイゼンハワーが率いるアメリカは、分配にも目をやり所得税の限界税率も九〇％に達していたが、科学技術開発にソ連を上回る予算を注ぎ込み、ショックへの「対応」をしている。すなわち、官民とも創意の足を止めることなくソ連との主導権争いを続け、やがて、インターネットやＧＰＳ（全地球測位システム）を生み出すことにつながり、アメリカは優位を取り戻していく。今日につながるシリコンバレーの興隆も、当時のアイゼンハワー大統領が産軍コンプレックスと揶揄されながらも莫大な資金を投じたことが大きい。サミュエルソンの経済学の教科書には大砲かバターかというトレードオフを示す図があったが、アメリカは安全保障にも、そして分配にも目配りできる余裕があったのだ。『二一世紀の資本』を上梓したトマ・ピケティは、この時代を分配における黄金期と呼んでいる。それはすでに触れた待鳥のいう代議制民主主義の黄金期とも重なる。

分配、平等の象徴としての住宅、そしてアメリカの住宅政策に筆者はいささかの興味を抱いた。そして、一連の論文を読む中で、こんな下りにぶつかった。つまり一軒の家が建つと、五軒が住み替えになるというのは、アメリカ社会のモビリティの象徴で、前章でも見たように、総人口のうち何人が居住地を変えたのかを見る総移動比率が二〇％前後で推移していることが常識であることも知った。だが、こうして住み替えが進むと住宅街が古くなることによって、そこに低所得者層のための住宅ストックができることになるという記述が筆者の目には何とも深みのあるようにも映り、興味深かった。論文にはアンソニー・ダウンズの署名があった。

住宅政策研究は、制度（法制）研究、政策決定過程をめぐる研究、および計画研究に大別できるが、ダウンズが同僚のアーロンとともに行っていた政策提言、家賃補助制度は計画研究に属するものだ。論評では彼らへの期待も高いことがわかった。①公正配分、②費用効率性、③個人の居住選択の自由、④既存ストックの改善の四点が期待されたのである。

こうして筆者が公共選択理論の開拓者の一人とされるダウンズをワシントンのブルッキングス研究所にたずねたのは、一九七〇年代の初頭であった。当時、ダウンズは民主党政権になれば、住宅都市開発省の長官に任命されるだろうといわれていた。出てきたダウンズは、「住宅問題というのは純粋国内問題だと思っていた。日本人がなぜ住宅問題に関心を抱いたのか自分としても興味があった」と述べ、駆け出しの小僧に会うに至った動機に触れた。ダウンズは、「公正」概念が、公共政策としての住宅政策を実施する上で、近年とくに重要視されるようになっているのだと語った。ダウンズが、計画研究の話を熱心に語るうちに、彼が「政府の失敗」よりも「市場の失敗」の方が、問題が少ないと考えているらしいことも分かった。

だが、アメリカの住宅建設は市場というよりも計画にも見えた。計画でないというのなら自動車のフォードのような一種のパラノイアに推進されているのではないかとも思えた。そしてやがて筆者はそれに近い現象の存在を知ることになった。デイヴィッド・ハルバースタムが「アメリカの世紀」の最初にして最大の人物がヘンリー・フォードだとするならば、これに次ぐ人物は、いささか異論もあるだろうがと断りながらも、ウィリアム・レヴィットをあげていたのだ。フォードの大量生産方式を住宅建設に持ち込んだ男、それがビル・レヴィットだったというのである。(1) ニューヨークタイムズのポール・ゴールドバーガーの言を借りれば、「レヴィットタウンの家は、建築物というより社会的創造物だった――何千万という中産階級にとって、一戸建ての家に一家族が住むという遥かな夢が、現実の可能性に変わったのだ」ということになる。レヴィットタウンへの移住は都市から周辺の田園地帯への大移動の端緒をなすもので、レヴィットこそが「郊外の家」の渇望を生む郊外化の立役者だったのだ。

そして住宅政策のあくなく追求が結局のところリーマンショックとなり、中産階級の没落をもたらしたのだ。住宅投資を純粋に経済学的に観察すれば、バブル時にはGDP比六%あったものが崩壊で二・五%にまで低下したが、在庫もほぼ正常水準に戻り二〇一九年一月時点で住宅建設統計では、一戸建て住宅の着工件数は二五・一%増の年率九二万六〇〇〇戸と、一九七九年以来の大幅増を記録し、価格も上昇機運にある。住宅建設は、アップダウンエコノミストたちからは循環問題として捉えられていることになろう(図4-1)。

ではエバーシュタットの言う、アメリカの巨大なエスカレーター「アメリカ号」は動きを回復し始めようとしているのだろうか。

アメリカの中産階級の所得は伸びていないのは図2-4で見たごとくだ。所得が伸びていない段階で回復基調にある住宅が購入されていることは、住宅ローンの延滞比率こそピークの一〇%から半減した水準へ下がったといってもまだ高いままだ。仮に一九九二〜二〇〇二年の一〇年間の住宅価格所得比を

図 4-1　好況の中で停滞する住宅着工

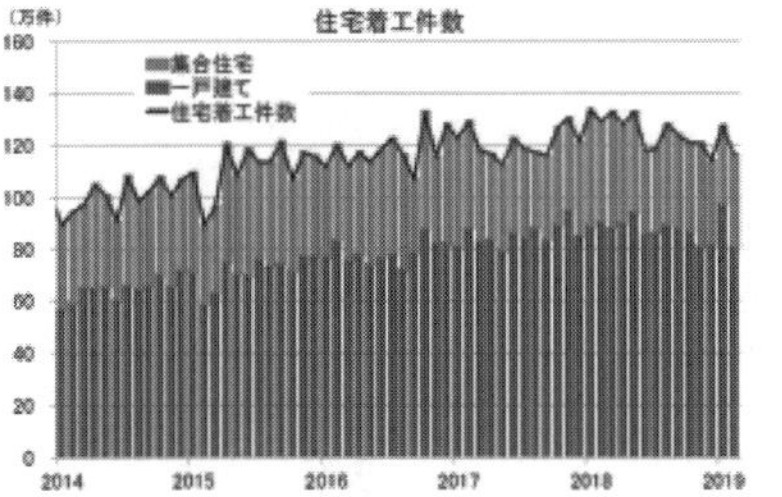

（資料）センサス局よりニッセイ基礎研究所作成

正常水準と見た場合、現状は正常水準を弱含んだ状況にとどまっている。住宅保有比率も六四％にとどまり、二〇〇四年のピークから五ポイントの低下をみたままだ。これは、「中産階級」が以前にも増して住宅購入を躊躇していることを意味しよう。ある尺度によると米住宅市場の失われた一〇年はついに過去のものとなったとするＷＳＪが、実質的にみると、まだ終わったと言うにはほど遠い状態だと報道せざるを得なかったゆえんである。

　リーマンショックといわれる金融危機の発端となった、いわゆるサブプライム住宅ローン証券は、プライム（優良貸付先）に達しない信用レベルの借り手に対してなされた住宅ローンを担保に組成された証券である。その証券の担保になっている原ローンでデフォルトが多発したことによって証券価格が暴落して起きたのが、いわゆる狭義でのサブプライム問題といえよう。個人に依存するリスクは、大数の法則でコントロール可能だとみられてきた。それをさらに貸出先の精査をしカテゴリー別にして扱いながら、なぜコントロールできなかったのだろうか。サブプライムのカテゴリーを開発し、それを証券化して巨大な商品に仕立てたメカニズムに疑義が抱かれているのだ。

　かくのごとく本章では、先に見た二〇〇八年の住宅市場の崩壊を問題にし、それをアメリカが「平等」の意識を鼓舞すべく住宅建設を促すシステムを「進化」させる中で生じた大きな問題であったと捉える。そのシステムの「進化」を支えたものは、国の強い影響下にあった住宅金融公社と、市場化の極ともいえる証券化、デリバティブを初めとする金融テクニック、つまり国家と市場という組み合わせであったとの認識である。国家と市場がもたれ合いをした形で制度が構築され、その行き着いた先がサブプライム問題、リーマンショックであったことになる。これは日本の福島原発での事故と同じ構図である。そして金融モデルの限界と、そこからの転換への道筋を示すことにする。

1 ニューディールが住宅への政府関与の始まり

平等と家が結びつけられたのは戦後だとしても、アメリカの住宅政策が大きく転換したのは、大不況下でニューディール政策がとられた時であったといえよう。リーマンショックの最中に大統領選挙を戦ったオバマの愛読書の一つが、ジョナサン・オルターの『決定的瞬間：フランクリン・ルーズベルトの百日と希望の勝利』であった。(2) それは、政治ジャーナリストのオルターが、オバマの支持者であったこと以上に、フランクリン・ルーズベルト大統領が世界恐慌に立ち向かう様子をいきいきと描いており、リーマンショック後の政策の下敷きになると考えたからだ。

先に自由とは多義だと指摘したが、ニューディール政策では四つの自由が唱えられた。住宅政策も、そのうちの一つ、「欠乏からの自由」の一環として描かれている。世界恐慌によって引き起こされた経済的ダメージは、当然不動産業界にも深刻な影響を与えた。失業者が増えるにつれローンの停滞や支払不能者が続出し、銀行倒産が相次ぎ、新たな貸出しができる状況にない。もちろん住宅の新設需要は激減し、住宅取引も停滞した。それが悪循環となってアメリカ経済を長く低迷させていた。こうした状況が住宅金融のあり方そのものを根底から変え、新たな取り決めをしなければならない契機となったのである。つまり、住宅・不動産のテコ入れなしに、悪化した経済状態を回復させることはできないとの判断が下され、一九三四年には国家住宅法が制定されたのである。同法の下に連邦住宅庁（ＦＨＡ）が設立され、ＦＨＡが抵当貸付に対して保険プログラムを運営するようになった。今回のサブプライム問題発生の根源ともいえる、住宅ローン（抵当貸付：モーゲージ）を流動化させるために連邦全国抵当金庫（ＦＮＭＡ、通称ファニーメイ）が創立されたのは一九三八年のことである。

住宅ローンを「モーゲージ（抵当貸付）」と別して呼んでいるのは、アメリカでは住宅ローン契約の際に債務弁済の担保として取得しようとする不動産上に譲渡抵当を設定した抵当証書が作成され交付されることが要件となっているからである。ここで重要なことは、こうした仕組みを用意することによって、抵当貸付債権が一定の手続きを踏み、抵当証書を移転することによって第三者に移転可能であるということである。つまり、抵当証書とは、個々の抵当買付原債権を証すると関係書類それ自体であり、そのものが譲渡可能で、その譲渡によって抵当貸付債権の譲渡が実現するのである。ファニーメイが設立されたということは、同公社を通じて政府が銀行、貯蓄組合などの住宅ローンを取得し、金融機関の貸付資産の削減ができるということである。

このファニーメイ設立の時が、政府系機関が直接介在する現在のアメリカの住宅金融システムの歴史の始まりだったと言ってもよい。つまりアメリカの金融制度の中にプリビレッジド・サーキット（優先権をもった金融機関）が形成されることになり、その方向が強化されるようになったからである。退役軍人局の設立に拠る復員兵士たちのための住宅ローンのサービス開始は一九四〇年のことだ。一九六八年の住宅都市開発法によって、住宅局が住宅都市開発省（ＨＵＤ）へ格上げとなり、そのもとにジェニーメイが設立され、さらに一九七〇年緊急住宅金融法の成立でフレディマックが連邦住宅貸付銀行理事会（ＦＨＬＢ）のもとの政府関連機関となったのである。

こうして政府系の機関がそろい、金融機関のもつ住宅ローンの流動化に貢献していくことになる一方、民間金融機関の側でも大幅な効率化、合理化、コストダウン、リスク回避が進められた。これによってアメリカの住宅金融制度は、非常に洗練されたシステム形態が構築されて主要先進国の中でももっとも発達したものと言われるようになったのである。

政府の関与を嫌うアメリカの保守がいながら、なぜニューディール後にも政府に拠る住宅金融へのコミットメントが続き、ついにサブプライム問題に遭遇することになったのだろうか。

住宅が「平等」の象徴という大義名分があり、選挙民が望んだからだといえよう。そしてニクソン＝フルシチョフ論争に見るように、冷戦下にあってはソ連への対抗意識があったことも間違いない。

一九六〇年代後半までのアメリカでは、そうした雰囲気にあった。

だが、ルーズベルトの「欠乏からの自由」が計画によって達成されようという流れに抗した動きもでてきていた。たとえばフリードリッヒ・ハイエクは『隷従への道』を上梓し、政府による経済統制は最善の意図に基づいていたとしても、個人的な自由への脅威になると主張していた。「自由のための計画化」は自己矛盾だとも指摘していた。人間の合理性には限界があるとするハイエクは、理性を過信する計画派にも、市場が問題を解決するという新古典派にも懐疑的だった。リンドン・ジョンソン大統領の下、「貧困との戦い」事業が推進されたが、急増した供給サイド重視の住宅諸施策の欠陥が指摘され住宅戦略の需要の側からの変換が意図されるようになっていた。筆者が先述のアンソニー・ダウンズを訪ねたのはそうした時だ。

そして、平等が一戸建ての家にまで及ぶようになって黒人の白人居住区への進出が始まった。すると、不動産の値下がり、地域社会の変貌を恐れる白人たちの嫌悪を引き起こした。その反発がカルフォルニア州で起こった提案一四号であった。地域住民は、もし望むならば「黒人を差別する権利」をもっているという提案は白人の間では非常に高い支持を得た。そのおかげで、一九六六年の選挙で提案の熱心な支持者であったロナルド・レーガン知事が誕生した。レーガンは保守派の星と見なされるようになった。

だが、全体的な政治的空気の中ではまだニクソン大統領でこと足りていた。住宅問題は地域的なもので、陰に陽にのぞむような地域なり区域なりを自由につくることが可能だからでもある。逆に、これを全国の政策とするには何か大義が必要だった。そこで妥協的な産物として生まれたのが、クラブ組織としてのゲーテッド・コミュニティである。自国の中にグローバル社会をもつアメリカは、アメリカ自身を「丘の上の国」として建設してきた伝統がある。その聖書にある「丘の上の国」の中に小さいながらも自分の理想の町、「丘の上の町」として建設したのがゲーテッド・コミュニティだと見ることができよう(3)。富裕層の中でも特に安全を志向する人びとが住むゲーテッド・コミュニティ、そして人びとの安全をおかした人たちが押し込められた膨大な刑務所群、アメリカの広義の中産階級が住むのは、この二つの囲まれた「コミュニティ」の概念的「外部」に変化したことになろう。

2 アメリカの住宅市場で始まった証券化の波

では、住宅金融の場合、なぜゲーテッド・コミュニティの段階でとどまらず、行き着くところまで行ってしまったのか。ダウンズの頭の中では住宅金融が国内と海外市場とが繋がったものになっていなかった。それがなぜヨーロッパに拡散してグローバルな金融危機に繋がってしまったのか。

その繋がりにくいものが繋がることになった背景には、ニクソンショックを契機として金融のリスクが高まり、そのリスクを少なくするために金融の自由化が指向され、その自由化が市場のグローバル化ともなっていったからである。そして上記のように政府の関与があるがために、リスクを政府が移転することが可能になり、証券化という新しい金融の流れをつくり出したのである。ここアメリカにおいて政府関与と市場至上主義というものとが補完的ともいうべき関係に変容したのだ。「市場の失敗」にかんがみて用意された住宅金融が「政府の失敗」に直結するファニーメイの問題となっていったのである。

◆ニクソンショックとは何だったのか

筆者は、いわゆるニクソンショックによって金融リスクが民間に移転されたと述べた。しかし、ニクソンショックは後のフィナンシャリゼーションの原因ともなったように幅広い意義をもつ。ニクソンショックとは一体何で、何をもたらしたのであろうか。

ブレトンウッズ体制として知られるＩＭＦ体制は、管理通貨ドルを金にリンクさせており、かつての貴金属への従属の残滓があった。このため、ドル本位制は一九六〇年代にアメリカが経常収支赤字を常態化させると、当初こそアメリカが困惑するのを回避するため金転換を要求しなかった黒字国が一斉に転換を要求するようになった。すると、金の不足が表面化せざるを得なかった。一九六〇年に金プール制が、六七年には通貨のカクテルである特別引出権（ＳＤＲ）の創設が決まったものの、六八年には事実上金とドルの交換はできなくなった。その窮屈さが一九七一年に当時の大統領、リチャード・ニクソンをして正式に金とドルのリンクを断ち切るという決断をなさしめたのである。これによって、ドルはフィアット・マネー（不換通貨）になった。これが、いわゆるニクソンショックと呼ばれるものである。

これが一九七三年の為替のフロート化への引き金になったことは間違いない。これによって為替変動のリスクは政府がコントロールするものではなく民間が負うべきものになり、金融ビジネスの中核がリスク管理になっていく原因となった。それは容易ではないことが直ちに分かった。瞬く間に世界のマネーが爆発な増え方をし、石油価格が高騰したからである。

こうした激変にもかかわらず、何よりもアメリカの経常収支の赤字によって供給されるドルは引き続き世界から受けいれられた。このことが重要である。つまり、誰もがドルがドルとして受け取られることを疑わず、アメリカは手持ちのポーカーチップの計算なしに勝手にゲームを続けることができるようになったからである。

つまり、アメリカには、自分の欲望を自由に印刷できるフィアット・マネーで賄える特権が認められたのだ。不換紙幣たるドルがひろく受け入れられてデファクト・スタンダードとしての基軸通貨となったのである。旧ＩＭＦ体制のもとでは、経常収支の赤字の国責任が追及された。しかし、フロート制のもとでは、為替レートが経常収支の赤と黒とを調整するとの想定もあって赤字国責任論が消滅し、アメリカは国際収支の赤字幅が拡大しても、それは問題ではなくなった。

問題でなくなったどころか、アメリカは貯蓄なしに消費を拡大できる特権を得た一方、海外は大きなアブソーバーを享受することになったのだ。トランプ大統領は中国が巨大な対米経常黒字を出していることを問題視し、その縮小を求めているが、それはアメリカの消費者にそれだけ節約を促すか、それができなければ赤字が他国に移るだけのことになることが分かっているか疑わしい。

そこで、アジア金融危機の起こる直前の一九九六年とアメリカの経常赤字が増大し始めた二〇〇三年の経常収支のパターンの変化を見てみよう（図４‐２）。まずは、理論的にはともかく、少なくとも現実には、今や途上国が貯蓄し、先進工業国に資金を投資しているという構図が生まれていることを示すた

図 4-2　グローバルな経常収支パターンの変化（1996年と2003年の比較）

（単位：億ドル）

地域・国　名	1996年	2003年
先進工業大国	462	(-)3,423
日本	654	1,382
アメリカ	(-)1,202	(-)5,307
ユーロ圏	885	249
フランス	208	45
ドイツ	(-)134	551
イタリア	396	(-)207
その他	125	253
イギリス	(-)109	(-)305
オーストラリア	(-)158	(-)304
スイス	213	422
途上国	(-)875	2,050
アジア	(-)408	1,483
中国	72	459
韓国	(-)231	119
台湾	109	293
タイ	(-)144	80
中南米	(-)391	38
中近東	59	478
東欧・旧ソ連圏	(-)135	51
統計上の不突合	413	1,372

（出所）バーナンキ連邦議長（当時）のスピーチ原稿

めである。

二〇〇三年という古い統計を使ったのは、外でもない、副次的な理由として、一つは当時のＦＲＢ議長、ベン・バーナンキのスピーチ原稿から引用したからである。バーナンキ議長のスピーチも、まさしくアメリカが経常収支赤字を続けても、つまり貯蓄不足が大きくても、サステナビリティに問題ないという見解を示唆するものであった。このため、サブプライム危機が起こった時、バーナンキはアメリカがこうした国際金融構造を生み出してきたのが危機の原因ではなかったかと楽観的な見方をしていた過去の追及を受けることになった。「あるいはそうかもしれない、国際的な協調がなければ改善できなかった問題であったことも確かだ」と逃げをうつのがせいぜいだった。ギリシャ危機が起きてからは、批判から逃れようも無い。

そして今一つの副次的理由とは、一九九七年のアジア金融危機をもたらしたアメリカのヘッジ・ファンドの攻勢、そして危機を救済するはずのIMFが間違った対応をしたために中国をはじめとする東アジアの国々が自己防衛のために外貨準備を貯えはじめたのだとの筆者の考えを検証するためである。この見方をとるにいたったのは筆者の個人的な体験に基づいている。

IMFは急激な資本流出に見舞われた各国に融資する条件として金利引き上げや緊縮財政を要求した。筆者は、こうした処方箋は事態を悪化させるばかりのまったくあべこべの政策で、ワシントン・コンセンサスは間違っていると非難したペーパーを、ある国際会議で発表した[4]。これだけIMFを非難するのは、国際金融をやっていくのに支障が起こるのではないか、もっと穏やかな言い方はないかと心配するコメントまで出た。筆者は散々脅されながら、このペーパーをもって総裁補、アジア局長などワシントンにIMFの幹部を訪れた。その中にはカリフォルニア大学（バークレー）から出向中のバリー・アイケングリーンもいた。驚き、ある意味で拍子ぬけしたのは筆者の方であった。ほぼ異口同音に「君の言うとおりだ」という答えが返ってきたからである。組織が硬直化していて柔軟に対応できないというのである。結果として「予想されたように」、当事国では深刻な不況が引き起こされた。

この筆者の想定はどこまでサポートできるのか。日本やドイツは大きな黒字を計上しており、全ての先進国というわけではないが、アメリカ以外にもオーストラリア、イギリス、イタリアなどが大きな経常赤字を計上して、先進国全体では三四二三億ドルの赤字になっている。これらの国は、流入する外資を利用して国債を発行し、国債利回りが名目成長率を上回りがちな日本と異なり、結果として高い名目成長率を達成し、それがほぼ国債利回りをカバーするほどになっているのである。つまり、OECDのエコノミストがいうところの海外投資リスクプレミアムがマイナスになっていることを意味し、国債累積で破綻するというシナリオには乗っていなかったためとみられる。ただ残念ながら、当時、ギリシャも対GDP比七・三％という大幅の経常収支赤字を出していたが、図4－2では小国の相殺勘定で見えず、特段の記載はない。もちろん、PIGSという括りもない。

その一方、途上国は一九九六年の八七五億ドルの経常赤字から二〇〇三年には二〇五〇億ドルの経常黒字へと大きく転換してきている。東アジアの黒字が大きいが、それでもラテン・アメリカや旧ソ連圏などでも黒字転換しているのは構造的な変化といえる。それをアジア金融危機のもたらした恐怖も大きかったと、現カリフォルニア大学（バークレー）教授のモーリス・オブズフェルドらも認めたことをもって筆者の見方が裏づけられたとしよう。(5) 石油価格高騰による中東地域の黒字拡大も注目されるところだ。

現在では、前言を翻しているが、アメリカの覇権が終わりつつあるというハーバード大学教授のニーアル・ファーガソンは、新しい中心－周辺の関係を明快に中核にある米中の関係に焦点をもっていき、バーナンキ以上に、明快に、こうした資金フローを擁護していた。つまり米中関係こそが注目されるべきだとして、トランプが中国の経常収支の黒字の非を言い募り米中貿易戦争をしている今日からは想像もできないほどに、これを非常に前向きにとらえていた。米中の二国は、一方でアメリカが貯蓄率を五％からゼロに引き下げれば、他方で中国が一五ポイント引き上げて補いながら、二〇〇〇年代に入ってからの世界の経済成長の半分を生み出し、今や両国で世界のGDPの三分の一、人口で四分の一を占めるからだという。この世界への貢献ぶり、両者の蜜月ぶりは、チャイメリカとでも呼ぶべき関係だというのである。かつての日本がアメリカの財布になり、アメリポンと呼ばれたが、米中関係はその世界的な重要性からすれば、ここにフレッド・バーグステインのいうG2というグローバルパワーが誕生したことになろう。つまり、キンドルバーガーの想定した三極ではなく、二極的世界が生まれたというのである。

さて、ニクソンショック、その後の変動相場制の導入の意味するもう一つの意義は、為替変動のリスクを民間が負うようになったことだ。民間がリスクを負ったことにより、リスクヘッジのために先物で売ったり、買ったりすることで金融資産、負債が重なっていく。つまり、フィナンシャリゼーションの源にはニクソンショックがあるとも言えるのだ。

そして一九七二年に世界最初の通貨先物市場が創設されたのを皮切りに今日のＶＩＸリスクを負う証券の発行に至るまで次々と生み出されていったのが、ポランニーいうところの社会から隔離された「自己調整市場」の手段である。いかなる金融取引も基本は金融資産の価格の裁定行動ないし単なる付け替えであり、先にみたようにＩＣＴと相性が良いことから、創意工夫が金融の世界で爆発的に生まれてきたのだ。

通貨先物市場の創設とは、従来からあった先渡し取引という為替取引を商品先物取引にならって定型化し、取引になじむ形に整えたのである。同取引所は、シカゴ商品取引所（ＣＢＯＴ）から分かれて運営されてきたという歴史があり、商品取引の伝統を破り、商品取引の法形式に則りながら原資産が金融であるものを取引する決定をしたのである(6)。通貨によって始まった金融先物に関し、一九九二年にロバート・マートンにノーベル経済学賞を授けられたとき、彼は近年の二〇年で最大の金融イノベーションだと評価したものである。

通貨の商品化の一方で、商品の金融取引化も進展した。アメリカの原油の代表的な指数、ＷＴＩ取引のボリュームは、投機マネーを呼び込み、実需をはるかに超える規模に膨らんだ。

もちろん、金融が発達し、グローバル化を推進したのは、ICT革命と金融の相性がよかったからというだけの理由ではない。それを推進させる主体がいるからだ。アメリカの資本は最上層部に猛スピードで集中している、彼ら「資本家」である。資本の論理からすれば、投資対象は国内である必然性はない。かつての覇権国のオランダも、イギリスも、覇権時代の後半には投資リターンの高い、製造業が発展途上にあり、インフラ投資が盛んな国々への投資をしてきたのである。(7) つまり、国際的な投資家は、世界に広がる投資機会を渉猟し、世界中にある資産の裁定機会を窺っているため、一国の経済成長ではなく、世界全体の経済成長を重視するので、グローバル化を推進するのである。(8)

◆金融仲介機能の麻痺が変革への引き金

さてアメリカの民間が為替変動のリスクを負うことを奇貨として金融ビジネスを拡大し始めたことを見たうえで、なぜアメリカで、なぜ住宅ローンから証券化という金融革新が起こったのかを問うことにしよう。この問いには、まず住宅金融分野の歴史を追ってみることが適切だろう。出発点は、アメリカでは住宅金融が、すでに見たように日本の中小企業金融や郵便貯金のごとく、社会的にも、歴史的にも、政策課題として最優先されてきたということである。

アメリカでは、住宅ローンを組む際に、モーゲージ・ブローカーによる斡旋を受けることが多いが、ローンの実際の出し手となるのはスリフトと呼ばれる貯蓄金融機関である。貯蓄機関の代表的なものとしてセービング・アンド・ローン・アソシエーション（S&L）や貯蓄銀行などがあるが、これらは中短期の貯金を主たる原資として三〇年といった長期の住宅ローンをするという構造になっている。いわゆるニューディール金融体制のもとでは、貯蓄金利も、貸出金利も規制当局によって金利の上限が決められていた。このためインフレ率が低く抑えられているときには、短期の金利は低く、長期の金利は高いので貯蓄機関は難なく利益が確保できるというメリットがあった。

ところが、こうした短期借りの長期貸しというシステムは、一九七〇年代になって金利の変動が厳しくなり始めると、内蔵する矛盾を露呈するようになった。なぜそうなったかといえば、一つの大きな要因として、いわゆるニクソンショックを挙げることができる。旧IMF体制の崩壊によって国内金融市場が海外から隔離されている状況が変わり、内外の市場が連結するようになり、金の裏づけのないドルが大量に発行されるようになり流動性が高まってインフレ率の上昇がみられるようになったのである。

すると市場で自由に金利が決まる短期財務省証券（TB）のようなものに資金が集中し、規制で低く抑えられた金利の預貯金にお金が集まらないだけでなく、貯蓄金融機関や銀行から預貯金の引出しが起こるという問題を引き起こした。いわゆるディスインターミディエーション（金融仲介機能の麻痺）と呼ばれるものである。

そこで登場したのが、金融仲介機関の負債側を自由化するという手段であった（図4-3右側）。つまり、インフレによって金利が上昇すると、銀行の資金調達手段は、コマーシャル・ペーパー（CP）や定期預金証書（CD）といった自由金利の短期の金融商品を用いて資金を集めるようになり、そうした金融商品による資金調達に重点が移っていった。貯蓄金融機関の側でも、これに対抗して資金吸収力を上げるべく新しく名前をつけた金融新商品を矢継ぎ早に導入することになった。つまり、規制当局は住宅金融をになう貯蓄機関へ資金が流れやすくするよう提供金利の上限を引き上げ、より自由な資金調達手段を与えていったことを意味する。このため、第二次オイルショックの始まる直前の一九七八年には、貯蓄金融機関の大宗をしめるS&Lの資産は五〇六三億ドルと、全銀行資産の一兆二二一四億ドルの半分近いものになっていた。規制当局がS&Lに肩入れした結果である。

だが、負債側だけを自由化し、市場に従って動くようにするということは、貯蓄金融機関が、ますます多くの短期の自由金利商品の負債でもって、ますます長期化する住宅ローンを強いられることを意味した。ローンが長期化するのは、住宅価格が所得の伸びを上回る上昇をしたため、所得・住宅コスト比が低下するからである。このため貯蓄金融機関の収益は一層悪化した。第一次貯蓄金融機関危機と呼ばれるものである。

そこで、資産サイドでの調整が必然となった（図4-3左側）。資産サイドの動きとしては、一九六一年に導入され、七〇年代以降になって様々な形態のものが生まれた。変動利付モーゲージ（ARM）という流れはあった。しかし、これはローンを受ける者にリスクを転嫁したものに過ぎない。つまり、根本的な解決策とはいえないと判断されたのである。

◆一九八〇年代に証券化の流れが定着

そこで、二つの流れが模索された。その一つの方向が証券化というものであった。一九七〇年に全額政府出資で設立された企業の保証によってGNMAパススルー証券の導入が始まっていた。パススルーというのは、原資産のキャッシュフローがそのまま移転される形のものである。これがもともと市場になじまない、金融機関の個別対応で処理されていたアメリカの住宅ローンを市場化する始まりであった。先に見た、抵当貸付債権が一定の手続きを踏み抵当証書を移転することによって第三者に移転可能であるという性格は、証券という紙切れにも適用できたのである。住宅ローンではバンカーと借り手との関係がその地で完結する地産地消の金融であったものが、抵当貸付債権が証券という紙切れに移転された

図 4-3　住宅貯蓄機関の金融「革新」

運用面での「革新」	調達面での「革新」
(1970)　ＧＮＭＡパススルー証券	(1966)　預金金利一元化
	(1972)　ＮＯＷ勘定導入
	(1973)　キャピタル・ノート導入
(1977)　普通抵当パススルー証券	(1975)　抵当担保債
(1970s)　変動金利貸出に脚光（1961に初）	(1978)　ＭＭＣ（半年定期）
(1980)　住宅金利上限撤廃（州政府）	(1980)　ＳＳＣ（二年定期）
最低住宅貸付比率の引き下げ	(1981)　ＭＭＤＡ
(1983)　ＣＭＯ	(1983)　スーパーＮＯＷ勘定
(1986)　キャップ購入	スワップ債利用盛ん

（出所）　髙橋琢磨『現代債券投資分析、スポットレート革命と金融新商品』

ことで全米の商品に仕立てられ、揚げ句は海外主体にも販売されることになった。

これを敷衍すれば、次のように言えよう。貯蓄銀行、セービングス・アソシエーションなど、いわゆる住宅に資金を提供する金融機関は、プリビレッジド・サーキットとして資金集めに関して特別な恩典が与えられてきた。アメリカの金融革命は、このプリビレッジド・サーキットにいかに対抗していくか、さらにその動きに対抗して貯蓄金融機関をいかに保護していくかという相互の戦いのうちに進められてきたといっても過言とはいえない。証券化という金融革命もまさにそうした政府が裁定を下す戦いの中で生まれ発展してきたのである。

この過程で、金融公社の付属機関として設立されたファニーメイが、次第に性格を変え、一九六八年に民営化が行われてニューヨーク上場企業になった。同じく、フレディマックも七四年に民での証券化を視野にいれたコンベンショナル住宅抵当証書の流通市場の発展を支援し、もって住宅抵当信用のアベイラビリティの向上を図るという目的で、一九七〇年の緊急住宅金融法に基づいて設立された。フレディマックは、ＦＨＬＢ制度の一角を構成する機関として位置づけられており、制度加盟金融機関の住宅ローンの流動化を任務とする。流動化といっても、多くの場合、自社発行の債券でファイナンスされた資金での買取りである。

さて、アメリカで住宅ローンを担保とした住宅抵当付債券（ＭＢＳ）として証券化されることになったのは、証券化されたプール資産に対して政府の保証が与えられたことが大きい。だがそれ以外にも、モーゲージ契約の場合、その保有者が金利や元本の返済金を集めて分配するほか、利払いや元本の返済が行われない場合には、すぐにでもデフォルトの処理、つまり住宅の差し押さえが始められるからである。住宅モーゲージ契約で、リーマンショック後に行われているような再交渉が行われることは極めて稀なことだと見なされ、しかもデフォルト率が低いと考えられていた。こうした市場の発展の中で、住宅ローン市場には大数の法則が当てはまり易いとの認識が広まったのだ。

住宅金融に与えられたプリビレッジに対抗して商業銀行の側からの金融革命の先頭に立ってきたのが、シティコープであった。そして投資銀行の側で住宅ローンの証券化を核にして金融革命の推進役となっていったのが、投資銀行のソロモン・ブラザーズであった。シューマン下院議員が自分はそのエージェントではないといった当時、今をときめいていた投資銀行である。

しかし、ソロモンは財務省証券取引で不正が発覚し、その悪影響を避けるのに苦労するようになる。勝者の呪いという語があるが、一旦はトップに躍り出たソロモンの苦境はそれを地でいっていた。そして、投資銀行のスミス・バーニーをベースに、ソロモン、保険会社のトラベラーズを呑みこみ、さらにシティコープと合併をしたのが、サンディ・ワイルである。これが、今回のサブプライム問題の中心にいたシティグループということになる。ただし、ワイルは、二〇〇二年に起こったエンロン事件へのシティの関与をはじめ、一連の事件をニューヨーク州司法長官のエリオット・スピリッツアーが追及してきたため、二〇〇三年に法務担当であったチャールス・プリンスにCEOの座を譲らざるを得なくなった。この人物こそが「音楽が奏でられている間は踊り続けなければならない」とうそぶいた、バブルで踊る経営者になったのである(9)。

住宅モーゲージの場合、何よりも全国的な住宅ブームの継続で基となる住宅価格の値上がりがつづいていたので、本質的に原資産のサービシングやモニタリングが事実上必要にならなかった。このことが、シティをサブプライムの証券化ビジネスへと走らせ、やがて証券化ビジネスを落とし穴へと導くことになった。

3 フィナンシャリゼーションが庶民を食い尽くす

こうして住宅金融が証券化によって変容していく中で、金融システム自身も大きく変わった。消費者の貯蓄を吸収し、企業にその金を貸し付けるのが従来の金融機関の役割だった。それがいつの間にか、消費者が住宅ローンを中心に資金の借り手となり、逆に企業が資金の出し手に回るというビジネスモデルに変わったのだ。フィナンシャリゼーションの三つの側面の一つが、この消費者が資金の借り手、さらにいえば借金漬けになるということなのだ。

◆共稼ぎでようやく維持する中産階級の旗印

グローバル化という政策を選択した結果として起こるのが、直接投資、貿易、ジョブ・オフショアリングなどを通じて生じる賃金の裁定である。つまり、同じ仕事なら新興国の労働者を使う方が廉価になるので、その裁定メカニズムを通じて先進国の賃金率が低下してしまうのだ。バラッサ＝サミュエルソン仮説と呼ばれるものだ。

ところが、アメリカの新古典派経済学では、グローバリゼーション、フィナンシャリゼーションが直接投資や貿易を通じ先進国の賃金率を引き下げていることへの言及はリーマンショックが起こるまでタブー視されてきた。

では、その主流である経済学の説明は何かといえばICTなど技術の進歩に労働者が追い付いていないためだというものだ。なぜかといえば、技術進歩が進めば、それに対応した熟練労働が求められるようになるが、多くの非熟練労働は機械に代替され、その需要が低下し、非熟練労働者の賃金が上がらないという考えからである。つまり、教育と技術が競争しているというのである。

筆者は前章において、GMという自動車産業の頂点に立つ企業のブルーカラーが中産階級にふさわしい所得を得るようになって中産階級が量産されるようになったということに重点を置いてきた。しかし、アメリカでは所得と教育レベルは恐ろしいほどに強い正比例の関係にあり、事実上大学教育を受けることが中産階級へ昇る階段だった。その意味では格差の大半は教育格差だとの結論になる。[10]悪いのは準備ができていなかった労働者にあり、賃金が下がるのは当然の報いだという理屈になる。ところが、日本の返済する「奨学金」に当たるアメリカの学生ローンの残高は、学費の高騰もあり、今や一兆五〇〇〇億ドルにも達し、そのうち一二％が九〇日以上の滞納に陥っている。コロンビア大学准教授のジュシス・クレイトンが行った日本流の「奨学金」で二〇〇三〜〇四年に大学、大学院へ行った学生の追跡調査によれば、一七％の若者が一二年以内に自己破産している。大学を出ても出世払いができ

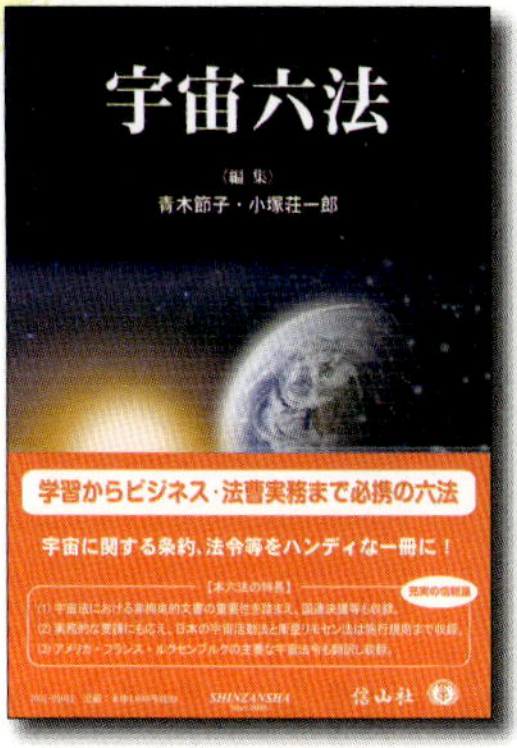

宇宙六法

青木節子・小塚荘一郎 編

リモセン法施行令まで含む国内法令、国際宇宙法、そして宇宙法の泰斗の翻訳による外国の宇宙法も収録した、最新法令集。

【本六法の特長】日本の宇宙進出のための法的ツールとして、以下の特長を備えている。(1) 宇宙法における非拘束的文書の重要性を踏まえ、国連決議等も収録。(2) 実務的な要請にも応え、日本の宇宙活動法と衛星リモセン法は施行規則まで収録。(3) アメリカ・フランス・ルクセンブルクの主要な宇宙法令も翻訳し収録。

A5変・並製・116頁
ISBN978-4-7972-7031-0 C0532
定価：本体1,600円+税

宅建 2020 ダイジェスト六法

池田真朗 編

◇携帯して参照できるコンパクトさを追求した〈宅建〉試験用六法。
◇法律・条文とも厳選、本六法で試験範囲の9割近くをカバーできる！
◇受験者の能率的な過去問学習に、資格保有者の知識の確認とアップデートに。
◇2020年度版では法改正の反映はもちろん、今話題の所有者不明土地法も抄録。

A5変・並製・266頁
ISBN978-4-7972-6913-0 C3332
定価：本体1,750円+税

ヨーロッパ人権裁判所の判例 I

5・並製・600頁　ISBN978-4-7972-5568-3　C3332

価：本体 9,800円+税

戸波江二・北村泰三・建石真公子
小畑　郁・江島晶子 編

ヨーロッパ人権裁判所の判例

創設以来、ボーダーレスな実効的人権保障を実現してきたヨーロッパ人権裁判所の重要判例を網羅。

新しく生起する問題群を、裁判所はいかに解決してきたか。さまざまなケースでの裁判所理論の適用場面を紹介。裁判所の組織・権限・活動、判例の傾向と特質など［概説］も充実し、さらに［資料］も基本参考図書や被告国別判決数一覧、事件処理状況や締約国一覧など豊富に掲載。

ヨーロッパ人権裁判所の判例 II

B5・並製・572頁　ISBN978-4-7972-5636-9　C3332

定価：本体 9,800円+税

小畑　郁・江島晶子・北村泰三
建石真公子・戸波江二 編

3-0033 東京都文京区本郷6-2-9-102 東大正門前
03(3818)1019 FAX:03(3811)3580 E-mail:order@shinzansha.co.jp

信山社
http://www.shinzansha.co.jp

なくなってきていることを如実に示しており、技術進歩が激しいため現在の大学を終えても、それはかつての高卒ほどの値打ちもないという意味になろう。学生ローンを棒引きにせよとの世論の後押しを受けて民主党大統領候補の中には公約に入れるべきだとの提唱も出て来ている。

どこにも出口を見出せない若者の焦燥が暴力に結びつこうとしていると警鐘を鳴らすのはワシントンポストのキャサリン・ランペルだ。彼女は、カリフォルニア大学（ロサンゼルス）教授でありブルッキングス研究所のフェローでもあるジョン・ヴァラセノーの大学生を対象としたパネルが、極めて急激に暴力容認へと突進していることに強い懸念を示す。ヘイトスピーチを容認する比率が新入生ほど高くなり、逆に自分を侮辱するような言動があった場合には四分の一の学生が暴力を振るっても構わないと回答するようになっているというのだ。[11] これでは次世代を担う人たちの間ではお互いの喉首をかっきることだけはしないという最低限の基準が守られるとは保証できなくなるのではないかとまで、悲観的な展開もあり得るとの懸念の表明だ。

もちろん、ランペルの懸念が杞憂で終わればよい。だが、現実に高校での銃撃事件は後を絶たない。大学などに進んでも意味がないとの絶望だ。そしてヴァラセノーの大学生を対象としたパネルの結果である。格差を生んでいるのは教育格差に尽きるとお茶を濁してきた新古典派経済学者は、大学生までが自分たちの将来を悲観し途方に暮れている状況に、まさか自分たちが責任をもつべき大学教育の質が悪いからだと弁明するわけにはいかないのではないか。それればかりでなく、リーマンショックが起こるまで、このバラッサ＝サミュエルソン仮説の存在を封印してきたがゆえに、今頃になってトランプをして、日本に、中国に行ってしまったジョブを取り戻せという衝動を生んでいることにも責任があるのだ。

かつて大統領選にも名乗りをあげたことがあり、ＣＮＮのクロスファイヤーのホストキャスターをつとめた保守派の言論人、パット・ブキャナンは、「昔の愛国的な共和党政治家は、必要なら輸入品に高関税をかけても、アメリカの労働者に世界一の豊かな生活をさせることを最重視した。今や、こうした経済愛国主義は死滅し、自由貿易体制こそが正しいと信じ込んだ連中が多数派となり、世界経済が重視され、アメリカ経済は軽視されている。その結果、アメリカの製造業は死滅し、米政府は大赤字になっている」と発言していた。だが、二〇年以上前のブキャナンの言説を掲げてドナルド・トランプが勝利し、同じキャッチレーズで民主党の予備選で人気を博したバーニー・サンダースが戦った二〇一六年の大統領選は、時代に大きくラグしていたことになる。逆に言えば、貿易、直接投資が庶民を苦しめたのは、二〇年以上前のことなのだ。それがリーマンショックが起きたことにより新古典派経済学のタブーの封印が消えたことで多くが過去のメカニズムを口にし、選挙がそれを反映したに過ぎない。選挙公約から出てくる政策は二〇年以上前の事象に対応しようという、時代遅れのものになる。

二〇年、三〇年前なら何か対策が立てられたかもしれない。現在では、ウーバーやアップワークなどのサイトは、途上国との間で、バラッサ＝サミュエルソン仮説による間接的な賃金裁定どころか、直接的な賃金裁定を行っているのだ。こうした状況に、今となってはトランプの政策は手遅れだとリチャード・ボールドウィンのように指摘すれば、それで十分なのか[12]。あまつさえ市場メカニズムが自動調節していくのでリーマンショックのようなことが起こることはないと主張してきたことの意味が問われなくてはならないのだ。つまり、岩井克人が『不均衡動学の理論』で指摘しているように、資本主義経済は、貨幣経済である限り、「需給の一致という」セー法則が成立せず、多くの人びとが貨幣を取り崩そうと思ったり、貨幣を保有し続けようと思ったりすると、経済全体の総需要と総供給が乖離する、つまり不均衡こそが常態だということを認めなくてはならないのだ。

◆中産階級の没落を促したフィナンシャリゼーション

時代遅れという意味で、アメリカの中産階級の没落をピューリサーチのデータで瞥見しておこう。(13)ピューは、センサスデータで分かる全米二二九の都市圏ごとの所得構造の動きを追い、二〇〇〇年から一四年までに中産階級世帯の減少は全国レベルで見ると四ポイントの低下でしかないが、都市圏ごとに見ると二〇三都市圏で低下を見ており、そのうち五四都市圏では六ポイント以上の低下だったと地域格差が大きいことを指摘している。一七二都市圏では上層階級のシェアがあがっているが、最も増えているのが石油で潤ったテキサスのミドランドであり、その逆に下層階級のシェアが大きく上昇したのが、かつては大陸横断鉄道の結節点の一つとして栄えたノースカロライナ州のゴールズボローだ。実は、このノースカロライナ州の政治こそが、先に引用したスティーブン・レビツキとダニエル・ジブラットによれば、危機に瀕しているアメリカの民主主義の縮図になっており、あたかもポピュリストに率いられるペルーやベネズエラのようになっているというのだ。

アメリカ民主主義の危機論は、後にも触れるが、われわれの問題にしている格差がノースカロライナ州こそがアメリカの中でも最も激しいところという点から、まずは見ておこう。ピューは下層階級のシェア急上昇はうまく説明がつかないが極めて大きなものだといっている。ピューの中産階級のとらえ方は中位所得をベースにしているので多少とも年ごとでのブレが出る。例えば二〇一四年における中位所得が五万ドルで、中産階級と定義されるのは四万二〇〇〇ドルから一二万五〇〇〇ドルのレンジに収まる家計ということになる。

そうした定義の下でのアメリカの中産階級は、一九七一年の六一％から二〇一五年の五〇％へと一一ポイント減少している。一一ポイントの低下を大きいと見るか、それとも少ないと見るかは微妙だが、少ないと感じるとすれば、それは家族のサイズなり家族の稼ぎ手の数での調節があるからだということになろう。単身世帯では二万四〇〇〇ドル～七万二〇〇〇ドルあれば中産階級の生活が維持できると見ているのに対し、六人家族では五万四〇〇〇ドル～一六万一〇〇〇ドルが必要と見ているとされる。

ピューがうまく説明がつかないという謎の一つの手がかりになり得るものが、フィナンシャリゼーションの三つの側面の一つ、フィナンシャリゼーションによる家計の支配だ。先述した教育に大規模なローン残高をもたらした学生ローンもその一つだが、ローンの増大こそが中産階級の生活スタイルを維持するための道具立てであり、格差を拡大してきたメカニズムであった。

それは、外ならぬ平等のシンボル「住宅」に強く関連している。昔の金融は家計が貯蓄し、その貯蓄を銀行が企業に貸しつけるという流れに沿っていた。ところが、「住宅」でのローンが梃子になり、家計は銀行システムからの借り入れ側に変わり大衆が借金づけになることが資本家にとっての収益を着実にする新たな金融メカニズム、つまりフィナンシャリゼーションの重要な側面ということになる。

それは、どんなからくりなのか。中産階級はまず住宅モーゲッジという住宅ローンであこがれの「住宅」を手に入れる。そして、ローンの返済をしながら所持した住宅の値上がりを待っていると、住宅の売却可能価格と住宅ローンの残金の差額が出てくる、これがホームエクイティなのだ。これを担保にした借金が、ホームエクイティ・ローンと呼ばれるものだ。ホームエクイティは、もし買った住宅の値上がりが急であり、新しい住宅ローンに借り換えれば、借金の返済が進まない段階でも現金化できるが、多くの場合、ホームエクイティ・ローンとして利用される。というのは、この自分の換金可能な財産を担保した借金だから「安全」で金利も安いからである。ただし、それが真に安全であるためには住宅価格が永遠に上昇を続けるということが前提になっていた。

アメリカの中産階級が収入以上に住宅投資と消費ができるのは、自己調整のメカニズムの中でいえば「金融革命」によって可能になったともいえるが、マクロ面で支えているのがアメリカの対外経常赤字だ。なぜならアメリカの経常収支の赤字とは、アメリカが貯蓄するよりも多くの資金を動員できることを意味するからである。それは家計が借金で生活することが普通になったことでもあり、それは中国の過剰貯蓄、実物経済で言えば中国の安い消費財の供給によって支えられているのだ。

では、「金融革命」はいかにして達成されたのか。住宅を持つことがアメリカ人にとって「平等」を意識する、シンボルになった結果として、誰もが住宅を持てるようにするための金融機関つまり貯蓄機関が優遇され、その機関が危機に陥るたびに、その機関が生き残れるように規制を緩和し、対抗する機関が新しい金融商品を生み出し、新しい金融取引の手法を開発するという形で金融の自由化が進んできたからなのだ。金融危機を経て八〇年代には住宅ローンの証券化が大々的に行われるようになった。

一九八〇年代後半の貯蓄機関危機の経験を総括して、ペンシルバニア大学教授のフランクリン・アレンは、「アメリカの住宅マーケットは、証券化が政府支援機関（ＧＳＥ）のファニーメイ、フレディマックの保証に支えられていることによって、何十年にわたって健全である」ことを再確認できたことだと発言していた。(14)

この政府に支援された機関と証券化、その流動化という金融革命によってアメリカの中産階級に可能になったのが、いわゆるホームエクイティ・ローンを活用して「安全に」借金で生活をエンジョイできる道である。

それはアメリカの中産階級にとって福音だったのだろうか。ＦＴのコメンテーター、ラナ・フォルーハーは、最近の論説で投機的な動きが高まり過ぎると金融危機が発生するという「金融不安定性仮説」の重要なポイントの一つに、物価には「モノやサービスの価格」と「資産価格」の二種類あるということを指摘していたハイマン・ミンスキーの所論を取り上げ、二つの価格の差がアメリカの中産階級の没落に関与していることを指摘している。実は、そのことは、『不道徳な見えざる手』の中でも二度の言及があり次の大統領選挙ではトランプの有力な対抗馬とも見なされるようになったエリザベス・ウォーレンも繰り返し言っていたことでもある。

彼女がハーバード大学ロースクール時代に使っていた資料を利用して言えば、家族をもつ男性の実質の所得は七〇年代初頭からほとんど上昇がなく、むしろ低下している。グローバル化とは、並みのスキルしか持たない中産階級にとって、それは、先にも論じたように、報酬の新興国並みへの圧力があったからである。家計収入の低下を補っているのが、八〇年代以降増え始めた共働きという生活スタイルであり、二人の収入を合わせてかろうじて所得の上昇を達成してきた（図4-4の左）。アメリカの専業主婦率は、働き手のいなくなった戦時中には低下を見せたものの、一九五〇年には七五％と日本より高かったことを考えれば、女性の社会進出、フェミニズムもまた、この生活水準を維持したいという経済的背景の中での動きであったということになる。それが全部ではないとしても、そうした側面が強く働いたことは確かだ。

では、実際の生活は大いに改善されたのか、それを見てこう。実は、衣も、外食を含めた食費も減っており、家具や電化製品などの消費も減っている。為政者は経済成長にも変わらず物価が安くなっていることをいわゆるニューエコノミーの成果と見て、それをグレートモデレーションと自画自賛をしていた。だが、グレートモデレーションとは、過剰ドルが新興国、ことに中国の台頭によって安価な消費財

図 4-4　アメリカの普通の家庭で失われた自由度

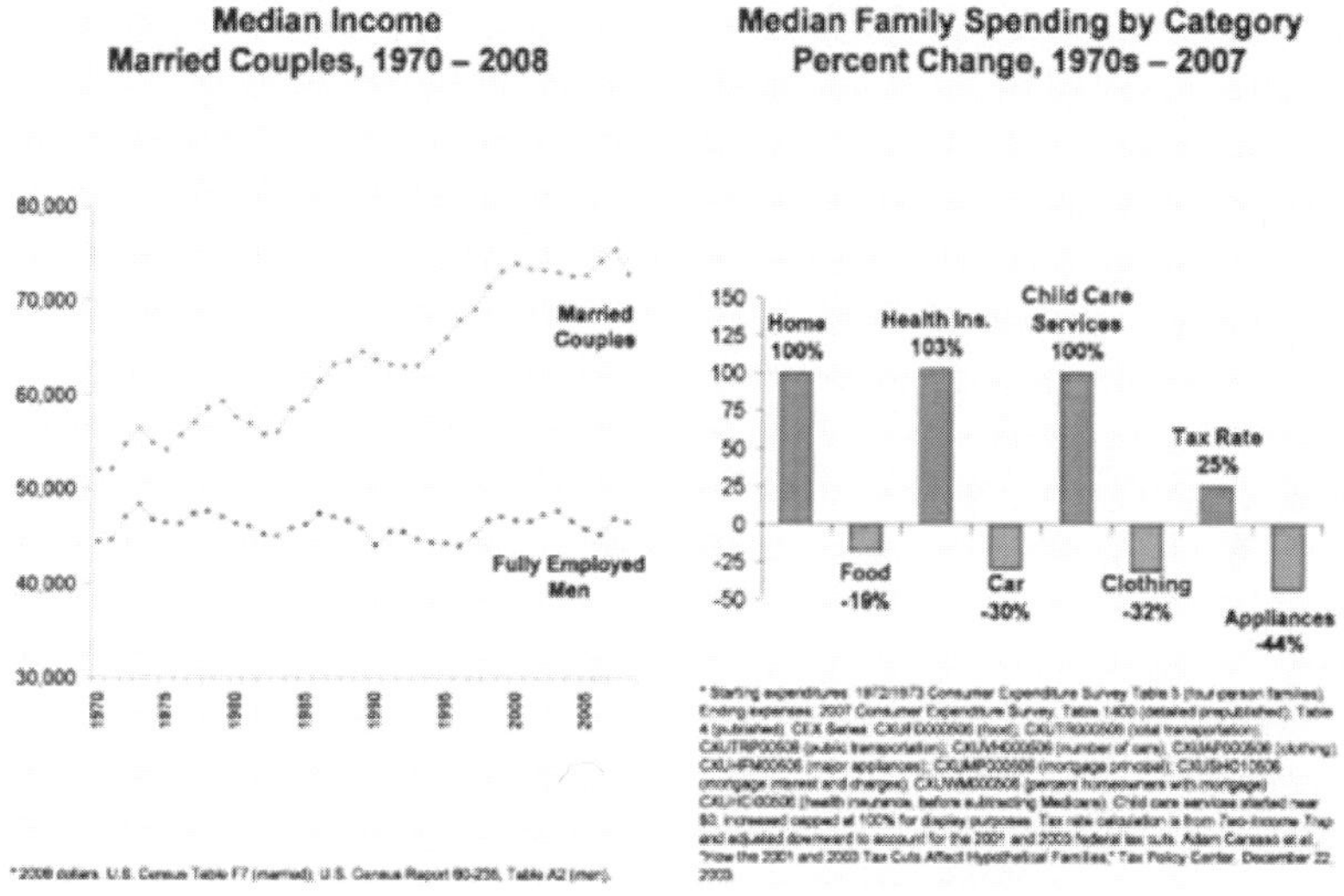

（出所）　Elizabeth Warren, *Coming Collapse of Middle Class*（2009）

が大量に供給されていたためだったのだ。

そうした消費が生活の質を押し上げたかどうかは別としても、他の費用の増え方が著しいのだ。増えた項目といえば、住居費、つまり住宅取得にともなうモーゲッジの支払いである。それに医療健康保険・医療費の支払であり、子供の養育費である。いずれも三〇年前に比べ一〇〇％増になっている（図4-4の右）。ことに子供を二人持った家庭では、住宅費、子供養育費はさらにかさみ、子供を三人持つと従来の生活維持は難しくなっている。

グレートモデレーションは、逆にジョブ・オフショアリング、輸入品などによって男性の収入の増加を妨げているというマイナス面になって現れている。それを妻が働きに出ることで補い中産階級の収入増がかろうじて達成されている（図4-4左）。しかし、一九七〇、八〇年代とくらべ住宅ローンの金利は大幅に低いにもかかわらずほとんどの収入をそれに充てざるを得ない状況になっている。先にも指摘したように、住宅価格が上昇しなければシステムは動かず、現に住宅価格は上昇してきたためだ。

住宅を取得したカップルにとって住宅価格は上昇しなければならない。だが、住宅価格が上昇することは新しく住宅を取得しなければならない若いカップルにとっては住宅価格所得比が上がることを意味し、上がって欲しくない。今や住宅は中産階級の持つ平等の象徴とは言えなくなって、重荷にすらなっているのだ。

共働きになれば、当然のように自動車の保有台数は増え、子供を保育園に預けたり、ベビーシッターを雇ったりする費用もかさむ。くわえて、医療保険の上昇で、現在普通の家庭が入れるような保険ではかつてのような医療、保健サービスが受けられない状況にある。そして、貯蓄ゼロの家計にあって、生活のレベルを維持するために利用するのが住宅の値上がりであり、それを利用したホームエクイティ・ローンであり、クレジットカードである。

ウォーレンによれば、アメリカの共働きの中産階級の家庭の生活は、まったく糊しろを失った状況、つまり、リスク・イクスポージャーが大きくなりすぎている。夫だけが働いている状況であれば、夫がかりに失業したり病気になったりしたとしても、妻が働きに出るというオプションが残されていた。現在は、誰が病気になったとしても、たとえば子供であっても、それは直ちに家計の収入減を意味し、住宅資金の返済に困るような事情を産み出しかねない状況にある。

ウォーレンが二〇〇五年に成立した個人破産法の結果を分析した結果は、法は過度にスペキュラティブに大きな資金を動かしたような人を対象としたものだという事前の触れ込みとは異なりごく普通の生活をおくってきた中産階級が陥ったケースがほとんどだった(15)。そして、その多くの場合、なんとしても破産を免れようともがき借金まみれになり、その支払いに追われて破産していた。先に最近の学生ローンのデフォルト率の高さに触れたが、中産階級のほとんどが「信用の崖」の上にいるというウォーレンの記述は最近にも当てはまる。ことに医療保険料率の高騰によって、何かことがあったとき、たとえば大病になったようなときには、中産階級から転げ落ちる可能性は非常に高くなっているとの主張だ。(16)

そのような家計状況にあったアメリカの世帯が、なぜリーマンショックへと突入していったのか。それは、アメリカの住宅価格の上昇がとどまるところを知らないかのように続いていた、現にそうであったし、多くがそう見たからだ。このため、住宅価格指数の開発者として知られるロバート・シラーらは、住宅を早く買わなくてはならないとの心理が生まれ、この心理が市場動向を決めるようになっているとした。(17)こうした場合、ようやくにして家を持てた中産階級にとって、住宅ローンをしながら、住宅価格が上昇し、借り換えによって何とか支払いができるようになってくれと祈ることが最善の選択に近いことになる。そして、近年にいたるまで住宅価格が常に上昇していたため、借り換えは可能であったのだ。資金の出し手の側にも、住宅価格上昇への期待があり、金利が低くとどまれば借り換えも可能だと期待していたことは間違いない。二〇〇七年までは、一九九二〜二〇〇二年の一〇年間の住宅価格所得比を正常水準と見た場合にはそこから大きく乖離するまで住宅価格が上昇し、その住宅ブームの中で結果として信用力の低い家計も自己の返済能力を超えて住宅ローンを組み、金融危機に遭遇することになったのである。

金融危機に対しては極端なまでの金融緩和政策がとられた。それにより株価は大きく価格を回復した。だが住宅ローンの場合は、住宅価格は値下がりしてもローン自身は値下がりする以前の価格で組まれているので負担は多いままだった。住宅価格が上昇しているときには、その差額を担保にしたホームエクイティ・ローンを組み、これを消費に振り向けることが出きた。ところが差額が六兆ドルのマイナスになったのだ。商業用不動産も含めると減少は九兆四〇〇〇億ドルである。これでは、消費を増やせるどころか減額して借金返済にまわすか、借金返済をとりやめ差し押さえを受けるしかない。住宅価格が上昇するか、所得が増えて借金の返済がらくにならない限り消費は増やせないことになる。マクロ経済で言うバランスシート不況がつづかざるを得なかったのだ。

図4-1で見たように、住宅建設も回復し、住宅価格も住宅価格所得比でみて正常水準と言えるところまで戻っている。だが、結果として住宅スペースは二%狭くなり、人手不足もあって建築着工も頭打ちだ。全米不動産協会のチーフエコノミスト、ローレンス・ユンは住宅購入をあきらめる人が出始めたとの見方をする。(18) 持ち家比率の五ポイント低下の背景だ。彼らには次の展開がみえるのだ。バブルは崩壊する、そして金融機関の救済、金融緩和策がとられるだろう。だが、住宅の保有者は再び塗炭の苦しみを味わうことになる。

◆アメリカ的「歪み」を持つ人権論・平等論

先にアメリカの平等論が機会均等に重きを置いていることを論じた。だが、所有権を優先する憲法をもつアメリカにはいわゆる人権がすんなりと認められないという風土があるようにも思われる。たとえば、先に紹介したC・B・マクファーソンの自己実現の権利もまた個人の所有物だという議論を展開した『所有的個人主義の政治論』もまたそうした「歪み」を持つアメリカの中での議論といえるではないかという意味だ。

同様に、ロールズの正義論もまた個人の選択の自由を優先的に考えるアメリカという環境の中で、リベラリストとして「公正としての正義」という概念を構想し、「無知のベール」という考え方を思いついたということもできる。そのベールをかぶると、自分の宗教も、社会的地位も、職業も、一切がわからなくなる。ベールを脱いだときに、自分は一番弱い少数派になっているかもしれない。だから、最も弱い人が尊重されるルールが選ばれるはずとの論理を立て、個人の基本的人権の尊重を説いた[19]。

こうしたロールズの議論は、生産手段などの資本を所有する経済的強者が、自らの商品の販売市場を拡大するために、社会に大きな購買需要が存在することを望むことにもつながる。ロールズのいう正当化し得る格差のレベルの判定はむつかしいが、その現代へのメッセージは自社の製品を買ってくれる顧客がいない、自社の従業員も顧客の一人と考えなくては経営が成り立たないというジレンマに直面した一九三〇年代のGMと同じ状況に、先進国の企業経営者は立たされているというものではなかろうか。

OECDは二〇一四年に出したワーキングペーパーの中で、スペイン、フランス、アイルランドの場合は、経済危機前の格差縮小が一人当たりのGDPの増加に寄与した一方、メキシコとニュージーランドでは、格差拡大が過去二〇年間の成長率を二〇〇〇年代後半の経済危機までに一〇%以上押し下げたとの推計をしている。それは、成長にとって最大の問題が下位中間層及び貧困世帯とそれ以外の社会層との格差が拡大していることだとの指摘とともに、経営者対労働者という間柄にとどまらず格差の顕著なアメリカのような国では所得格差を是正すれば、経済成長がうながされるとの主張になる。グローバル化による成長を推進してきた国際機関がこうした提言をすることは行き過ぎであった、それを是正すべきと認識を変えたことを意味しよう。

オックスフォード大学教授のポール・コリアは、繁栄が人々の帰属意識や自尊心と組み合わさったものになって資本主義は初めて機能すると指摘する。ところが、新自由主義が世界を覆う中でそうした発想は消え、資本主義は機能しなくなったのだ。それは主義と技術の悪しき結合として現れた。たとえばGAFAのトップに位置づけられてきたアップルを取り上げると、日経のモネータによれば、過去五年で稼いだお金のうち、二五兆円が配当や自社株買いで株主に向かったが、人件費と法人税には各九兆円、設備投資も六兆円にとどまり、供給者余剰の配分への配慮がまったくないどころか、稼いだお金が経済循環するようにという発想すらない。

巨大プラットフォーム出現の影響は、投資の機会を減らしているというマクロでの問題にとどまらず、分配の縮小、格差拡大という形で消費者にも悪影響をもたらしている。消費者にもたらす非はそれにとどまらない。それは自ら設定したデフォルトスタンダードによって市民を知らず知らずのうちに、一つの方向へと導いていることだ。

だが、市民はあまりに複雑な意思決定を強いられているのが現実ではないか、そうであるとすれば、個人の選択に関する基本設計概念「選択アーキテクチャー」を改善し、それを提示することによって、社会的によりよい結果をもたらすと巨大プラットフォームを擁護すると主張しているのが、二〇一七年のノーベル経済学賞を得たシカゴ大学教授のリチャード・セイラーだ。セイラーと当時同僚だったキャス・サンスティーンとの共著『実践 行動経済学　健康、富、幸福への聡明な選択』はベストセラーになった。

原題がNudgeとなっているのは、何かのやり方を変えるよう「ナッグ（しつこく文句を言う）」されたときよりも、「ナッジ（肘で軽く突く）」されたときの方がずっと良い結果が生まれるという意味で、大上段に構えない選択ということになる。共著者だったサンスティーンは、その後オバマ大統領の政策アドバイザーとなり現在はハーバード大学に移っているが、『なぜナッジなのか』を上梓し、ジョン・スチュワート・ミルの自由の原則、なかんずく危害原理を取り上げ論破していく中で取り上げている好例が、イギリスの年金制度で加入をデフォルトスタンダードにしたことだ[20]。デフォルト提示で加入率が非常に高くなり、その分だけイギリス社会は将来において生活保護を受ける世帯を減らすことができたことになる。消費者は、将来に備え蓄える必要は感じているが現実には行動を先延ばしにしがちだが、デフォルト提示によって加入しない選択をするには勇気がいるというわけであり、強制加入ではないから個人の選択を奪ったとリバタリアンから非難されることもないということになる。つまり、個人に自由を与えれば個人が最善の選択をするという新古典派経済学の前提が必ずしも当たらず、政府を含め他の機関が個人の選択を個人にも社会にも良い方向に誘導してよいということになる。リバタリアン・パターナリズムということになろう。

一方、ドゥオーキンは、保険という装置を導入することによって、「社会の自己防衛策」を正当化しようとしているように見える。ドゥオーキンによれば、運は「選択の運（option luck）」と「自然の運（brute luck）」の二つに区分される。選択の運とは、株への投機のように、リスクを予期した上で賭けに出た場合に得をするか損をするかというものである。これに対し、自然の運とは予期できないリスクに見舞われることである。したがって、人々が自らのより良い生を送るコストとしての選択による不運が補償の対象とならない一方、自然の運によって生じる損害は補償されるべきだという具合に論を建てる。自己責任を負う個人は、将来に見舞われるかもしれない自然の運に対する保険の加入者となって保険を支える権利と義務が存在することになる。習近平の下で導入された中国の大病保険は、大病に罹っても、それで破産に追い込まれないようにし再挑戦の機会を与えるという意味で、ドゥオーキンのいう自然の運を保険化したものといえよう。

ＷＴＯ反対運動に加わりイエール大学を追われ、現在はＬＳＥの教授をつとめながらウォール街を占拠する運動を企画したデーヴィッド・グレーバーによれば、共和党はエネルギー派ウォール街の支持者、民主党は非エネルギーのウォール街と医者・弁護士などの支持者で、両党ともに一％の代議員ということになる。これでは九九％が投票する政党がなかったというジャクソン民主主義が出てくる前の状況と同じだ。今日の混乱をもたらしたものは、サンデルの見立てでは、トランプの出現というよりも民主党の「裏切り」だということになる。果たして人民党という強力な刺激なしに民主党が帰るべきリベラリズムを見つけ、フィリップスのいう政治の循環を担うべき役割を果たすことができるのだろうか。

サンデルが民主党に寄せる期待は、リベラリズムに幅広い支持を得たフランクリン・ルーズベルトのニューディール政策だろう。一方、共和党の伝統は、ルーズベルト政策、大きな政府への反発は戦後すぐに始まり二〇一六年の予備選に候補として名乗り出た上院議員のテッド・クルーズまで続き、なお多数を維持している。破壊者、トランプの場合もインフラ投資という例外を設けはしたが、減税を唱えるなど、その伝統からはみ出してはいなさそうだ。

だが、サンデルとトランプとの間には、意外にも、親和性のある側面が存在する。それはサンデルがコミュニタリアンであるゆえだ。

サンデルの『これから正義の話をしよう』という著作は、ハリケーンの災害時に、便乗値上げをして大もうけをたくらんだ商人たちの話から始まる。ここでサンデルが着目しているのが、報道が巻き起こしたアメリカ国民の「怒り」だ。大衆は、この事件のどこかに「不正義」があると嗅ぎつけたというのだ。ハリケーンで困っている同胞の足下を見て儲けようと思うような人たちを、私たちは「許せない」と、正義感があふれでる。

こうした感情を重視するサンデルの眼にはロールズの「無知のベール」は空論と映る。ある事象に対して「怒り」を表しているのだから、人間は何らかの価値観を背負って生きているのであり、「負荷なき個人」なんてものは存在しないというのだ。

サンデルとトランプとの間にある親和性とは、トランプの政策パッケージが、トランプの考える国民の「怒り」をベースにしており、コミュニティの共通善を目指しているように見える点だ。先にアメリカでは公共空間が崩壊しているというサンデルの嘆きを紹介したが、トランプもまた不動産業の経験から公共インフラの崩壊なり、衰退なりに脅威を感じているということだ。それはMIT教授のデーヴィット・オーターが同定した製造業で失われた二〇〇～二四〇万人のフライオーバーされた地域の住民のコミュニティであったり、WASP社会であったりして、限定されている。そのために、それぞれの共同体の正義が反発しあうような状況が生まれていることが問題なのだ。

だが、ポピュリストたるトランプとコミュニタリアンのサンデルは、当然のことながら、同床異夢であり、相いれない存在なのだ。なぜならサンデルは一九八四年の段階で、大衆政治に陥りがちなのは、孤立し、混乱し、欲求不満である自我の当惑から生まれる、と述べていたのであり、ある意味で、今日のトランプの登場を予見していたのだ。[21] 逆にいえば、コミュニティが分断され、多様なひとびとから成る社会を前提に、「古きよきアメリカの道徳に訴える」サンデルの提唱に無理があるということになろう。つまり、現状ではさまざまなインタレストグループが存在し、それぞれが独自に「共通善」を主張する中では、全員が合意できる「共通善」を見出すのは難しいのだ。人種の坩堝であった時代には可能であった「共通善」の発見がサラダボールになり、エスニックなどで分解したなかでは発見ができなくなったということもできよう。

（1）ダヴィッド・ハルバースタム『ザフィティズ１・２・３』（峯村利哉訳）二〇一五年。
（2）Jonathan Alter, *The Defining Moment: FDR's Hundred Days and the Triumph of Hope*, Simon & Schuster History, 2006.
（3）渡辺は安全という観点からアメリカでは一方ゲーテッド・コミュニティが、他方では刑務所が世界に類を見ないほど多いと指摘している。
（4）Takuma Takahashi, 'IMF Rx Might Ruin Economic Recovery' paper presented of the conference of Asian Think 1998. Tank 10, Tokyo.
（5）Maurice Obstfeld, Jay Shambaugh and Alan Taylor "The Unsustainable U.S. Current Account Position Revisited," *American Economic Review, Paper and Proceedings*, May, 2009.
（6）金融商品取引を証券取引の中へ取り込む必要があるとの議論はアメリカでもあるが、二〇〇九年に財務省が発表した改革案でも、両者の統合は提案されていない。議会の委員会が別の構成になっており、新提案が議会でスムーズに採用されることを期してのものだともいわれている。筆者自身が一九八七年にメラメド会長にインタビューしたときには、メラメドはシカゴがニューヨークに対抗していくための手段を考えて発案したものであり、別々のものとして成り立っていることの意義を論じた。
（7）高橋琢磨『マネーセンターの興亡』日本経済新聞社、一九九〇年。
（8）製造業が発展途上にある高度経済成長している国への志向の強いのは資源の供給者も同様である。だが、これらの分野では資源供給国のナショナリズムの高揚で、石油メジャーも、穀物メジャーも、そのコントロール・パワーを著しく低下させてきている。
（9）プリンスに押し出される形でＪＰモルガン・チェースに移り、同社の投資銀行部門をトップクラスに育成し、今回の危機を乗り切ったのがスティーブン・ブラックである。
（10）Claudia Goldin and Lawrence Katz,*The Race Between Education and Technology*, Harvard University Press, 2008.
（11）Catherine Rampell, "A Chilling Study Shows How Hostile Are toward Free Speech," *Washington Post*, Sept.19,2017.
（12）Richard Baldwin, *The Great Convergence*, Harvard University Press, 2016.
（13）Pew Research Center, "Shrinking Middle Class," *Social & Demographic Trends*, May 11,2016.
（14）Franklin Allen and Douglas Gale, *Financial Innovation and Risk Sharing*, MIT Press, 1995.
（15）この破産法は、クリントン政権には大統領夫人であったヒラリーが一般庶民に処罰を与えるものであると議会や大統領を説得し、大統領拒否権で成立が見送られた。しかし、ほぼ同じ内容の現行法が議会に提出されたときには、大統領選を目指し資金集めに狂奔していたヒラリー・クリントン上院議員は反対を表明しなかった。この流れを知るウォーレンにとって、金融の法はロビイストが書いたものである、あるいは金で買い求めたものであるとの思いが強いと言う。

(16) Elizabeth Warren, "The Vanishing Middle Class" in John Edwards, Marion Crain, and Arne Kalleberg (eds.) *Ending Poverty in America: How to Restore the American Dream*, The New Press,.2007.

(17) Karl E Case and Robert J Shiller, "Is There a Bubble in the Housing Market?", *Brookings Papers on Economic Activity*, 2:, Fall, 2003.

(18) 平野麻理子「米国、家が足りない」日本経済新聞二〇一七年八月二三日朝刊。

(19) ジョン・ロールズ『正義論』（川本隆史・福間聡・神島裕子・訳）紀伊國屋書店、二〇一〇年。

(20) Cass Sunstein, *Why Nudge: The Politics of Libertarian Paternalism*, Yale University Press, 2014.

(21) マイケル・サンデル『民主制の不満：公共哲学を求めるアメリカ（上）』（金原恭子・小林正弥訳）勁草書房、二〇一〇年。

第5章　民主主義との親和性をなくしたアメリカ資本主義

株主主権のコーポレートガバナンスがもたらした「格差」

1 アメリカにもある民主主義の「歴史」

『資本主義・社会主義・民主主義』を世に問うたジョセフ・シュンペーターにとって、民主主義という言説は理念としてしか、存在しないものだった[(1)]。しかし、戦後和解制度の中で欧米日の諸国はマディソン的自由主義というべき議会と民主主義の拠るべきものとしての選挙とが機能したことによって代議制民主主義の黄金期を経験し、自由民主主義の存在は現実のものとなった。ただし、一九世紀までの古典的な自由主義が想定していた自助努力で対応するという法則を超えて、政府がケインズ経済学にもとづく景気対策をし、労働者の基本権利を保障し、年金や医療保険などの社会保障の拡充を図ったからでもある。これは、ある意味で資本家と労働者の協調によって生まれたものだ。労働者にとってさまざまな権利の保証は大きなメリットであったが、資本家にとっても、労働者が企業への忠誠心をもち生産性の向上へ取り組み、消費財の購入者となり、共産主義へと走らないことは、労使協調のメリットだと意識された。

しかし、自由民主主義とは、本来、自由主義と民主主義は相いれない側面をもっており、自由を拡大しようとすれば過剰な民主主義、つまり多数者の専制を抑制するという具合にトレードオフの関係にあった。ウィンストン・チャーチルが「民主主義は最悪の政治制度だ。ただし、これまで試されたそれ以外のあらゆる政治形態を除いては」といったことは広く知られている。だが、一七世紀のピューリタン牧師ジョン・ウィンスロップは「民主国家は文明国のあらゆる政治形態のなかでも最も卑しく最悪のものとみなされる」とまったく逆の評価をしており、そしてアメリカの建国の父たちがそれに積極的な賛意を示していたことは、黄金期の代議制民主主義を経験した人には、到底信じられないだろう。

なぜ最も卑しく最悪なのか。一国二制度の触れ込みでイギリス統治の時代の伝統に立って運営されているはずの香港では、逃亡犯引渡条例をめぐって民主化要求のデモが長官の直接選挙要求までに拡大されてきているが、一代前に長官だった梁振英が次の長官選挙のあり方について外国紙に語った「単純に数を反映すれば香港の人口の半分以上を占める月収一八〇〇香港ドル以下の人たちのための政治になってしまう」という「失言」を思い起こしてみたい。香港のジニ係数は〇・五を上回る格差社会で、数をとれば下層の利益を反映しなければならないことになるというのだ。梁は、世論の集中砲火を浴び、陳謝し次の長官選挙を断念せざるを得なかった。しかし、「失言」こそが本音だったのだろうというのが外国記者たちの見方だった。

先にも見たように欧日では社会民主主義的な伝統が受け継がれ経済的自由に関しての転換ができているが、アメリカはそれができていない。そのため振幅が大きく、時として自由へのノスタルジアが強く出てくる。現代に生きるリバタリアンたちは、アメリカ建国の祖へ先祖返りをしているに過ぎないとみることができるのではなかろうか。

◆現代リバタリアンの祖、建国の父たち

カール・ポランニーはアメリカ建国の祖たちがリバタリアンだったと喝破している。[2] 事実、建国に関わる文書の起草に参加した人々のほとんどはウインスロップの民主国家観に積極的に賛意を表明していた。建国の父、ジョン・アダムズは、ラッセル・カークが保守派の先祖として位置づけているように、民主主義は脅威であると、次のように主張していた。つまり、そのアダムズ文書の中には「もし何もかも多数決で決められとすれば、（中略）まずもって債務は放棄される。金持ちには重税が課せられ、貧しいものは無税になる。そしてついには、あらゆるものを徹底的に平等分配することが要求され、決定されるだろう」と述べているくだりがあるのだ。[3] これは、梁のいう「失言」ではない。正真正銘の民主主義拒絶である。逆に言えば、ヨーロッパでは王政から財産を守ることだったロック的自由主義が庶民のむさぼりから財産をまもるという主張に転じたが、それはボストンティーパーティ事件後のアメリカでは非常に強いものであったのだ。

では、独立当時のアメリカの政治形態は何だったのか。建国の父のジェームズ・マディソンはアテネ方式の直接デモクラシーは大国アメリカには適用不可能であるだけではなく、それは必ず派閥主義、扇動主義におちいり、最終的には独裁者に権力を奪われることは歴史が証明していると却下し、代表によって統治される「共和制」が望ましいとした。政治的多元主義を信奉したマディソンは、一人の優れた指導者の出現や「多数者の専制」を許すことなく、政治的なエリートの「党派的野心」を相互に競合させることで勝ったり負けたりしながらも政治的決定が落ち着くべきところに落ち着くのが良いと考えたのだ。これが三権分離となり、選挙方法も異なり、任期も異なる議会の出現となった。「多数者の専

制」を許すことなく政治的多元主義を確保する、これがマディソン的自由主義ということになる。議会制度はイギリスなどヨーロッパでは王権を牽制し、あるいは王不在の折の政治手段という位置づけだった。それが、アメリカにおいて初めて今日の民主主義に連なるものへと変貌を遂げたことになる。だが、「共和制」におけるアクターは政治的なエリートであり、一般庶民は視野にはなかった。このエリート主義は、シュンペーターの民主主義論にも引き継がれている。

カナダの政治学者、フランシス・デピュイ＝デリは、一八世紀にまでさかのぼって民主主義という言葉がどのように使われたかを系統的に調べ、アメリカでもフランスでも非難と侮蔑の用語として流通していたと指摘している。ことに恐怖政治の絶頂期にロベスピエールが民主主義者と名乗ったことからそれを標榜することは過激派と捉えられてしまう状況であった。

アメリカでも、アンドリュー・ジャクソンが登場するまでは、「デモクラシー」という言葉は、無秩序や混乱を意味する言葉とされ、アメリカの農民運動の中で初めて登場したのが、ポピュリズムという言葉だったのだ。

では、多数者の専制を抑制し、己の財産を護るための自由主義空間であった議会が、どのようにして主権在民として権力を奪う民主主義と折り合い、接合されることになったのか。

ジャクソンの登場に先立ってポピュリスト政党たる人民党が結成されている。その背景として、農民が農機具など他の商品に比較して農作物価格が下がったこと、つまり低い農産物価格に異議を唱えて立ち上がり、その対抗策としてグローバル化の梃子となっている金本位制に反対した各地の運動が紛糾を伴いながらも求心力をもったことにある。とくに運動が新党結成へと動いたのは、既存政党の民主、共和の両党ともに銀行家、土地所有者、エリートに支配されていて、小農の窮状に目を向けることなく、ましてやその救済策をとることはないという不信感からだった。一八九二年の全国党綱領の作成では、国定銀行の廃止、累進所得税の導入、公共事業の改革、鉄道、電信、電話の連邦政府による規制、それにオーストラリアで先駆的に導入された一日八時間労働制を要求していたが、議会選挙の改革としての上院議員の直接選挙が重要であったと言えよう。

一八九二年の大統領選では大統領選候補に選出されたジェイムズ・ウィーバーはコロラド州など四州で勝ったが、全国政党への道は遠かった。そこで一八九四年の中間選挙では地域ごとに既存政党との協調が模索され、南部は、特定州で共和党と組みノースカロライナ州での知事を初め政治任命ポストを奪うという成功例もあるにはあった。だが、南部では苦しい戦いを強いられた。それは、共和党が一八五四年に奴隷解放を主要な綱領として結成された党で、南北戦争後に南部への浸透を図ったが跳ね返され、南部はなお民主党の牙城になっていたからだ。

そこで人民党は、この牙城をまもるべく必死だった民主党と組んだ。先に見たように南部の民主党は超ド級の富裕層であった農場主が牛耳っていたが、彼らの没落で新たな選挙基盤を模索していた。そこで民主党は小農層を取り入れていこうと人民党との協力の中でその政策の多くを採用した一方、統一候補としてアンドリュー・ジャックソンを担いだのだ。ジャックソンはそれまでの大統領のように東部の産業資本家、金融資本家などの富裕な層の出身ではなく、西部の貧しい家に生まれ、資格試験で弁護士に、米英戦争や対インディアン戦争で軍人として知られるようになった人物で、西部開拓を進める農民・産業革命で増加した労働者など大衆の利益を優先する政策をかかげ、人気を博した。

一方、一八二八年の大統領選挙戦でジャクソンが大統領を争った相手は、「アメリカの叙事詩」でアメリカン・ドリームをうたった建国の父、ジェームズ・トラスロー・アダムズの息子、ジョン・クインシー・アダムスで、ハーバード大学出身、三四歳の若さで上院議員に、モンロー時代は国務長官としてならした絵にかいたようなインテリだった。これに対し、民主党に担がれたジャクソンは、英米戦争での戦歴で一躍有名になった成りあがり者でしかない。アダムスは選挙が激化する中でジャクソンをジャッカス（ロバ、まぬけ）と揶揄した。民主党はそれを逆手にロバを自陣のシンボルに使うマーケティング政策で、東部出身の政治家を権威的な旧勢力（エスタブリッシュメント）に対抗する候補としてのジャクソン候補の選挙民への浸透を図り大統領選に勝利した。エリートと対抗するという立場にあったジャックソンとその仲間たち、ジャクソニアンは民主主義という言葉が今日いうところの政治マーケティングに相当することを意識していたという。ところが、その政治マーケティングが桁はずれの成功を収めたために、一〇年のうちに政党からの候補者は誰もが民主主義者を名乗るようになった。

一八世紀半ばから一九世紀半ばまでの一〇〇年間はヨーロッパでは絶対王政が崩壊し国民国家へと主権国家の中身が劇的に変化した時期に当たる。フランスでも、カナダ、イングランドでも、参政権が拡張されたこともあり、デモクラシーという言葉が初めてプラスの要素に転じ、意味合いが大転換したと言うことができる。

確かにジャクソニアン・デモクラシーという言葉が生まれたのは、後づけでアメリカの民主主義が進展したと意識されてのことだ。だが、グレート・アウェイクニング時代に『アメリカの反知性主義』を出版しピュリッツァー賞を得たリチャード・ホッフスタッターは、多少ともその意義は認めながらも、晩年にジャクソニアンの時代を「アメリカ政治におけるパラノイア的スタイル」と語っており、相当程度以上の留保をつけている。(4)アメリカでは、エリートが強くなり過ぎるとその反動として反知性主義への衝動（グレート・アウェイクニング）が起きエリートが足を掬われることを繰り返してきた歴史があるが、これが政治における最初の例であったというのである。元FRB議長のバーナンキもジャクソンをこき下ろし二〇ドル札の肖像から抹殺せよとブログで訴えている。

これに対し先のミュラーは、平民のための政治を訴えたが自分たちだけが正しい主張だという偏狭さはなく、こんにち規制国家とよばれるものの創出を求めたという点を評価する。つまり、ポピュリストを名乗ったが、本質はポピュリストではなかったというのである。待鳥聡史の立場も明確である。すなわち、待鳥は、政党の形成から上院議員を直接選挙で選ぶ制度の導入までの一二〇年を経て選挙の内容を具体的な手段としながらアメリカ政治は共和主義から民主主義へと基本理念を転換したと、ジャクソン民主主義の出現を一つの画期ととらえる。(5)

一方、民主主義の歴史を専門とするピッツバーグ大学教授のジョン・マルコフは、エリートの民主主義理解がギリシャの直接民主主義という歴史を通じてであったのに対し、大衆の側における民主主義のとらえ方は、自分たちの代表を選ぶという必然性の中での産物であったとの見方を示す。マルコフは指導を受ける側たちの合意からリーダーが選ばれる慣習をもっていたものとして近世大西洋におけるバイキングの海賊船における船長の選出、権力の対抗手段としての船員会議の設置などがありふれた経験であったと記す。(6)ジャクソニアン・デモクラシーはそこから発展し今日の民主主義につながるという意味で、そこには大衆からの民主主義への接近という系譜が示されているようにも思われる。

◆偉大なるエスカレーター「アメリカ号」の運用マニュアル、民主主義

現代に生きる政治家、学者たちは、国父、アダムスが「脅威」とよんだ民主主義政治を当然のものと見なして次のようにいう。民主的な政府が唯一の正統性を持つ存在でありそれ以外のいかなる政治形態

も国民に対して支配を義務づける道徳的な資格を有することはない。そしてこれには誰も疑問を挟む余地のないことだとつけ加える。ここには、民主主義が発達してきた歴史に目が向けられていない。

多数決主義者の見解によれば、民主主義は多数の意思、選挙で得た議席の多寡によって決定されたものが最大多数の幸福をもたらすものだということになる。

私たちはいろいろ議論してみんなが投票し、そして多数決で決まったら、みんなでその決議にしたがって行動しようというのが民主主義だと教わってきた。事実、ペンシルバニア大学教授のアーノルド・ロゴフも議論がいくら白熱しても一旦議決されればその法に従うという慣習のようなものがあったが、最近の議会ではそうした原則が壊れていると嘆く。

戦後すぐに日本で再公開された映画の一つが、ニューディール時代の一九三九年にフランク・キャピラ監督・製作の『スミス都へ行く』である。物語自身は、ボーイスカウトのリーダーで政治にうといジェフ・スミスが、突然に死亡した悪徳上院議員の身代わりに政界に担ぎ出され、ワシントンに行き、スミスはそこで政治の腐敗を知り、見知らずだからこそ単身対決するというものだ。演説の仕方も知らないジェームス・スチュアート演じるスミスをジーン・アーサー演じる秘書が援け、延々と続く演説をハリー・ケリー演じる上院議長が温かく見守る。

アメリカの上院には、演説をいつまでも終わらせない権利、つまりフィリバスター（議事妨害）があるが、これは憲法に定めた表現の自由の究極の帰結と、責任ある野党の建設的見識とが交差する場所での、ぎりぎりのところでの権利とされる。熟慮民主主義の実践が要求されている取り決めだといってよいだろう。トックビルはアメリカの熟慮民主主義の草の根の役割を評価して、民主主義体制下の民衆は、問題を絶えず真剣に考え、権利の擁護に気をつかい、民衆に対し利益をもたらす一定の常識的範囲から指導者が逸脱する事態を防ごうとすると述べていた。こうした重層性を持つ熟慮民主主義が映画化されたのだ。映画も、糾弾、説得、ついに腐敗議員の告白を引き出すという民主主義礼讃の大団円へと向かう。

映画は戦後日本で共感をもって迎えいれられ、大ヒットした。映画評も「これぞアメリカ民主主義」とか、「民主主義の何たるかを理解したいのならば、この一本を見逃すな」といったものだ。言論は民主主義における本質的なメカニズムである。というのは、それが人民に対して役人や政治家に説明責任を負わせる手段であるからだ。それは市民が合意に達するための熟議のための必要手段でもある。

フィリバスターは熟慮民主主義の道具立てでもあるが、多数派政党に対し、少数派の意見を尊重するというのは、共和主義の伝統に立ちマディソン的自由主義のもつポジティブな原理でもある。少数意見を尊重することは、やがて少数派に転落した場合の保険をかける繰り返しゲームのルールということになる。単純な多数決主義からすればまだるっこいルールだ。一九八〇年代の保守の復活、新自由主義の台頭は、ニューディール体制の延長の中で民意をくむあまり、決められない政治、ハンチントンのいうガバナビリティの危機への反動と解釈することも可能だ。早く成果を選挙民に見せたいというトランプ政権もまた、重要人事の認可やオバマケアの廃止などの議決では副大統領（＝上院議長）の票まで勘定に入れる多数決主義に徹している。実は、この映画は戦前に日本でも公開されている。だが日米開戦の二か月前、その時の映画評はアメリカの民主主義の汚点が見えるだった。

戦前の日本では他の大勢の人の声をかき消せるような巨大な拡声器が動き始めており、探索のための言辞は忌避された。だが、現代のアメリカでも言論の自由を金科玉条にして、アカロフらのいう「カモ釣り」が行われている。であるとすれば、メディアを支配している人などには有利に働き、民主主義が危うくなる。このことは古くから指摘されてきたことだ。ことにインターネット時代、「ポスト・トゥルース」の時代への突入を見た現代にあっては、なおさらのことである。

経済的自由主義は、人間の自由を市場経済の変化への能動的適応として、民主主義を市場経済のコストとして、権力と強制力を人間の願望と意志によって取り除くことができるものとして考えてきた。しかし、ポランニーは人間の自由と民主主義を市場経済に結びつける、そのような見方に根本的な疑問を提起した。

カール・ポランニーは第二次大戦直後に書かれたと思われる草稿の中で「民主主義」という用語には多くのさまざまな意味があるが、それは近代の民主主義がどこにおいても絶対王政に対する反乱の結果であるからだと、そのパスデペンデントな性格に注目している。その意味では、議会制民主主義は一七世紀の革命をもって絶対王政に抗したイギリスにこそふさわしいが、イギリス革命はリバタリアン的であり平等という概念にはいかなる余地も与えなかった。フランス革命は平等主義的であってイギリス革命とくらべて個人的自由の理想を強調することはなかった。アメリカ革命もフランス革命と同じように平等主義的ではあったが、アメリカ人にとっての自由は自由主義的資本主義を意味したとする。

しかしアメリカでは経済的リバタリアンの出現によって、資本主義社会の作用は単に市場メカニズムによって「影響を受けた」ばかりでなく、市場メカニズムによって決定されるようになった。労働と土地が商品化されて人間と自然は需要供給の価格メカニズムに従属するようになったのだ。これは社会全体が市場制度に服従したことを意味する。経済システムが社会全体の中に埋め込まれる代わりに、今や社会関係が経済システムの中に埋め込まれることになったのだ。序列や地位が収入を決定することに代わり、今や収入が序列や地位を決めるようになったのだ。

市場への隷属から自由になることによって、人はもっと重要な自由を獲得することになる。われわれが大事にしている自由の大部分、市民的自由や言論の自由などは資本主義の副産物であった。これらの自由は資本主義とともに消えてしまわねばならないのだろうか？ そんなことはまったくない。そう思うのは、市場社会においてのみ有効な経済決定論の幻想でしかない。ハイエクのいう隷属状態の恐怖は、経済決定論を非市場社会に非論理的に適用したことの反映である。(7)

◆多数決主義を数学で解く「コンドルセ」の遺産とその限界

ジョージア州の補選では当初投票では民主党のオソフ候補が一位となったが過半数とならなかったため決選投票が行われた。ところが同じアメリカの選挙でも大統領選挙では決選投票は行われない。このため、二〇〇〇年アメリカ大統領選でブッシュ・ジュニアとアル・ゴアが競るなか、「第三の候補」ラルフ・ネーダーが登場し、ゴアの票を喰い共倒れして、ブッシュが漁夫の利で勝利をおさめている。

筆者は、ブッシュ・ジュニアが当選したという「事実」をもって、その背景には白人の福音教会の票が大きな役割を果たしたとの「分析」を示したが、もし決選投票が行われていたとすれば、あるいはネーダーが立候補しなかったとすればブッシュ・ジュニアは大統領になっていなかったかも知れない。

これをどう考えたらよいのだろうか。『決め方の経済学』を上梓した慶應義塾大学教授の坂井豊貴によれば、この「票の割れ」の問題点を指摘したのは、一八世紀後半に活躍したフランス海軍の学者ボルダということになる。ボルダは票割れの欠点を克服するものとして「一位に3点、二位に2点、三位に1点」と配点する方式「ボルダ・ルール」を考案したという意味で、選挙制度の設計を初めて数理的に分析する世界最初の「メカニズムデザイン」学者ということになろう。

人民主権論を展開したルソーの『社会契約論』は、一七六二年に出版されている。その当時には人民主権をいかにして実現するのか、その方法論が模索されていたに違いない。だが、一七七〇年に科学アカデミーで発表されたボルダの研究は当時顧みられることはなかった。その後フランス革命が勃発する一七八九年に先立つこと四年、一七八五年に、コンドルセの陪審定理で名を残したニコラ・ド・コンドルセ侯爵が『多数決確率分析試論』という大著を出版し、それが投票の数理分析が本格的に始まる契機となった。

コンドルセは数学者として科学アカデミーの終身書記だったが、彼は社会改革運動家でもあり、大革命の勃発とともに彼は政治の檜舞台に登場することになる。フランス革命後の動乱期にはルソーの『社会契約論』は聖典のように扱われ、さまざまな憲法草案が出されたが、コンドルセも平等主義の色彩が強いジロンド憲法草案作成に参加した。しかし、ジロンド党を追われ、のち逮捕され、獄中で死亡した。

コンドルセの遺産を受け継ぐ坂井は、コンピュータ時代にふさわしい譬えでもって、私たちが暮らす社会では、主に二種類の「大きな計算箱」を使っていて、その一つが「投票」で、もう一つが「市場」だという。つまり「メカニズムデザイン」の立場からすると、民主主義は投票行動に、資本主義は市場メカニズムに象徴され、そこで、例えば投票であれば人々の意思を上手く反映させるという目標に向かって、市場であれば効率や収益を高めるといった目標に向かってシミュレーションをしていき、投票メカニズムの良しあしを判断し「社会的選択肢」を提示していくことになる。しかし、こうした発想自体が新自由主義の立場に立ったものなのだ。新自由主義者たちは、待鳥聡史も指摘しているように、マディソン的自由主義をとらないで、多数をもって経済的自由を推進していけばよいと考えているのだ。(8)

だが、アメリカは選挙制度を定着させるために人口統計を導入し、それに基づく選挙区割りを考案するなど、制度設計と合理性とをもってアメリカ的平等を追求してきたことは間違いない。その徹底ぶりは下院の選挙ごとに選挙区割を続けていることに現れているが、歴史的に見ても南北戦争後のアメリカの民意をどのようにすればバランスよく反映できるのか、南部と北部で妥協したのが選挙権はないが奴隷の人口を五分の三にカウントして定員を割り振るというものだった。(9) だが、選挙区の組み換えを議会に認め現職を有利にする組み換え、ゲリマンダーを行っているという意味でアメリカ的平等の精神がかえってアメリカの選挙システムを不公平にしているという側面がある。

ところで、ジャンジャック・ルソーは『社会契約論』の中で、個々人が他者との議論、コミュニケーションなしに、それぞれが自らの判断に従って行動していけば、そこに何とはなしに皆が考えている望み、望ましい姿が現れてくるとし、その「均されたみんなの望み」を一般意思と名づけた。その「均されたみんなの望み」が、ネット時代には、「何とはなしに」ではなく、情報環境に刻まれた行為と欲望の履歴という形で提示されるようになった。評論家の東浩紀は、ネット時代の一般意思とは意図に関わらない整序作用を通じて生まれたデータベースと考えれば、それはルソーの時代には存在しなかった高度なもので、それは「一般意思2・0」と呼ぶべきものになっているはずだという。(10)

だが、哲学者のペーター・スコロフスキーは、主観的要求と支払いの用意だけに従う市場システム(フィナンシャリゼーションの進んだ経済となろう)と、憲法と法規範のない投票民主主義とは同じくらい危険なものだとする。(11) 奴隷のカウントは南北の亀裂を修復し、プラグマティズムを生み出すための捨て石だったかも知れない。なぜならアメリカの民主主義は、先の映画の例でも見たように、必ずしも多数決原理を純粋に適用したものにはなっていないからだ。それは、マディソンに代表される建国の父たちが政治的多数の権限を制約しようとの意図をもっていたからである。そこには、多数派が公正な判断をするという保証はないという懐疑主義がある。

ロナルド・ドゥオーキンもまた、民主主義とは、政治的意見がどのように分布しているかに関するものかと、「大きな計算箱」カウンターに対し、問題提起する。政治的意見がどのように形成され、それがどのような背景をもっているのかを問わなくてもよいのか、とも。より積極的には、多数による決定は、その組織において個々の市民の地位や利害が完全なパートナーとして擁護されているという条件が満たされたときにのみ民主的とみなすパートナーシップ民主主義ということになる。待鳥の表現を借りれば、代議制民主主義は政策の決定を委任する側と、任され実際に決定をする側の間に緊密な連鎖関係があって初めて機能することになる。東浩紀も、「一般意思2・0」が本当に機能するためには、データ独占を制約するための熟慮民主主義的思考が欠かせないとする。高齢化社会が高齢者の利益を反映するシルバー民主主義でよいのか、社会の将来をになう若者、さらにはこれから生まれてくる世代の思いを反映しなくてもよいのかという議論も成り立とう。

先の坂井も単なる「大きな計算箱」カウンターと見なされては心外であろう。公共心に関し坂井が持ち出すのはコンドルセ侯爵の発案になるとされる陪審定理である。陪審定理とは、坂井によれば、

・多数決で決める正当な対象とは、共通的な正しさが成立するもの
・投票者は、いったん私的利害を脇に置き、自分を含む公共への判断に基づいて投票する、そうした判断が正しい確率は〇・五より高い
・投票者は自ら熟慮する、空気に流されたり「勝馬」に乗ろうとしたり、権威に頼ったりする判断をしない

という三つの条件が満たされたとき成立する。

そして投票者の判断が正しい確率が〇・五以上であるとすれば、それは一人でも多くということになり多数決が補強されるが、そもそも陪審院定理で確率が〇・五以上という想定をするのは人間を信頼していることになろう(12)。

これに対し、同じ公共選択論の土俵にあってもリバタリアンのブライアン・カプランは、投票者が合理的選択をして結果として民主主義の失敗が起こるのではなく自分たちの状態を悪くするような非合理的な選択をしていることによって失敗しているのだという論を立て、「デモクラシー原理主義者」を批判する(13)。

ドゥオーキンがあなた方は社会正義をどう考えているのか、民主主義をどう考えているのかと問わずにいられなかったのは、今やアメリカ人は、ほとんどすべての分野において意見を異にし、お互いを信頼していないからだ。しかも、これらの不一致はおだやかなものではない、お互いに相手側の意見を一顧だにしないという態度だからだ。インターネット時代には真偽も不明なあふれるばかりの情報の中から自分の都合のいい情報でもって自己を正当化するという「マナー（習慣）」が定着してしまっているようにも見える。これではパートナーシップ民主主義は成り立ち得ない。われわれの政治は、元下院議長のギングリッチがそう唱えて以降、むしろ戦争の一形態になっているのではないか。これが「ぞっとする段階にある」とするアメリカ政治に対するドゥオーキンの問題提起である(14)。

アメリカ人は問題点を見つけ、その解決を図るという「マナー」を踏襲していくことで民主主義を実践してきたのではなかったのか。近代主権論が宗教内乱から生まれたとすれば、プラグマティズムは南北戦争の荒廃から出発した思想であり、アメリカの民主主義のもつ特徴であるはずのものだ。アメリカの民主主義はその真価を問われる危機に直面するたびに、その試練を乗り越え、強化されたのではなかったのか。

だが、民主主義の経験は、制度としての民主主義が定着し、慣習化する中で忘れられていく。宇野重規は『民主主義のつくり方』の中で、現代と同じように、一九六〇年代のアメリカの民主主義がどこかおかしいと感じた二人の異邦人、ハイエクとアンナ・アーレントがともに思い浮かべたのが古典ギリシャのイソノミアであったことを指摘している。イソノミアとは、支配と被支配の分化が起こっていない自治組織といった意味になる。完全に平等と自由が共存できる政治空間という意味では、フロンティアをもつアメリカ民主主義と解釈することも可能であろう。

2 カネで買われる現代民主主義

アメリカの民主主義は、今や金権ポピュリズムになっている。つまり、カネで買われる民主主義で、国家はもはや市場社会とアームズレングスの距離を保つことなく、富者に従属する寡頭政治になっているのだ。アメリカにイソノミアを呼び起こし、新たな活力ある民主主義を再構築できるのだろうか。

民主主義社会では、すべての個人は「実験」を行う権利をもつ。一人ひとりの個人は、その生の意味を確認すべく、自らの境遇と向かい合う。多様な場所で行われた実験の結果が集積されていくことで変革への梃子となっていくことが期待される(15)。

◆選挙・選良を支配するメディアとカネ

有権者が十分な情報を持ち、自分たちの選好にしたがって、つまり極右から順番に左翼までのスケールに沿って並べられて、それに従って投票が行われれば両候補の政策方針はメディアン有権者の選好に沿ったものになるという命題は、厳密にはダンカン・ブラックの業績かも知れないが、先に公共選択の理論家と紹介したアンソニー・ダウンズが提示したと見なされている。(16)

だが、ダウンズが前提とした「市民」のモデルは、互いに知己であり、彼ら自身の共通問題に共同で取り組んで熟議ができるようなタイプが想定されていたといえよう。そして熟議の前提として、一人ひとりが異なる「部分」に注意を払い、それらの「部分」を正しく集約できれば、その集団は単に優れた個人が一人でもつ知よりも優れたものになる、つまり、集団智による判断は個人の判断に勝るという通念があった。しかし、長きにわたって受け入れられてきた通念は、単なる仮説で、そうした市民は自分達が必要とする事実を自然に吸収する中で、筋の通った政策セットを自から形成していくと考えていたことになる。

一九世紀的な思考が今も市民の間でなされているという想定は成り立たないと指摘したのは、ダウンズを直接に想定していたわけではないが、社会学者のウォルター・リップマンだといえよう。リップマンは、市民が大衆化した現代社会においては、世界があまりに複雑で移ろいやすいため、人はメディアによって編集された情報などを通じ世界を頭の中で単純なモデルに再構成して理解するようになったと説いた。つまり「現実環境」を観察したものは「擬似環境」として認識されているというのだ。そうした「擬似環境」の形成が大きくマスコミやオピニオンリーダーに引っ張られる形でなされるとしたら言論の自由はどの程度の意味をなすのか。リップマンは二〇世紀の世論形成はすっかり姿を変えたと主張した。(17)

ネット時代にあって情報はさらにあふれることになる。ハーバード大学のバークマン・センターで

「インターネットと社会」を研究するジュディス・ドナスは、ハンドルネームが個人のパーソナリティのいろいろな面を引き出す一方、オンライン上の利用者も別のパーソナリティを別の人格と認めることにもなりインターネット社会の深みをつくり、ハンドルネームの使用がより良いオンライン・コミュニティの創出に繋がると、一般常識にさからった論を立てる(18)。つまり、ドナスは、フェースツーフェースでやった場合には感情が先に立って議論を深めることができない対立を呼ぶような議論をするケースでも、ハンドルネームを使うことによってネット上で議論が深められると、新しい時代の熟議があり得る可能性を指摘している。

だが、現実の民主主義は代議制民主主義なのだ。民主主義政府が必ず保護しなければならない基本的人権には、言論と表現の自由、宗教と信仰の自由、法の下での正当な手続きと平等な保護、そして組織を結成し、発言し、異議を唱え、社会の公共生活に全面的に参加する自由などがある。だが、現実には組織をつくったり、選挙に出ようとしたりすれば、莫大なカネがかかる。

確かに、一九〇七年ティルマン法は企業が政治キャンペーンに直接献金できないようにしたことによってキャンペーンは個人の献金で行われるようになっており、一九七四年の連邦選挙運動法の改正でキャンペーンのやり方、支出などに制限を課し、連邦選挙管理委員会にその監視をさせるようになった。しかし、政治活動委員会（ＰＡＣ）という直接の献金の規制を逃れ、かつ政治活動ができる「盟友」を発明した。そこで網をかぶせようとマケイン＝ファインゴールド法が二〇〇二年に超党派で成立した。しかし、政治資金規正はどの国でも規制と抜け穴探しのいたちごっこで、実際的には規制は効いていないのだ。ジョージア州の補欠選で各候補が選挙運動に費やした額が合計五六〇〇万ドルに上り、下院議員の選挙としては米国史上最も高額な選挙となった。

一九五六年に『民主主義』を出版し、民主主義研究のパイオニアとされるロバート・ダールが九八歳でこの世を去ったのは二〇一四年のことだが、遺作となった『政治的平等とは何か』では、『民主主義』出版五〇周年記念版のあとがきで述べた楽観論を引っ込めた。

一つは、民主主義の拡張に陰りが生じているとのことだ。その懸念は、今日、現実のものとなっている。たとえばフィリピン人権委員会議長のホセ・ルイス・ガスコンがドゥテルテ大統領が麻薬犯罪の撲滅を表向きの理由に、人権や法の適正手続き、推定無罪など憲法の権利章典が定める保障を完全に拒絶していると告発しているが、トルコ、ハンガリー等々、枚挙にいとまがない。

そしてダールが民主主義の退化をもたらすのではないかと強い懸念を表明していた今一つの要因が、過去三〇年間にアメリカを初めとする先進国で次第に拡大してきた「格差」である。

ところが、ダールのスターリング記念政治学講座の跡を襲ったイアン・シャピロは、テレビ広告などで候補者が競うことを問題視しないどころか、「選挙競争」を促進するものとして手放しでほめそやしているかに思われ、筆者は大いなる違和感を抱く。経済格差が情報格差になり、情報格差を前提にテレビ広告が打たれ、票が買われていることになるからだ。

なぜそうした議論になるのか。ルソー以来の共通善の追究、熟議民主主義といったものは、シャピロに言わせれば、単なる理想型に過ぎず、歴史的にも現実にも存在しないものだという認識になる。熟慮の結果として合意が生まれればよい。だが現実にもたらされるのは得てして不一致や深い亀裂ではないかというのだ。そうであるならば、熟議的コンセンサスを追究するよりは、権力をめぐる競争を通じて支配を極小化するために権力関係をうまくコントロールすることを考えるべきだということになる。したがって、この政治的競争が存在するというシャピロの観点からすれば、テレビ広告もそれを促進する

ものとして奨励され、シュンペーター流の代議制（エリート主義的）民主主義論が再評価されてよいことになる。(19)

同じように、前出のシャンタル・ムフもまた冷戦後の「右派と左派を超えて」という言説に対して対抗し、常に対抗軸を立て闘技的な民主主義を展開していかなければならないと説く。(20)先に見たホッフスタッターの反知性主義の循環という見方にも通底する議論だろう。民主主義の対立的な活力という性質を肯定的に示すはずのものだった選挙制度そのものが、今では現役の議員を罰する機会でしかないものに堕し、選挙民は主権を奪われているのではないかと、『カウンターデモクラシー』の著者、ピエール・ロザンヴァロンは、告発する。(21)

ところで、経済リバタリアンは、前にも触れたように、経済のメカニズムに委ねればすべてがうまくいくというのだ。リバタリアンの言説が正しいとすれば、代議制民主主義が想定する選挙民と選良との間に委任と責任の緊密な関係性をもたせるための工夫など、必要ではないことになる。そして、シュンペーターの想定した委任と責任の連鎖関係に基づいて選挙民に説明責任を果たしていく優れた資質をもつ選良の存在を要請しなくてもよいことになる。委任と責任の連鎖関係の要になる議会制度、選挙そのものが機能しなくなってもっともなのだ。

そうした中、容易に力を集約できることから生まれたのが拒絶の政治だ。アメリカでは本来は選挙で選ばれた選良たちの行動を監視するための機能であったロビイストの変容である。ロビイストは今やある法案を阻止したり、別の法案を成立させたりする経済システムとしての存在に変わってきた。つまり、現在のアメリカの選挙制度にはロビイストの存在を促す経済的インセンティブがあるというのだ。『アメリカン・デモクラシーの逆説』を上梓した渡辺靖は、それをアメリカの選挙は法人化していると糾弾した。

そして、大口献金者、ロビイストの関係を維持しない限り再選が危うくなることを懸念する議員は、一方で有権者にアピールすること、そしてもう一方では献金者にアピールするという二極構造の中で、アル・ゴアが懸念を表明しているように、ローメーカーたる本分を忘れてしまいがちになるばかりか、党本部もまた、選挙資金集めの手間が省ける大富豪に出馬を求めるようになってきた。金もあり、自分のメディアも持っていたトランプは、自分は大口寄付に頼らない候補だと大統領選を制したが、その金権政治はトランプ下の共和党でも受け継がれている。ごく少数のものにしか恩恵がない減税政策が堂々と実施されているのが、それだ。ウルフがいうように極めて危険な戦略が続けられているのだ。

政治学者のトーマス・ファーガソンは、「選挙とは国の支配権をかけた効率の良い投資である」と、その政治投資理論を展開している。[22]その構図は、ざっと企業・大金持ちが多額の献金によって選挙をショーとして仕立て非常にカネのかかるプロセスにする一方、政治を娯楽に貶めつつ議会の乗っ取りを図るというものになろう。

最近の献金で目立つのはプラットフォーマーからのものだ。調査サイトのオープンシークレットによると、民間企業で最大の一六七六万ドルを使ったアルファベットを筆頭にシリコンバレーのロビー活動費は上位を占めた。中でもフェイスブックの経営幹部もロビー活動の力と個人的な影響力を最大限使って、不祥事を隠蔽しようとしてきたことに瞠目せざるを得ない。ことに、フェイスブックが契約していた共和党系とされるコンサルティング企業「ディファイナーズ・パブリック・アフェアーズ」をつかってフェイスブックへの抗議団体の信用失墜を狙って「大物投資家のジョージ・ソロス氏が抗議団体に資金提供している」といった情報を流していたことにおぞましさを感じるのは、筆者ばかりではないだろう。シリコンバレーから多額の寄付金をもらっている何人かは二〇〇八年の金融危機で金融機関を守った政治家だが、NYTの調査記事によれば、フェイスブックはシューマーに献金し同党によるフェイスブック批判を抑えるよう求めた。同氏の娘はフェイスブックで働いている。

一方、大金持ち、ピケティの「世襲資本主義」というコンテキストで注目されたのは、チャールズとデイヴィッドという二人のコック兄弟である。彼らは、父、フレッドが創業した家族経営のエネルギー企業財閥、コック・インダストリーを受け継ぎ、その株を中心にともに四八三億ドルの資産を持って世界の富豪第八位にランクされている典型的な世襲資本家で、トップ〇・一％に属する金持ちである。アメリカ経済学会のセミナーに登壇したトマ・ピケティは、この兄弟の名をあげながらアメリカ経済学会のドン、グレゴリー・マンキューと対峙し、アメリカ民主主義は資産家により乗っ取りないし買収されているのではないかとの見方を示した。ピケティが政治をカネで左右しているというのは、彼らが共和党の全国運動となった観のあったティーパーティ運動、その議会内勢力「フリーダムコーサス」のスポンサーとなるなど、現代アメリカ右派運動の黒幕と見なされているからだ。

弟のデイヴィッド・コックは本書の校正中に亡くなったが、一九八〇年の大統領選では、自由（リバタリアン）党の副大統領候補として、自身が政治に関与しようとした。だが、得票率が一％という惨敗に終わると、デイヴィッドは、自らを理事長とする、繁栄のためのアメリカ人の会を創設し、ここを通じて自分が一九八〇年の大統領選で使い始めたティーパーティの標語、政府機関はない方がよい、企業は管理からも税からも自由であるべきだという「企業の自由」なる哲学を広める運動を支援していくようになった。コック家は財団を通じて政治的右派のシンクタンクと運動に二億ドルに達する莫大な財政支援をしただけでなく、二〇一八年の中間選挙でも資金援助と引き換えにオバマケアに代わる下院案を支持させたとされる。[23] ティーパーティ運動に関し、ウォール街占拠のデモを企画したLSE教授のデヴィッド・グレーバーは、左翼の手法がすっかり右翼に乗っ取られたと、「評価」した。

いつまでもファーガソンのいう政治投資理論を成り立たせていてよいのか。民主主義ではすべての市民に平等な発言権があってしかるべきだ。度を超すカネのかかる選挙の罠を脱し、民主主義の活力を回復するにはどうしたらよいのか。ハーバード大学教授のローレンス・レッシングは、選挙献金のバウチャー制度を提言している。

レッシングは自分たちが直接選挙で議員、大統領を選び出していると考えるのはアメリカ人の幻想であって、現実の選挙をモデル化すると、まずレスターしか投票できない「レスター選挙」があって、そこで総選挙に出馬することができる資格選挙が行われ、そこで出馬資格を得た候補者が決まった後で初めて一般市民が投票できる「総選挙」が行われるという二重構造になっているのだという。つまり、目に見える形で行われる香港とは異なり、目に見えない形でレスター選挙が行われており、誰でもが被選挙権を持っているという前提は消滅しているというのだ。

目に見えないレスター選挙を消滅させるにはどうしたらよいのか。全有権者に二〇〇ドルの献金ができるバウチャーを配布して、候補者がその献金で選挙運動なり、宣伝ができる体制にすることで、レスター選挙の胴元に対抗する手段とするだけでなく現況の選挙コストを下回る公平な選挙ができると、レッシングはバウチャー制度の利点を説く。

なぜバウチャーは二〇〇ドルなのか。レッシングによれば、二〇一〇年の選挙で統計から計算したという。連邦議会の議員候補者に二〇〇ドル以上献金したのは、アメリカの人口全体の〇・二六％であるが、候補者ひとりの限度額まで献金し、選挙の実質的な資金提供者は〇・〇五％しかいない。さらに言えば、この選挙期間中に献金限度額のない特別政治活動委員会資金として使われた資金の六割までが、前出のコック兄弟など一三二人の「レスター」の献金に支えられていた．これら「レスター」の影響力をも排除するには有権者一人当たり二〇〇ドルという資金は活力ある民主主義維持の必要経費とできるはずだとの問いかけになる。

言論の自由という憲法に定められた権利を侵害することなくＰＡＣなど政治の「盟友」の活動に制限を加えるにはどうしたらよいのか。アンソニー・ケネディ判事に主導されたシティズンズ・ユナイテッドに関する最高裁判例では「カモ釣り」を容認してしまった。所得格差が広がるアメリカ社会においては、富裕層による選挙への影響力が増すことがどのような結果をもたらしてきているか、それは明らかだからである。少数派判事のジョン・スティーヴンスが警告したように、この判決にはたまの賄賂より民主社会にとってははるかに破壊的な腐敗の脅威が存在する。腐敗とは、『ザ・フェデラリスト』第五二編でジェームズ・マディスンが示したように政府の権限が一般市民のみに依存するという合衆国憲法起草者の「共和国」の理念を踏みにじるものだという意味だ。当時のオバマ大統領は判決を覆す法の制定を議会に呼び掛けたが共和党主体の議会の動きは鈍かった。

◆選挙モードがそのまま政治スタイルに

議会はローメーカーの本分を忘れていないかというゴアの指摘には実感がある。その昔、上院議員から自分はローメーカーだと自己紹介されて面食らったことがあるが、議員会議を訪ねてみてそのスタッフの充実ぶりに感心したということが一つ。その一方、アメリカ議会はここ一〇年をとればオバマケア以外に大きな法案をつくってこなかった現実が今一つだ。ことに共和党をとれば連邦債務の上限を盾に法案を葬ることに終始し、政策を練り、法案をつくるという努力を忘れていたのではないか。鉄血宰相ビスマルクは法律づくりを煙たい中で肉を詰め、いぶりあげて初めておいしくなるソーセージづくりに譬えた。法案は作るだけでなく、それを通すことが正義であると確信し、議会の中での多数の賛成を得るという情熱が必要なのだ。

ドゥオーキンが二〇一〇年の大統領選挙でギングリッチ下院議長がケリーを選ぶことはオサマ・ビン・ラディンに投票するようなものだと言い募るなど、政治対話どころか、戦争モードになっていると指摘したのは、そのギングリッチにも政策を練り、法案をつくるという努力をしてきたのではないかとの嘆きが隠されていよう。

政策を論議することを忘れ、ネガティブキャンペーンに代表される選挙向けのワンフレーズ政策に陥ったというドゥオーキンの嘆き以上に事態は深刻化している可能性がある。則を超えているのだ。共にハーバード大学教授であるスティーブン・レビツキとダニエル・ジブラットは、その著『民主主義はいかに死ぬか』の中で「酸素や浄水のように、規範の重要性はその不在によって明らかになる」と論じている。[24]では超えてしまった則とは何か。二人が提示する重要な規範とは次の二つだ。一つは相互の寛容性、つまり競争相手を正当なライバルとして受け入れる意思の存在だ。今一つは自制である。政治家は自分たちの権力を行使するに当たっては思慮を働かせ、不要な対立を避ける必要性があるということだ。彼らは、何が何でも勝ちに行くというギングリッチの方式が、共和党の方式となり、その方式がトランプを誕生させたと指摘する。そのトランプを批判できない党なり、社会なりに、民主主義の危機があるのだ。

事態が深刻なのは規範の著しい弛緩が情報、メディアにも起こっていることだ。それはネット時代と相まってフェークニュースの蔓延となって現れている。先にマスメディアの登場によって変った世論形成についてて見たが、ネットの時代にどう変ったのだろうか。トランプとクリントンの大統領選挙をWIRED日本語版上に同時報道したものをとりまとめ『〈ポスト・トゥルース〉のアメリカの誕生』として出版した池田純一は、この選挙がロシアのサイバー攻撃によって外国から投票行動への介入があったという事実とともに、テレビ時代にはかろうじて維持されていた対話形式が消え、メディア環境がパーソナル化し、ソシアル化するにつれ、言葉が浮遊し、しぐさがリアル演劇化し、人びとの意思決定には必ずしも事実かどうかの検証は必要なくなったとされる〈ポスト・トゥルース〉時代に到達したと宣言した。[25] コロンビア大学ジャーナリズム学院長のスティーブ・コルは、SNSが過激派の思想の蔓延や大統領選中のハッカーたちの活動を許したと、偽ニュースが横行する時代を告発する。だが、インターネットには共有体験を減少させ、情報量が多すぎるために知らず知らず自分の見たい情報を優先的に集めてくれる機能に依存するようになって、自分と離れた視点に出会う機会を奪ってしまい、民主主義を機能させなくする危険があるとは一〇年以上前に、キャス・サンスタインが指摘していたことなのだ。[26]

これに対し、レビツキとジブラットの指摘は、デマゴーグの蔓延が政治に入ってきて民主主義が崩壊した一九三〇年代のヨーロッパやラテン・アメリカに酷似しているというものだ。

真偽の不明な情報までが流通するようになったのは、一九九〇年代半ばからの二〇年あまりの時間をかけてウェッブは世界中に普及し、地球を覆いつくして情報がそのネットワークの中を自由に行き来するようになっていく中でのことである。実はトランプの出現でいわゆるフランクフルト学派が再び注目されている。テオドール・アドルノとマックス・ホルコハイマーとが一九三〇年代の終わりから四〇年代の初めにかけて書きためた『啓蒙の弁証法——哲学的断想』の中で、アメリカの文化産業が真実と虚偽、商業と政治の境界をなくしてしまったと糾弾した事象と現在とがあまりにも符合するからだ。[27] 公正な報道を唱え立ち上がった新聞、ラジオで始まったマスメディアはテレビの時代を経て、ピューリサーチの調べによれば、アメリカの成人の六割が最初のニュース情報を得るのがフェイスブックになっているという情況になったのだ。大衆の本質は「我田引水」にあると、アドルノはいっていた。いわゆるフェークニュースの提供者は自己のサイトへのアクセスを増やし広告をとるべく、フェイスブックにつながる戦略をとり、一方フェイスブックの側でもあわてて彼ら提供者と手を切ることでかろうじて「公正」をたもとうとしている。

だが、サンスタインは、「公正」を保とうというフェイスブックの対応では事態は改善しない、都合のいい情報だけ集めるという方法そのものが分裂を生んでいることに対処しようとすれば、左の論調には必ず右の論調が、その逆には逆という形で情報が提供され、利用者が巧みな選択をしていくということにつながらなければならないというのである。[28] ところが、トランプ大統領のようにフェークニュースをも発信するツィッターがニュース源になっているのが現状なのだ。北朝鮮や中国では政府がニュースを単に真実を隠すというだけでなく政府に都合の良い情報を意図的に流すという形での統制をしているが、ホワイトハウス報道官のみならずアメリカ政府自身も北朝鮮や中国と同じようにプロパガンダ局へと変わってきているのだ。

「正しいニュース」を知ろうと、ニューヨークタイムズなどクオリティペーパーへの需要が強くなっているのことは一つのカウンタパワーであるが、現状では真実とフェークとの間との線引きがあやしくなっている。選挙民は真実を求めたり、他人と意見を戦わせたりしなくなってきており、自分に都合の良いものだけを取り出し、それが卓見であり世論だと主張している。これでは前大統領のオバマが懸念するように民主主義を窒息させることになりかねないばかりか、先に見たように、焦燥にかられて大学へ入って来る新入生の四分の一が攻撃的だと考える意見には暴力を振るってよいと考えるようになるなど、民主主義以前の社会のルールを破壊しかねない状況なのだ。誰でも簡単に真実にアクセスできる文明の利器を得た状況をマックス・ウェーバーは「理性の分化」が起こったと感じ、市民社会が成熟することを期待した。しかし現実にはドイツ社会はナチスに席巻される世の中へと変わって行った。

こうした事態にどう対処すべきなのか。シャピロは民主的プロセスにおいて生じる支配を阻止したり改善したりするには司法の関与が必要とも言明しているが、司法は得てして古い枠組みを持つアメリカ憲法の解釈に終始しており、前出のシティズンズ・ユナイテッドに関する最高裁判所判決もまた「自由」を優先して弱者を保護していない形で進んでしまった。

3 変わってきた民主主義と資本主義の関係

先にジャコービーの議論として紹介したアメリカでは反組合、反国家を標榜され、ヨーロッパなどで生まれた福祉国家に代わるものとして、企業が福祉を提供するという形をとらざるを得なかったという福祉資本主義の流れがあった。その一方、トルーマンによって唱えられ始めた「企業の自由」が一九八〇年に差し掛かるころに質的転換をし、やがてコックの唱える「企業の自由」へとなっていく。その結果、企業が福祉どころか、安定的なジョブを提供できなくなり、マクファーソンのいう自己実現の権利が宙に浮いてしまったことになろう。

◆「企業の自由」が質的な転換

二つに分かれたアメリカを生んだという質的転換をした点はいつだったのか。坂井の議論が最大多数の幸福を探る「計算箱」を根拠としているのに対し、直感で民主主義と資本主義が乖離したと声高に叫んだのが、カリフォルニア大学（バークレー）教授のロバート・ライシュであろう。彼はケヴィン・フィリップスの予言的な言説を振り返って、一九七〇年半ば以降の「スーパー資本主義」のなせるわざであると、次のように糾弾した。

ライシュはいう。一九四七年から七〇年代半ばまでのアメリカは黄金時代ともいうべき時代で所得の分配は比較的平準化されていた。ところがそれ以降のアメリカでは自由市場経済と民主的統治の美しい一致がなくなり資本主義が暴走しだした（図５‐１）。資本主義と民主主義が相携えて進んでいた一九七〇年代なかばまでが本物の資本主義であり、その後は中産階級にジョブが与えられなくなり中間層は雇用不安にさいなまれる一方、富は上位層に集中するようになり富の蓄積だけが速い資本主義になった。ライシュが「スーパー資本主義」と名づけたゆえんである。

図 5-1　５階層別所得の1970年半ば以前と以後

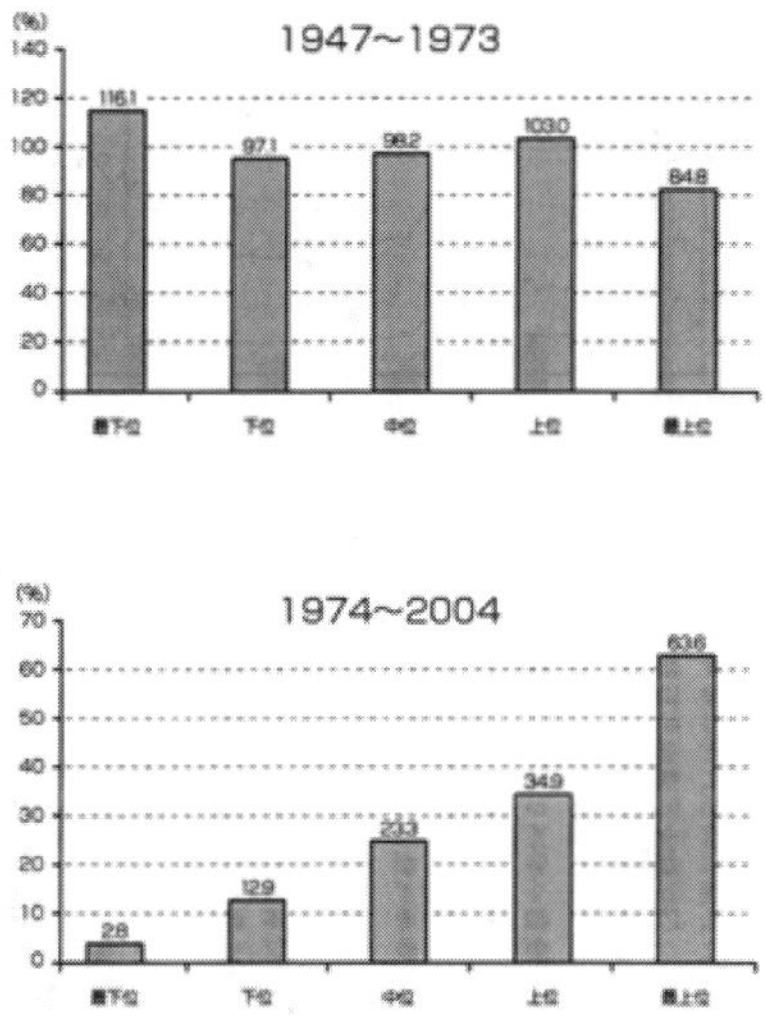

（出所）ロバート・ライシュ『暴走する資本主義』

なぜ一九七〇年代半ばなのか。こうした

認識を追いかける形で、ピュリツァー賞受賞ジャーナリストであるヘドリック・スミスはこの一九七八年が最大の転機だったと位置づける。それは、七八年に民主党のカーター大統領が富裕層への優遇措置を撤廃し、低所得世帯の税金を引き下げる税制法案を議会に提出したが、議会は企業ロビーに牛耳られ、企業と富裕層に有利なものに修正されたからだ。この年を境に、経済のくさびがアメリカの労働力に打ち込まれ、国家が急上昇していく企業のCEOや金融エリートと、轍にはまってにっちもさっちもいかない平均的アメリカ人との「二つのアメリカ」に分かれたというのである。(29)

ではどうすればよいのか。先のライシュは法人格を認めないことだという。だが、一つの団体に法人格を認める最大の理由は、団体の名において権利を保有し、義務を負わせれば、法人の権利と義務の関係が明確になり、それがきわめて簡潔に処理できるようになるからである。ライシュの主張は少し的をはずしていないか。

法人という観点から歴史を振り返って見ると必ずしも初めから営利企業だったというわけでもない。つまり、法人が出てきた経緯としては非営利法人が先行していた。これがイギリスなどで営利法人へと転化したことが会社誕生の一つの画期とみることができる。そしてアメリカで一九〇〇年代初頭から株式会社が数多く設立されるようになった。そうした法人の設立に最適な州としてデラウェア州が選ばれることが多かった。同州が選ばれた背景として、多くの州、国で「規範的（prescriptive）」な会社法を導入している中、デラウェア州会社法が、「授権法（enabling statute）」に分類される法体系になっていることがある。同州の会社法は、カリフォルニア大学（バークレー）教授のメルヴィン・アイゼンバーグの言葉を借りれば、ボトムを目指した州同士の競争の結果、株主と経営者以外のプレイヤーをほとんど無視し、株主保護の重要な義務をいくつか定めているほかは経営に柔軟性に富ませ、企業の経営側に有利になるような内容となっていることに特色がある。[30] つまり、モデル会社法などでは連邦法などを反映して規範的な規定を盛り込んで進化するが、デラウェア法は昔の原型を変えようとしていないのだ。この結果、デラウェア州を設立準拠地とする企業の数は、現在、一〇〇万社にも及び、同州の税収の二〇％が法人税となっている。

そして一九世紀末にはドイツ、アメリカを中心に大企業が生まれ、株式会社はまた一つの転機を迎えた。二〇世紀型企業の特色をあげれば、それまでの個人企業に代わって登場したフォードに代表される大量生産、大量消費をになう大企業システムであろう。二〇世紀型の大企業システムのもう一つの特色は、ＧＭに代表されるように多くの株主をもつことだ。換言すれば、個人資本主義から法人資本主義に変化するなかで、機械や工場という財産に対する持分を表証する株式が大量に発行されたのだ。

デラウェア州会社法の今一つの特徴は、法人実体説をとっていることだ。そして、アメリカの最高裁が会社に法人格を認めたのは一八八六年のことである。そして企業は一八九二年にニュージャージー州法が法人が法人を持つことを認めるまで買収して傘下に置くことができなかったので巨大化をめざすにはトラスト化をはかった。トラストと実体としての法人、この二つの間に齟齬は生じなかったのか。

「一般市民は我々のことを知らない……一度も我々を見たこともなければ、会ったこともなく、どこに住んでいるかも知らない」こう語ったのは、国民からは会社には人間性が見えないという不満の合唱が聞こえてきたことに対し、一九〇九年、ＡＴ＆Ｔの幹部、エドワード・ホールが嘆いた言葉だ。確かに企業のトラスト化は会社の姿を見えなくし、そこで反トラスト運動が起こり、それが現在の競争政策法の基礎となった。[31]

フェイスブックはそれなりに面白いし、そこから他のサービスの入ることは便利であり、ネットワーク効果に利便性を見出している。しかし、一つのプラットフォームに一五〇以上がぶら下がるのは異常である。アマゾンがもたらした安値と利便性はありがたい、だが市場を根こそぎ奪うようなトロール網商法で競合をなぎ倒していることは許されて良いのか。そう考え、二〇一七年、二九歳になったばかりのパキスタン系二世のリナ・カーンがイェール大学のジャーナルに投稿したのが「アマゾンの反トラスト法におけるパラドックス」という論文だ[32]。一九七〇年代以降のアメリカの判例では独占状態が原因で価格が上がっていると証明できなければ、反トラスト法の裁判で勝訴するのは困難になっていると自ら手足を縛っているのはイデオロギーのせいだというのである。

二〇一九年七月二四日、司法省は、それと名指ししないもののフェイスブックなどGAFAを念頭に反トラスト法違反の調査に乗り出すと正式表明した。調査を率いるデラヒム司法次官補はその調査項目として(1)市場支配力をどう獲得したか　(2)競争やイノベーションを妨げていないか　(3)消費者の利益を損ねていないか——を例示した。

司法省反トラスト局の「競争阻害」を理由とした調査とは、まさにリナ・カーンが提唱してきたことではないか。女子学生の論文がついに反トラスト法の解釈に大きな方針転換をもたらしたのだ。女子大生の偉大な貢献だ。ライシュの問題意識が別の形で受け止められたことになる。

ライシュ自身は、後に出版した『最後の資本主義』の中では、ジョン・ガルブレイスに学び国民の力を合わせて、富者や強者に集中していく富のパワーに対抗する「拮抗力」を再構築していこうと呼びかけている。だが、ガルブレイス代表的な拮抗力とみなした労働組合の再結集はむずかしく、現在にあっては新古典派経済学の視野の外にあるＮＰＯなどが候補ということになろう。

◆株主主権を導いたフィナンシャリゼーション

一九七〇年代に先進国を襲ったスタグフレーションは、経済成長を一気に止めた。目新しい電気製品などもなくなり、自動車も一般家庭に普及していくと、経済を成長させる要因がなくなり始める。おまけに自由と解放が、人々の権利意識を高めて、賃金上昇などの激しい要求を生み出す。さらにそこに火をつけたのが、一九七三年の石油ショックであった。大量消費社会の終焉と賃金の上昇は、資本主義の利潤率を引き下げ、急激な経済停滞を生み出す。そこで息を吹き返し拡張し始めたのが新自由主義である。そして一九七九年にはＯＰＥＣが、前年の七八年にイラン革命が起こりイランでの石油生産が中断されたことを契機として、原油価格を四段階に分け、一四・五％値上げすることを決定するという第二次オイルショックが起こった。

そして一九八〇年代の初めには世界の資源価格はピークを打ち始めた。それは筆者には工業化の時代が時間の経過と共に創知情報化社会に全体が移っていくかのように見えた。そして一九八五年が創知情報化社会の起点ではないかと考えた。なぜなら、この年に、オーストラリア、ニュージーランド両国が大胆な規制緩和をし、アジア化したからだ。

オーストラリアは、アンガス・マディソンによれば、イギリスで産業革命が起こった時以来、世界で最も長い間、一人当たり実質ＧＤＰで世界最高を保ってきた国である。石炭や鉄鉱石をその時々の先進工業国であるイギリス、そしてアメリカ、日本につぎつぎと仕向け地を変えながら輸出できるという有利な立場にあったためである。世界最高の生産性を誇ったがゆえに、世界最初に八時間労働の制度を確立できたのである。そのオーストラリア、そしてニュージーランドが極端なまでの不振に陥った。なぜなのか。筆者は、資源をベースにした経済成長政策が行き詰まったからではないかと考えた。いうまでもなく、ベルのいう工業化の行き詰まり、脱工業化である。オーストラリアがこの行き詰まりを奇貨としてアジアに移民の門戸を開き、以来最近では移民国家として成長してきていることは先に見たごとくだ。

一九八〇年代後半の日本は、工業化の時代と創知情報化時代とを両睨みし超良質のモノをつくることが解答だと見ていた。だが、世界全体で見れば工業化もまた進展している重層的な世界である。一九九〇年の冷戦の終わりは新たなグローバル化時代の始まりでもあった。グローバル企業の経営者は、挑戦してもその成果が保証されていない創知に挑むよりも、ルイスの経済発展論のお墨付きのある農村人口が豊富な中国などに工場を移すことで確実な利益を上げる途を選ぶことになる。つまり、アメリカの場合、多国籍企業はまず直接投資という形で工業化世界でグローバル展開を選択する一方、創知・情報化への対応としては、典型的にはフィナンシャル・エンジニアリングの世界にICT技術を大幅にとりいれ、それをグローバル展開したのだ。フィナンシャリゼーションの深化でもある。

先にフィナンシャリゼーションの深化によってもたらされたものに三つのカテゴリーがあると指摘した。ここではコーポレートガバナンスにおける極端なまでの株主主権へのシフトの問題を取り上げることにしよう。

いわゆるサブプライム危機は、音楽が奏でられているうちは踊り続けなくてはならないと嘯いたシティグループのCEOプリンスの例に見るように、この高額な報酬が経営者に過度なリスクを取らせた原因として多くがその問題を指摘している。

経営者の独走という問題は、必ずしも一九七八年以降の問題ではない。先に触れた企業の巨大化が起こったと同時に発生を見た問題なのだ。大量発行された株式は換金性をもとめるようになる。史上初めて株式が大量に流通するようになったのは一九二〇年代のアメリカにおいてであった。言うまでもなく株式は支配証券であり、その過半数を握ったものがコントロール権をもつ仕組みになっている。だが、株式が分散して保有され、誰もが過半数を簡単には取れない状況では、株主の白紙委任状を利用して経営者が少数持ち分でコントロール権をもつようになった。

こうした観察から、アドルフ・バーリとガーディナー・ミーンズは、一九三二年に『近代株式会社と私有財産』を上梓し、大規模な企業において、出資者である株主の多くは会社経営の意思も能力もなく、自ら経営に乗り出すことは不可能なことから、経営者は所有者の意思を離れて暴走する危険があると警告を発した。(33)これは、経営と所有の分離が起こっているとの報告であり、経営者が株主の権利を簒奪するという革命が起ったとの警鐘である。

法人というものを、こうした歴史的観点から見ると、会社が独り歩きしたことをもってライシュが法人格の停止を解決策と見なしたのは見当外れとは言えないようにも見える。

だが、新古典派経済学は企業を「契約の束」と見なし、企業の存在を消し去っていたのである。エージェンシー理論がなぜ一世を風靡し、なお猛威を振るっているのか、株主主権の幻影がビジネス社会になお漂っているのかを見ていくことにしよう。

マイケル・ジェンセンが同僚のウィリアム・メックリングと共同執筆したエージェンシー理論は、最も引用されることが多い、インパクト論文の一つとして知られる。(34)一般には知られていないロチェスター大学のビジネススクールというエージェンシー理論がなぜアメリカのビジネス社会に、ある意味、すんなりと浸透してしまったか、その背景として社会学家のドッビンらが持ち出すのは、一九七〇年代にアメリカ企業が日本企業との競争に敗れ、そのことに煩悶していたという状況である。

これは企業戦略論の世界で、マイケル・ポーターが誕生した背景と軌を一にするということだ。実のところ、筆者も、ポーターの競争戦略論を批判した『戦略の経営学』の中で次のように述べている。一九七〇年代初めまでのアメリカの多国籍企業は、世界に君臨し、その海外進出は、強力なアメリカ企業がホスト国の企業を蹂躙するといった意味合いを持って受け止められたプッシュ型の進出であった。受入国側の著者、セルバン・シュレベールの『アメリカの挑戦』(タイムライフ・ジャパン、一九六八年)が描く多国籍企業は自国の企業を蹂躙する恐るべき存在として糾弾され、日本でも広く読まれた。

だが、一九七〇年代になると、「良いものを安く」という日本企業が活躍をはじめ、その輸出品は確実にアメリカ製品を追い出していった。ニクソンショックに続く円高、そしてオイルショックによって起こった原油高に対応するため、日本企業は必死になって省力、省エネルギーを進め、これが日本企業の競争力を高めさせることになったのである。強いはずのアメリカ企業が国際市場で勢いよく前進できなくなり始めていたのである。無名の日本企業が侵入してきている業界事情という観察抜きにポーターの競争優位の理論は語ることはできない(35)。

ドッビンらは、ジェンセン＝メックリングの議論もまた、こうした背景の中で、経営者がこれまでの成功にあぐらをかき、美人の秘書をそばに置き、自家用ジェットで旅をするなど、自分だけの利益(perquisite)にかまけ、株主のために働いていないからだと糾弾し、経営者をして株主のために働かせるようにすればよいとの処方箋を提示したと指摘している。

ジェンセン＝メックリングのエージェンシー理論とポーターの競争戦略論とは、日本企業との競争に焦燥し始めたアメリカ企業に向かっての分析であり、処方箋であったという意味で、同じ卵から生まれた双生児のような存在なのである。だが、ポーターの理論でも、エージェンシー理論でも、ビジネス社会で目障りな存在であった日本企業の存在は捨象されている。それは、ひたすら「安くて高品質のもの」をめざして改善、改良をめざし、全社一丸となって展開される日本企業の活動は、ポーターの競争戦略論でも、エージェンシー理論でも、説明できなかったからである。

確かに仕事をさぼっていた経営者を株主のために働かせるようにすればよいとの処方箋は、当時も、ピントがずれているのではないかとの批判もあった。しかし、あれだけ競争力をもっていたアメリカ企業が手っ取り早く復活できるというのである。心地よい処方箋ではないか。

ジェンセンがストックオプションの形で経営者にインセンティブを与えるのが最適と書いたのが一九九〇年、議会がそれを税法（Internal Revenue Code, secc162(m)）によって認めたのが一九九三年のことだ。[36]そしてその結果が、独占や寡占が持続的に高い利益を上げ、ジェンセンの論文では経営者報酬の額ではなく支払い方こそが重要だと宣言していたが、経営者たちは、額にこそこだわり、標準的な労働者の平均の二九五倍という、過去のどんな時よりも高い所得を受け取るようになった。すなわち、ＥＰＩ（経済政策研究所）の調べによると、アメリカにおけるＣＥＯの平均年収の一般労働者の年収に対する比率は一九七〇年代の半ばまでは二〇倍におさまっていたが、二〇〇〇年には三七六倍を記録し、その後は少しずつ下がったものの、二〇一七年には再拡大し三一二倍とピークに近づいている。

スミスのいう転換点である一九七八年をベースにみると、一般の労働者の賃金が低下していたのに対し、株価は七四三％上昇し、ＣＥＯの報酬は九四一％の上昇を示している。サラリーマンのトップ〇・一％ですら株価の上昇についていっていない（図５－２）。図５－１の所得階層別の対比も一目瞭然で分かりやすい。だが、フィリップスによって富と貧困と形容される格差を見る場合、もっと分かりやすい

図 5-2　急上昇を続けた経営トップの報酬

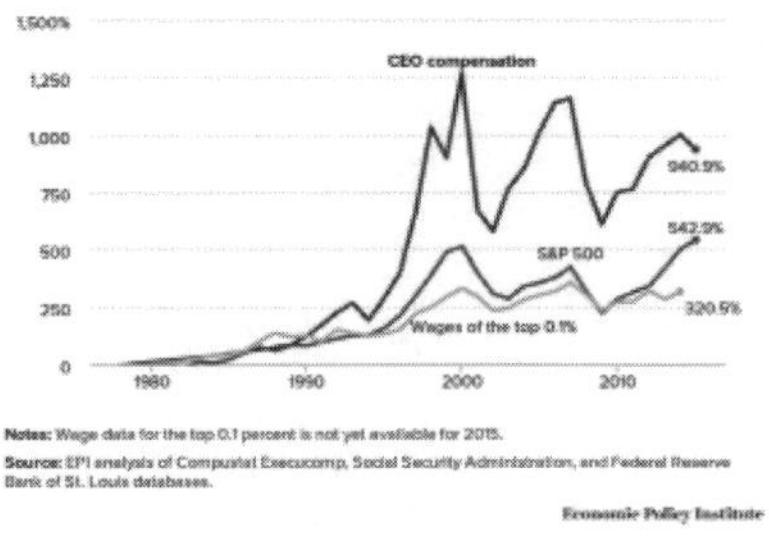

（注）　1978年を起点としての上昇率。賃金のトップ0.1%の2015年は入手できず。
（出所）　Economic Policy Institute

のは経営者と一般従業員との所得格差であろう。経済成長、なかんずく企業成長の成果は経営者が持って行ってしまったことを如実に表しているからだ。

ジェンセンやファーマの組織論が依拠したのは、ともにノーベル経済学に輝いたケネス・アローとジェラルド・ドブリューとが唱えた資本市場のベースとなる理論としての完備契約論である。国際基督教大学教授の岩井克人は、人間は無限の未来に関しても合理的に予想できると仮定し、その予想が現在の行動のインセンティブを左右する視点を入れたミクロ経済学を生み、ともに一定の成果を生んだことを認めつつも、現代の経済学が人間の合理性を前提としたことが貨幣の本質を見失い、この世にはバブルやパニックが起こり得ることを頭から抜け落ちさせたと糾弾する。『錬金術の終わり』の中でマーヴィン・キングが展開した批判もまた、不確実な未来がある現実の世界をすべてが予想できるなどという仮定を置いてする議論にどこまで真実をとらえられるのかと痛烈である。

ここでは、彼らの唱えた完備市場が、株主以外のステークホルダーとは企業と完備の契約をしているという想定の上で残余財産の分配には株主のみが与るというジェンセンらの考えた企業モデルの原型ともいうべきものだったという指摘にとどめよう。

◆経営者は法人からの受託者

なぜ株主主権であり、エージェンシー理論になったのだろうか。どこに転機があったのだろうか。二一世紀の冒頭ともいうべき時期に、アメリカではエンロン事件が起こっている。

このとき、ヴァンダービルト大学教授のマーガレット・ブレアは、一九八〇年代ぐらいまではコーポレートガバナンスのあり方に関し、アメリカでもステークホルダー型がよいか、株主主権型がよいのか、議論が行われていた、ところが最近では後者一辺倒になっていた観があり、世界銀行までもが株主主権型を新興国へ移転させようとしてきたことに異議を唱えた。つまり、エンロンでは短期での成果を要求する資本市場からのプレッシャーが事件の背後にあることは間違いない、株主主権を見直す良い機会ではないかとの問題提起をしたのだ。

ブレアがこうした問題提起をした背景には、経営者の役割とは企業活動をスムーズに進め、従業員の創意工夫を引き出していくことであって、株主だけのために働くものではないと、株主主権型一辺倒のガバナンスのあり方に疑問を投げかける論文を『ブルッキングスペーパー・オン・エコノミックアクティビティ』に寄せた経緯があるからだ[37]。同書はアカデミック出版賞を受賞し、中国社会科学院からも翻訳出版された。法人というものが存在し、その法人から経営者は経営を受託されている存在だというのである。

一方、ヨーロッパからのノーベル経済学賞受賞者であるジャン・ティロールもステークホルダー型のガバナンスを一般型と見たが、ステークホルダー価値、企業価値といった場合、それが明確にあらわせないのに対し、株主価値は株価といった形で明白だという利点があるとの観点から主流派に同調した[38]。

ティロールによれば、株主価値＋αとしても、そのαが不明確で、経営者に何かを目指せということができず、操作性に欠ける。そこで、目に見える株主価値といったもので代替せざるを得ない、つまり妥協せよというわけだ。

同じころ、先にファイナンス学会の会長として紹介した、シカゴ大学教授のルイジ・ジンガレスもまた、法人への支配権は株主と従業員で分かち合っているとステークホルダー型こそが一般的なガバナンス構造になるとの議論を展開した。(39) つまり、エージェンシー理論では、その前提として株主以外のステークホルダーはすべての条件を織り込んだ契約を結んでいて、それが実行されることを予定しているが、現実にはそうした完備契約といった条件が満たされていることはありえないとすれば、株主以外のステークホルダーにも所有権が与えられなければならないというのだ。こうしたジンガレスの議論はハートらの議論を下敷きにしている。すなわち、いわゆる所有権アプローチで考えるグループの代表格のオリバー・ハートらは、完備契約を現実世界の、しかも現実の企業に当てはめ、不完備な契約に過ぎず、残余財産に与るのも株主に限らないのではないかとの認識を示すようになっていた。(40)

だが、ジンガレスは論文のなかでも自身、学界では「若手の部類」になるとしていたように、イタリア出身ということもあってヨーロッパからのノーベル賞受賞者ティロールの妥協を追随していた。

こうした見方に対し、ステークホルダー型企業価値の経営の実践者の一人、東レ社長の日覺昭広は、強く反発する。株主価値が時価総額といった形で目に見えるといっても、それは一週間で半分になるといった変化も起こる不確かなもので、企業価値は＋αなんて形であらわされるちっぽけなものではない。企業価値の一部にしかすぎない時価総額をもって測定可能だから便利というのは目的と手段を取り違えた議論で、時価総額や自己資本利益率（ＲＯＥ）で企業価値がわかる、企業価値に代替できると考えるのは全くの誤りだと主張する。もっと地域社会や環境保全への貢献度合い、従業員の待遇も考慮して企業価値を考えるべきだと手厳しい。ケイもまたＲＯＥこそが重要な指標だと主張したことは誤りだったと反省を表明した。

日覺は、時価総額というのはある種の人気投票で、会社を渡り歩く『放浪のプロ経営者』に過ぎないと主張する。だが、フィナンシャリゼーションの導いたコーポレートガバナンスにおける株主主権論の確立が株主＝経営者連合の成立をもたらし、労働が、原材料と同じように、単なる企業のインプットに堕したことは間違いない。これが労働者の地位低下を当然視する「理論」ともなった。

ブレアやジンガレスがステークホルダー型こそがコーポレートガバナンスの本筋と考えたが、新古典派経済学の攻勢の中で埋没してしまったのはなぜだろうか。

企業を「契約の束」と考え、法人が実体として存在することを忘れてしまった新古典派経済学の誤謬を指摘するのは岩井克人だ。今、株主が法人としての会社を所有し、その法人としての会社が、会社資産を保有するという「二重の所有関係」は、岩井の『会社はだれのものか』に従えば、図５－３のように描く

図 5-3　株式会社のもつ「二重の所有関係」
――個人企業との比較

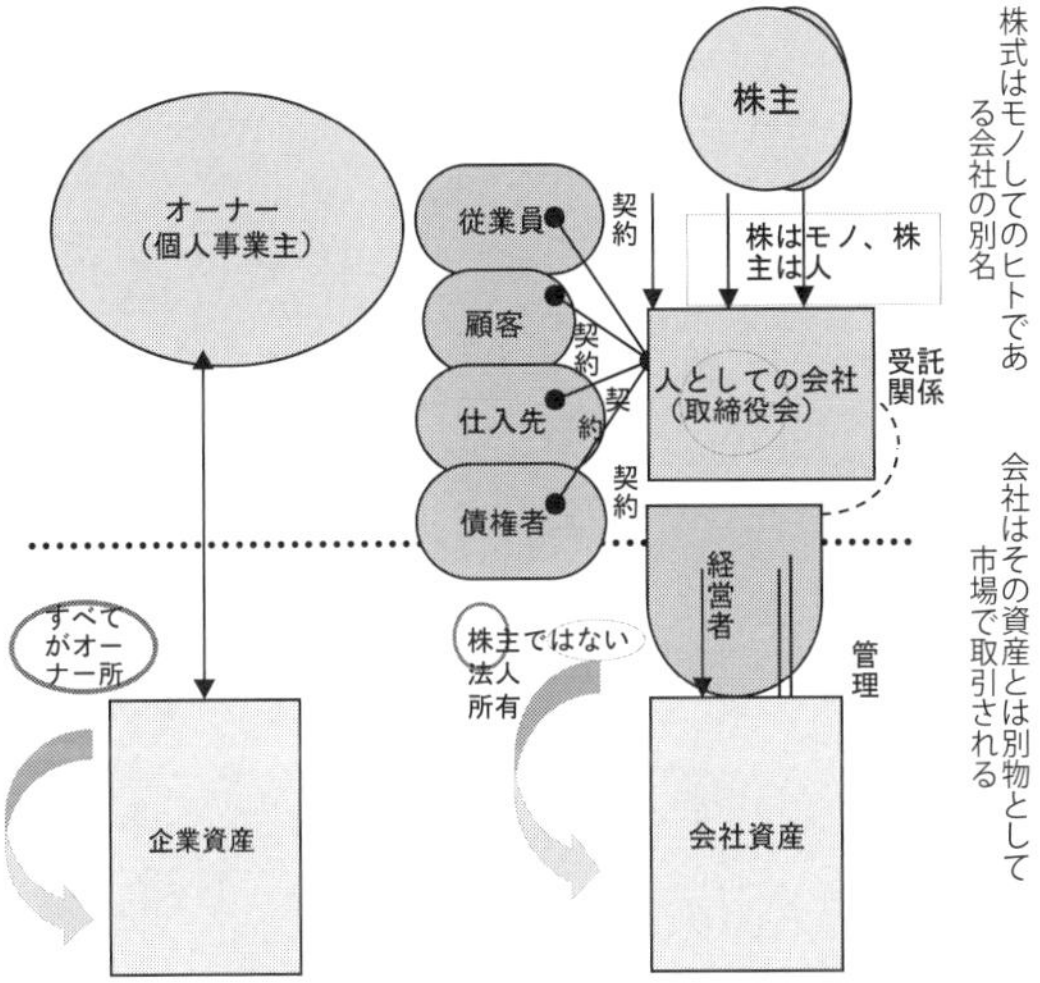

（出所）　岩井克人『会社はだれのものか』（平凡社）より作図

ことができる。

二重の所有関係というのは、その中間項となっている法人としての会社が、ヒトの役割とモノの役割を、同時に果たしているからである。換言すれば、法人としての会社は、本来のモノである会社資産に対しては、所有関係の主体、すなわちヒトとしての役割を果たしており、本来のヒトである株主に対しては、所有関係の客体、つまりモノとしての役割を果たしていることになる(41)。

ところが法人それ自体では、それ自体の意思表明も意思決定もなしえないので、それを機能させるためには自然人を要する。その役割を果たすのが会社代表機関としての経営者ということになる。つまり、経営者とは法人から会社経営の機能を受託した存在ということになる。経営者が下す決定、経営者の表明する意思がそのまま会社の意思決定、意思表示ということと見なされる。アメリカの会社法には、かつて「会社業務は取締役会をもって行うべし」との規定があり、日本では取締役会と代表取締役を置くことを定めており、これが経営に当たることになっている。この規定が現実にはまもられていないのだ。

◆重なりを減じた民主主義空間と資本主義空間

民主主義は既知の人々の間の友人関係であるのに対し、資本主義は人間をミクロ個人に分解した匿名関係でしかない。選挙ではしばしば知らず知らずのうちに選挙違反をしてしまうほどの濃い関係性があるのに対し、坂井が市場は投票の計算箱だといったように匿名の人の集まりでしかない。

投票の計算箱の意義は最大多数の幸福を見出すことにあろう。つまり、功利主義的な民主主義ともいえる。ところが、功利主義、契約論で考える経済学では掬いきれないのが信頼の問題だ。カリフォルニア大学（ロサンジェルス）教授のリン・ザッカーは二〇世紀初頭のアメリカの歴史的考察から制度の変更が人々の考え方、倫理感のあり方まで変えることになったとの立論をしている。[42] つまり、それまでの地縁、血縁などでつながる強い絆の安心社会が、すこし距離を置く弱い絆に変わって安全社会になったというのである。地縁社会のもとでは、ジェーン・ジェイコブソンの整理の仕方では、組織への忠誠心、上位者の命令への服従、仲間への思いやりなど、組織統治の倫理が求められたが、新たに生まれた安全社会では、契約と、その契約の履行を確実にする誠実が倫理の核心となって、市場取引がスムーズに行われる基礎がうまれたということになる。[43] 今、後者の市場制度に対比するものとして、前者の一形態としての地縁社会というものとを分配原理、行動原理、社会倫理のような項目をとって比較してみよう（図５－４）。

図 5-4　市場制度と信用割当制度

制度	分配原理	行動原理	倫理
市場社会	交換	契約	誠実
地縁社会	割当	指令	忠誠

（出所）Jacobs（1992）を参照して作成

分配原理は二つの制度の名称そのものを出したに過ぎないが、地縁社会のもとでは、組織への忠誠心、上位者の命令への服従、仲間への思いやりなど、組織統治の倫理が求められていたが、新たに生まれた安全社会では、契約と、その契約の履行を確実にする誠実が倫理の核心となって、市場取引がスムーズに行われる基礎が生まれたとされる。

だが、その契約の自由が行き過ぎ、法人と経営者の関係にまで持ち込まれたがゆえに、経営者と従業員の間に大きな格差を生み、エリート層のワーカー蔑視の視線をもたらし、社会の分裂をもたらしたのだ。つまり、会社の経営という本来契約ではなく信認関係であるところに「契約」を持ち込んでしまったことがそもそもの間違いなのだ。信認関係とは本来契約を結ぼうとすれば自己契約になってしまう、そういう関係なのだ。経営エリートは自己契約の世界で自己の報酬を引き上げるという「カモ釣り」をしてきたことを意味しよう。

日本では小泉内閣の時に新自由主義的政策が持ち込まれ、その結果、働く人の間でも「勝ち組」と「負け組」とが判然と分かれることになった。民主主義にあっては勝者に敗者を破滅に追いやるまでの権利を与えていないはずだ。だが、前章で見たラストベルトの白人たちは、日本の「負け組」の域をはるかに超えて、破滅に追いやられているのではないか。

オルテガはかつて大衆が現代社会を蝕んでいると主張した。これに対し、クリストファー・ラッシュが一九八〇年代以降のアメリカにおいてむしろ逆にエリートこそが社会を蝕んでいると主張した『エリートの反逆』を上梓したのはおよそ二〇年前のことだ。ラッシュはスミスが転機になったというカーター大統領がその国民説得演説で引用した「期待を縮小すべき時代」というフレーズで有名だが、彼らエリートはコミュニティに帰属意識を持たず、したがって地域社会や国に対して愛着も忠誠心も持ち合わせていないというのである。(44) 彼らが共通意識をもち、交わす基準が義務を負っていると考えないため社会の不平等を拡大して平気なのだ。それは、メリトクラシーのみが人の至上命題になったからだとラッシュは言う。典型的なパワーエリートたちの集まりであるダボス会議は、かつて市場になかったものを市場へと取り込んでいった一方、格差や貧困に対し十分な福祉政策をとろうとしない者の集まりだったのだ。

では、どうすればよいのか。パイの分配を巡って国民が分裂しているのをどう修復するのか。ラッシュは、肩書きや身分の上下や貧富の差を度外視した議論こそが民主主義の本来の姿だと主張する。民主主義は政府に頼るのではなく、近隣の人と助け合いながら自分自身で何でもするという前提があって初めて非常によく機能するというのだ。これは左派とされるラッシュがアメリカ伝統の独立志向を強く持つ一方、近隣社会の復活を唱えるサンデルと同じようにコミュニタリアンであることを意味しよう。

大雑把な捉え方をすれば、サンデルやラッシュの議論は、フロンティアがあり交換の原理のもとでも配分機能が発揮できたが、パイが限られている中では交換原理を少し引っ込めよということになろう。しかし、近代化し分裂を極めた社会になった今、それも難しいだろう。

アメリカでは刑務所に収容されている人口は二〇一三年現在で二三〇万人がいる。ロバート・ノジックのいう「自由」を確保するためのスペース、ガードマンに守られたゲッティッドシティは数限りない。このため、いわゆる警備関連の労働はアメリカの全労働力の四分の一に達するという[45]。

だが、二〇〇五年にジョージア州を襲ったハリケーン・カトリーナの被害が大きく、その復興のための資金の拠出を回避するために白人を中心とした富裕層が住むアトランタ郊外のゲーティッドシティが数多くある地区が住民投票によって自治体としての「独立」を果たし、「自治」の手続きが面倒だと、すべての業務を民間企業に委託したサンディ・スプリングス市が誕生したのには筆者も驚愕した。人口一〇万人の同市は少数の議員が自治体の意思を反映する形になっているが市長と市幹部の四人は雇われ公務員であり、警察・消防、そしてカウンティ事業である教育を除く、いわゆる自治体業務は大手建設会社の子会社に外部委託している[46]。

この完全民営化都市の誕生の衝撃は大きく、他の都市でもこうしたクリームスキミングの独立に追随する動きが出てきている。そして、そうした富裕層の「独立」で取り残された自治区も深刻な財政上、政治上の問題を抱え込むことになる。

深刻なのはラストベルトだ。ミシガン州では二〇一一年に議会が「非常事態管理法」を成立させ、知事任命の「危機管理人」に市財政立て直しの指揮権が与えられ、危機管理人には、債務削減のためには民意を問うことなく自治体の資産売却、公務員の解雇、公共サービスの民営化などを実行する権限が与えられた。同州に限らずラストベルト地域の財政を悪化させた自治体では公共教育サービスの民営化もできることになった。GMの倒産で二〇一三年に連邦破産法の適用を受けたデトロイト市は、富裕層の「独立」で取り残された自治区でこそないが、一種の見捨てられた地だ。二〇一九年にはフィアット・クライスラーがジープの組み立て工場を建設するとしたことから沸いているが、GMは北米五工場の閉鎖を発表している。そこでは公共教育が停止され、急成長している多国籍企業モザイカ・エデュケーションが乗り込んでチャーター・スクールを経営し始めている姿に変わりはない。

こうした事態は必ずしも一時的ではない可能性がある。マルクスは市場経済が何ごとも商品化し、貨幣化することを指摘したが、新自由主義の跋扈する中で起こっていることはマルクスの経済的という領域を超えて教育やエキササイズのようなところにまで及んでいるのだ。これは、単なる共和主義への先祖返りといったレベルでの話ではなく、民主主義の根本をも空洞化させてしまう「見えざる革命」だというのは、カリフォルニア大学（バークレー）教授のウェンディ・ブラウンだ。[47]彼女は、新自由主義とは、ケインズ経済学と社会民主主義への反感から生まれたイデオロギーで、その教条でもって人間を人的資本と言い換え、その人的資本を送り出す立場に変えられた大学でも、その対象となる大衆を、自らの存立基盤だったデモス（市民）を解体させるような逆説的なことを起こさせていると糾弾する。つまり、市民とは消費者か、投資家かであって、もはや公共空間に関心をもつ市民を消滅させてしまったというのである。そこではサンデルのいう公共空間、公的生活の地盤がなくなり、共通善を語り、コミュニティの共通善を見出すことは困難になっていく。市民の間の焦点の定まった熟慮を期待できなくなろう。[48]

デモスの声とは、理不尽な権力の圧政と戦う自由を意味するものではなかったのか。デモスを復活させなければならない時に、新自由主義は市場至上主義の権化となってその前に立ちはだかっているのだ。ミッシェル・フーコーの「バイオポリティクス」の理論を適用しながら民主主義の劣化を問うブラウン理論の真骨頂は、かつてはデモスと親和的であった自由主義が市場の浸食によって新自由主義へとつくりかえられていく中でデモスを崩壊させているという逆説を提示したことだろう。

これに対し、そもそもデモスにそれほどの期待をしてよいのかと疑問を投げかけていたのがハイエクだ。ハイエクは、一九三〇年代には「分散化された知識の有効利用」や「意見形成の過程」として競争を捉える視点を提示し、一九四四年に『隷属への道』を上梓し全体主義、計画経済への批判を展開して名をなしたが、その後のハイエクはすべての秩序を個人の行為の意図せざる結果であるとして捉える「自生的秩序論」へと思考の歩を進めた。

ハイエクは『自由の条件』の中で展開したのは、万人が従うべき正義のルール「ノモス」は、人々の知恵の集積として市場で発見されるべきものだという主張である。自由には、言論の自由など「知的領域における自由」と職業の選択など「行為の自由」の二つが考えられるが、自生的秩序の形成にとって決定的に重要なのは行為することが許されていることになる。なぜなら、ハイエクにとって、様々な知恵は人々の行為の積み重ねの結果、発見されるものであって、行為の自由を認めないまま、知的領域だけの自由を尊重したところで、それは意味をなさないからである。そこには試行錯誤なしに新しい知識に到達することはないというハイエクの見方がベースにある。

晩年のハイエクは議会にノモス発見の役割を割り当て、そこから議会改革論を展開した。ノモスの発見には一人一票の無制限な民主主義ではうまくいくとハイエクは考えていなかった。そこで提案したのが一種の制限民主主義（世代別の代表制）であり、公共事業の配分など資源配分のための「テシス（指令）」の権限に制限をもつ議会であった。こうした提言が生まれたのも、議会がノモスとテシスを混同し、多数のデモスに引きずられて政治が混乱しているとの観察からであり、自由を守るためには、ポピュリズムに流れがちな民主主義を補正しなければならないという信念からだといえよう。

こうしたハイエクの観察、提言は現在にどう活かすべきか、あるいは対応すべきか。先述の小林のように、同時代の経済格差を縮小する社会保障政策を行いながら、将来世代への負担の先送り（政府債務）を増やさないためには、将来世代の利益代表を任務とする中立機関を創設するという反応も十分にありえよう。しかし、多くが『隷属への道』と『自由の条件』との間のハイエクの主張の相違点をさぐり、歴史的事実と照らし合わせながらハイエクの社会民主主義的体制への視座が全体主義、計画経済へのものとは異なったものであることを確かめようとしている[49]。そうした中、アリス・トランティディスらは、ハイエクの議論はトランプなどラジカルライトにこそ当てはまるものであり、社会民主主義的制度に及ぶものではないと主張している[50]。

ハイエクの「自由」への呪縛は解けたとして、熟慮民主主義というのは単なる理念に過ぎないという前出のシャピロの論点は残る。そのシャピロはどんな指針を示すのだろうか。格差の拡大した社会、深い文化的亀裂のある政治的共同体において民主主義を維持できるかどうかという師が残した問題についてシャピロはどんな回答を用意したのだろうか。シャピロは、師の分析枠組であった「多極共存型民主主義」（レイプハルト）論についてさまざまな角度から検討を加えながら、分裂した社会における「区画横断的な連合形成」の可能性を模索している。

4 中国への対峙姿勢を民主主義の再生に活かせ

アメリカでは、自由というものがまず財産権とかぎりなく結びついているが、その一つの側面が財産の自由な行使ということになる。そして今一つが持たざる者からの要求から財産権を保護するという意味での自由だ。それが多数決制の民主主義が当初拒まれた理由であり、現在のリバタリアンの主張の根拠になっている。こうした意味合いをもつ自由をかかげてきたがゆえに、アメリカの民主主義はしばしば「自由民主主義制度」とよばれることになる。

先にも引用したマクファーソンは、「自由民主主義制度」をモデル的に理解するには、その制度が社会と人民をいかなるものとして想定しているか、また人民がどのような自己意識をもち、その制度をいかなるものとして理解しているか、そして、その制度がいかなる倫理的正当性を主張しているかを明らかにすることが必要であり、有効であると説く。自由民主主義のありうる将来をモデル的に論ずる場合、その制度が「民主的統治の機構を階級的に分割された社会に適合させようとして企図されてきたという事実」を無視できないというのだ。(51)

パスデペンデントな制度の変革にはどうすればよいのか。マクファーソンは、財産権を狭義ではなく広義で考えなくてはならないという。狭義で財産権をとらえればそれは人権とぶつかることになる。だが広義で考えれば矛盾なく民主主義で言う人権と解合できる。個人的財産権の基本に戻って考えれば、財産権と人権があって初めて人類の繁栄、人生の目的達成が可能になるのだ。(52)財産権の自由処分という意味では、労働者は自分の身体的能力の「労働」を売るという行為が可能だが、それは常に失業の危険と隣り合わせだ。そして恒常的に失業がなくならないような状況の下では自営業者としての立ち居振る舞いを求められる(53)。つまり自律が必要だというが、それは保護されてしかるべきだというのだ。

そしてプラットフォーム資本主義の時代には新たに保護されるべき自律が生まれているように思われる。アマゾンやフェイスブックなどプラットフォーマーが人々の生活を取り込んでしまったことからデータマイニングの精度も高くなってきていて、そのナッジに乗る生活が当たり前のごとくになっていく可能性に言及した。これは、いうならばプラットフォーマーは患者自身よりも患者のことをよく知る医者の立場に近い存在へと変わっていくことになる。もしそうであるならば、私たちはフィナンシャリゼーションの進展の中でいつのまにか株主資本に支配され、経営者に指図されるようになってきたのと同じように、プラットフォーマーの指図を受けていくことになる。カリフォルニア大学（アーバイン）教授のデイヴィッド・ケイが「現代の立法者だ」というゆえんだ。実際、プラットフォーマーは、そのデフォルトスタンダード、ユーザー規定等を通じて現代の法律並みの拘束力を持っているといえよう。

個人情報のずさんな扱いから五〇〇〇万ドルの罰金を課せられたフェイスブックは、住宅売買や求人、信用貸しの広告について、年齢や性別などで対象を絞る「ターゲティング」の手法を廃止すると発表し、オープンよりもプライバシーを最優先するとの新方針の宣言をした。その限りではプラットフォーマーはあたかも人格者か医師かのように振舞い、ひそかに指図をするものとしての地位を保全しようとしているように見えた。

そのフェイスブックがデジタルマネー、リブラを発行する計画を発表した。フェイスブック、ワッツアップという巨大ＳＮＳのユーザーを核に世界に二七億人の利用者をもつことから単に銀行口座をもたない新興国の人々などに金融サービスを提供して金融包摂を進めるにとどまらず、いつしかホールセールの分野にまで浸透していって、新たな通貨の担い手になるということも十分に考えられる。つまり、文字通り「国境のないグローバルな通貨と金融インフラになること」というザッカーバーグの目標が達成されてしまうこともあり得るのだ。

下院金融サービス委員会のマクシーン・ウオーターズ委員長は、リブラは、必要な手続きを踏まずに「銀行を始めるようなもの」と述べ、フェイスブックに対して、リブラの計画を直ちに止めるよう金融システムを守る立場から警告している。だが、プラットフォーマーの多くは複数議決権で保護された独裁的な力をもつ創業者に支配されており、今リブラという通貨をみとめれば、サーバー帝国になってしまうがそれを許してよいのかという立場もあり得よう。フェイスブックのリブラ計画を多岐にわたる規制当局への目つぶし作戦とみて、データ独占への警戒感からフェイスブックの分割論が早期に浮上することも考えられるゆえんだ。

ＡＩが周囲の状況を自ら判断し人間をサポートしてくれる「アンビエント」なＩＴ環境へと変わるというのは、フィクションなのだろうか。「アンビエント（自然な環境）」なＩＴ環境でのひそかに指図をつづけるプラットフォーマーから自律を保つにはどうした良いのかに関し、中央大学准教授の宮下紘は『ビッグデータの支配とプライバシー危機』の中で、ビッグデータ社会を理性的に統御するためにはまず「権利としてのプライバシー」を再定義することが必要だと説いている。すべてがデータとなり万人がネットにつながれた現在の世界において、「ネットワーク化された自我を造形する権利」としてプライバシーを定義し、そこを起点に自由・尊厳・尊重を作り直すことで、新たな社会契約を結ぶことが可能になるのではないかとの期待である。

危機にさらされている自律に触れたところで、改めて問うべきは保護すべき自律とは何かであろう。

ジェニファー・ネーデルスキーは、自律とは「一つの能力」であり、それはある集団の中で自他の境界の曖昧さ、利害の錯綜、他者によって示される規律、触発など様々な要素、環境の中で形成されるもので、決して法や政治制度としての前提として措定される人間の属性ではなく、状況によっては著しく損なわれる能力の一つと考えるべき性格のものだと主張する。ところがアメリカでは、かつてフランクフルト派のアドルノらが指摘したように、自律が無条件に前提にされ、しかもそれは強く財産管理と結びついているために富者だけが道徳の鑑になってしまう。[54] 個人が福祉にたよらざるをえないという情況は、国家を個人の自律を損なうという文脈でとらえてしまうのだ。

一九三〇年代の民主主義は全体主義と対峙することで、自分の身を正す形で蘇えり、それが実り、戦後には代議制民主主義の黄金期を迎えた。アメリカは、中国に似た行動をとり始めてきた。しかし、習近平の中国は社会主義市場経済という政治的自由のない新自由主義で、アメリカを凌駕できるような強国にならんとする意欲を見せ始めた。民主主義が中国からチャレンジを受けているとすれば、アメリカは中国の真似をしていることなどは最早できないのだ。自身の民主主義を見つめなおし、中国モデルを凌駕するものであることを示さなくてはならないのだ。その意味で、民主主義社会にふさわしい福祉国家を形成する妨げになっているのが、私的所有、制限された政府を規定するアメリカ憲法というのであれば、今や「反民主主義的」で時代遅れであるアメリカ憲法の改革も視野に入れ、自己改革を推進していくべき時なのだ。

(1) ジョセフ・シュンペーター『資本主義・社会主義・民主主義・Ⅱ』(大野一訳)日経BP社、二〇一六年。
(2) カール・ポランニー『市場社会と人間の自由』(植村 邦彦・若森 みどり・若森 章孝・編訳)大月書店、二〇一二年。

（3）デヴィッド・グレーバー『デモクラシー・プロジェクト』（木下ちがや他・訳）航思社、二〇一五年。

（4）Richard Hofstadter, *The Paranoid Style in American Politics*, Vintage, 2008.

（5）待鳥聡史『アメリカ大統領制の現在』ＮＨＫブックス、二〇一六年。

（6）John Markoff, "When and Where Was Democracy Invented?" *Comparative Studies in Society and History*, vol.41, 1999.

（7）カール・ポランニー『市場社会と人間の自由』（若森みどり他訳）大月書店、二〇一二年。

（8）待鳥聡史『代議制民主主義』中公新書、二〇一五年。

（9）阿川尚之『憲法で読むアメリカ史』ちくま学芸文庫、二〇一三年。

（10）東浩紀『一般意思二・〇』講談社、二〇一一年。

（11）ペーター・スコロフスキー『資本主義の倫理』（鬼塚雄丞・他訳）新生叢書、一九九六年。

（12）坂井豊貴「陪審定理と多数決の正当性」『経済研究』vol.67(2), 2016.

（13）ブライアン・カプラン『選挙の経済学』（長峯純一・奥井克美・監訳）日経ＢＰ社、二〇〇九年。

（14）ロナルド・ドゥオーキン『民主主義は可能か』（水谷英夫・訳）信山社、二〇一六年。

（15）宇野重規『民主主義のつくり方』ちくま選書、二〇一三年。

（16）Anthony Downs, "An Economic Theory of Political Action in a Democracy," *Journal of Political Economy*, April, 1957.

（17）ウォルター・リップマン『世論・上下』（掛川トミ子訳）岩波文庫、一九八七年。

（18）Judith Donath, *The Social Machine: Designing For Online Life*, The MIT Press, 2014.

（19）イアン・シャピロ『民主主義議論の現在』（中道寿一・訳）慶應義塾大学出版会、二〇一〇年。

（20）シャンタル・ムフ『政治的なものについて　闘技的民主主義と多元主義的グローバル秩序』（酒井隆史監訳・篠原雅武訳）明石書店、二〇〇八年。

（21）ピエール・ロザンヴァロン『カウンターデモクラシー』（嶋崎正樹訳）岩波書店、二〇一七年。

（22）Thomas Ferguson, *Golden Rule: The Investment Theory of Party Competition and the Logic of Money-driven Political Systems*, University of Chicago Press, 2005.

（23）支援を受けたとされるシンクタンクとは、ヘリテージ財団、アメリカン・エンタープライズ、ケイトー研究所の三つだが、特にケイトーはチャールズ・コックが共同創立者のうち一人で、コック家と直接的関連がある。小さなシンクタンクと研究テーマとの関係のなやましさについては、筆者も本文で触れたようにケイトー研究所にウィリアム・ニスカーネン所長を訪ねた折、聞かされたことがある。

（24）Steven Levitsky and Daniel Ziblatt, *How Democracies Die*, Crown, 2018.

(25) 池田純一『〈ポストトゥルース〉のアメリカの誕生：ウェッブにハックされた大統領選』青土社、二〇一七年。

(26) キャス・サンティーン『インターネットは民主主義の敵か』（石川幸憲訳）毎日新聞、二〇〇三年。

(27) テオドール・アドルノ、マックス・ホルコハイマー『啓蒙の弁証法――哲学的断想』（徳永恂訳）岩波文庫、二〇〇七年。

(28) Cass Sunstein, *#Republic: Divided Democracy in the Age of Social Media*, Princeton University Press, 2017.

(29) ヘドリック・スミス『誰がアメリカンドリームを奪ったのか・上下』（伏見威蕃訳）朝日新聞出版、二〇一五年。

(30) 上村達男・他「アイゼンバーグ教授に聞く」『企業と法想像』二〇〇四年。

(31) 髙橋琢磨「企業の巨大化と多角化の現状」『AMERICAN BUSINESS:ITS CURRENT TRENDS』タイムライフ、一九七二年。

(32) Lina M Khan, "Amazon's Antitrust Paradox," *Yale Law Journal*, vol126(3), 2017.

(33) アドルフ・バーリ、ガーディナー・ミーンズ『近代株式会社と私有財産』（北島忠男訳）文雅堂銀行研究社、一九五七年。

(34) Michael Jensen and William Meckling, "Theory of the Firm: Managerial Behaviors, Agency Cost, and Corporate Structures, *Journal of Financial Economics*, vol.3(4), 1976.

(35) 髙橋琢磨『戦略の経営学』ダイヤモンド社、二〇一二年。

(36) Michael Jensen and Kevin J. Murphy, "CEO Incentives: It's Not How Much You Pay, But How," *Harvard Business Review*, May–June, 1990.

(37) Margaret Blair, *Ownership and Control: Rethinking Corporate Governance for the Twenty-first Century*, Brookings, 1995.

(38) Jean Tirole, "Corporate Governnance," *Econometorica*, vol.69(1), 2000.

(39) Luigi Zingales, "In Search of New Foundations," *Journal of Finance*, vol.55(4), 2000.

(40) Sanford J. Grossman and Oliver D. Hart, "The Costs and Benefits of Ownership: The Vertical and Lateral Integration," *Journal of Political Economy*, vol.94, 1986. オリバー・ハート『企業、契約、金融構造』（鳥居昭夫訳）、慶應義塾大学出版会、二〇一〇年。

(41) 岩井克人『会社はだれのものか』平凡社、二〇〇五年。

(42) Lynne Zucker, "Production of Trust: Institutional Sources of Economic Structure:1840–1920," *Research In Organizational Behavior*, no.8. 1986.

(43) ジェーン・ジェイコブス『市場の論理、統治の論理』（香西泰・訳）日本経済新聞社、一九九八年。

(44) クリストファー・ラッシュ『エリートの反逆』（森下伸也訳）新曜社、一九九七年。

(45) Arujun Jayadev and Samuel Bowles, “Guard Labor,” *Journal of Development Economics*, vol.79(2), 2006.

(46) オリバー・W・ポーター他「自治体を民間が運営する都市——サンディ・スプリングス市の衝撃」（根本佑二訳・著）時事通信社、二〇〇九年。

(47) ウェンディ・ブラウン『いかにして民主主義は失われていくのか——新自由主義の見えざる攻撃』（中井亜佐子訳）岩波書店、二〇一七年。

(48) 大学進学が私立高校からでなければ非常に困難な状況が生まれる中で親が自分の仕事を優先せず公教育がまだ機能している地域に移り住み、それを契機にコミュニティの再生が期待されているサインもある。サンデル自身は二〇〇〇年に開かれたセミナーで「可能だが、非常に困難」と考えていると吐露している（「民主制の不満（上）」付録）。

(49) たとえば、Peter J. Boettke, Vald Tarko, and Paul Aligica, “Why Hayek Matters: Epistemic Dimension of Comparative Institutional Analysis,” in *Advances in Austrian Economics*, ed. Peter J. Boettke and Virgil Henry Storr, vol.21, Emerald Group Publishing, 2016.

(50) Aris Trantidis and Nick Cowen, “Hayek versus Trump: The Radical Right*s Road to Serfdom,” *Polity*, forthcoming, 2019

(51) C・B・マクファーソン『自由民主主義は生き残れるか』（田口富久治訳）岩波新書、一九七八年。

(52) C.B. Macpherson, *The Rise and Fall of Economic Justice and Other Essays*, Oxford University Press, 1987.

(53) こうした観点からは、先に見たウーバーの提供するギグ・ジョブの寄せ集めでの自営はネガティブにとらえられることになろう。

(54) テオドール・アドルノ、マックス・ホルクハイマー『ミニマム・モラリア』（三光長治訳）法政大学出版局、一九九七年。

第6章　トランプの反グローバリゼーション政策のゆくえ

国家の意思としての民主主義が市場を支配することは可能か

ポピュリズムの波を利用し登場したトランプ政権は何をなし得るのか、外交・安全保障政策こそは関与政策に終結した対中国外交に終止符を打ち、中国と対峙する大国外交政策を打ち出したが、国内政策に関しては反移民政策以外の姿が見えてこない。ポピュリズムという言葉自体はすでに見たようにもともとアメリカの農民運動の中で初めて登場したもので、一八九〇年代に困窮化した農民の「怒り」をベースに誕生した人民党が、累進課税導入や企業の行動に一定の歯止めをかける規制の導入などの契機を生んだという実績がある。

では、トランプ政権は、こうした歴史の遺産を糧として、分配よりも成長という長く続いた慣性を打ち破り、反グローバル化、反フィナンシャリゼーションという目標を達成し、フィリップスのいう保守主義とリベラリズムの程よい政治循環を取り戻すことができるのだろうか。

ポピュリズムが何もポジティブなものを生むものではないと断言するのは、ドイツに生まれのプリンストン大学教授をつとめるヤンヴェルナー・ミュラーだ。彼は、ポピュリズムを反エリート主義と反多元主義によって定義し、競争相手の存在を認めず、自分たちが正しく、したがって人民を代表していると一方的に主張する存在で、民主主義の敵だと切って捨てる(1)。

事実、トランプはそれぞれが政策的には脈絡のない大統領令を濫発し、イタリアで大富豪のベルルスコーニが政治経験もなしに国を率い、大きな成果をあげることなく長きにわたり首班にとどまった経験から、トランプ政権もまた大統領執務室から選挙期間中に約束した「政策」を大統領令として次々に飛ばし、支持者たちにトランプは大統領になっても君たちを裏切ることはないというサインを送り続けることに終始するという、先のジンガレスが示した懸念に沿った動きに終始している。

スティーブ・バノン主席戦略補佐官を解任したが、非白人への攻撃は執拗に続けている。「スクワッド」と呼ばれる四人の移民系の民主党女性議員、アレクサンドリア・オカシオコルテス、イルハン・オマール、アヤナ・プレスリー、ラシダ・トレイブを標的に「完全に破滅して犯罪がまん延する、元いた国に帰り、建て直しを手伝ったらどうか」と発言し反発を受けたが、さらに集会ではイスラム教徒に的を絞り、元ソマリア難民のイルハン・オマルを攻撃すると、支持者たちは間髪を入れず「(彼女を)送り返せ」の大合唱となった。

トランプはそれ以前にもシャーロッツビルの白人至上主義者をかばい、アリゾナ州マリコバ郡の不法移民を不当に扱った保安官に対し連邦判事が中南米移民を標的に拘束したりすることを禁じる命令に従わず法廷侮辱罪で有罪になった保安官を大統領令で恩赦を与えている。

先のレビツキらも指摘しているように、白人人口構成が減少するという恐怖を深く共有しているのだ。社会の分裂が進むとしても、まだ白人優位にある間に白人票の七割をとれば自分の再選は可能だと読んでいるのだ。

また、「国境を管理し、(産業の)保護が繁栄と強さをもたらす」と自国優先を掲げ、鉄鋼やアルミの関税を引き上げ、グローバル化が職を奪ったとしてTPPを破棄し、NAFTAといった自由貿易協定の再交渉、対中貿易戦争など二国間主義へと向かっている。これらも、自分の支持者にジョブを取り戻すぞという見せ場をつくるためだけの装置であって、そこに国際的な配慮はもちろん経済理論もないのだ。すなわち、トランプの場合、かつてキンドルバーガーが形容した恩恵的な覇権国のトップという意識がまったくない。つまり、そこでは一九八〇年代の日米貿易摩擦の印象を大きく引きずった「選挙対策」用の言辞だったはずのものが、そのまま現実のトランプ政策になっている。大統領の再選を目標としているのであって、それらに、政策効果が現れなくとも、それもお構いないのだ。

だが、国連演説を機にアジア歴訪での日米豪印の連携、国家安全保障戦略の策定など、同じ対中国への強硬姿勢でも練り上げたものへと転換する可能性が示唆され、ペンス演説は新たな米中冷戦への宣言とも読み取れた。とはいえ、同盟の価値を説く国防長官のマティスを更迭するなど、外交政策に一貫性が欠如したままであることに変わりがない。

いずれにせよ、中国が南シナ海での軍事施設の撤去をすることはないし、アメリカにはそれを強要する手段もない。しかも当面は北朝鮮の核・ミサイル問題では強硬策がある意味では成功し、相次ぐ米朝首脳会談が組まれたが、非核化の徹底はできず物別れで終わっている。北朝鮮の非核化が頓挫したままなのは、北朝鮮が弱体化し過ぎることを望まない中国の干渉があるからだ。

米朝間が棚上げ状況になった以上、トランプの対中強硬策は経済面、ハイテク封鎖でということになる。すなわち、トランプは国内向けのパフォーマンスのため、中国の重商主義的政策に怯えているだけのように見えるカリフォルニア大学（アーバイン）教授だった国家通商会議議長のピーター・ナバロや鉄鋼業界の再編で腕を振るって商務相へ起用されているウィルバー・ロスなどに出番を与え、鉄鋼やアルミに高率関税をかける措置を大統領令で行い、対中国でも知的財産権の侵害があると制裁関税をかけ、それを四次まで拡大してきた。このため米中の大貿易大国が互いに課す関税率は平均二〇％を超え、一九三〇年代に相当するまでに膨れ上った。

米中首脳は、譲歩すれば裏切り者とされてしまうことから引くに引けなくなっているように見える。だが、中国との報復関税の応酬はお互いの経済を傷つけるだけでなく世界経済にも悪影響をもたらし、米中首脳は妥協点を探る必要に迫られているのだ。その意味では短期の和平は楽観的に見ておくことができよう。

問題は、先に見たようにグローバルエコシステムが構築され相互依存の網が張り巡らされている中で長期にわたって効果的な対中ハイテク封鎖ができるかということだ。もちろん、米中の報復関税の応酬によってグローバルエコシステムにすでに大きな支障が生まれてきているが、反グローバリズムの名のもとにそれを機能しないまでに分断できるかという問いでもある。

一方、中国側から見れば、輸入増や技術取得のためには外資企業への露骨な介入も辞さないとした、きわめて重商主義的な手段を引っ込め、知的財産保護を強化するなどの措置によって当面の妥協の間隙を縫いながらも、ＩｏＴやＡＩなど先端技術を援用して一挙に産業構造を高度化する目標を掲げている「中国製造２０２５」という一〇年計画を着実に実行に移していくことができるか、という問いになろう。

米中ハイテク戦争は、「中国製造２０２５」の実践の遂行をアメリカがどこまで阻止できるかという構図になっている。つまり、アメリカの通商政策、それ自体も国際社会の反発を招いているが、中国はそれ以上に着実に独自の重商主義的な政策を進めており、西側はその攻勢を前に完全な受け身に回されている。

米中ハイテク戦争に対する習近平の中国の構えは、毛沢東の「持久戦」、「自力更生」の現代版である。「持久戦論」とは、日中戦争のさなか、強い日本に弱い中国が勝つにはどうすればいいか、毛が打ち出した対日戦略の要諦である。毛は、短期決戦で日本を蹴散らすべきだとする「速勝論」を否定する一方、時間をかけて少しずつ状況を変えていけば必ず日本に勝てると主張した。時間が中国に見方していると いう基本観に立った戦略構築だったといえよう。一方、「自力更生」とは、「抗日戦争勝利後の政局と我々の方針」と題するスピーチの中で述べられた基本観で「我々の方針は何を基本とすべきか。自らの力を基本とすることを自力更生と呼ぶ」とフレーズされた。それはやがて援助国、旧ソ連が中国を引き上げたことから現実のものとなったという経緯がある。現代版の持久戦、自力更生では、日本、ソ連をアメリカに置き換えればよいことになる。

では、習近平の中国はどんな籠城作戦をとろうとしているのか。インターネット安全法では、データの国内持ち出しができなくなり、インターネットや公衆ネットワークを使って拠点間に仮想的に専用線を引く技術システムであるVPNが事実上使えなくなるという問題が起きている。VPNは通信を暗号化することもできるので、ホスト国が盗聴も可能な専用回線より安価でセキュリティも高く多くの多国籍企業が使っている。重大な過剰規制だ。そして安全保障などの観点で輸出を規制する輸出管理法である。現在は草案の段階だが、中国国内の外国人に対して技術や物資、役務の提供を許可制とする規制にに加え、当局が指定する規制品目を一定以上使った製品について、当事国などから第三国へと輸出する際に中国政府の許可を求めるという「再輸出規制」が盛り込まれている。看過できないのは、規制品目が本来の安全保障関連にとどまらず、産業競争力や技術発展などへの影響も考慮されていることだ。

覇権国、アメリカは、自分の世界一という地位を脅かそうとする国をライバルと見做し、総力を挙げてその国を抑え込む習性を持つ。一九八〇年代に急速に台頭してきた日本に対しては、日本異質論が提示され、アメリカがあの手この手を使って日本叩きをしてきたことは記憶に新しい。その一つとしてアメリカは輸出管理法を強化して日本の半導体を中心としたハイテクに対して抑圧策をとった。それに対して筆者は、ダボス会議の演説者のために「わたしの技術はわたしのもの、あなた技術もわたしのものではないか」との批判を加えた稿を用意したり、アメリカ政府のトロン・プロジェクト潰しを糾弾する論文を提出したりしたことがある。(2) しかし、アメリカの日本抑圧政策は金融面での仕掛けが大きな効果を上げた。「自主輸出規制」や「プラザ合意」とそれに伴う異常な円高であり、アジア金融危機の仕掛けである。

こうしたアメリカの日本抑圧策は、同盟国、日本を「失われた三〇年」に陥れた一方、アジア金融危機を免れた中国を次の覇権国候補に育てる契機ともなった。だが、その中国に対してアメリカは長きにわたり関与政策を適用し、その発展を助けてきたのだ。中国のWTOへの招致を初めとする中国への譲歩は、資本家たちが中国の広大な市場に魅せられたことからであり、それは市場と技術を交換するものとなったことから、中国を大きく発展させるものになったという意味だ。先に見たチャナメリカ論やグレートモデレーションにあったように、中国の寄与を歓迎する世論形成の中で、そこには日本に割り当てられたようなプラザ合意やアジア金融危機といった劇薬の投与が欠如していた。このため中国が第二の経済大国として登場してきたときには、中国の持つポテンシャルははるかに日本をしのぐものになっていた。すなわち、世界第二の経済体となった中国のGDP規模は、すでにアメリカの六〇%を超え、日本、ドイツ、イギリスの合計に相当するまでになっていた(図6-1)。それだけでなく、購買力平価換算ベースのドル表示ではアメリカの規模を抜いている。また中国は、世界の四分の一の工業生産能力を有し、イノベーション能力に関しても、アメリカに肉薄しているのだ。

そこで、トランプ政権はあわてて、それまでの対中政策の関与政策を廃し、抑止の政策に切り替えた。

ペンス演説はかつての対ソの「冷戦」政策を対中に割り当てるものと受け止められている。イデオロギーが全く異なるソ連に対しては、当初こそ核の独占が破られ、スプートニクショックに見舞われたが、長期にわたる体制間競争、「冷戦」、封じ込め作戦が功を奏し、ソ連は崩壊し、アメリカは「歴史の終わり」を勝ち取ることができた。

図６-１　アメリカのＧＤＰに対する第二の国の相対比

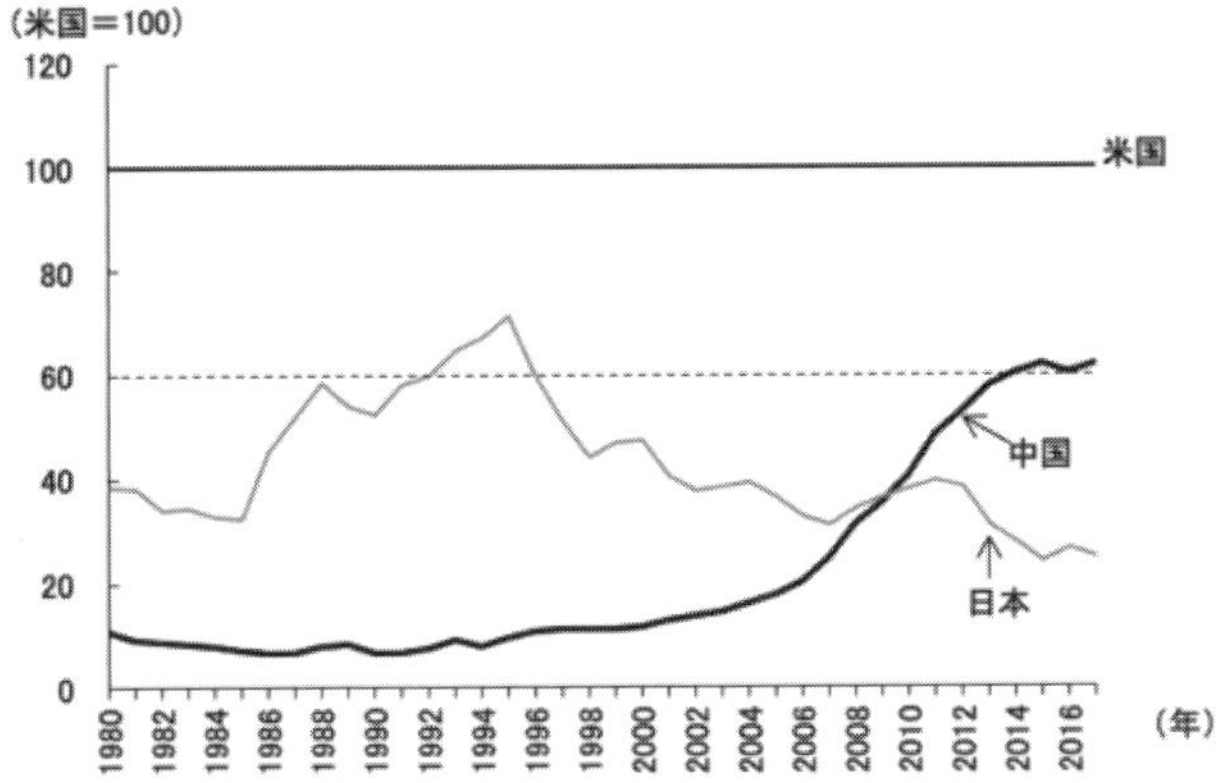

アメリカは、米中経済安全保障再考委員会（ＵＳＣＣ）の意見を取りいれる形で対米外国投資委員会（ＣＦＩＵＳ）による外国企業の対米投資を審査を強化してきたが、本格的に中国のハイテクへのアクセスを封鎖する目的で、冷戦時代のＣＯＣＯＭに学ぶ形で泥縄で二〇一八年八月に成立させたのが、国防授権法、外国投資リスク審査近代化法、輸出管理改革法の三法だ。三位一体の三法の成立により、今後は同盟国に供与したハイテクや軍事技術・情報だけでなく、同盟国が独自にもつハイテクに関しても中国に流れないよう、より厳しい管理を日欧に求めてきている。だが、冷戦時代と異なりグローバル化の進展と深化の結果として、米中のエコシステムはこれまで見てきたようなグローバルエコシステムの一部となっている。アカデミックなネットワークもしかりだ。

こうした相互依存の関係は冷戦時代には考えられなかったもので、アメリカの対中封鎖作戦を極めて遂行しにくいものにしている。そればかりではなく、もしアメリカが自国第一とばかり同盟国に対しても、二国間で自分の強い立場から交渉して譲歩を迫れば、アメリカと日欧の離間がおこり、中国はそれによって対米での強みになると見ている。トランプは、日米首脳会談等を通じ、これまでの同盟無視の態度を軌道修正する姿勢も見せているが、WTO、国連、多国的間取決めなど国際システムへの根強い不信は消えていないことは、共産党大会を経て内部固めをし、イタリア、チェコなどの取り込みを許し習近平の中国に、一帯一路の秩序を打ち出すチャンスを与えたことは確かだ。つまり、小競り合いをつづけながら米中が長期にわたり対峙していくという見通しの中で、アメリカが単なる選挙対策というような統合されていない通商政策に終始する恐れがある一方、中国は中長期の目標に向かって歩を進めていくという構図が覗き見られることになる。

こうした過渡的という体制が続く中でアメリカに起こりそうなことは、やくざ担当の警察がやくざのような行動をとり始めることだった。つまり、望ましいとは言えないかたちでのトランプのアメリカの中国化である。

1 中国化するアメリカ

鄧小平の中国はアメリカにリードされるグローバル化の本質を市場至上主義とみて、自らの経済システムを新自由主義のものに組み換え、以後その最も効率的な体制で経済を運営してきた。これは鄧小平の戦略的な決定であった。一方、トランプ政権の中国化は、中国、その噛み犬の北朝鮮への過剰反応から生じているに過ぎない。西側の体制維持のためにアメリカは邁進すると言っても、トランプ政権は無知であることが良いことであり、専門性を否定してかかることが新潮流になった社会が生んだ時代の申し子だというニコルズの言を借りれば、核抑止力といったコンセプトは紙くずほどの価値もないと、エリートを軽んじるトランプの外交に脈絡がないのは当然だということになる(3)。

◆普通の国へ変われないアメリカ

ベルリンの壁が築かれればケネディ大統領は西ベルリンに飛びベルリンっ子を孤立はさせない、元気を出せと呼び掛け、ウクライナ侵攻があればオバマ大統領はエストニアのタリンに姿を現しNATOが君たちを守ると演説した。アメリカが例外的であったのは、建国以来の伝統でもあるが、キンドルバーガーが指摘したように、覇権国としての矜持、ノブリスオブリジェという面も強かっただろう。だがトランプ大統領は、アメリカの軍事予算の対GDP比が三・二％であるのに対し、ドイツの比率が一・一九％と、軍事費の多い国との比較ではもちろん、同じヨーロッパのほぼ同じ規模の国であるフランスの二・三％、イギリスの一・八％と比較しても低いことに不快を示す（図6-2）。ドイツの軍事費が少ないのは核武装をしていないというテクニカルな部分以上に、日本と同じ第二次世界大戦での敗戦国という立場のためであり、周辺国からのドイツ警戒論を避けたいためであろう。

だが、ドイツが軍事力を増強しアメリカが軍事費を減らしていって、アメリカが普通の国へ変っていくというシナリオは当面描き得ないないのではないか。事実、トランプはミサイル防衛の強化、宇宙軍の創設などを掲げ軍事費を増額している。アメリカの軍事費の多さは、先の松尾の指摘にもあるように、武力行使をもって正義を貫く「建国の精神」にまで遡る「DNA」のせいではないか。その意味で、短気で、軍役の経験を持たず一種の軍コンプレックスを抱くトランプ大統領が、銃を持つ民主主義国家ア

図6-2　突出するアメリカの軍事費は是正に向かうのか

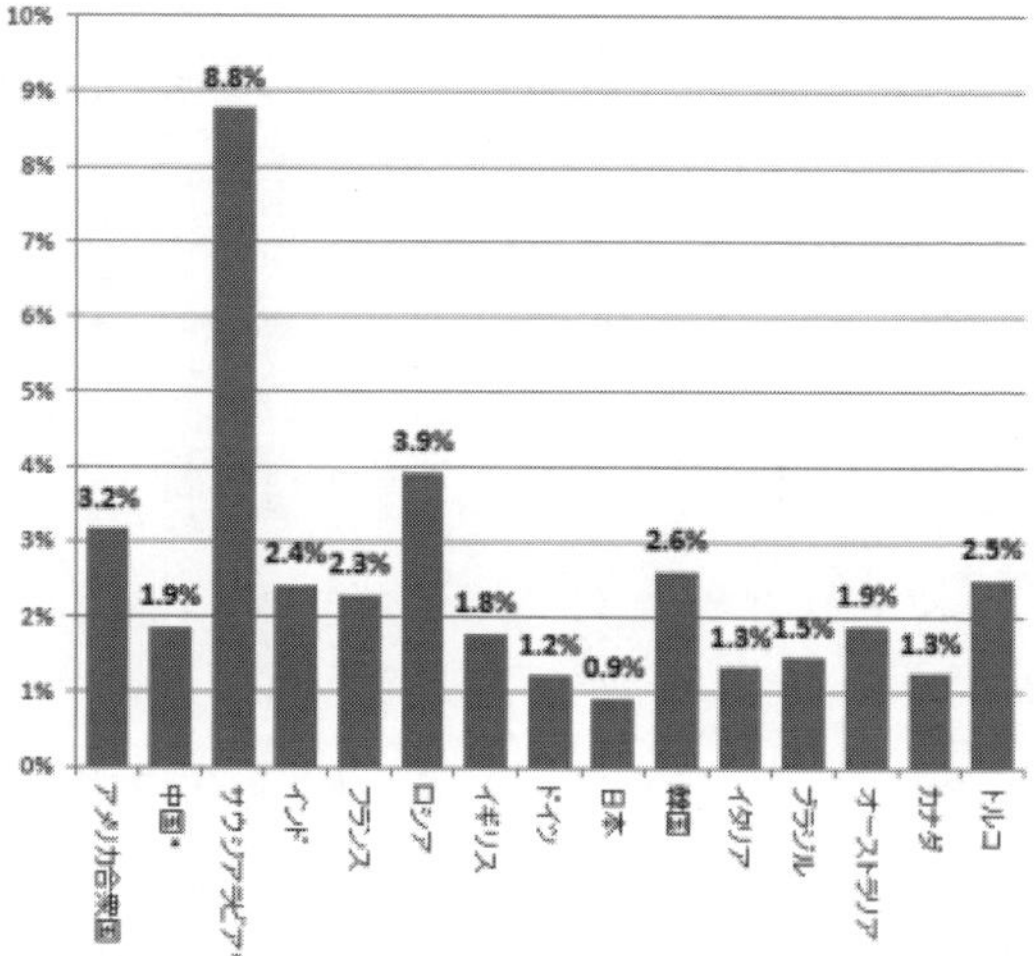

（出所）トックホルム国際平和研究所「Trends in World military expenditure 2018」

メリカを率いていくのは、常識派の国防長官マティスの更迭を行ったことに鑑みても、ある意味で危険ともいえる。とはいえ、前述したように、屋台のバナナのたたき売りのような北朝鮮とのブラフの掛け合いを経て米朝首脳会議が三度に渡って開催され、北朝鮮の「転回」が明らかになったことは東アジアの緊張緩和に貢献したところだ。

しかしながら、中国の台頭、アメリカの覇権の揺らぎの中での米中の対峙がつづくという構図に変化はない。その意味では、そもそも「政権は銃口より生まれる」という刷り込みをもち武力行使をしてでも台湾の開放を目指すという共産党の中国と銃を持つ民主主義のアメリカが対峙している構造的危険に対処していくにはキューバ危機に直面したジョン・F・ケネディのような理性的な指導者が求められよう。そして北朝鮮の死活を握ってきた中国の指導部もまた複雑な判断を求められている。

◆中国発の金融危機という「爆弾」

グローバルという意味では、覇権国アメリカに挑戦する習近平の中国の動向はかつてないほどまでにアメリカに大きな影響を与え始めている。中国は毛沢東の失敗を契機に西に習うという姿勢を貫いてきていた。だが習近平が大きな歴史の結節点にきているというのは、中国はもはや西から学ぶことよりも中国モデルを途上国に売り込む時代が来たとの宣言なのだ。中国モデルへの自信は自身がアジア金融危機を免れ、リーマンショックで西が動揺した中で徐々に形成されてきたが、西ではイギリスがＥＵ離脱騒ぎを起こし、アメリカ国民がトランプを選出したことで確固たるものへと変わってきたとされる。

「米中経済戦争」を唱えたスティーブン・バノンの言は、中国封じ込めのメッセージを発したペンス演説となって昇華し、挑戦国、中国に対する反撃となって顕われている。

中国にとってのベストシナリオは、トランプの厳しい移民政策のおかげで世界のタレントが中国を目指すようになることだ。ＡＩ、デジタルエコノミーなどアメリカに次ぐ地位を獲得した高度技術と広大な中国社会という土壌が相まってこうした分野で中国がリードをとれる可能性も否定できない。トランプのアメリカが、サンデルの公共的空間の形成とは同床異夢ながら、郊外にでて孤立している住民の救済にもなる交通インフラの整備を唱えれば、習近平の中国もまた農村戸籍のまま都市にとどまる二億五〇〇〇万人の「盲流」を都市に定着させる一助として近郊交通を重点に交通インフラの建設を進めている。このため世界の鋼材価格も強含みになって小康状態かと思われたが、米中貿易戦争の激化によって中国が景気対策を強化したため鉄鉱石価格が上昇し、アンバランスな状況になっている。

だが、アンバランスは実物の世界にとどまらない。問題は金融面だ。すなわち、トランプのアメリカ側が対中国で強硬姿勢に出る中で、中国発の金融危機が起こってしまうということが十分に考えられる。

なぜ中国発の金融危機なのか。まずは西側の足許の事情を見てみよう。確かに、リーマンショック、ユーロ危機を経て、再発防止規定が強化され、ドイツ銀行やモンテ・ディ・パスキ・ディ・シエナ銀行といった欧州を代表する銀行がまだ問題を抱えているとしても、バーゼルⅢを中核にした自己資本充実策が行われてきた。このため、逆に低成長にあえぐ日欧を中心に過剰な規制を見直すべきだという機運が出てきており、リバタリアンの金融家の運営になる金融システム上重要な金融機関（ＳＩＦＩ）を多く抱えるアメリカでも、日欧と一線を画す形で規制がウォール街寄りになってきている。

リバタリアンはどんな規制環境を現実につくってきたのか。シュトレークを初め多くが懸念することは「ツービッグ・ツーフェイル（大き過ぎてつぶせない）」という状況である。実際リーマンショックでは多くのＳＩＦＩが納税者の資金によって救済（ベイルアウト）された。経済学者のジョセフ・スティグリッツが糾弾したのは、アメリカの金融が問題なのは、「賭け」をして儲かったら自分、倒産するような損失を出せば、それは皆さん納税者の肩に負わせるということだ。中でも、契約の自由を盾に、アメリカ政府から資本注入を受けた九行でも、二〇〇八年分のボーナスとして一〇〇万ドル以上を受け取った金融関係者は四八〇〇人いたことが注目される。契約の自由はどこまで自由なのか、問われることなく終わったからだ。

無言の圧力に対し考え出されたのが、銀行を切り売りしながら生き残る「レゾルバビリティ」を確保するとの観点からＦＳＢがＳＩＦＩ規制として導入したのがベイルインというコンセプトだ。すなわち、「ベイルアウト」が公的資金をつかって救済することなら、「ベイルイン」では銀行にあらかじめ総損失を吸収できる力（ＴＬＡＣ）、つまりある種のクッションを持たせておき、銀行が破綻した場合に、株主や債権者、つまりクッションの保有者に責任をとらせることができるようにしておくのである。これならば、シュトレークらが手ぐすねを引いて発した「巨大金融機関の救済に公的資金を使った」との批判を免れえることができるはずで、今やモラルハザードが起こったという批判は当たらないというのだ。

なぜなら「ベイルイン」の下では銀行が公的資金で救済されないという建前がうまれるからだ。

契約の自由をもって銀行救済後も事前に契約した高い報酬を金融プレイヤー、経営者たちが受け取ることに何の痛痒も感じないばかりか、今後は胸を張って高報酬を受け取れることになろう。トランプの当選が決まった二〇一六年の第四四半期の金融大手六社の純益は二四二億ドルと、前年同期比二〇％増、リーマンショック後の最高益を更新し報酬もそれに比例する形で上昇し、二〇一七年の決算は過去最高益に近かった。トランプ政権、議会ともに二〇一八年決算の総括と共に銀行の倫理を問う姿勢を見せている。

こうした西側の事情とは、要すれば、弛緩である。リーマンショックから一〇年を経て金融機関の財務基盤は格段に強化されたが、景気対策としての空前の金融緩和はヘッジファンドなどの資金を膨らませ、それが新たなバブルの根源となる恐れが出てきているのだ。この新たな「影の銀行」の投資家たちは、株式市場の平穏を前提に価格変動率の売りを組み込んだ金融商品を積み上げ、ボラティリティが変わると、平穏だったはずの市場が崩落するような危機を呼び込みかねないのだ。トランプの見境のない減税策が景気を過熱させる恐れが出てＦＲＢの金利引き上げのペースを上げていたが、米中貿易戦争による景気への懸念、新興国の資金枯渇への配慮から利上げを利下げへと転じたが、なお危機は潜伏していると見るべきだ。

一方、中国側の事情は明確だ。なぜなら中国経済は金融面で脆弱性を抱えているからだ。リーマンショックに対応した四兆元の景気対策での設備投資、赤字操業による資金繰りのための借入れのため、企業の債務残高（金融機関を除く）の対ＧＤＰ比率は、二〇〇八年九月末の九七％から二〇一六年三月末には一六九％にまで膨らんでいることだ。これは、日本のバブル景気時のピークだった一九九四年末の一四九％を上回っている（図６－３）。

図6-3　危機に至る恐れが強まる中国の民間債務の急増

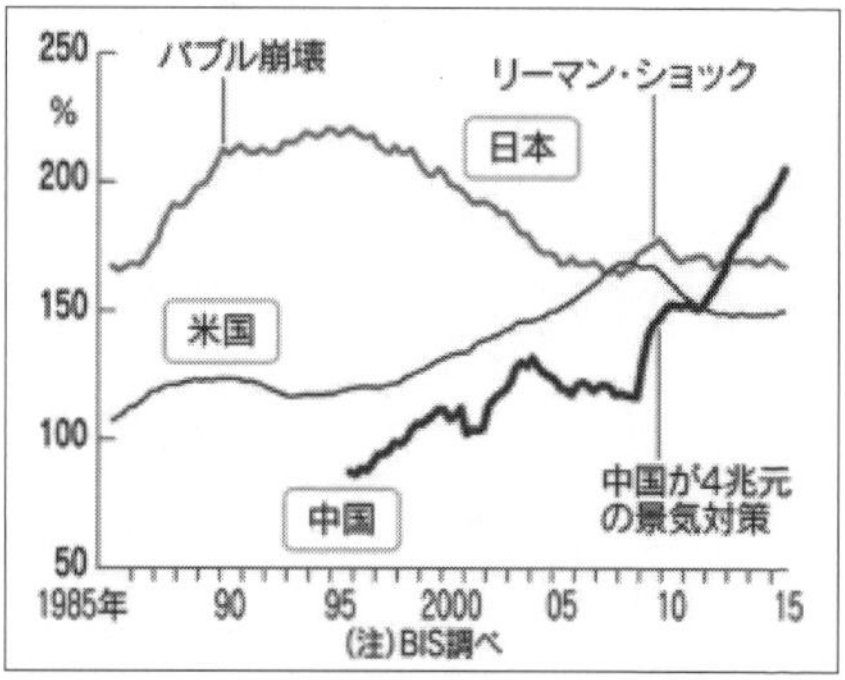

中国銀行保険監督管理委員会によると、中国の商業銀行が抱える不良債権は二〇一八年末に二兆元になんなんとし、このほかにも三兆四〇〇〇億元にも達する日本の債権区分で「要注意先」に当たる「関注類」債権という存在がある。つまり、関注類を加えた広義の不良債権額は二〇一八年末で五兆四〇〇〇億元となり、二〇一四年に比べ一・八倍に膨らんでいるのだ。統制の厳しい中国のことだ。逆に統制をかいくぐった不良債権があってもおかしくなく、何が起こってもおかしくないことにもなる。この張り詰めた金融情勢が、トランプ相場の崩落やトランプの対中強硬政策が引き金となって中国発の金融危機が起こるリスクにつながる恐れを生むものだ。

関税の負荷にくわえ、華為技術などに対する禁輸といった対中国の経済制裁はすでに中国経済にも大きな影響が及んでいる。もちろん中国も金融政策のスタンスを変え、預金準備率を引き下げ、金融緩和へと舵を切る、金利自由化もストップするなど金融の「脆弱性」に目を向け、トランプ政権下での経済運営に最大限の警戒はしている。習近平自身も地方債務の問題を意識してか、「灰色のサイ」の出現を防げと警戒を呼び掛け、不良資産管理公社にも不良債権処理を急げと発破をかけている。だが、貿易戦争のやりとりの中で、中国が大量の不良債権を抱えた金融システムの下、元安を放置すれば、トランプ政権が中国を為替操作国に認定するなど金銭をもてあそぶかのような振舞いは、中国の外貨準備の大幅な減少のリスクなどを顕在化しかねない危険なものだ。アジア金融危機の教訓を忘れていないかという警告にもなる。

金融危機は、それが中国発であっても、その余波は全世界を覆うだろう。アメリカも例外ではない。もし危機が発生し中国で北京の春が起こるようなことがあれば、トランプは第二のレーガンになる栄誉をになおうが、中国が世界経済の中に織り込まれている現状を踏まえれば、むしろ中国からの危機がアメリカにも伝染して世界へ危機を波及させることも起こり得るのではないか。中国発金融危機が起これば、トランプ公約の四%の成長どころか、経済が停滞し、マイナス成長に陥ることも考えられ、トランプの再選への大きな妨げとなる恐れがある。こうした予想が、米中首脳会談での貿易戦争での妥協となり得るといえよう。

リーマンショックでは、オバマ大統領はいわば一九三〇年代のニューディールを意識した思い切った財政出動と金融緩和をし恐慌を防いだ。だが、それ以前の大恐慌の経験に続いて行われたニューディール政策と異なり、繁栄の記憶が鮮明な中で行われたオバマの財政出動は、その後の景気回復が遅く新たなジョブが不満足なものだったことだけが記憶された。その後も、ジョブの供給が途絶えていることは先に見て来たごとくで、これが中産階級の没落を促進しているのだ。

アメリカ経済は、格差が是正されない中では、これまでは重荷になっている観があった中産階級のシンボルたる住宅が現在では文字通り重荷になっているという構造を抱えている。それは金融危機のときに牙をむいて消費者を襲い掛かって来る。株式や債券などの金融資産は、金融危機が過ぎれば、あるいは危機後の不況対策が「金融の超緩和」という政策が打たれることによって大きく回復する。中産階級の象徴である住宅マーケットではこうはいかない。なぜなら、実際に多くの住宅は差し押さえられ、その住宅はいわゆる抵当流れになる。ここまで行かなくても、富が破壊されることになろう。中古住宅市場にも抵当流れが大量供給され、市場は回復しても脆弱性を抱えたままの状態にあるのだ。中産階級が脆弱な一つの理由だ。

トランプの出現はその反動も生んだ。民主党のいわゆる左傾化が顕著になり、女性の政界への進出も活発になり、それらが多くから支持を受けているという構図である。経済がそれなりに平常でもトランプ敗退という可能性もあることを意味しよう。だが、再び金融危機が起こった時には一九三〇年代にあった国家と民主主義が同時に現出することも考えられる。このことは、現代にあって国家と民主主義の同時に出現するのはとうてい無理だと主張するヴォルフガング・シュトレークを想起させる。

2 グローバル化再論：国家を超える政治経済空間

金融危機が起こる確率は高くなっているが、もちろん起こらない可能性もある。だが、市場がポランニー的な大転換を求めていることは確かだ。なぜなら、広がった格差は抜きさしならぬ状態にあり、そのために歪んでしまった民主主義を正しい軌道に戻すことが喫緊の課題になっているからだ。調査会社のグローバル・ストラテジー・アンド・リサーチもまた多くの国で「富の集積から富の分散」に向けて大きなうねりが出てきていると指摘する。

では、どう変るのか。一九世紀末から二〇世紀初期にかけてのグローバル化、フィナンシャリゼーションが一つの終焉を迎えた第一次世界大戦後のアメリカ、そして世界に大きな変革をもたらしたのが赤いウィーンで戦わされていた二つの論調であった。そうだったとすれば、現代のアメリカの問題の解決にはグローバルな世界のドイツ語圏で起こっていることがヒントになり得るのではないか。つまり、動きが止まった偉大なるエスカレーター「アメリカ号」を再稼働させるには、新古典派経済学の反省を待つのではなく、外からの刺激、外からの視点が必要なのだ。国家を超えるグローバルな政治経済空間に目を向けてみようとするとき、目につくのが筆者が先に問題の書だとの紹介をしたヴォルフガング・シュトレークの『資本主義はいかにして終わるのか?』である。

◆シュトレークがドイツに登場した経緯

さてマックス・プランク研究所名誉所長のヴォルフガング・シュトレークとは、何者なのか。ケンブリッジ大学でリーダーを務めるクリス・ビカートンは、現代の資本主義について論じる人、現代の民主主義の危機を語る人は多くいるだろうが、現代の資本主義と民主主義関係とを同じ基盤の上で論じさせて最も興味深い人物としてはシュトレークをおいてないと主張する。

イギリスのアカデミーがシュトレークを招待した時には超満員の聴衆が詰めかけたが、その時の演題が「資本主義はいかにして終わるのか?」だったのだ。こうした講演の稿を集めて出版したのが問題の書なのだ。講演集といった体裁から、FTのウルフは重複が多く、資本主義の終焉というアイキャッチングなタイトルをつけていることは、すなわち今まで言われてきたことの繰り返しに過ぎないと一蹴した。だが、コロンビア大学のトウーズは、単にドイツ、単にEUの問題ととらえるのではなく先進国に共通する危機の分析、処方箋として吟味してみる必要があると注意を喚起する。

何が社会学を専門とするシュトレークをして名誉あるマックス・プランクの社会研究所所長までに押し上げたのか。社会学者と言えば、アメリカで一大学派を築いたユルゲン・ハーバーマスもいれば、最近になくなったがリスク社会の提唱者として知られるウルリヒ・ベックもいる。どんな業績がある人物なのか。

現在、先進国の中では抜群の高パフォーマンスをあげているドイツの今日を築いたのは、社会民主党で首相に就いたゲルハード・シュレーダーの労働市場改革であるというのが定説になっている。メルケル首相の安定政権もこの労働市場改革の遺産の上でのものに過ぎないといわれ、日本でも東京大学教授の森井裕一がドイツ経済復活の基礎を築いたと評価し、現在にあってもしばしばシュレーダーの労働改革に学べと叫ばれているゆえんだ。(4) 実は、シュトレークはこの労働市場改革の影の演出者だったのだ。

シュトレークは、貧しい靴職人の子として生まれ、教育を受けるためもあってマルティン・ルターの創設した学校に通った。ドイツのルター派のアメリカ版が先に見たトランプを選んだエヴァンジェリカルズ(福音派)だ。したがって順調にいけば、シュトレークは神学校に進学するはずだった。だが、彼が選んだのはフランクフルトの左傾学生の道であり、聖書の代わりにカール・マルクスの資本論やローザ・ルクセンブルグの書を読むことだった。その青年もアメリカにわたり有名大学で、インダストリアルリレーション(労使関係)論を講じるようになっていた。

ドイツが「欧州の病人」と呼ばれていた時に戻って当時の状況を見てみよう。つまり、当時のドイツはサッチャー首相やミッテラン大統領らが反対する中、コール首相が東西ドイツの併合に成功した。その代償として東ドイツでは二〇%の失業率になるなど、ドイツ全体でも他の欧州主要国をはるかに上回っていたのだ。

この「欧州の病人」の誕生の経緯に関しては、筆者にも忘れられない思い出がある。ベルリンの壁が壊れた三か月後にウィーンから東欧をまわり、東ベルリンに到着し、東ドイツの日本大使館で大使と食事をしながら、翌日の東ドイツ財務省とのアポに備えていた。ところが、その翌日の財務省のアポはキャンセルになった。東西ドイツのマルク交換比率の交渉が始まって、筆者の設定していたアポも他の緊急性のないアポ同様キャンセルされたのだ。

そこで筆者はベルリンの壁の見学にでかけ、未だに壁をトンカチしている人々、壁を超えて行き来する人々を、飽きることなく見ていた。ふと、悪名高き「ベルリンの壁」はなぜ築かれたのかに思いをはせた。それは半年で五四万人という人口流出を見て東ドイツ政府があわてて壁を築いたのだ。壁が築かれたことで西ベルリンの市民が孤立し、その不安を取り払うべくケネディ大統領が訪問したことは前に触れた。だが東ドイツの側から見ると、壁を築いたことで人口流出は止まり、その後の東ドイツは、西ドイツには及ばないが「奇跡の経済成長」をとげている。

そのベルリンの壁が取り払われたのだ。壁をつくることなく、東ドイツからの西ドイツへの人口移動を止めるにはどうしたらよいのか。この壁構築の歴史的経緯と、マルクの交換比率の論議とが結びついた。当時、マルクの交換比率については東西ドイツの経済力を比較しながら一対三では追い付かない一対五ではないかといった議論が展開されていた。だが、ベルリンの壁が築かれたのは、いうまでもなく、東ドイツの人々が西ベルリンへ逃げ出さないようにという目的からだ。マルク交換比率はモノの交換価値できめるのではない、ヒト（人権）の交換価値で決めるのだ。つまり、東ドイツの人々が西に移動することで手にすることができる居住空間、社会保障など「人権」の値打ちといってよいものだ。交換比率、一対一が解決策だとひらめいた。

亡くなった横浜市立大学教授だった佐藤経明が帰朝報告会のような催しをしてくれ、筆者は東西ドイツマルクの交換比率は一対一になるだろうとの報告をした。聴衆の一人が立ち上がり、「私は一週間前西ドイツ連銀の幹部と議論して帰ったばかりだ。一対一なんて途方もないレートになるわけがない」と

食ってかかったことを初め、聴衆のほとんどがまったく報告者の見解を聴く耳をもたなかった。(5)

だが、現実に交換比率は一対一になった。逆に言えば経済原則が無視されたのだ。当然、旧東ドイツ企業のモノは売れないのに対し、旧西ドイツ企業は自分たちのモノだけが売れる一人勝ちの状況に置かれた。これは上記のような東西ドイツの通貨交換レートに止まらず、統合後も西ドイツの経済社会システムを推奨するため東ドイツの賃金の引き上げで対応する政策を行ったために民営化した東ドイツ企業では五〇~九〇%の人員削減を余儀なくされたからである。このため経済が停滞し、経済システムの崩壊に近いものに陥っていたのである。

先のマクファーソンの議論をもってすれば、市民は財産権(モノ、労働力)と人権(労働の実現、福祉)という二つの所有権をもっているが、市場経済にありながら後者を優先した特殊事情のために市場での「価格」の乖離が生じたのだ。ドイツが「欧州の病人」に陥り苦境にあったのは、その結果としてだ。

ドイツの苦境への処方箋を書けと、SPDのシュレーダー首相の周辺がアメリカの有力大学でインダストリアルリレーション論を講じていたシュトレークを呼び戻したのはこうした時である。シュトレークは五人からなる首相の事実上の諮問機関、ジョブのための同盟(BfA)の主メンバーとして答申をまとめた。しかし、答申は労働界からも、財界からも到底呑めない、実現は無理だという反対の嵐に遭遇し、立ち消えになるかに見えた。そこでシュレーダーは、二〇〇二年に労働界から出たエコノミスト、ペーター・ハルツを起用し、労働市場改革のための「ハルツ委員会」を立ち上げ膠着状況の突破をはかった。ハルツ委員会から答申に沿った改革の方向性を打ち出した「アジェンダ二〇一〇」が発表されたのは二〇〇三年三月のことだ。

さて、このハルツ改革は、具体的には二〇〇三~〇六年にわたって一連の改革法が導入される形で行われた。これを見ておこう。ハルツ第Ⅰ・第Ⅱ法（二〇〇三年施行）で、失業者を派遣労働者として登録し、仕事を紹介する人材サービス機関の設置や、個人企業の設立を通じた自立プログラム、所得税や社会保険料が部分的に免除される低賃金労働制度の導入などが行われた。

二〇〇四年に施行になったハルツ第Ⅲ法では、連邦雇用庁や、日本のハローワークにあたる雇用局を改組し、その機能強化がはかられた。サービスを多様化し、その数値目標の設定や成果の説明責任を求めた。民間との競争も促した。同時に施行になった労働市場改革法では失業手当の受給期間が大幅に短縮された。これには労組が強く反発した。そこで、シュレーダーは二〇〇五年にドイツでは例外的な解散、総選挙という挙に出た。ところが選挙はＳＰＤの敗北に終わった。しかしＣＤＵのアンゲラ・メルケル首相率いる大連立の下、労働市場改革は続行されていく。

ハルツ第Ⅳ法（二〇〇五年施行）では、就労を促す動機づけを組み込んだ新しい失業給付制度が創設され、これが従来の失業手当と別に、半永久的に給付していた失業扶助（失業手当がもらえない人が対象）と社会扶助（生活困窮者が対象）の一部を吸収した。

そして、この「ハルツ改革」の結果、失業率は二〇〇三年をピークに六・四％まで低下していった。その意味では、「ハルツ改革」は効果的だった。しかし、一連の改革は、一言でいえば、ドイツ労働市場のアメリカ化に外ならない(6)。もちろん、労働市場を流動化させ、生産性の高いところへ労働者を移動されることは必須であるが、副次的な影響としては低賃金と非正規労働者の増加をもたらしたことも確かだ。その意味では、毀誉褒貶の多い政策だったといわなくてはならない(7)。つまり、一旦その過程が一段落すると、海外での称賛、怨嗟とは別に、ドイツ国内の関係者の評価は多少批判的なものが多くなってくる。たとえば、ドイツ社会保護協会は、すべての改革が失敗したとは言えないが、社会格差が増大したと批判的な評価だった。

一連の改革を成し遂げたハルツは、直近に亡くなったフォルクスワーゲンのドン、フェルナント・ピエヒ自身に三顧の礼をもって迎えられた。しかし、ハルツはそこで大変な不祥事を起こす。そのVWにはハルツ改革の実践者として監査役会の労働側委員であるフォルカート事業所委員会議長がいた。彼との癒着がハルツを破滅へと導いた。

フォルカートの自慢は、一九九三年の時短で三万人の雇用を安定させることの見返りに労組に一五％の労賃の切り下げを飲ませる形で決着させたことだ。この功績に対し、フォルカートは、到着したばかりのハルツ人事労務担当取締役に対し、ご苦労賃をだせと四〇万ユーロの特別賞与を支払わせた。フォルカートはこれを突破口に毎年特別賞を要求し、特別手当の累計は二〇〇五年までに一九五万ユーロになった。いうまでもなく、違法な措置だ。そればかりでなく、愛人を囲い、その愛人のファーストクラスでの旅費や、高級娼婦を交える酒池肉林のパーティ費用まで出させた。ハルツはそれに応じただけでなく、誘われるままに不祥事に便乗していた。ハルツは前述のようにシュレーダー政権の労働市場政策を担った労働界の重鎮であり、フォルカートもまたVW労働組合のトップをきわめた人物であるが、法令違反で二年半の禁固刑（執行猶予付き）が下されることになった。

スケールは違うが、日本でも戦後すぐに「赤化」から日産自動車を守ったと称する労使が、結局その癒着からヨットをもち愛人を囲うまでになった労組委員長を出した経験と似通っている。最近話題になっているカルロス・ゴーンによる私的流用の事件、それに続く西川広人退陣劇も、こうした日産の体質と無縁のものではなかったように思われる。

だが、ピエヒの下でのフォルクスワーゲンでの不祥事はこうしたちっぽけなものではなく、雇用を守るというドイツ国民の合意を下敷きにしたグローバルなスケールをもって行われた、ディーゼルエンジンでの不正の談合であり陰謀だった[8]。中産階級を維持するという意味では、アメリカ以上にドイツでは自動車の産業を持つ意義は小さくないのだ。ところが、ディーゼルエンジンでの不正が明るみに出たことにより、自動車産業の方向性は先にも見たように一挙にＥＶへと向かい始めた。

中間的にはハイブリッド車の時代が続くと見ていた日本の自動車産業も不意をくらい、日本車つぶしにあっているのかと身構えた。しかし、各国のＥＶへの移行が燃費、ＣＯ２削減で誘導するＣＡＦＥに集約されてくると、一挙にＥＶ化は無理でハイブリッドに出番があることが分かり始めてきた。

シュトレークも社会民主主義政党にふさわしく自分自身も良かれと考え実践した政策のもたらした結果に失望していた。もちろん、ハルツの愚行にもフォルクスワーゲンの陰謀にも愛想をつかしただろうが、失望させたのは、ドイツでは二〇〇〇年以降、他のどのＯＥＣＤ諸国よりも所得格差と貧困が急速に拡大しているとのＯＥＣＤの調査結果だ[9]。だが、二〇〇八年のリーマンショックが起こるまではシュトレークは社会民主主義的解決があり得ると考えていた。

◆リーマンショックと一般市民・市場市民の二重主権モデルの誕生

リーマンショックとユーロ危機、連結する金融危機をジョン・ケイは世界金融危機と呼び、この危機がリベラル派に動揺をもたらしたとする。

だが、ケイの『金融に未来はあるか』自身がケイの拠って来た学問への反省の書ではなかったのか。その学問体系の中では起こるはずのない世界金融危機が起きて、科学だと自称しうぬぼれてきた新古典派経済学のつくりだしてきた世界観と学問の体系が壊れたのではないか。ケインズが述べたところの広く実務家の頭の中までコントロールしていた思想なり社会哲学の当否が問われたのではないか。

世界金融危機が起こったときには危機の当時者、つまりイングランド銀行総裁だったマーヴィン・キングは、ケインズ革命が起こったときに知的興奮をもってケインズが学び講義をしたケンブリッジ大学へ出願したという人物だ。

筆者がロンドンに赴任した折、故貝塚啓明から一通だけ紹介状を書くよと渡されたのが当時ＬＳＥの学院長だったキングだ。残念ながら筆者が思わぬ次のアサイメントを受けた一方、キングもまたイングランド銀行の調査局長へと転じ軌道が離れてしまい、公開セミナーでのコメンテーターに声をかけられただけの関係に終わった。キングは中央銀行での階段を登り総裁に就任したときに危機に遭遇したのだ。

キングは、回顧録『錬金術の終わり』の中で、新古典派経済学も、その挑戦で微調整したニューケインジアンも、この社会には根源的な不確実性があり、それがあるがゆえに貨幣を必要としているのだというケインズが発していた最も重要なメッセージを見過ごしていたと両断する。どちらもモノの経済学で貨幣を省略していたというのだ。アロー＝ドブリューは将来のモノまで予測できるとして壮大なオークション・モデルを提示したが、現実から目をそらしただけだとする(10)。ノーベル経済学賞を授けられたポール・クルーグマンもわれわれは理論のエレガントさに目を奪われ過ぎていたと反省をもらす。

では、世界金融危機は、ケイのいうリベラル派の一人、シュトレークにどんなショックをもたらしたのか。世界金融危機が起きた時点で過去を振り返って見ると、シュトレークにとって、一九五〇〜六〇年代はドイツ、日本などを含む先進国にあって資本主義と民主主義とが共存していた、ある意味で理想の姿だった。先に見たようにアメリカもそうだった。

しかし、一九七〇年代になると世界的にインフレーションが起こり、八〇年代には公債の積み上がりが起こり、九〇年代そして二〇〇〇年代の初めには民間の負債の急拡大が起こって、金融危機が発生した。金融危機の発生は、金融界は自己管理がしっかりしているので問題ないとしていたアラン・グリーンスパンのような人物の裏切りであり、その裏切りはさらに危機を納税者の負担で救済するに及んだ。結果として公的負債はさらに膨らんでしまい、官民の過剰なまでの負債が超のつく低金利、さらにはゼロ・マイナス金利につながっている。国家は一九六〇年代の累進課税を当たり前とする租税国家から公債積み上げに励んだ八〇年代、金融救済を余儀なくされた二〇〇〇年代の初めには負債国家の極限に至り、今やその負債の重荷を下ろさなくてはならない整理国家へと変化し、財政で何かを生み出すということはできなくなった。

こうした捉え方は、もはや経済成長は望めない、ゼロ金利は利潤の追求という資本主義の本質を失わせたという意味で、資本主義が終焉したと宣言した法政大学教授の水野和夫の議論にも似ている[11]。だが、シュトレークは、ポランニーの『大転換』を引いて、マネー、土地（自然）、そして労働のコモディティ化を論じ、家庭の再生産ができないという危機のとらえ方をする。

シュトレークは、マクファーソンの『所有的個人主義の政治論』にも言及しながら三つの財のコモディティ化を論じているが、その三つのコモディティ化の中で何が一番問題なのかといえば、資本主義国の母国とでもいうアメリカで、戦後のある時期までは生産性の向上とともにあった家計所得の伸びが全くの横這いになってしまっていることだ。彼は、図6‐4を引きながら、人間社会の基本である労働力、家庭の再生産ができないということだといっている。これは社会契約がもはや成り立っていない状況ではないかと問う。

こうした彼の議論はＡＩの登場によってさらに強化されたように見える。なぜならバージニア大学准

図6-4　破棄された社会契約

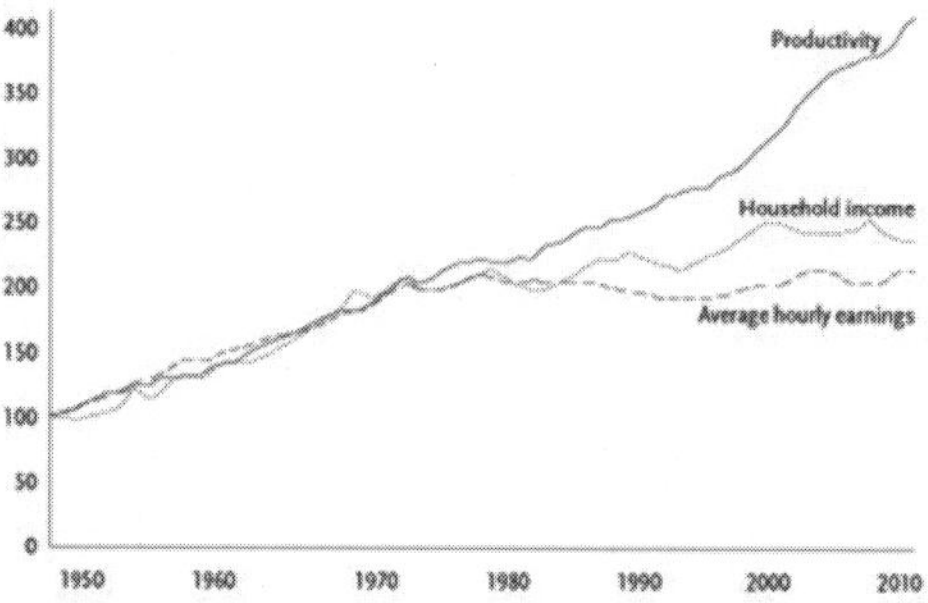

（出所）　Wolfgang Schtreek How Will Capitalism End? Verso, 2016.

教授のアントン・コリネクは、ジョセフ・スティグリッツとの共同論文の中で指数関数的に伸びるＡＩ部門が、ＡＩに支配される中で生きていかなくてはならない人々に大量の失業をもたらし、かれらの生存に必要な資源すら奪う「マルサス均衡」をもたらしかねないと指摘しているからだ。[12] 広範にわたって人間のジョブを代替するＡＩは、マルクスの時代には搾取されるだけの価値をもっていた労働者が、その労働という擬制商品すら取り上げられてワースレスクラスに陥れられることになるとハラリが警告するゆえんだ。その意味で、シュトレークの提示する危機は、水野のいうカール・マルクス的な危機ではなくて、ポランニー流であることは明確なのだ。

ではなぜ家庭の再生産ができないほどに所得が伸びなくなったのか。現象的に言えば時間当たりの平均賃金が家計収入の伸び以下、あるいは低下気味で推移していることである。そうなったのは労働組合の弱体化、グローバル化、労働節約的技術などいろいろな要因があるが、シュトレークはあえて女性労働力の大量投入もその一因にくわわると指摘している。逆にいえば家計収入の不足を補うために女性労働が動員されなくてはならなかったというのが女性の社会進出の主因と見ていることになる。ドイツでは二〇一五年には低下した平均賃金を補うべく全国一律に最低賃金を施行する法が成立した。しかし、それは労働者の地位を守るというにはあまりにも脆弱な措置だった。

何ゆえに家計所得の落ち込みが簡単に回復できないほどになってしまったのか。すでに見たように、金融危機が起こり家計の持つ住宅金融では、実物価格が下がる一方、借金は昔の価格のまま、金融危機からの回復で金融の大幅緩和をすることは家計の資産を金融化に移転させる等々、システムに歪みがあったことになる。ジョン・ケイの見立ては金融というギャンブルでは胴元と金融家が勝利するということになる。

では、シュトレークの見立てはどんなだったのか。シュトレークが提示したのは一般市民・市場市民の二重主権モデルである。国家は単に一般市民の主権の上にあったのではなく、実質的には市場市民の主権の上にあったことで、後者の大きな声に動かされ、経済政策が妥当性を持つのは多数の利益のための政策だが現在の政策は少数の利益のためのものになっているという告発だ。「市場の優位」はリーマンショックによって始まったものではない。市場を社会的相互行為の調整メカニズムとして優れていると主張してきたのは、すでに見たように、フリードマンら経済リバタリアンなのだ。否、市場には、ジャック・ナイトとジェームス・ジョンソンが指摘しているように、これまでも広く「相対的に好意的な特権」が与えられてきたのだ(13)。そしてナイトらは民主主義の優位を説こうとしたが、かならずしも成功していないように見える。

これはトマ・ピケティが『二一世紀の資本』の冒頭で新古典派経済学者に対して行った異議申し立て、そのものだ(14)。富の分配は、経済的決定論によるものではなく、昔から極めて政治的であって、経済的メカニズムによるものではないというのである。そしてMMTを退けるシュトレークの告発は続き、市場市民が惹き起こした危機への対応に追われ、持てる手段、資源を使い果たしてしまったとの認識を提示する。そのため、拡大する格差問題、停滞する経済、そして積みあがった負債という三つの要素がお互いに影響しあい、その悪循環から抜け出せないという、いわゆる三重苦の下にあり、身動きできないというのだ。

こうした現状認識にもかかわらず、民主主義は人びとの親密な関係の上に築かれるのに対し、資本主義は人と人の関係はバラバラにされているので本来、両者の関係ではすれ違いが起こるといった、先にわれわれが提示したようなうがった見方をシュトレークはしない。民主主義と資本主義とは、ある意味で、お互いを牽制することでそれぞれが十全の働きができるようになるというのだ。たとえばベネズエラで起こっていることは市場の牽制が十分でないために民主主義が行き過ぎて機能しなくなっている。同じように、アメリカをはじめ先進国ではグローバル化した経済が民主主義と資本主義の良い関係を壊してしまった。民主主義が市場に対して適切な枠組なりルールを用意できなかったために、市場に大きな歪みをもたらし、格差を拡大したことになる。

この単純な関係式では現状は民主主義の不備が市場に大きな歪みをもたらしているということになる。民主主義の不備に手をつければよいのではないか。自分が悲観論に立たざるを得ないのは経済成長、社会的平等、金融的安定性における三つの下降する趨勢を反転させ、その相互強化のプロセスの根を断ち切ることを期待できるいかなる勢力も見えないからだとシュトレークはいう。

これに対しFTのウルフは、期待できる勢力が見えないことをもって、いきなり現代社会が、たとえ比喩であるにしても、今後中世の暗黒時代にも匹敵する時代に突入するというのはいかにもおかしいと主張する。今日、資本主義社会に一貫したあたらしい調整［レギュラシオン］体制をさずけうる政治経済的定式が左派の地平にも右派の地平にもみえていないというのは悲観主義が過ぎるのではないかというのだ。ウルフはシュトレークのグローバリゼーションの見方も一面的ではないかと批判をするが、公債の積み上がりが民主主義と資本主義のバランスを崩す要因だとし、その積み上がりをかつてのオーストリア学派のように恐れるのは異常だとくってかかる。国債に上限があると見る点ではシュトレークは先のMMTを提唱するステファニー・ケルトンとは一線を画す。

だが、コロンビア大学のトウーズは、こうしたウルフの反論がシュトレークの理解としては少しポイントを外しているのではないかと疑問をはさむ。BREXITに対して、左の勢力からEU離脱を説くLEXITのイデオローグとしてのシュトレークをとらえなければならないというのだ。シュトレークの議論は、一見、EUをめぐるヨーロッパ中心の見方であるように見えながら、実は先進国が共通に抱えている問題の本質を突いた議論になっているというのだ。

トウーズの問題提起を筆者なりに敷衍することとしよう。一九八九年のベルリンの壁の崩壊は、EUの幹部官僚、ロバート・クーパーによれば、近代国家の誕生、勢力均衡の国際関係の始まりを意味するウェストファリア条約体制の崩壊であり、その著『国家の崩壊：新リベラル帝国主義と世界秩序』の副題がいみじくも指摘して言うように、国家の権限の縮小によってお互いの国家の国境を低くするネオリベラル帝国時代の始まりだったはずなのだ。

先にグローバルガバナンスと称するものには事実上責任主体というものがなかったという指摘をしたが、EUという国境を超えた世界にはEC本部、欧州議会といった責任主体があり、そこには新リベラル帝国主義という秩序があるグローバル空間となっている。先にトウーズが、シュトレークの問題提起は一見ヨーロッパというローカルの問題に見えながら実はグローバル空間の中に放り込まれた先進国が共通に抱えている問題だと指摘したゆえんである。

金融危機に直面したシュトレークは、自分たちの知の在り方を振り返って考える。一九七〇年代、民主主義的資本主義は常に資本の攻勢にさらされていると認識していたことでは正しかった。しかし、インターネットの発達、フィナンシャリゼーション、グローバル化の加速によって、資本が労働者や消費者がすぐには不満を抱かないような形で金融的な利益を追求していることがもたらすことの意味を十分にはとらえきれていなかったと。つまり、実際に世界で起こったことは、同じく社会学を専門とするベックの見立てによれば、グローバル化の進展の中で経済主義的な観点から市場の支配が主張され、政治が否定ないし排除されているのだ。そこは、民主主義が後退して、一元的思考と一元的な行動様式が強要される世界となっていた。

グローバル化、ことに冷戦後のグローバル化に対抗するものとしてネオリベラルな立場からの回答が、国家の主権がある程度制限される一方、見返りに多文化主義を鼓舞しつつ、欧州の地に新たな秩序と結束をしていく新リベラル帝国主義としてのEUであるはずであった。

問題は、グローバル化した経済が民主主義と資本主義の良い関係を壊して行くときに、EUはグローバル化の破壊を阻止する、回答となっているのか、それともEUは回答にならないのかだ。

EUは成功したがゆえにメンバー国を増加させてきた。だが、真価を問われるのは危機の時であろう。EUはそのメンバー増加に伴いいわゆる弱いメンバーを抱えこんだがゆえにユーロ危機を引き起こした。多くの銀行が破綻リスクを増大させる中でマリオ・ドラーギECB総裁は快刀乱麻の救済を行い、その姿はスーパーマリオにもたとえられた(15)。

イギリスのブレア政権に第三の道を選択させたとされるアンソニー・ギデンスは、EUは危機になっても、否危機の時にこそドイツがリーダーシップを発揮する「EU2」として機能したのであり、むしろ平時の時の意思決定「EU1」の機能が弱いとみた(16)。

だが、同じ中道左派であっても第三の道を唱えることもないシュトレークにとって、ギンデスのいう「EU2」こそが大きな問題だった。すなわち、シュトレークの目に映るドラーギは市場市民と結託し腐敗したEU官僚そのものであり、メルケル首相もまたユーロ危機を経てEU内部で一段と強くなった立場を利用してギリシャを抑圧するなど、あたかもドイツ帝国であるかのような振る舞いをしているというのだ。

ユーロ危機に続きヨーロッパを襲った危機は、難民の大量流入であろう。先に紹介したギャレット・ハーディンの救命ボートの難題が目に見える形で現れたということができよう。人道的には助けたいのはやまやまだが、社会の混乱を考えれば、それは無理な要求だという本音が出たのが国境閉鎖をしたハンガリーなどだ。四〇万人の難民受け入れを提唱したドイツ首相のメルケルも手痛い選挙の洗礼をうけ、CDU党首の座を追われることになった。

こうして相次いで起こるEUの危機はいつまで続くのか、そうした時代の想定とともに、考えなくてはならないのはEUの将来像だ。左翼ナショナリストのシュトレークにとって、それはドイツ国民の将来像を想像することに外ならない。

ドイツ人とは何者か。二〇一四年のワールドカップ、そして金融危機に先立ってドイツ人のアイデンティティへの問題提起をしたのが二〇〇三年公開の『ベルリンの奇跡』という映画だった可能性がある。この映画は一九五四年のワールドカップ優勝を題材にしたもので、緑の党の党員のゾエンゲ・ヴォルトマンが撮ったものだ。不落のサッカー王国、ハンガリーを破っての優勝だった。東ドイツでも同時放送されたが、ハンガリーが敗れたことが意外だとアナウンサーが報じると、局には抗議の手紙が続々と届いた。この時がおそらくナチの記憶を消し、ドイツ人が戦後を歩み始めた時であった。(17)

一九五四年のワールドッカップ優勝時は、メンバー全員が西ドイツ人だった。だが、二〇一四年のワールドッカップ優勝時のメンバーの半数がドイツ国籍をとった外国人であり、現在の緑の党の共同党首はトルコ系ドイツ人である。ドイツ人というアイデンティティも変わった。

だが、それほど遠くない将来にはドイツはワールドカップのメンバーの半数がドイツ国籍をとった外国人であった、その光景そのものになっているだろう。その時、生粋ドイツ人は自己のアイデンティティを求めてトランプ大統領とスポーツ界が対立する現在のアメリカのように苦悶しているのではないかとシュトレークは考えざるを得ない。であるとすれば、その時の格差問題は、すでに白人の多い旧東ドイツではAfDのような政党が第一党になっているように、人種問題も絡んで複雑化している。シュレーダー労働改革は一面ではドイツの労働者を他のEU諸国の労働者よりはベターな状況に置いていることは確かであるが、グローバル・サプライチェーン文明を所与のものとして労働者の分配を少なくしただけでなく、格差を生み出すような政策を自分は推進してしまった。そのことの責任が問われなくてはならない。

こう考えていくと、ギデンスやユルゲン・ハーバーマスが難民・移民問題に対処していけばEUは依然として回答であり得るとしたのに対し、シュトレークにとってEUはグローバル化を推進する新自由主義勢力そのものだった。ハーバーマスにとって近代は未完のプロジェクトであって国家を超え経済圏を形成してきたEUが財政という手段をもたない政府でしかないとしても、国家を排除したサプライチェーンに支配されるグローバル社会に比較し進歩を見せているということとなる。これに対し、シュトレークがマックス・プランクの同僚とドイツの高級紙『ディーツアイト』に寄せた論文のタイトルは、「ヨーロッパは国家を必要としている」だった。

◆シュトレークは一世紀前のポランニー、ケインズになれるのか

イギリスのＥＵ離脱はまさにシュトレークのいう国家を取り戻すという動きであり、反グローバル化を掲げ、米中貿易戦争を仕掛けることでグローバルエコシスエムをずたずたに切り裂こうとしているトランプの振る舞いはブレグジットと軌を一にしているといってよい。つまり、同じアングロサクソンであっても、社会保険、社会の連帯など社会民主主義を受け入れているイギリスでは攻撃的な貿易戦争へと進まないが、そうした概念を受け入れようとしないアメリカは外に向かって攻撃的になってしまうのだ。

だが、両国の行動は、グローバル化、市場の拡張を止めなければ民主主義は回復できないというシュトレークの主張、国際金融のトリレンマに模してグローバリゼーションと民主主義、国家主権の三つが同時には成り立たない、平等を追求するにはグローバリゼーションを少しく制限して、民主主義と国家主権を守らなくてはならないと観察するハーバード大学教授のダニ・ロドリックの指摘と符号するという点で共通しているのだ(18)。すなわち、トランプの場合、民主主義を取り戻そうとしているのか判然とはしないが、国境に線を引こうとしていることは確かである。

この一方、ＥＵを救い出そうという動きもある。フランスではエマニュエル・マクロンが大衆の反逆の受け皿になり、反エリート、反グローバル化に一定の歯止めがかかったかと期待された。だが、マクロンがユーロ改革として打ち出した労働市場の改革はかつてのドイツでそうであったように不人気で、上院選でも与党の退潮が見られた。少々の改革ではドイツとの国際競争力の均衡は望めないのでＦＴのウルフは皮肉を込めてドイツ労組が大幅な賃上げをしてくれることを望む方がマシではないかといった

が、果せるかな、燃料税を引き上げる中途半端な改革には労働者が不満を爆発させ、連日のデモが行われ、マクロンは燃料税の引き上げを見送らざるを得なかった。

これに対し、ドイツの場合はＥＵの中での勝ち組で経済は陰りを見せてはいるがまずまずであり、そして移民を比較的スムーズに受け入れて来た。こうした実績に裏づけられてドイツ社会民主党（ＳＰＤ）との大連立を率いるＣＤＵ・ＣＳＵのメルケル首相の中道路線が踏ん張っていて総選挙も楽勝すると見られていた。ところが、大きく得票を減らし、アンゲラ・メルケルは党首を降りざるを得なかった。大連立を維持するための中道化策、国際的にも米英に代わってドイツが人道主義、さらには民主主義の大義をになうようになってきた重荷が、この二大政党の性格を曖昧にし、求心力を失っていたのだ。

総選挙の結果が衝撃的であったのは、与党の退潮に代わって台頭した少数党が比例投票で最低五％という壁を打ち破り乱立することになったことだといっても良い。中でもＥＵ離脱を唱える右のＡｆＤのような政党が得票率一二・六％、九四議席を獲得し第三の党になったことは脅威である。いわば南部票掘り起こし戦略のドイツ版である。議席を復活した親ビジネスの自由民主党がそれに続き、左の緑の党も引き続き議席を維持し左派党も議席を得た。メルケルは第四期を旗の色からジャマイカ連合とされる自由民主党と緑の党と組みながら進めざるを得ないと連立協議に入ったが不成立に終わった。メルケル首相は、その弱い立場から大連立をかろうじて維持してＥＵを引っ張るという構図になる。

確かにイギリスが抜けたＥＵ首脳の人事をみてもＥＵの中核に独仏があり、その中道派が政権をもっているという構図は維持された。とはいえ、独仏共にそのリーダーは非常に弱い立場に追い込まれている。そしてＥＵ内部も財政問題を抱え中国の一帯一路戦略に乗ろうとしているイタリア、難民問題を拒絶し右傾化するハンガリー等々、問題は山積である。そうした中でＥＵの改革を進めるのは簡単ではない。ＥＵの枠組みに対する懸念は消えそうにはないことから、反ＥＵ運動は終息にむかっていると は言い切れないのがヨーロッパの現状だ。

話をドイツに戻せば、悲惨なのはドイツの大連立を組まざるを得ないＳＰＤだ。ＳＰＤからは、すでにハルツ改革に失望してオスカー・ラフォンティーヌが何万人かの党員をつれて飛び出し、旧東ドイツの社会主義統一党の流れをくむ勢力と一緒になり二〇〇七年には左派党となった。残ったＳＰＤ党内でも、ＥＵが回答か、否かかが議論の沸騰している。回答であるとの立場をとるハーバーマスは、シュトレークを、歴史を一九六〇年代へ逆行させようというノスタルジアでしかないと切って捨てた。その結果が史上最低の得票率二〇・五％、一五三議席なのだ。党勢の根本的立て直しをする上で、大連立は分裂傾向に歯止めをかけられない恐れがある。

旧東ドイツ、中でもＡｆＤが二七％の得票を得たザクセン州こそがドイツ版の見捨てられたラストベルトのハートランドなのだ。東ドイツ国民の尊厳を護るため一対一の交換比率を採用したことがその後の東ドイツ経済の荒廃をもたらし、彼らに二等国民という烙印を押すことになったのは皮肉という外はない。格差是正を訴えた左派党も旧東ドイツでは健闘したが、心の烙印を消すには単なる格差ではなくフィリップスの南部戦略の匂いが必要なことは、ここドイツでも必要だったのだ。こうした国内情勢のため、左の立場から難民はＥＵ、否ドイツの労働者の立場を悪くするトロイの木馬だと唱える左派からのＥＵ離脱、ＬＥＸＩＴのシュトレークの国内での出番は限られよう。せいぜいが左派党の理論的支柱になるとの期待ぐらいだとされる。

だが、シュトレークはＥＵ離脱を果たしたイギリスの若者、中でも労働党支持者たちに受けている。キングは、ヨーロッパでは押しなべて労働市場改革が遅れているが、イギリスの場合ドイツのシュレーダー労働改革に先立って行われたと指摘している。金融市場と労働市場の制度補完性を考えれば当然のことだろう。したがって市場の力を押し戻し、民主主義を取り戻せというシュトレークのポランニー的解決策が金融立国のイギリスではドイツ以上にしっくりくるのだ。サッチャー以来の保守の路線を覆す保守革命をするとしていた当時のメイ首相の仕掛けた総選挙で躍進し、保守党の過半数割れをもたらした。

保守党はＥＵ離脱交渉をまとめきれなかったメイを退陣させ合意なき離脱をも視野にいれるボリス・ジョンソンでいくことになった。決められない政治にあいそうをつかした選挙民は「決める」というジョンソンにエールを送り、世論調査では保守党が盛り返しているが、混乱が起きればＥＵ残留を打ち出す可能性がある労働党が政権を担う可能性もある。Ｇ７の大国イギリスにエコノミスト誌が表紙にイラストで登場させたように「新自由主義の保守党をぶっ倒す」という「社会主義2・0」政権が誕生する可能性が出て来たのだ。もちろん、そこには党の広告塔ともなっている党首ジェレミー・コービンへの熱烈な支持がありことは間違いない[19]。だが、市場の勢いをとめるには民主主義を強化する以外にないというシュトレークの主張、所得の再分配など社会主義の根底の価値観への若者の共感があることも確かだ。

とはいえ、フィナンシャリゼーションが極端にまで進展した現代にあっては、経済主義的な観点から市場の支配が主張され、シュトレークのいう政治の回復が容易ではないのも確かだろう。システム的統合も社会的統合も、回復不能なまでにダメージを受けているようにみえるし、さらに悪化をはじめているようにもみえる。くわえて経済学者のほとんどが銀行家の奴隷であり、現代社会は現代経済学が捨象してしまった次に何が起こるか分からないという根源的な不確実性に直面しているからというのがシュトレークの観察になろうが、これは前イングランド銀行総裁のマーヴィン・キングの主張そのものだ[20]。

事実、シュトレークは講演の中で根源的な不確実性を強調する点ではキングとは同じだといっている。
先のロドリックが、アメリカの強いリーダーシップの下で生まれたオリジナルＩＭＦ体制での抑制のきいたグローバル化を賞賛していることは知られている。そしてケイの提言している金融は実体経済をサポートしたものになれということは、確かに健全な経済を回復するための指針にはなり得る。だが、旧ＩＭＦ体制を今のアメリカに求めることは砂漠に一本の針を探すほど困難なことになろう。なぜなら、先のケイも指摘しているように、世界の金融取引と実物取引のバランスが旧ＩＭＦ体制の下では一対一でしかなかったものが、現在では一〇〇対一へと大きく膨張してきているからだ。

ところでブローデルが描く資本主義とは交換に基礎を置きながらも、それ以上に力関係におく権力の蓄積であり、一つの社会的寄生物である。金融家たちの権力はまさに実物経済の一〇〇倍までの取引を生む積みあがった金融資産の上に築かれたものだ。ケイは、ブローデル・モデルにおける金融家の権力の基盤を切り崩していけと言っていることになる。

筆者は、その昔『マネーセンターの興亡』を上梓したが、亡くなった村上泰亮が「素晴らしい本だと感激しました。今度の自分の本でも引用させてもらいました」というので慌てて『反古典の経済学』を読み直しところ、金融の進歩がおカネがおカネを生むというものになってはならないという西ドイツ連銀の理事の発言の筆者の引用が引用されていたのだった。その村上の杞憂が杞憂で終わることなく、フィナンシャリゼーションによって生まれた多種多様な金融資産の間を裁定し、投機をするだけで多額の利益があがるようになったのだ。もちろん、亡くなった宇沢弘文が指摘するように、投資と投機を区別することはできないが、これが額に汗して働く人と金融家の間の隔絶した格差を生むようになったのだ。

では、格差を是正するために民主主義と国家主権の回復をどう図っていったらよいのか。オリジナルIMF体制が誕生する以前の一九三〇年代には民主主義と国家主権が出そろっていたとシュトレークは主張する。だが、ケイの指摘する実物経済に金融を合わせろという主張に照らしてシュトレークの二つの市民モデルを見直せば、それは金融市場の調整スピードに合わせて労働市場の調整ができるように労働市場改革をしたことを逆転させ、労働市場の調整スピードに金融市場の調整スピードを落とすことであろう。過度に効率化する市場を制御するためにトービン税を提唱したトービンに学ぶべき時なのだ。短期金融証券に対してトービン税を課すことは、早すぎる短期金利の調整スピードを落とし、他の市場の調整スピードとの間とのバランスをとれという提案でもあったからだ。

市場が効率的すぎるのは危ういというのがトービンの主張である。その危うさを減殺する中で格差を是正するための財源を見つけるべきなのだ。アメリカが推進してきたグローバリゼーションは効率的な市場を拡大する中で格差を生み出した。否、格差を利用することで資本効率をあげてきたのだ。最も効率が高い市場体制というのは、実は、政治的自由なき新自由主義市場経済でやってきた中国なのだ。都市戸籍と農民戸籍に分け、農民戸籍のものには都市戸籍に付与された社会保障を認めず、いわゆる農民工として廉価な労働として動員してきたことが資本家たちに利益を保証する仕組みだったのだ。つまり格差を固定していたことが三三年間にわたって九％を超える経済成長をもたらしたといってよいだろう。

その習近平の中国が、アメリカに対抗する強国を目指すというのだ。現代のアパルトヘイト国家だと清華大学教授の秦暉が呼ぶような国家に「中国モデル」などと名をなさしめさせてよいのか。アメリカを初め、民主国家を名乗る国は、中国と対峙し、自分たちは決して現代のアパルトヘイト国家ではないことを証明していかなくてはならないのだ。

民主主義や国家主権がグローバル市場の拡大の中で埋没しているように見える現在にあっても、ウルフがいうように、財政、わけても税での国際協調が直ちには困難であるとしても、不可能と決めつけるべきではない。そこに意思があれば、方法は見つかるはずだというのは決して楽観論ではない。アメリカ社会にそうした機運が生まれる可能性を検討してみたい。

◆トランプがいなくなっても残る「アメリカ」とその課題

ウルフがいう財政や税制での国際協調は現実にあり得るのだろうか。税制の機能には、本来、「公共サービスを提供するために必要な資金の調達（財源調達）」と、「所得の再分配」と「経済の安定化・景気調節」の三つがある。ところが、アメリカの場合、大きな政府を否定するリバタリアンが大きな影響力を持ち、公共財たるインフラ投資もしてこなかった。日本で保守を名乗る政党は「ケインズ政策」を濫発するが、イギリスでも保守は「ウェット」と軽蔑の眼を向けてきた。先に見たケインズの死だ。

トランプ政権は、この傾向に抗し、交通インフラなどの改善が急務だと、インフラ投資を進めるとしている。これが経済刺激策ともなり、経済に活気も生まれている。トランプ相場の断面だ。では、トランプ政権は、インフラ建設を切り口に、アメリカで「経済の安定化・景気調節」や「所得の再分配」の機能を復活させるまでに税制を使いこなせるようになるのだろうか。

トランプの貿易政策として想定された政策として国境調整税がある。米中貿易戦争が始まる前の話だ。トランプは、選挙期間中、雇用優先を掲げメキシコには三五％、中国には四五％の関税をかけるべきだと唱えた。だが、メキシコや中国に最大四五％といった超ド級の関税をかける正当な理由が見つからないことから議会共和党が考案した法人税と組み合わせた新税制法案だ。

それは、カリフォルニア大学（バークレー）教授のアラン・アワーバックらが抜本的な法人税改革案として、各国が導入している消費税と似た仕組みのDBCFT（到達地ベース法人税）と称する新型の法人税への転換を提案してきたものをベースとしていた。DBCFTの下では、製品やサービスが消費される国で生じたキャッシュフローを対象に課税がされる仕組みであることから、消費税と同様に輸出は非課税、輸入（知的財産使用料の海外への支払いを含む）は課税という「国境調整」が行われる。付加価値税型の消費税のないアメリカでは、輸出をしても消費税の還付がなく輸入には消費税がかけられていないため、アメリカの税体系そのものが消費促進税制になっていたが、DBCFTの下では、輸入に関しては経費控除と認めず輸出に関しては売上計上をしなくてよい。このため、DBCFTが導入されれば極めて強い投資促進型に転換することになり、海外に拠点や資産を移す動機もそがれる。またDBCFTが導入されれば、海外からの送金は課税対象にならず、資金の国内還元が進むだろう。

この案は米下院の執行部も強く推していたが、ウォルマートのようにメキシコのGDPにも匹敵する額の商品を輸入することで成り立っている小売業者などいわゆる輸入業者には致命的なインパクトも予想され、これは法人税の枠組みの下で輸入に課税するということからWTO規則に違反するとの批判も根強かった。このため、小売業者などの強い反対などを受けて「国境調整」の導入は見送られた。すなわち国境調整税が実行されれば、WTOの関税および貿易に関する一般協定の第三条に違反することはほぼ確実でWTO史上最大の紛争が引き起こされる恐れがあると解釈されたのだ。

一方、トランプ政権と共和党主流で足並みがそろい実現したのが連邦法人税率の引き下げだ。トランプは現在の三五%から一五%へ低下させると意気込んだが、「国境調整」導入の見送りにより一〇年で一兆ドルという大幅増収という目論見が消滅し、オバマケアの廃止によって歳出の五〇〇〇億ドルの大幅削減を図るという政策も挫折したことから二一%へとなった。保守派が財政の健全性に意を払ったからの妥協点といえよう。

日本は第二次安倍内閣が三三・九九%から二九・九七%へと引き下げたが、イギリスは過去一〇年間で一一%引き下げ一九%にしている。これらに比較しアメリカは法人税引き下げ競争では出遅れていたのだ。なぜで遅れたかといえば、実際のところアメリカの多国籍企業は税率の低い国、つまりタックスヘイブンを利用して、そこに利益を留保するなどして法人実効税率を低く保ってきていて実害はなかったからだ。

節税（tax avoidance）によって企業には実害がなかったとすれば、国はどの程度の税収を失っているのか。一二年に「課税逃れ」問題を追及していた上院の推計では一七億ドル、現在でもせいぜい二〇億ドルではないかというのが大方の見方だ(21)。しかも上院での証言によれば、連邦収入に対して一九五二年では三二・一%と高かったが二〇〇九年では八・九%にまで低下し、その後も低下傾向にあったというのだ(22)。

こうした事情から一方、アメリカ企業の税負担率は米国の実効税率の三九%よりも相当に低くなっていたことは確かだ。日本経済新聞が株式の世界の時価総額上位三〇社を税負担率の過去一〇年間における低下幅でランキングしているが、首位のマイクロソフトの場合税負担率が一〇年前の半分以下に引き下げており、レベル的にも一五・〇%と低い。二位のアマゾン・ドット・コム以下も、アメリカのＩＣＴ大手が軒並み上位に並ぶ。同じ記事が世界の上場企業の租税負担率が一〇年余で五ポイントの低下を示していることはその一面の例示ということになろう（図6-5）(23)。

◆模索されるべき法人税での国際協調

では、節税スキームを提供した国の税収はどの程度増えているのか。「ダブルアイリッシュ」のホスト国、アイルランドの法人税収が二〇〇七年から一五年までの一〇年で一〇倍に増えている。これに対し、多国籍企業の真のフランチャイズであると思われるアメリカ、ドイツ、日本などの国では法人税収はリーマンショック前の水準に戻っていないか、戻ったばかりという情況にあるのだ。

こうした状況をどうとらえ、どんな手を打っていくのか。まず、アメリカのみならず先進各国の税制が行き詰っていることが指摘できよう。グローバル化の潮目が変わり各国で新政策の模索が始まっているのだ。このことは、他の国での多国籍企業への課税の動向を見極めることによって、正当で納得させ得る政策に行きつける確率が高まることを意味しよう。

では、どう改革するのか。各国が協調してシンプルな法人税制を導入する以外にないのではないか。そもそも多国籍企業が世界の富の大宗を獲得しているのに対して、自国の企業の競争力維持にすると称して、先進各国が競って税率を下げている構図はある意味で滑稽ですらある。税収を国が奪い合うのではなく、企業の稼ぎを世界経済の活性化、平等の推進のために活かす工夫が必要だと頭を切り替える時なのではないか。

格差是正のための財源をどこから生み出すのかが問われるべき時だろう。新古典派経済学者として初めて経済成長と格差の問題を論じたベンジャミン・フリードマンは、社会福祉などへの支出を当然と見なすようになるには多くが経済的な余裕をもつことが大切だと主張したが、格差是正のための原資として成長を考えていたことになる。だが、トリクルダウンが効かなかったのだ。グローバリゼーションがもたらしたものすべてがマイナスではない、むしろ成果が多かったが、冒頭でみたエバーシュタットの指摘にあるように、その成果の分配が設計者に対して過分な取り分を与えていた。設計が問題なのだ。

その意味では、企業行動をいかに把握するかだけでなく、それらの企業による公共への奉仕・還元である税負担をどう考えるかが新たな課題となる。そのためにはグローバル化やフィナンシャリゼーションの利益を享受してきた多国籍企業、金融業に焦点を合わせる必要がある。つまり、まずは多国籍企業には本来高率の税がかけられてしかるべきだということになる。なぜなら現状では、多国籍企業の多くは、相応の税負担を負っていないからだ。中でも自己資金をため込んでいる巨大プラットフォーマーに対する課税は喫緊の課題だ。なぜなら、それはサービスに対して不当なマークアップをしていることを意味し市場の非効率をもたらしているからだ。先駆的にデジタル取引、データ取引等に関してデジタル課税、データ課税などが模索されているが、さらなる工夫、さらなる国際協調で税収を上げ、公平性を確保していくことが求められている。

図6-5　多国籍企業の税率軽減策で世界は潤うのか

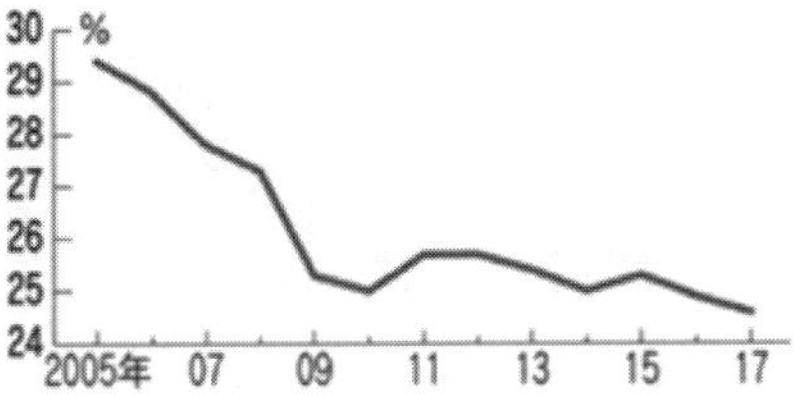

（出所）　日本経済新聞2017年9月3日朝刊。
（注）　世界の上場企業の平均課税率

これまでフィナンシャリゼーションの利益を享受する金融取引やその専門家にも同様の税が課せられるべきだったが、それができていなかったのだ。一つには、アメリカの消費課税が多段階型でなく単段階の小売り課税だったことが、国内でのこれらの商品への適正な課税を不可能にし、世界市場でも同様の事態を発生させていることがある。

こうした構造自体がこの問題克服を理念としているEUに大きな負荷をかけている。その理念とは、先にも見たようにグローバルな世界を統治する政府の導入であろうが、それがなかったことであろう。したがって現実の国は各国間の税の奪い合いの中で税収を増やすという発想から抜け出せなかったことに尽きよう。そこには協調して税収を増やそうという発想は生まれなかったのだ。そのために国家ごとに制度がちがうことからトランプの法人税引き下げのように、国際的な税制の「裁定」が限りなく法人税率を下げるという方向性をもって起きてしまうのだ。

協調という点では、先のカリフォルニア大学（バークレー）教授のアワーバックの「国境調整税」も実は、こうした流れをストップし、各国一斉に付加価値税のような法人税を導入しませんかという提案なのだ。[24] グローバル企業のタックスプランニングが反グローバル運動のターゲットになっていること、設備投資への課税が回避できることなど考えれば、付加価値税型の法人税への移行は十分検討の余地があるというのだ。

一方、税の公平性という点では、デジタル経済の進展が、消費税に関しても、特にサービスや無形資産の国際取引について困難な問題をもたらしている。GAFAの売上の四分の一がヨーロッパで生まれたものだが、「恒久的施設」の概念をもって組み立てられた現在の国際租税条約上のルールでは、国境を越えてインターネットで売買される電子書籍などの利益に、各国が法人税をかけられないためだ。アマゾンがヨーロッパでモノ・サービスを販売してもEUの当局に課税権がなかったため、書籍などモノでは物流倉庫に課税するという方向がとられ、日本でも追随している。しかし、音楽などサービスの販売には網が被せられない。また、シンガポール子会社からインドのSEに発注されたソフトが日本へ販売されたような例では、経済的価値はインドで創出されている可能性が強いが、アメリカの親会社は、「恒久的施設」概念のないインドではなく「恒久的施設」をもつシンガポールで行われたと主張しても、それを否定することがむずかしいのだ。

そこで、今後は国際的なサービス取引の比重が一層増大することが予想されることに鑑み、ＥＵは重要な付加価値税の浸食をおそれ、ＯＥＣＤ・Ｇ２０の場で国をまたぐ電子商取引への課税に関する報告をまとめ、「恒久的施設」の概念をあらため、国ごとの売上高に一定の割合で課税するという新たなルールづくりへとステップを進めようとしている。ＥＵの提唱は、海外企業に限って「平衡税」と呼ぶ税金を課すことによって内外企業の租税負担のバランスをとろうというもので、それを次の二段階を踏むことで実現しようというものだ。第一段階は、二〇一九年五月にも該当企業にＯＥＣＤルールに沿った形で国ごとの売上高を報告させることだ。そして、このデータなどを参考に各国の課税当局が平衡税を課すというのが第二段階となる。

実は、ＥＵは、先にも触れたように、メンバー国のアイルランド、オランダ、ルクセンブルグなどが低税率で多国籍企業の総括子会社を誘致している立場だった。二〇一四年には、この姿勢を一八〇度転じ、まずは抜け穴をふさぐ点での協調だと、低税率国の調査に入った。そして、ＯＥＣＤが主導して二〇一六年には数十か国を糾合して多国間協定を結び、統一した課税ルールを適用する方針を打ち出した。こうして法人税ではにわかに今までとは次元の異なる「課税逃れ」の追求が始まったのであり、消費税に関しても、これとリンクさせることも必要だとの認識が広がっているのだ。

アイルランドではアップルのケースが欧州委員会によって取り上げられ、オランダでは、スターバックスのケースが、そしてルクセンブルグでは、アマゾン・ドット・コムが調査の対象になった。欧州委員会の調査は、ダブルアイリッシュ＆ダッチ・サンドウィッチのような税制競争を問題視し、たとえばアップルがアイルランドで節税していることが、域内での競争条件を犯していないか、ＥＵの定めている「国の補助」の規定に照らして審査するというものであった。

EUの調査では、いずれも「クロ」との判定が出された。その結果、アイルランドでは一五年度財政予算案の中で、節税スキームのダブルアイリッシュ&ダッチ・サンドウィッチの元になる優遇税制を廃止することを打ち出した。アイルランド企業シャイアーとの「節税」合併を進めていたアッヴィはあわててシャイアーとの間の買収合意を取り消した。

だが、優遇税制の廃止には六年の経過期間が設けられており、EUやOECDのガイドラインの範囲内での新たな優遇策や抜け穴を探した新たな節税スキームの開発が始まる恐れがないとも言い切れない。なぜならスターバックスをケースに調査を進めていた欧州委員会は、オランダの税制優遇に対しても事実上EUの定める違法な補助金に相当するとの判断を下した。確かにオランダはペーパーカンパニーに対する監視を強めてはいるが、法人税率を周辺国よりも低く抑えているほか、企業がオランダで生み出したイノベーションから生み出した利益には税率を五%に引き下げ、企業誘致をしてきたことも事実だ。EUはナイキを調査することでオランダの言い逃れを追求する姿勢を見せたことから、多国籍企業の課税逃れに対する国際的な批判が高まるなかでオランダの税当局の姿勢が変わり始めている。

筆者は多少パスデペンデントではあるが、二〇一六年にOECDが主導し数十か国を糾合して誕生した多国間協定のようなものを利用しながら各国が法人税の引き上げへと発想を転換すべきと主張してきた。アメリカでは法人税を一%引き上げれば一〇年で一〇〇〇億ドルの税収が増える。ネット時代を迎え国境が曖昧になる中では各国の協調が必要で、アマゾンなど国際的なeコマースに対しては欧州委員会が法人税に代えて売上税での課税を提唱し始めている。

アメリカはeコマースに対するEUの課税方式には猛反発をし、企業のブランド力やのれん代など形のない価値（無形資産）がつくられた国で課税すべきと課税対象をいわゆるデジタル企業から一般企業へと広げるアメリカ案を提示した。課税対象はあくまで巨大ＩＣＴ企業をターゲットに絞り、消費者がオンライン契約を結んだり、サービスを利用したりしたことが確認できれば、その利用実績に応じて、課税ができるというイギリス案をメインに進んでいた従来の議論の流れを変えたかに見えた。つまり、個人データをよりどころに課税をするのは制度的に無理があるのではないかとの疑義も出たていることから制度的には無理のないアメリカ案へと議論の中心が移ったように見えたのだ（図６‐６）。

だが、これまで課税を逃れてきたビックテックにあまりにも軽微であり、新課税ベースの欲しいＥＵ諸国やＥＵには迂遠と見られるようになった。そこで大阪でのＧ20では、三案に共通する物用者が多い国に税収配分を多くするという原則のもと、事務局となるＯＥＣＤで原案をつくり、二〇二〇年にも合意を目指すことになった。消費地課税という原則は、アワーバックの国境調整税と同じ切り口となるが、ブランド税など生産地の取り分をどの程度、どうした計算で確保するかが焦点となろう。本格的な税制改革の暫定案としてフランスがデジタルサービス課税を導入したが、それが二〇二〇年にも合意する課税額を上まわるようならば払い戻すという条件でトランプ政権はワインへの関税をかけ報復することをとりやめた。

こうして国際的なｅコマースに対する課税への足場が固まってきたことから将来的には法人税に関しても、いずれ各国が協調しながら五〇％に引き上げる目標に向かって動くこともできるはずだ。そうなれば、アメリカは今後一〇年で一兆五〇〇〇億ドルの歳入増のポテンシャルをもつことになり、格差是正のための原資となり得る。

◆金融資産への課税

トマ・ピケティは、『二一世紀の資本』の中で、金融危機をでき得る限り回避し、格差を是正する手段として国際協調の下での資本課税を提言している。つまり、ピケティは各種の保護規制との組み合わせで資本規制が導入されそうな気配があるが、そうした規制はお互いの反発を呼び国際的な緊張をもたらすだけだ。それよりも資本課税を検討すべきだと主張する。一方、新しい民主主義を生み出すというイギリスの場合、短期にはピケティが言う戦時、戦後には先進国に普通であった高率を適用し、長期保有に対して時間経過恩典キャピタルゲイン課税とする案が考えられているようだ。労働党に変われば、その案はさらに強化されるかもしれない。

アメリカでも一九世紀初めからの欧米の累進課税の歴史を渉猟し『富者に課税せよ』と累進課税によって格差是正を説く書物が出るように

図 6-6　デジタル課税へ3つの法案

米国案を土台に議論が進む見通し			
	【米国案】	【英国案】	【新興国案】
新ルールの対象	多国籍企業全般	デジタル企業限定	多国籍企業全般
仕組み	マーケティングなどを通じてつくられた「無形資産」に着目。そこから得られる収益に課税	デジタルサービスの利用者の企業利益への貢献度合いに応じて課税	進出先の地域ごとのデータ量などに応じて課税
日本企業の海外での税負担	増える	増える	増える
課題	無形資産の定義があいまい。対象範囲が広過ぎる懸念	利用者の「貢献」の評価が難しく、制度的に難点	各国が税収配分に合意する必要があり非現実的

（出所）「デジタル課税　対象で攻防」日本経済新聞2019年３月26日朝刊。

なった。[25] 民主党の大統領選に名乗りを上げた上院議員のサンダースは、新たに発見された租税回避国の文書、パラダイス文書は税逃れをしている人々が大統領選挙での大口寄付をした人びとであると暴いており、世界経済がごく少数の億万長者に支配されつつあることは、現代の大きな問題だとの見解をイギリスのガーディアン紙に寄せた。トランプ政権を支える富裕層たちの数十億ドルの税逃れをふせぎ、公平な税制を求めなければならないとの訴えでもある。アイゼンハワー大統領は累進課税の最高税率が九〇％に達しようかという国民凝縮の手段を行使して、スプートニクショックに対応し、対ソハイテク戦争に勝利した。だが、トランプ政権では中国のＡＩでの対応に肉薄する意思もみせなければ、法人税改革と同時に行われるとされる所得税改革案でも貧しき白人などを救済する方向には向かわず、減税分の四五％が五〇万ドル以上の富裕層へと向けられるものだった。「アメリカ第一」を掲げることで、富裕層上位一％が国富の三分の一以上を持っている格差に不満をいだいて、サンダース候補を支持した民衆をも自己の支持者に取り込みながらも、トランプにはその格差問題に切り込む意思はなく、共和党自身にもそうした意思はなさそうなのだ。

どこに突破口を見出すべきか。誰がどのような政策をかつぐのか。変化は選挙でしかできないともいえる。中間選挙の結果明らかになったことは、共和党が事実上トランプに乗っ取られてしまった一方、民主党にも非常な変化がもたらされているということだ。

その一つが、中間選挙で女性候補が上院、下院で議席獲得して議会における女性の勢いを獲得し、彼女たちが国民皆保険などの新提案を担ぎ支持を集め、そのことが一つの画期となる可能性をもたらしたことだ。一方、共和党の場合、男性優位をささやく、いわゆる南部戦略によって議席を獲得してきたやり方である。トランプの場合、それは男性優位を通り越して女性蔑視となっていた。その反動が民主党からの大量の女性の立候補だったのだ。女性時代のさきがけといえそうで、共和党は女性時代へと流れが変わった時には厳しい戦いになる。

では、流れを変え得る政策として何を担ぎ得るのか。マーク・リラが提唱したようにリベラルを立て直し、ニューディール政策に匹敵する大きな政策を打ち出すだけの体制を整え得るのかが問われている。いうまでもなく、共和党はトランプ路線に乗ってしか動けない状況にある。一方、民主党の方はといえば、オバマ時代には共和党と妥協し過ぎてきたと見るラディカリストが党内で猛威を振るうようになって、選挙で勝てる候補よりもラディカルな主張を代弁できる候補という動きが盛んで、すでに触れたがニューヨーク市クィーンズ区で重鎮、ジョン・クローリーを破って当選を果したアレクサンドリア・コルテスがその象徴といえよう。この動きが二〇二〇年の大統領選挙まで続くのか、それともどこかの時点で勝てる候補という中道への回帰がみられるのか、見守っていく必要があろう。

では、政策ではどうなのか。民主党内のラディカルが掲げる主張の一つがシングルペイヤーの医療保険である。これは、フリーランスの働き方が増える中でオバマケアは必須の条件になってきている一方、財政の負担がこれ以上増やせないという環境の中で、先に見たウォーレンが指摘した少し大きな病気に罹れば個人破産に陥る人が年に〇・二％発生するという事象を回避すべきだという主張になる。アメリカ以上に新自由主義的な経済運営をしてきた中国でも大病保険が導入され、日欧に近い国民皆医療保険にするための骨格ができた。アメリカも追随せよということにもなるが、そもそもアメリカには外国から学ぶという姿勢はない。最も必要とするフライオーバーされる州では票にならない政策だとされる。

シングルペイヤー医療保険を長年唱えて来たのは、シチズンズ・アクションに拠ったキャシー・ハーウィットだ。彼女はクリントン政権時代、あたかも政権内の保健担当のように振舞ったヒラリー・クリントンにカナダ方式として政策化して提示したが、結局党内でも支持が広がらないで法案化は断念せざるを得なかった。オバマケアでも、シャウコウスキー議員の政策秘書になっていたハーウィットは、キャデラック医療保険加入者には課税し、それを底辺の新規加入者への補助金とする形で多少ともシングルペイヤー保険に近づけるための知恵を授けた。

だが、トランプ政権のオバマケア廃案への怒りを持った民主党内のラディカルたちのシングルペイヤーのモデルは、カナダ方式からメディケアの五〇歳からの適用に、そして現在ではメディケイドへの全加入へ移行している[26]。

先鋭化する主張は、緑の党やアメリカ社会党など新党のものだとされる。民主党内でもラディカル化は一九八〇年から三回連続で大統領選での敗北を味わった。だが、カリフォルニア州知事選でシングルペイヤー医療保険を掲げるギャヴィン・ニューサムを担いだ民主党内ラディカルたちが狙ったのは、一九三四年のカリフォルニア州知事選に名乗りをあげたアプトン・シンクレアのひそみにならうというものだ。つまり、シンクレアは知事選に惜しくも敗れはしたが党内党のような存在としてふるまったからこそ多くの票を得ることができただけでなく、その動きが党内でフランクリン・ルーズベルトのデモクラティックフロント運動を活性化させ、やがてルーズベルトの大統領選出、そしてニューディール政策へと結実することになったからだ[27]。ニューサムは勝利を収めたのだから独立事業主の定義を厳しくしてフリーランサーの地位を護る法の導入など「新」ニューディール政策形成に向けて弾みをつけたいところだ。

トランプは周囲の反対を押し切ってオバマケアの廃案をアジェンダにとりあげた。だが、オバマケアの廃案はもはやなくなった。そして、二〇一七年の税制改革で、医療保険に入らなければ罰金が科せられるというオバマケアの縛りがなくなった一方、今後はフリーランサーの数が飛躍的に上昇していく。その一方、大病になった時のカバーもできる医療保険はほとんどの中産階級には加入が無理になってきている。健康な人は医療保険に入ろうとはしないだろう。共和党がオバマケアの対案を示せていない中、AEIのコメンテーターなど保守派の意見も国民皆保険に必ずしも否定的というわけではない[28]。

共和党内でもシングルペイヤー医療保険制度の支持は広がり始めたが依然として少数派であることは間違いがない。だが、選挙戦の流れが保険に向かえば選挙で勝つことを優先するトランプも皆保険を唱える可能性がゼロではない。ヒントになるのは、FTのラナ・フォルーハーの次の解説だ。

新しい社会主義者たちが求めている多くは、経済にプラスになる可能性さえある。医療保険はその一例だ。一九五〇年代には労働者に支払われる報酬の七%だった医療給付が現在では約二〇%となり、多くのアメリカ企業にとって医療保険料は賃金に次ぐ大きな経費となっている。医療費の負担が重いことが、賃金と消費の伸びを抑える要因となっているばかりでなく、国民皆保険制度を導入している国の企業に対し競争上不利な立場に置かれている。こうした状況を考えると、なぜアメリカ企業がもっと連邦政府にシングルペイヤー医療保険制度の導入を求めようとしないのかが不思議なくらいだと彼女は指摘するのだ。

民主党の大統領候補は乱戦模様で誰が候補になるか今のところ不明だ。中道の前副大統領のジョー・バイデンが先行しており、何が起こるか分からないトランプ政権に対して「安心」を与え対抗になるという見方もあるようだが、新たに生まれつつある民主党の主流にあるかは疑問だ。その点で、女性上院議員のカマラ・ハリス、エリザベス・ウォーレンなどが有力だと見るべきだろう。

最近の世論調査では、医療保険は有権者が最も関心を寄せる問題で、予備選で勝ち抜いた候補がうまくシングルペイヤー医療保険を争点にしていくことで民主党が勝利をする可能性もないではない。だが、シングルペイヤー医療保険だけでは、文字通りシングルイシュー政党となってしまい、リラのいう大きな政策にならない。シンクレアの唱えた政策もカリフォルニアで貧困をなくすだった。超富裕層への課税や気候変動を克服するグリーン投資を掲げた具体的な公約を掲げ、「政策工場」とも言われる元ハーバード大学教授のウォーレンが誠実に政策を語り続けていることから、予備選を生き残れる可能性が高い。

ただ、超富裕層への課税などは選挙目当てとの批判を招きかねない。ウォーレンは、大統領予備選挙に名乗りを上げて、富裕層への二〜三％の資産課税、つまり五〇〇〇万〜一〇億ドルの純資産がある分は年率二％、一〇億ドルを超える分は同三％の税金を納めるべきという提案をしている。同議員の経済顧問を務めるカリフォルニア大学（バークレー）教授のエマニュエル・サエズとガブリエル・ザックマンは、米国世帯の〇・一％がそれに該当すると試算する。

そこで保守派も沈黙する大きな政策にするために筆者が付け加えたい今一つの政策が、金融資産課税による再分配策だ。見てきたように実物経済の一〇〇倍もの取引がある金融資産は、そうした資産の裁定をするだけで利益が生まれるという意味で格差の大きな原因であるばかりでなく、ジンガレスやケイが提案するように、金融業が経済活動を支えるものへと変わっていくには縮小されていかなくてはならないものとして注目されて、しかるべきだ。

資本を蓄積することが資本主義発展の原理だったとすれば、その資本に課税をするというのはそのインセンティブを大きく阻害することになる。「資本課税など、とんでもない、提言になっていない」と、頭から拒絶反応をしめす人もいるだろう。しかし、そうした「一般常識」は経済学的に正しくないと主張しているのが、シカゴ大学教授のハラルド・ウーリックと東京大学教授の柳川範之の共同論文だ。[29] 同論文は、『内生的成長理論』の教科書にも採用されているもので、「一般常識」に反して高率の資本課税を課すことによって経済成長を高める可能性があると指摘している。彼らが提示しているストーリーは、資本課税はいわば高齢者層への課税であり、税収の多くがそれでまかなえたとすれば、それは若年層の税軽減、消費の促進を意味し、それが経済成長を促すという筋書きだ。その意味では資本課税の提言は高齢化社会にふさわしい政策提言であると胸をはって言えることになる。[30] 支持は、こうした緻密な議論からばかりではない。ウォーレン・バフェットを初め、ファンド運用での成功者、デズニーの子孫など裕福な遺産相続人など富豪からも格差があまりにも極端になり過ぎ、その是正が必要だという直感から来る意見が盛り上がりをみせてきているのだ。

したがって次なる課題は、いかにして、という手順を示すことだろう。というのは、ピケティ自身が提唱した資本税の設計では、高額な富をもつ人が利用する信託財産なども対象になっているが、税逃れの行動を阻止するためには気が遠くなりそうな協調がなくてはならないだろうとも付言しているからだ。

だが、OECDが主導して二〇一六年には数十か国を糾合して多国間協定を結び、統一した課税ルールを適用する方針を打ち出した。パナマ文書問題などで租税回避に対する批判が高まるなか、二〇一八年には、各国の税務当局間で口座情報を交換する仕組み（CRS＝共通報告基準）が始まっている。

CRSは海外の金融機関を使った租税回避への対応を目的にOECDが策定し、各国の税務当局が電子データで自国の金融機関から氏名や住所、口座残高、利子・配当の年間受取額などの報告を受け、瞬時に自動的に交換できるシステムで、日本を含む一〇一か国・地域が加わる見通しだ。アメリカは加わっていないが、英領ケイマン諸島など多くの租税回避地（タックスヘイブン）も参加する。

一方、個人の税回避に関してアメリカは、すでに一四年七月から資産隠しを防止するためにＦＡＴＣＡ法の適用を始めている。同法は、スイスの金融機関が富裕層の脱税を手助けしていたことから生まれた矯正手段を他国にも適用し、海外のすべての金融機関に名義やその残高など、米国人の口座情報を米当局に届け出ることを義務づけたものだ。約一〇〇か国・地域の八万以上の金融機関が協力を強制されている(31)。

ＣＲＳとアメリカのＦＡＴＣＡ法はいずれドッキングしよう。そうなればキャピタルゲイン課税なり資本課税なり金融資産課税なりの税制をグローバル適用できるように設計していくことが可能になろう。では新しく設計するキャピタルゲイン課税体系は、どの程度の傾斜が考えられるのか。法人税率に関しての各国の協調なしに達しえないが、例えば高速取引、デイトレードによる取引を含む一年未満のキャピタルゲインには五〇%、一年ごとに一〇%下げ、五年以上では一〇%にするといった措置が考えられる。そして、これを目指して徐々に近づけるのだ。

先の社会学者、ザッカーの議論を敷衍した形でいえば、制度が変わることによってアメリカ人の行動、そして思考が変わっていくことになる。保守主義の元祖とされるエドマンド・バークは、騎士道精神の洗練が進んだことから商業社会が生まれたとの論理を展開したが、リバタリアンの精神の洗練ではなく、逆にグローバル化のコントロールのための手段がリバタリアンの精神を鎮めていくことになろう。

ではいかなる形でリバタリアンたちの精神を沈めていくのか。『不道徳な見えざる手』の著者の一人、シラーは、新しい所得配分のための課税があり得るのではないかと、ＡＩロボット課税の可能性を指摘している。マイクロソフトの創業者ビル・ゲーツが提案した時には泡沫アイディア扱いだったが、欧州議会でマディ・デルボー議員がＡＩロボットを権利や義務をともなう「電子人間」とみなし社会保険費の節約分に課税する提案したことで認知を得たといえよう。だが、これを単に再トレーニングの原資にするだけでなく、格差是正のための積極財源としてはどうかというのだ[32]。すなわち、『富者に課税せよ』の著者たちは累進課税は平時でも可能な前提を置いているように見えるが実際には戦争という特殊な状況で生まれた経緯もあることを考えれば、平時に格差是正を図るには新たな財源でもってする必要があるというのである。ＡＩやロボットが仕事を奪うのであれば、ＢＩという呼び方ではなく、オバマ前大統領が唱えた「賃金保険」という考え方をしてはどうかと提案している。

失業が増えれば、エドムンド・フェルプスも指摘しているように、民主主義の基本である共同体の崩壊にもつながる恐れがある。先にも紹介したように自由と平等とを矛盾なく産業社会の中に納める方法として、ポランニーはガルブレイスの議論に触発されて雇用や所得と関係をもたせない社会保障の拡充を検討しようとした。一方、ジョン・メイナード・ケインズは技術進歩によって将来には人々は遊んで暮らせる時代が来ると予想していた。これに対して『不道徳な見えざる手』の著者の一人、アカロフはケインズが予想を間違えたという。本当にそうなのだろうか。筆者は、ＡＩ・ロボットの出現はケインズの予想した将来図の到来だと見た[33]。つまり、技術進歩が人々を豊かにし、それが働くことを人間の「荷」とみるイギリス人の眼からすれば働く時間の限りない縮小と表現したのであって間違っていないのだ。ただ、ケインズが暗黙の裡に想定していたきわめて平等な分配が現実に可能になっていないとすれば、自分が目標とするような生活を送れるための原資としてＢＩの配布を『「エイジノミクス」で日本は蘇える』の中で提案したのである。

◆中間選挙が変えた政策トーン

大統領選への再出馬を決めたトランプが選んだ演説会場はフロリダだった。戦後一八回の米大統領選挙で、ここを制した候補が一六回勝ち、トランプの勝利もその一回であった。

だが、トランプは出馬演説というのに、再選後にどんな政策や国造りに取り組むのかを語ることなく、前にも話したように敵を非難し、実績を誇示するだけに終始した。なかでも元ソマリア難民の民主党下院議員イルハン・オマールを攻撃すると、支持者たちは間髪を入れず「(彼女を)送り返せ」の大合唱となるなど、聴衆は大満足なのだ。白人票をまとめ切れば勝てるとの計算で、イスラム教徒を標的に選んだのだ。

最高裁も国境の境界線建設を命じた大統領令の合憲を認め、「歴代の大統領と違い、きちんと約束を実行している」大統領の面目を保つことができた。どんな批判も彼らの「トランプ支持」を変える力にはなりそうにない。

こうした状況をどう見るのか。ミシガン州立大学准教授のマット・グロスマンとボストン大学准教授のダイヴィッド・ホプキンスは、共和党では党の綱領を対抗する民主党との距離ととらえることからティーパーティグループが党内党となって共和党を揺さぶったが、民主党では共和党と対峙するよりも党内での議論、闘争を経て政策をつくっていこうとの性向があることから、党全体の軸足が左へ動いても長老たちにもアジャストするだけの時間があるとの見方を示した。(34) 一方、『ワシントンポスト』のオピニオンライターのポール・ウォルドマンもNYT紙では新人議員たちの反乱で下院議長のペロシも大変だと報道しているがむしろ民主党は一昔前よりもまとまりが出て来ており、逆に共和党の方が今はイ

デオロギーだけではだめだと個々の議員が別行動をとり始めているのではないかとの指摘をしている。(35)

いずれにせよ、対する野党・民主党は二〇人の候補者による死のロードが始まっている。政策だけで俺の支持者の情熱に勝てるのか。トランプは、高みの見物を決め込んだのだ。だが、民主党に権力の空白があり、大統領候補の本命がいない状況は保守展開をした二〇〇九～一〇年の状況に似ており、今回も因習打破、党内競争を経て新たな方向性と新たなリーダーシップが生まれるチャンスと見るコメンタリー誌の副編集長のノア・ロスマンのような見方もある。(36)

筆者は二〇一六年の大統領選挙の選挙プロファイルとしてエリザベス・ウォーレンが一番の適任かも知れないと考えていた。しかし、党内事情からすればヒラリー・クリントン候補にとって代わり得るものではなかった。結局、選挙はクリントン候補が予備選ではサンダース候補に散々追い上げられ、本選では従来路線の延長にしか過ぎないとの見方から、ワシントンから距離を置いてきたトランプ候補に敗れた。

こうした流れからすれば、中道からウォーレンへの軌道修正は大きなスウィングになるが、それはジョー・バイデン、ベト・オルークといった中道候補との競争は残るにしても、民主党としては問題ないということになろう。だが、左派から大統領候補に名乗りをあげた候補も、サンダース、ウォーレンに限らず、新人上院議員からもカマラ・ハリスなど数多くいる。いずれにせよ、民主党は都市部のミレニアム世代での強みを活かす政策、選挙対策が中心となり、共和党はトランプが掘り起こしたラストベルト依存という対立構図になる。

こうした状況の中、ウォーレン候補の強みと弱みを評価するとすれば、かつては政策アドバーザーにもなっていてクリントンをよく知っており、彼女も昔は自分と同じ見方をしていたが、ニューヨーク州で上院議員となり、大統領も目指すようになったため、ユダヤ人、ウォール街と妥協したが、自分はしなかったという点だろう。だからこそ、ウォーレンは現代の持つ者と持たざる者の闘争たる一％対九九％論争を仕掛け人の一人、反ウォール街闘争を指揮できたことだ。そしてフェイスブックなどの献金攻勢から無縁であったことだ。それだけに女性へと流れる政治の動きに乗り、しかも反ウォール街的な金融資産課税、反プラットフォーマー的なデジタル課税、データ課税などの政策を担ぐこともできることだ。だが、そのこと自体が敵も多いことを意味する。大学教授から上院議員一期という経歴はトランプの公職の実務経験のなさがクローズアップされている中ではハンディとの解釈になろうが、予備選を戦う中で政策を売り込むだけでなく、どこまでリーダーシップを発揮し、党内基盤を拡張できるかが鍵になろう。

法学者だったウォーレンは議会のテレビカメラの前で次のように訴えている。「投資銀行を初めとする金融機関の利益があがっているのは、金融市場がある程度正常化する一方、景気対策のために金利が大幅に引き下げられているためだ。誰のおカネで金融安定化法の資金が用意できたのか。金利の引き下げとは預金者からの収奪そのものではないか。そのようにして上がった利益が金融の専門家だと言う者たちに分配されていいのだろうか。」

一方、ニューヨーク州選出の民主党の新人、アレクサンドリア・オカシオ・コルテス下院議員もまた、一〇〇〇万ドルを超える課税所得の税率を七〇％にするという所得税制の改革を訴えている。単身者で収入が五〇万ドル以上の税率が三七％という現行制度と比べ、これはかなり高いだけでなく、それがこれまでの四〇年で所得税の累進性が徐々に下がってきた傾向を大逆転しようというものだ。

今までの、こうしたリバタリアン（自由主義者）主導の政策形成を方向転換するには政治の風潮が大きく変わらなければならない。変わるのだろうか。実はウォーレンらの提案に関しての世論の支持が六割に達してきているのだ。民主党支持者だけをとると七割になる。変われる素地は生まれてきているのだ。

民主主義は貧乏人のためになってしまうことになるから採用すべき政治対象にならないと建国の父たちは事実上の寡頭政治である共和制をとってきた。俺の財産に手を出すなという主張をもって、ポランニーが歴史を遡って彼らにリバタリアンという呼称をあてはめたゆえんだ。その共和制政治の下で生じた混迷が一八八〇年代にジャクソン民主主義が出てくる前の状態であった。民主主義はポピュリズムのもたらした混乱を梃子に理性によっても復元可能だということを示したのがアドホックな政党の人民党だった。アメリカの近代民主主義の画期をなす人民党も、ジェイムズ・ウィーバーを候補に立てた時はコロラド州など四州以外では敗退し次のジャクソンを担いで民主党を取り込む形で建国の父の三代目を破り勝利した。

現代のリバタリアンは富む者は貧しき者よりも多くの税金を支払うべきという民主国家での基本原則を拒否してきた。そして新古典派経済学は彼らに拒否してよい理論を提供してきた。現代の混迷の状況は、ウォーレンに大統領候補「ジャクソン」となれるチャンスを与えるのだろうか。

確かに、ウォーレンの政策がリベラルに傾き過ぎていること以上に、世評として精査できていないリベラルの政策パッケージは空虚さもただようというジョン・ゴードンの指摘もある。(37) しかし、ウォーレンにも利用できる切り口がある。たとえば、富裕層の所得は金融資産、不動産等によるキャピタルゲイン課税になっていることが多いことから、中所得層よりも低くなっており、それは不公平ではないかというバフェット・ルールの活用であろう。自身が億万長者でファンド会社のトップ、ウォーレン・バフェットの発言は、かつて追い込まれていたオバマ大統領が所得一〇〇万ドル以上の富裕層に対する最低課税率の適用を提案して反撃の契機ともなった。若者たちが「貪欲をやめよ」と叫びながら、ウォール街でデモを始めたのも、いわゆるバフェット・ルールに触発されたともいえるのだ。そしてフェイスブックが闇の組織を使っても陥れようとしたジョージ・ソロスを味方につけ企業経営者とも対話することだ。バフェットやソロスなど企業の側からの発言を活用し累進課税、デジタル課税への道筋を示さない手はない。

政策の幅を広げられる分野も少なくない。改革派が企業との間にさらに広い連携ができそうな分野が教育だろう。今、アメリカで生まれている雇用の三分の二は高卒では間に合わない学歴を必要としている。ところが、それだけの資格を得る者は半分しかいないため企業は社内で高卒労働者の訓練を企業が行わざるを得ないという情況にある。AI時代の到来をうけて、こうしたギャップはますます大きくなると予想され、全ての米国人がもっと高い水準の教育を受ける必要があるとのコンセンサスが生まれている。二一世紀のジョブに対応できるようにするため、ニューヨーク州では州立大学の学費の無料化を試みているが全米の四年制大学で無料化するのは困難だ。そこで、ここ数年、多くの州に広まっているのが、公立高校の教育課程に大学二年分の教育プログラムを追加して組み込むという取組みだ。多くは、州政府ではなく社内訓練ではコストも高くとても追いつかないと考えた企業主導で導入が進んでいる。

そして今一つの切り口は、平等のシンボルとみなされてきた住宅への決別であろう。人口学者のエマニュエル・トッドは民主主義の排外的な色彩を薄めるには核家族信奉の放棄も必要だとも言っている(38)。ウォーレンは持ち家たる住宅はもはや中産階級の重荷になっているのであり、医療保険などのリスクが公的に提供できなくなっている現在にあっては二世代住宅のような大家族でリスクヘッジをする住まい方を考えるべきだと、トッドのルースな家族の形成とは反対の保守的な家族像を提示している。

フィナンシャリゼーションの波は、アメリカの大衆が預金をし、その資金を企業に貸すという金融ビジネスモデルは昔話になり、消費者に住宅資金を貸し、その住宅の価格と住宅借入の差分、つまりエクイティを担保に消費者ローンを受ける側に追いやった。だが、その金融ビジネスモデルも、住宅の永遠の上昇を前提としており、そうした政策は破綻の危機にある。トランプが貿易赤字を減らすということに熱を上げていること自体、この金融ビジネスモデルの前提を壊す行為なのだ。金融危機・銀行救済と金融緩和・緩慢な成長という循環の中にある先進国での緩慢な経済成長での全要素生産性の上昇、イノベーションの成果の寄与とみなされていた部分にもデフレーターに入りきらなかった不動産価格の上昇という要素が入っていると考えられ、不動産屋のトランプはある意味で最大のレントシーカーの一人だったことになる。

リーマンショックを経て、市場至上主義者たちも先にも見たように理論武装し、「ベイルイン」というシステムすら織り込み、自分たちが「賭け」をしているのは自己責任で皆さんにご迷惑はおかけしませんと主張できるようになった。

確かに、「私の稼ぎを勝手に取り上げること」を認めないというリバタリアンに向かって税の機能を説き、所得・消費・資産の三つの税制を総合的に見直す作業（新たなタックスミックス）を行うことは容易ではない。格差を是正するには「大きな槌」が必要だが、現代にはその「大きな槌」というべきものがなくなったというのは、スタンフォード大学で古典・歴史の教授をつとめるオーストリア生まれのウォルター・シャイデルだ。シャイデルは石器時代から現代までの歴史を見渡し、格差の是正が起こったのは、結局、大掛かりな大衆動員をした戦争、革命、国家の崩壊、ペストの流行など大規模な疫病の四つしかないと指摘する。[39] 基本的にはニューディール以降の歴史をカバーしている本書やトマ・ピケティの『二一世紀の資本』とは、古い歴史の部分を捨象すれば観察に大きな違いはなく、シャイデルの提示する政策もほぼ以下に述べる筆者のものと変わりがない。

その意味では、企業を含め幅広い連携を進めて多数派を結成して最大多数の幸福を提示し、リバタリアンを圧倒する以外にない。米国の左派は、かつてニューディール政策を展開した時には企業経営者と対話し、経営者の側でも、先にも見たようにＧＭの歴代の経営者たちは一九八〇年代に至るまで、「すべての労働者が大切だ」というメッセージを送ってきた。閉じた社会では自国の労働者も車を買える消費者でなくてはならなかったからでもある。企業はニューディーラーたちとその後継の協力者だったのだ。ＪＰモルガンチェースのＣＥＯ、ジェイミー・ダイモンを初めとする経営トップ一八一人を糾合したビジネスラウンドテーブルは株主第一主義を見直し、従業員や地方社会などの利益を尊重する事業運営に取り組むとの宣言をした。ステークホルダー型コーポレートガバナンスに転じるというのである。これは民主党にとってのチャンスだ。なぜならこうして変ろうとしている企業との連携体制を整えて初めて貿易以外の分野でのグローバリゼーション、フィナンシャリゼーションのトレンドを変え、新たな民主主義を打ち立てることが可能になろうからだ。

（１）　ヤンヴェルナー・ミュラー『ポピュリズムとは何か』（板橋拓巳訳）岩波書店、二〇一七年。
（２）　Takuma Takahashi and Fujio Namiki, "Three Attempts at De-Wintelisation: Japan's TRON Project, the US Government's Suits against Wintel, and the Entry of Java and Linux," *Research Policy*, vol.32 December 2003.
（３）　Tom Nichols, *The Death of Expertise: The Campaign against the Established Knowledge and Why It Matters*, Oxford University Press, 2017.
（４）　森井裕一「ドイツ経済復活の基礎　築く」日本経済新聞二〇一七年九月一日朝刊。

（5）佐藤経明教授から「君の言っていることが正しいと思うようになった」との電話を受けたのは、その夜のことだった。

（6）G. Jackson, M. Höpner, and A. Kurdelbusch, "Corporate Governance and Employees in Germany: Changing Linkages, Complementarities, and Tensions". In: H. Gospel and A. Pendleton (eds.) *Corporate Governance and Labour Management: An International Comparison.* Oxford University Press; 2005

（7）ジェーソン・オーパドーン・他「模範国家ドイツの現実」『ニューズウィーク日本語版』二〇一五年一〇月一三日号。

（8）髙橋琢磨『「禁手」に手を出したフォルクスワーゲン』ぽから（KDP）、二〇一七年。https://www.amazon.co.jp/dp/product/B0719KY3ZN/

（9）労働政策研究・研修機構「分かれるハルツ改革の評価――実施から一〇年」『国別トピックス』二〇一二年二月。

（10）マーヴィン・キング『錬金術の終わり』（遠藤真美訳）日本経済新聞出版社、二〇一七年。

（11）水野和夫『資本主義の終焉と歴史の危機』集英社新書、二〇一四年。

（12）Anton Korinek and Joseph E. Stiglitz, "Artificial Intelligence and Its Implications for Income Distribution and Unemployment," in Ajay K. Agrawal, Joshua Gans, and Avi Goldfarb (eds.), *Economics of Artificial Intelligence: An Agenda,* Chicago University Press,2018.

（13）Jack Knight and James Johnson, "The Priority of Democracy: A Pragmatic Approach to Political-Economic institutions and The Burdens of Justification," *American Political Science Review,* vol1(1), 2007.

（14）トマ・ピケティ『二一世紀の資本』（山形浩生・守岡桜・森本正史訳）みすず書房、二〇一四年。

（15）遠藤乾『欧州複合危機』中公新書、二〇一六年。

（16）アンソニー・ギデンス『揺れる大欧州』＊（脇坂紀行・訳）岩波書店、二〇一五年。

（17）ライノルト・オプヒュルス-鹿島『ベルリンの奇跡』河崎健編著『二一世紀のドイツ』上智大学出版、二〇一一年。

（18）ダニ・ロドリック『グローバリゼーション・パラドックス』（柴山桂太・大川良史・訳）白水社、二〇一四年。

（19）コービンへの私設応援団ともいうべきＮＰＯ草の根団体「モメンタム」は、会員数三万人強、全国に約一〇〇の支部を持つ。六月の総選挙では若年層の六割強が労働党に投票したが、その影にはネットを駆使したモメンタムの積極的な支援活動があった。

（20）マーヴィン・キング『錬金術の終わり』（遠藤真美訳）日本経済新聞出版社、二〇一七年。

（21）二〇〇二年の議会証言では、ＩＲＳのロゾッティ長官が、オフショアによる租税回避の手法により毎年数十億ドルの国家歳入が失われているとの推定を示したことがある。

(22) Press Release, US Senate Subcommittee Hearing to Examine Billion Dollars in US Tax Avoidance by the US Multi-national Corporations (Sep.20, 2012).

(23) 富田美緒・中村晃「税収　世界で奪い合い」日本経済新聞二〇一七年九月三日日曜版。

(24) Alan Auerbach, Michael P. DeBereux, Michael Keen and John Vella, "Destination-based Cash Flow Tax," Oxford University Centre for Business Tax Working Paper, Jan., 2017.

(25) Kenneth Scheve and David Stasavage, *Taxing The Rich: A History of Fiscal Fairness in the United States and Europe*, Princeton University Press, 2016.

(26) Jeanne Lambrew and Ellen Montz, "The Next Big Thing in Heal Reform: Where to Start ?," *The American Prospect*, Jan.2, 2018.

(27) James N. Gregory, "A History of Radicals In the Democratic Party, *The New Republic*, Aug. 3, 2016.

(28) James Pethokoukiis, "How a Single-Payer Healthcare System Might Really Work in the US," *AEIdea*, May 16,2016.

(29) Harald Uhlig and Noriyuki Yanagawa, "Increasing Capital Income May Lead to Faster Growth," *European Economic Review*, vol40(8), 1996.

(30) ウーリックとの共同論文の紹介もしてくれた柳川範之東京大学教授には本稿の全体に関してもアドバイスをいただいたことに感謝したい。

(31) アメリカ政府は協力しない金融機関に対し、国の債券や株式の利子配当から三〇％の源泉徴収をするなどして、ペナルティを課し、信託や法人名義のものも報告するよう圧力をかけている。

(32) Robert Shiller and Jeremy Siegel, "Income Inequality, Robots and A Path to A Fairer Society," Knowledge@Wharton, May 10, 2017.

(33) 髙橋琢磨・岡本憲之「労働力を移動させる」吉川洋・八田達夫編「「エイジノミクス」で日本は蘇える」NHK出版、二〇一七年。

(34) Matt Grossman and David Hopkins, "Why there is no Liberal Tea Party," *New York Times*, April 17, 2018.

(35) Paul Waldman, "Why Pelosi won't have to worry about a tea party of the left," *Washington Post*, Nov.28, 2018.

(36) Noah Rothman, "The Democratic Tea Party They Said Wasn't Possible Here," *Commentary*, April 9, 2019.

(37) John Steele Gordon, "Elizabeth Warren: Friend to Wall Street," *Commentary*, March 8, 2018.

(38) エマニュエル・トッド「世界の未来――私たちはどこに行くのか」エマニュエル・トッド他『世界の未来』朝日新書、二〇一八年。

(39) Walter Scheidel, *The Great Levellers: Violence and the History of Inequality from the Stone Age to Twenty-first Century*, Princeton University Press, 2017.

附章　アメリカは真の皆保険を持てるのか

高度医療とそれへのアクセスをもたない国民の逆襲

アメリカは、見てきたようなリバタリアンに席巻されている政治状況、貧富の格差が拡大している社会状況のなかにある。そうした環境の中で、福祉はどうなっているのだろうか。労働環境に関してはある程度の検討をしてきたので、ここでは命を守るためのベースラインとしてのアメリカの医療制度がどのようなものになっているかを見ることにしたい。

医療制度を評価するときには、通常、医療の質、その医療にかかるコスト、そして医療へのアクセスの三つ、つまり医療制度比較の三要素が取り上げられる。高度な医療がいつでもどこでも利用できしかもその費用が安ければ申し分がないが、実際にはそれは不可能だ。であるとすれば、どこかに重点を置く配分にならざるを得ない。『医療制度』を上梓し、高齢化社会に突入した日本の医療制度の在り方を世に問うた東京大学名誉教授の桐野高明が、二〇一七年に亡くなったプリンストン大学のヘルスケア経済学者のウヴェ・ラインハルトの言説を引用し、どの点に重点を置いて医療制度を構築するかはそれぞれの国民が持つ価値観や国民性で決まるというゆえんだ。(1)そして医療制度は強いパスデペンデントな性格をもつ。桐野自身もかかわった医師の教育などの時間を考えれば当然だろう。

アメリカは、医療技術はもちろん、それを支える医薬品、医療機械などでも世界でトップであることを誇ってきた。そして国民性としても、それをギャロップの意識調査を歴史的に見てみると、二〇〇〇年を超えるまでは医療制度に対して、七割が良い、ないし、まずまずと受け容れていた。変化が起こったのは世紀の変わったときで、二〇〇一年を境にいきなり逆に国民の七割が問題だと言いだしたのだ。

大きな問題が起こっていたに違いない。しかし、アメリカにあって医療制度に対しての異議申し立ては極めて党派的で、不満の中身が違うのだ。それは二〇〇八年のオバマの登場で低いアクセスを改善するための起死回生の策として二〇一〇年にオバマ医療改革法（Affordable Care Act: ACA）が上程された。党派性は、ACAを民主党系の人は国民皆保険を目指したものとして良かったと考え、共和党系、リバタリアンは国民に皆保険を強制することは個人から自由を奪うものだとして反対したことが二〇一〇年代前半の交錯した図として現れている（図7-1）。つまり、同じ不満といっても、中身がまるっきり違うのだ。そして二〇一八年の状況はといえば、ACAをトランプ政権が選挙公約によって廃止しようとしたが結局失敗し、二〇一四年から実施に移されていることに対し、共和党系、リバタリアンは批判をできず、半ばあきらめている一方、民主党系は、反トランプのバネもあって、共和党によって修正されたACAでは日欧加など先進国並みの人権が確保できていないと不満を募らせているというものだ。

アメリカの医療に何が起こっていたのか。何が問題なのか。二〇〇三年調査として広く知られる、先のラインハルトの見立ては、他の先進国と比べ医療コストが高くなってきていることが問題で、そのために高度な医療を持ちながら異常なまでに低いアクセスしかもたない欠陥をもつというものだ。アメリカの医療制度は先進国の中でも特殊すぎるというわけだ(2)。

ある意味でこうしたライハルトを追悼し、その業績を追うという形で行われた調査が、ジョンホプキンス大学教授のジェラルド・アンダーソンを中心としたグループが二〇一六年の医療を対象に行った調査も、上昇が続いているコストが問題だと指摘するものだった。そしてアクセスの悪さの面でも、コス

図 7-1　国民の七割が医療制度に不満をもっても政治的立場で理由が違う

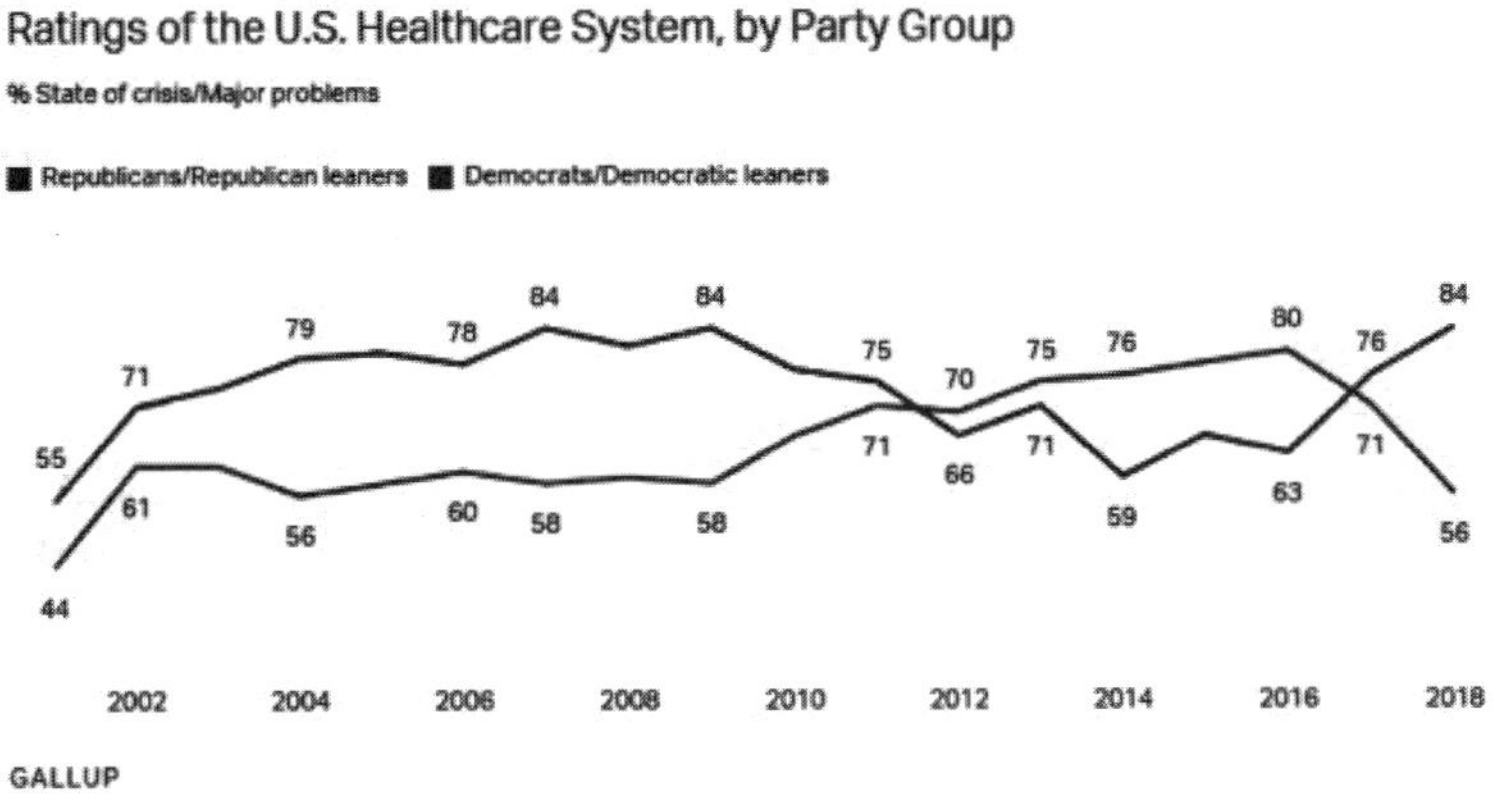

ト要因の外にも、人口一〇〇〇人当たり医者、看護師の数をとってみるとOECD平均が三・二人、九・九人であるのに対しアメリカでは二・六人、七・九人と平均を下回っているように、物量面でも起こっているとした。その詳細は後に譲るとして、今二〇〇三年調査と「一六年調査」を比較してみると、その間に私的医療保険が同じ医療サービスを提供している公的保険に比較して、非常に高価な対価を支払い、それに応じて自身の保険料を上げていることこそが問題だと指摘している。[3] 皆保険は自由を奪うから自分は様々なレベル、さまざまなサービスを提供する私的保険を選択するという主張をする人たちに対する警告に外ならない。

　中間選挙後の変化といえば、共和党によって修正されたACAでは日欧加など先進国並みの人権が確保できていないとの不満に対し、民主党の若手、急進派が、反トランプのバネもあって、カナダ方式の国民皆保険、あるいはメディケアの全国民への適用といった形で訴え当選してきたことだ。今やACAの廃案は議会のテーマとはなりえないとしても、果たして彼らの政策提示が国民の七割が不満を持つ国民の理解を得るものとなるかが問われることになろう。

1 創薬や医療を経済成長政策の柱にしようという伝統

国民一人当たりの年間の医療費（物価調整後）の伸びが、一九七五年〜二〇一三年の一人当たりの経済成長の伸びを毎年二・一ポイント上回ったが、このギャップを埋める措置としてACAが導入されたが、「二〇一六年調査」でも二〇〇〇年代にはいってからも一・九％のギャップが埋まっていないと指摘されている。

イデオロギーの支配している領域に共和党、リバタリアンの大きな政府、財政赤字への反対がある。そこで財政面から見ることにすれば、ACAの導入で今後一〇年間に一兆ドル単位の費用がかかると見込まれるが目的のために健康積立金を設置し、今後一〇年間で六三五〇億ドルを積み立てていくので財政赤字が拡大することはない。大変な額だが、イラクでの戦争のために使われている額と比べると比較にならないほど少ないというものだった。そして議会予算局（CBO）は政党色を消した見通しとして確かに医療支出は増えるが救急医療の膨張などの是正などコスト削減の効果がより大きく、トータルでは節約になるとの見通しを示した。

これに対し、選挙公約の中でもACAの撤廃を最優先課題の一つに掲げたトランプは、代替法案（アメリカン・ヘルス・ケア・アクト／AHCA）の成立を突破口としてACAを廃止する目論見だった。[4] ところが、下院を通過させ、上院で修正を加えたAHCAは、同案が施行されれば二〇二六年までに無保険者がオバマケアに比べて二二〇〇万人増え、推定四九〇〇万人に達するという試算をCBOが発表したことから、共和党上院議員の中から賛成できない議員が出てきて結局上院を通過させることができなかった。オバマケアの廃案のみを優先し、代替案は後から時間をかけて作成すればよいとしたが、その法案も否決された。トランプを支持している下層に属する人たちはオバマケアの恩恵を受けている層であることから、単に廃案だけでは選挙対策にはならないのだ。かくしてオバマケアは事実上生き残ったことになる。

まず見ておきたいのが、二〇世紀には七割の国民が支持していたとみられる医療とは科学投資の対象と見て、効果的なR&Dの遂行によって先端医療を開き、世界をリードするとともに、創薬、医療によって経済成長を図るという医療の在り方だ。「一六年調査」では言及されることが少なかったが、このアメリカの伝統ともいうべきものが一つの評価基準に置かれた時代があったわけで、それにまず触れて、その後に生き残ったオバマケアによって医療保険の分野でどんな変化が起こっているかについては後段で論じることにしたい。

二〇一五年と、少しばかり古い論文だが、創薬（処方医薬）を経済成長のための一つの梃子とみて、現在スミソニアソン研究所の発明・イノベーション・センター長に就いているデームリックがハーバード大学准教授だった時に行った試算を紹介することにしよう。ACAを前提にした時どんな将来が見通せるのか、デームリックは、メディケア・メディケード・サービスセンター（CMMS）の出した予測より厳しい経済見通しのもとで、人口の老齢化を織り込みながらACAが実施された場合に医療費全体がどう動き、そのうち処方医薬はどうなるかを予測した（図7-2）。

アメリカのヘルスケア支出は一九八〇年～二〇一〇年の三〇年間で年率一一%の伸びを見せ、GDPに占める割合は九%から一七・六%へとほぼ倍増した。ACAが実施されることによって保険でカバー

図7-2　ＡＣＡが実施時のヘルスケア費用構成―予算局予測の比較で（単位：億ドル）

年	GDP	ヘルスケア全体	処方医薬	病院	独立医師・外来
1980	27880	2557	120	1005	477
1990	58010	7240	403	2504	1589
2000	99515	13780	1209	4155	2900
2010	146604	25842	2586	7943	5178
2015	164058セ	34179	3616	10413	6541
2020	230964セ	46384	5126	14104	8677
2015	175925試	35190	4400	10750	6495
2020	220440試	49600	6950	15300	8450

（出所）A. Daemmrich, "US Healthcare Reform and the Pharmaceutical Industry,"
（注）メディケア・メディケード・サービスセンター（CMMS）の予測、試：Daemmrich の試算

される者、そしてベービーブーマーの退職でメディケイドでカバーされる人口も増える。一方で保険外支払いコストの削減もあるが、ヘルスケア総支出はＣＭＭＳの見通しでは、二〇二〇年には同二〇％弱になると見込まれている。これに対し、デームリックは足元の経済の拡大はあまり望めない一方、保険でカバーされる人口は議会予算局の予測がおそらくより妥当し、その結果ヘルスケア総支出のＧＤＰ比は二〇一五年に二〇％に、二〇二〇年には同二二・五％になると試算していた。

では処方医薬への配分はどうなるのか。処方医薬への支出は二〇〇〇年代には八％に低下しているが、一九八〇～二〇一〇年を通じての年増加率は一一％で、ヘルスケア総支出に占める率は二〇一〇年で一〇％になっている。処方医薬への支出は病院、開業医の取り分を相対的に減らす形で伸びてきており、創薬がコスト削減につながるという主張はわずかばかりだが支持されることになる。

デームリックによれば、その傾向は今後も続き二〇一五年には四〇〇〇億ドルの支出で相対的配分も一二・五％に上昇し、二〇二〇年には六九五〇億ドル（比率一四％）の

市場になると試算される。この試算は創薬業界がＡＣＡを支持して当然ということを示している(5)。創薬や医療を成長の手段、利益機会とみると、そこではマクロでみたコスト増が利益機会であり、成長の手段にもなるという逆転現象が起こることになる。

医療を成長機会ととらえた時、医薬品や医療機器の開発においては、自由市場を維持するほとんど唯一の国という利点を活かしてトップを走るアメリカの姿を描くことができる。つまり、創薬ではアメリカ市場の世界シェアは四五％程度と飛び抜けて大きく、その市場を利用してバイオ創薬企業が活躍しているが、医療機器も同様の構造をもっており、アメリカの世界シェアは四〇％と、これまた世界のＧＤＰシェアの二倍をもっており、カテーテルのボストンサイエンティフィック、心臓ペースメーカーのメドトロニクスなど上位をアメリカ企業が大宗を占めるのは、自由市場のゆえだと見なすことができる。

高度な医療が関連する分野を刺激して雇用が増えていくことも期待されることになる。事実、二〇〇五〜一〇年の雇用統計では、全体では一・八八％の減少になっているが、ヘルスケア分野では一一・四二％増えており、特に非耐久財製造業分野の雇用の減少を支えているとみられる。

こうした医療を成長分野とみなす考えでは、ここに紹介したデームリックの創薬業界にプラスのインパクトがあるという議論のように、コストをコントロールしながら医療で雇用を形成するというのはアメリカの選択肢にあるということになる。

◈バイオ医薬での独壇場であるアメリカ

アメリカが提供できる先端医療は、どのようにして生まれたのか、それを振り返って見ておこう。それは、アメリカが地理的なフロンティアが消滅したとき、それに代わる新しいフロンティアを見出そうとし、科学のフロンティアを打ち出した時にさかのぼる。フランクリン・ルーズベルト大統領の諮問をうけてスタートした議論を取りまとめ死後の一九四五年に報告されたブッシュ・レポートは、「科学——無限のフロンティア」というタイトルが示すように、まさに科学に対するアメリカ国民の開拓者精神を謳い上げていた。そして冷戦後には、バイオ創薬をもって「平和の配当」をすると誓ったのである。エレクトロニクス・情報の分野では、ムーアの法則とよばれる、半導体の集積度が幾何級数的に低下している現象があるが、同じことがバイオの世界にも起こるとの期待の下に政府が資金を出し、業界がフォローする体制を築こうとしたのである。アメリカの医療費には数％ではあるがいわゆる研究開発費が含まれる。すなわち、アメリカの高度医療を支える技術基盤の一つ、創薬を支えるのは、NIH（米保健衛生局）、全米科学基金などから支給される基礎研究費である。

創薬・医療技術などが、基礎研究の直接の恩恵を受けるようになったのは、バイオテクノロジーが科学の前面に出てきたことによって、基礎研究が創薬・医療などの応用と直結するようになったからである。NIH予算と医療費における研究費の構成項目と差が少ないことに見るように、バイオ関連の研究予算がNIHで総括的に扱われていることが効率的だとの評がある。すなわち、冷戦後のアメリカでは、前述のごとくバイオ創薬にターゲットして政府の科学予算がNIHを通じて大学、研究機関に配布され、その研究成果がベンチャー等によって開発され、それがFDAから素早く製造認可を受け、グローバルにマーケティングされ、それが収益、税として回収されるというバイオ産業のグローバル価値連鎖をつくりだしてきたのだ（図7-3）。

アメリカにリードされる医療制度の中では、創薬、あるいは医療機器といった「イノベーション」をどう広く普及させていくか、ということが重視されてきた。イノベーションを支えるシステムの要に座

図7-3　アメリカのハイテク産業のグローバル価値連鎖

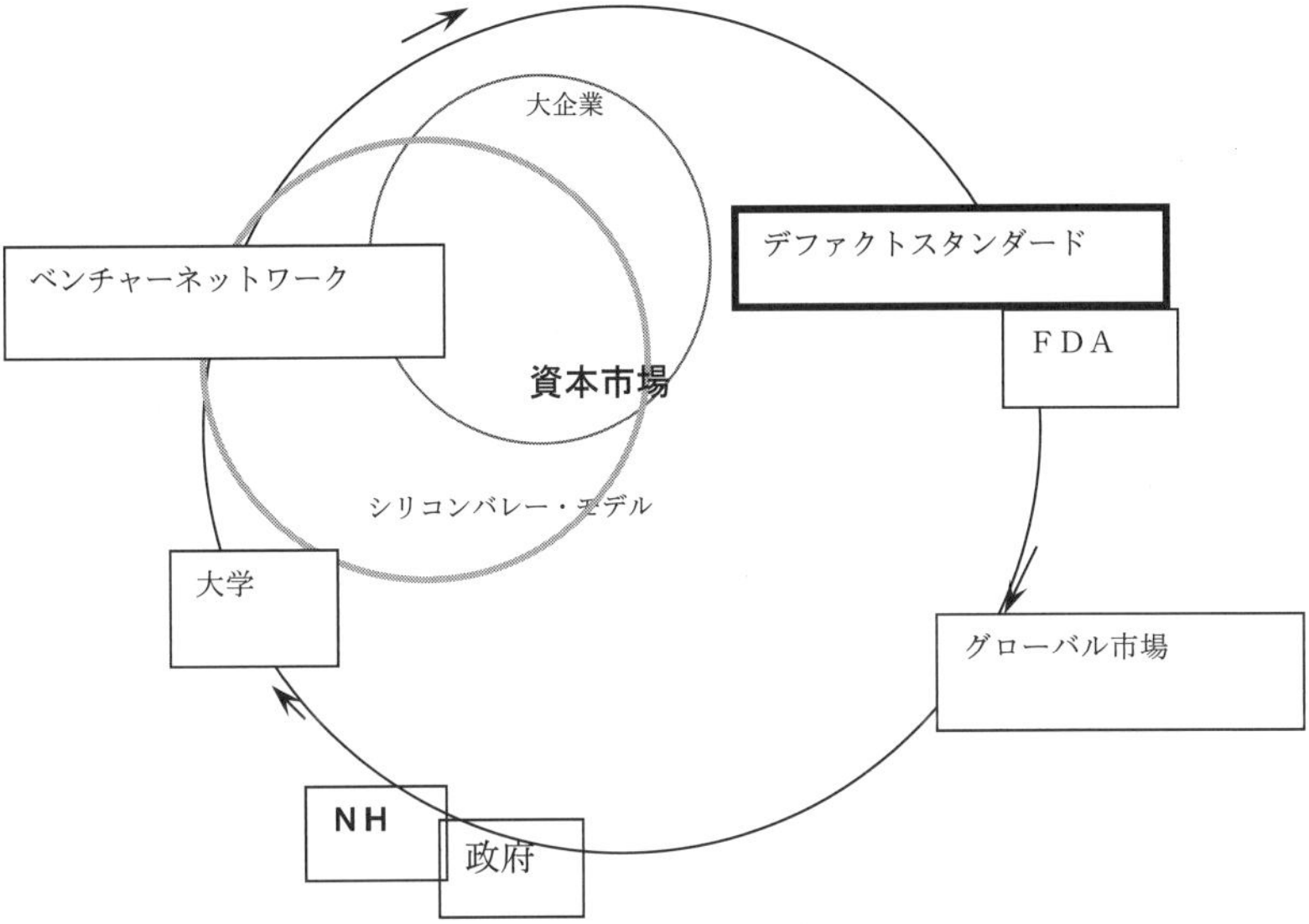

るのが、有効性と安全性という観点から創薬を吟味し、その製造を認可するFDAということになる。創薬や新規の医療機器の製造の申請する際にFDAの審査請求が一種の世界スタンダード化しているからだと言えよう。

この価値連鎖はアメリカを強くした。それはバイオ創薬が創薬業界のメインストリームになったからだ。二〇一五年の世界の創薬トップ一〇品目のうち八品目がバイオ創薬となり、バイオ創薬の販売額も二〇〇四年の五六〇億ドル（一四％）から一六年には二〇一一億ドル（三二％）へと一二年で三・五倍増へと急拡大してきたが、そのトレンドはまだ続くとされ二二年には三二四九億ドル（三七％）との予想がなされている。

かくしてバイオ創薬の時代になって、世界の創薬の販売開始に占めるアメリカの市場シェアは、およそ七割にまで高まっている。それは、アメリカが医薬品においては自由市場を維持するほとんど唯一の国であるため、世界シェアで四五％程度と飛び抜けて大きな市場になっていることも寄与していることは間違いない。単に米国企業だけでなく、日欧の企業のR＆D活動もバイオの時代になって米国の比重が高まり、新薬の開発もアメリカ国内で行われていることを示唆していよう。

こうして、世界で唯一の自由市場たるアメリカ、そしてバイオでの研究集積、治験の行いやすさなどからして、アメリカのバイオ創薬の基地としての地位は一朝一夕で揺らぐようなものではない。逆に、バイオ創薬の世界で、日本企業はもちろん、それまで強力であったヨーロッパ勢を片隅に追いやるほどになっているのだ。すなわち、バイオ創薬の出現を契機に、それまでの長い歴史の中で培われた産業クラスターによって優位を保ってきたヨーロッパの創薬企業の競争力を相対的に低下させ、アメリカのバイオ産業の軍門下においたのである。

ヨーロッパでは消費者はバイオテクノロジー技術に警戒感をいだいていた。これに対し、アメリカではバイオ研究を創薬に結び付けやすくするために、先進国における特許法を製法特許から物質特許に変え、大学と企業の関係を整理するバイ＝ドール法を導入するなど、周到な用意をした上で人とカネをつぎ込んだのである。そしてアメリカの消費者には科学を推進し、進んでその成果を受け容れるという土壌があった。バイオ創薬の治験に対しても、進んでそれに応募する患者グループが存在したことの意味も大きい。もちろん科学の進歩を信頼する人ばかりではない。だが、見てきたようにそうした治験の機会を利用しない限り自己破産へ向かわざるを得ないという事情を抱えている人も少なからずいたという事情もあった。新しいものをこわがり、治験などとんでもないと騒ぎ立てる消費者団体のある、日本やヨーロッパでは太刀打ちできない差ともいえる。

こうして産み出される高度な医療サービスと自由市場をバイオテクノロジーと結びつけることによっ

てアメリカは創薬における覇権を確立したといってよい。

◆科学的医療追求の落とし穴

アメリカがバイオでは抜群の強さを持ちながら、その強みがなぜアメリカ医療に高コストをもたらしているのだろうか。それは、単純化して言えば、バイオ創薬がホルモンやインシュリンなど性質のよく知られた単純な構造をもったものから複雑なものに移り、開発リスクの大きさとコストの上昇が改めて強調されるようになったことに要約されよう。

ハーバード大学教授のゲーリー・ピサノの『サイエンス・ビジネスへの挑戦』は、文字通り、サイエンスに主導される形で生まれたバイオテクノロジーにおける産業化を研究したものだが、多くのベンチャー群の誕生にもかかわらず、大成功を収めたアムジェンを除けば公開企業になっても十分な利益を出していないことに衝撃を受けている(6)。バイオベンチャーの多くは創薬の候補ができると、それを知的財産として大手の製薬企業に売り渡して既存産業の中に取り込まれた形になっているというのである。

だが、創薬のプロセスが探索と開発の二つに分かれるとすれば、ベンチャーでありながら二つを一社で行い創薬メーカーとなったアムジェンが例外であってベンチャーは探索に優れ、開発は創薬大手が得意とするならば、そこに分業が行われることこそが通常だと考えるべきではないか。もし科学技術での成果が期待ほどではなかったとすれば、それは二〇〇〇年前後には大手製薬企業の収益構造を支えてきた、年一〇億ドル以上の売上げをもつ、いわゆるブロックバスターと呼ばれる多くの創薬が出た時代の栄光があまりにも輝かしかったからであろう。

いずれにせよ、その後の免疫といった新分野、ゲノム編集といった新手法などによるバイオ創薬の成果はアメリカで生まれており、それが経済を引っ張り、産業の高度化を促すものになっていると見てよいのではないか。

ただし、バイオ創薬をもってしても、かつてのブロックバスターの後継を生む可能性が乏しくなっていることは確かだろう。なぜなら一九九〇年代半ばから高脂血症、高血圧症などいわゆる慢性病、成人病にあたる症状に適用される有力商品が相次ぎ登場したが、それら生活習慣病、成人病といわれるものに適用する創薬は今や十分良い効果をあげるものになっているからだ。つまり、大きな患者数が予定される分野の果実はほぼ摘み取られた一方、まだ満たされていない医療ニーズ（UMN）は患者数も少なく、その開発も困難が予想されたのだ。

まだ満たされていない医療ニーズ（UMN）への対応は困難を極めている。それがどれほど厳しかったかに関しては、一九九八〜二〇一七年の間に行われた一三〇件以上のアルツハイマー型認知症（AD）の治験件数うち、創薬として上市できたのは四例に過ぎず、AD治療薬の開発が暗礁に乗り上げていることに象徴されていよう。統計の開始年を九八年にしたのはエーザイの〈アリセプト〉が開発に成功した年だからだ。

確かにAD治療薬の開発の苦闘は創薬メーカーの現状を物語るエピソードにふさわしい。だが、そこには営々と創薬を開発し続けている創薬メーカーの全体像が見えていない。そこでデューク大学教授のヘンリー・グラボウスキーらのグループが行っている創薬コスト調べを報告した二つの論文を用いて、楽観論が消えつつあったがなおブロックバスターでうるおっていた二〇〇〇年代初頭までと、それ以後の展開を振り返って見ることにしよう。

グラボウスキーらは、九〇〜九四年に上市された全ての新規化合物一一八品目からのキャッシュフローを一九九〇～二〇〇〇年の式化合物のグローバル販売額から類推したパターンに当てはめ、タフツのR&D費用データとリンクさせて、リターンを計算した。資本コスト一一％に対し、全体としてのリターンは一一・五％とペイしているが、利益は上位三分位に限られていることを示し、収益的にも著しくブロックバスター依存が高いとの指摘である。(7)

もっとも小型薬品でも患者が少ないと予定されるときには、アメリカではオーファンドラッグの認定によって競争を排除した環境が与えられる一方、限られた資源投下で行われようから、幾分かは割り引かなくてはならない。しかし、失敗したプロジェクトのコストをどこかに割り振らなくてはならない以上、平均コストでカットオフしなくてはならないという事情も理解できる。収益が上がっていないと推定されるものの中にも、ＦＤＡが重要新規化合物と認めたものが、特殊な癌、エイズによって惹き起こされるカリニ肺炎治療薬、呼吸困難症治療薬など、少なくとも一四品目あった。

こうしたブロックバスターに依存した収益構造は、ベンチャーキャピタルの収益が数例の大成功したプロジェクトに依存し、それほど儲からないプロジェクトを支えている構造と類似している。ところが、そのブロックバスターが市場から消え去ろうとしていたのである。そうした時期を含めて創薬の開発の変遷を見たのが、二〇一六年の論文だ。彼らは、大手創薬メーカー一〇社の創薬の中からランダムに選んだ一〇六品目から開発コストを推計し、二〇一三年価格で過去の開発コストと比較している。彼らの推計によれば、図7‐4にみるごとく、医薬品の開発コストは一〇年ごとに二・五倍前後跳ね上がり、二〇〇〇年代初頭から一〇年代初めまでに開発された創薬コストは二五億五八〇〇万ドルという計算だ。(8)

高コスト構造になった背景としてバイオ創薬は、ＥＰＯのような大型のバイオ創薬は考えられなくなり、近くの枝に大きな果実をつけた果実をもぎとってしまうと、後は遠く高い枝についた、小さな果実

図7-4　幾何級数的に上昇する創薬コスト

	1970年代	1980年代	1990年～ 2000年代初頭	2000年代初頭～ 2010年代初め
前臨床	109	278	436	1098
臨床	70	135	608	1460
合計	179	413	1044	2558

（出所）J. A. DiMasi, H. G. Graboski, and R. W. Hansen（2016）

を苦労して手に入れなくてはならなくなったと説明されることになる。つまり、免疫の知見を活かした抗体医薬やその応用形でもある様々なタイプの癌に対して、最新の技術を駆使して研究を重ね、細心の注意を払いながら臨床へもっていかなくてはならないようなものになっている。

次の創薬をバイオに頼らなくてはならないという意味では、アメリカは世界をリードできる立場だが、リューマチ薬として出されたロッシュ・中外の〈リツキサン〉やアッヴィの〈ヒューミラ〉のような抗体医薬品の創薬が高額医薬品の走りとみられ、当時は数十万円もすると騒がれた。だが、最近では、効き目は抜群で二〇一五年には一九一億ドルの販売高を記録し世界トップの品目となったＣ型肝炎治療薬〈ソバルティ〉では三か月飲み続けて費用は五万ドル、さらに免疫抑制作用を利用した抗がん剤の小野薬品・ブリストルマイヤーズの〈オプジーボ〉（体重六〇キロの患者が一年使用すると想定）やメルクの〈キイトルーダ〉に至って一七万ドルとなり、そしてキメラ抗原受容体Ｔ細胞で白血病に効果があると認可されたゲノム編集の技術の一つ、クリスパーを用いて開発された「ＣＡＲ‐Ｔ」と呼ばれる治療法は、ＦＤＡの承認を経て〈ムムリア〉として発売されているが四七万ドルを超える高額商品であり、超高額化に拍車がかかっている[9]。

科学志向による医療サービスの高度化に伴う高価格化とやがて論じることになる市場至上主義にともなう高価格化とは区別する必要もあろう。前者に関してここで論じてきたことは、少なくとも冷戦後のバイオシフトによる「平和の配当」が得られなかったことは確かだ。事実、スミス、ニューハウス、フリーランドによる共同研究は、効き目は抜群だが、五万ドルの費用がかかるC型肝炎治療薬〈ソバルティ〉に始まる一連の超高額創薬が出てくる前の研究だが、高度医療のコスト上昇が一九六〇年からの医療費増加を引き起こしている部分は、従来考えられていたよりも少ない二七～四八％にとどまるとの分析を示している。(10)

大衆受けからすると、創薬のコストが高くなってきていることに関心が集中してしまう傾向があるのは確かだ。フランス保健相のマリソール・トゥーレーヌが、G7の場でイノベーションを抑制することはさけるべきだがあまりにも高額になっていることは問題だと指摘し、現実にヨーロッパの医療保険では高額医薬品の保険適用は見送られている。トランプ大統領も高すぎると発言し、創薬企業の株価が下がったほどだ。経済的な合理性が危うくなりつつある恐れが出てきているといえよう。確かに創薬の価格の上昇は問題である。だが、「一六年調査」の指摘は、OECDの平均では一人当たり処方医薬のコストの毎年の伸びが一・一％に抑えられているのに、アメリカでは年々三・八％の割合で増えていることが問題だというものだ。同様に二〇〇〇～一六年におけるアメリカの一人当たりの医療費の伸びも二・八％で、OECD平均の二・六％を上回る。

そこで、質は高いがコスト増に悩まされるアメリカの医療は国際的な比較の中でどの程度高いのか、国際比較可能なOECDベースで見ることにしよう。アメリカの二〇一五年の医療費のGDP比一六・九％というのは、OECDのほかの国と比べても極めて高いものであり、その上昇スピードも際立っている(11)（図7-5）。すなわち、アメリカでは、「一六年調査」でも指摘されているように、自由診療・高度医療に伴なう医療費の高騰に悩まされ、医療保険とその受給者が必死に対応を迫れているとい

図7-5　突出するアメリカの医療費（対GDP比率）

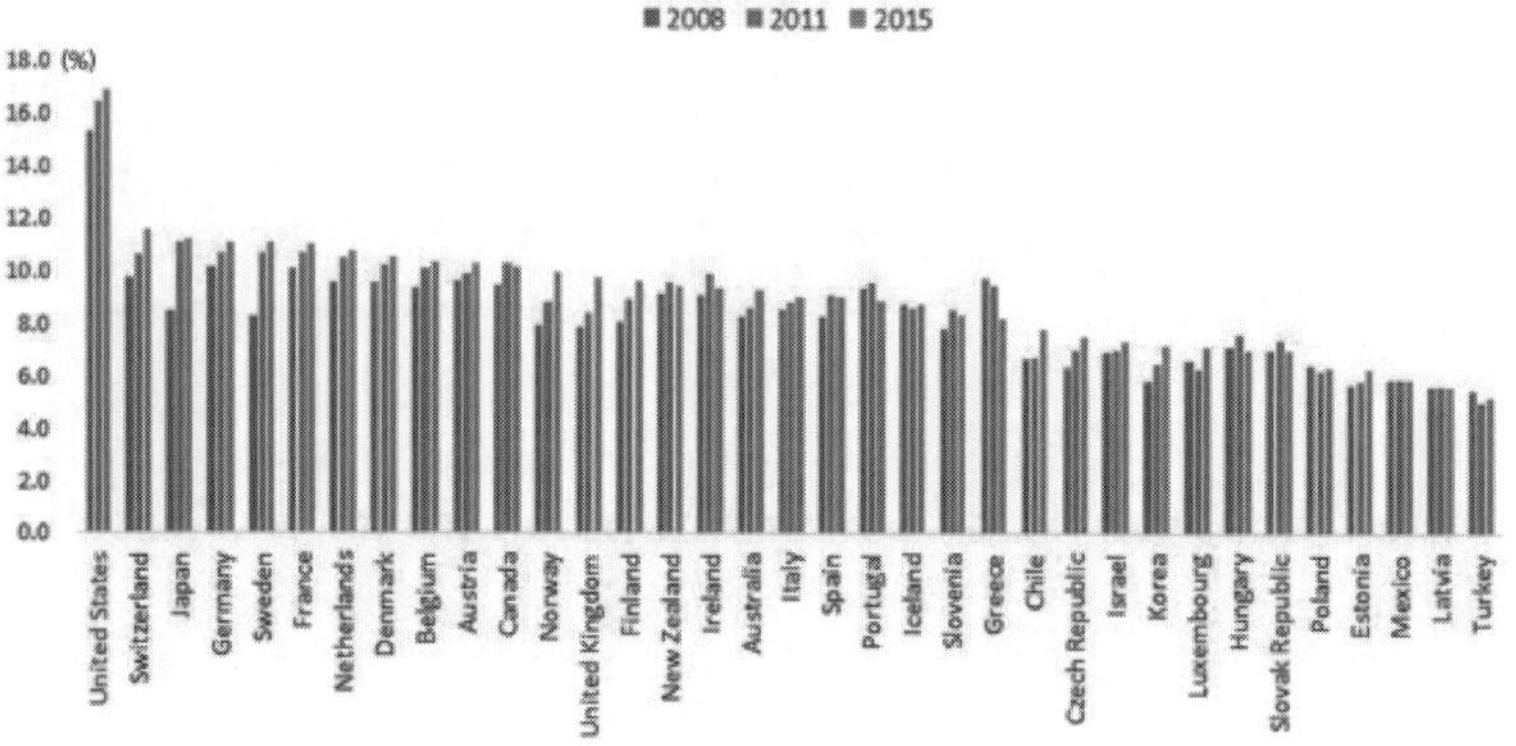

う構図になっていかざるを得ないのだ。

二〇一五年の医療費比較では、これまで医療費が先進国の中で低水準かつ効率的であるとしてきた日本の日本の保健医療支出（対ＧＤＰ）が、ＯＥＣＤ加盟三五か国中三位に急上昇したことも驚きをもって受け止められた。なぜならすぐ前年である二〇一四年の日本の医療支出（対ＧＤＰ）は一〇・一％で、九位のカナダに次ぐ一〇位だったからである。なぜ大きく順位が変わったのか。ＯＥＣＤが保健医療関係データの基準を変更し、これまでの「国民医療費」に加え、①介護保険に係る費用のほか、②健康診査や③市販薬の売上げなどの費用を上乗せしたことで、人口の高齢化で先行していた日本の総費用が①、②などこれまで隠されていた部分を加えたことで急拡大したためと考えられる。

こうした国際比較をした場合、アングロサクソンという同根なのに医療制度をとると、アメリカとイギリスとは極端なまでに対照をなしていることが指摘される。こうした極端なまでの対照性のゆえに比較研究は不可能といわれてきたが、ハーバード大学教授のデイヴィッド・ブルメンソールがイギリスの研究者と組み、これに挑戦し、『ランセット』に寄稿したことから評判になった。しかし、同論文は制度改革を進めるにあたって相互に学び得る点を探し出し三つのポイントを記しているにとどまり、必ずしも二つのモデルを提示し比較したものになっていないきらいがある(12)。

そこで、二つのモデルの中間にあるとされる、日本、カナダからの視点を取り入れることで、英米の対照性に迫ってみることにしたい。アメリカはコストコントロールとイノベーションとのバランスという点では日加といった国を学ぶべきだともいわれることも少なくないからだ。また上記でみたようにOECDの費用ランキングでは、高齢化の進む日本、そして近年では皆保険のモデルとしてカナダ方式が話題にのぼるカナダは、アメリカとイギリスの間に位置し、英米の対照性の視座としての役割をかろうじて果たせそうに見えるからだ。

だが、医療費が安い日本などでは、住宅費がべらぼうに高いのに対しアメリカは安いなど、国民の消費に対する選択の問題でもあるという側面もあるので、一概にアメリカの対GDP医療費比率は突出していることを非難すべきではないかも知れないというペンシルバニア大学教授のマーク・ポーリーのような見方もないではない。そのポーリーもまた高齢化社会をにらみながら今後はアメリカも政策と国民の選択との整合性をとるようにしていくべきだと指摘しているので、多少とも彼の視点を取り入れながら比較を進めたい。

◆米英の医療制度の対照：日本、カナダからの視点

金融の世界ではアングロサクソンはグローバル化、フィナンシャリゼーションなどで歩調を合わせてきた。ところが、こと医療、こと医療保険ではアメリカとイギリスは真反対であるといっても良い。日

本の外務省が渡航者のために設けているサイトを開くと、その違いは素人にも分かる。

アメリカの場合、次のようになる。医療費は非常に高額で、中でもニューヨーク市マンハッタン区の医療費は同区外の二倍から三倍ともいわれている。入院した場合は室料だけで一日数千ドルの請求を受け、症状によって、例えば、上腕骨骨折で入院手術（一日入院）は一万五〇〇〇ドル、貧血による入院（二日入院、保存療法施行）で二万ドル、急性虫垂炎で入院し手術後腹膜炎を併発したケース（八日入院）は七万ドルの請求が実際になされており、病気や怪我など一回の入院で数百万円から一〇〇〇万円になることを覚悟する必要がある。

一方、イギリスの場合、イギリス政府が運営する国民保険サービス、NHS（National Health Service）の説明ということになる。NHSは、税収などの一般財源によって賄われている医療機関のため、利用者の経済的な支払い能力にかかわらず利用が可能であり、原則無料で提供されている。六か月以上イギリスに合法的に滞在することが可能なビザを持っている者であればNHSに加入することができるので、イギリス長期滞在を予定の方はNHSに登録することが勧められている。

アングロサクソンという同根なのに医療制度をとるとアメリカとイギリスとは、なぜ極端なまでに対照をなしているのだろうか。違いは、二つから来る。一つは、機会均等に対して、人々がどんな信念なり、考え方をもっているかによって異なり、機会均等を確保することは重要だが、現実に機会均等は存在しているのかどうかという判定いかんだといえよう。今一つは、医療へのインプットをまったくの費用とみなすか、投資にもなっていると考えるかの違いだ。極端にいえば、イギリスでは、全てを費用とみなすのに対して、アメリカでは、前述したごとく、あたかも全てが投資であるかにみてその成果（幾何級数的コストダウン）に期待する。

アングロサクソン文化は、これを徹底して考えることに特徴がある。どちらの見方も要素を徹底するという点では同じだが、イギリスでは費用を監視して下げること、いってみれば医療制度をコストセンターと見ているのに対し、アメリカでは医療をイノベーション、科学投資の対象と見て、効果的なR＆Dの遂行によって先端医療を開き、幾何級数的コストダウンをねらうことに重点を置き、いわばR＆Dセンターに徹していることであろう。クリントン政権時代の医療皆保険法案を巡っての議論で、当時のメルクの会長が「良い薬ができることで、人々を病院、手術室、ナーシングホームに入れずに済み、コスト節約になる」と新聞見開きの広告を載せたことに象徴されよう。[13]当時沸騰した議論をさばいて、『サイエンス』も薬品価格抑制策は、「アメリカのバイオベンチャーを窒息させ、創薬のペースを落とし、医薬におけるアメリカのリードを危うくしかねないものだ」と糾弾したものである。[14]

日本はこの中間で、コスト管理とR＆Dの間でバランスを取りながらコストを削減しながらある程度の先端医療を開拓していくというものだ。だが、ティーパーティ・グループを率いる一人でトランプの大統領選でのアドバイザーもつとめた前下院議員、ミッシェル・バックマンは、伝聞情報として日本の皆保険制度は何時間も待たされるなど日本の医療制度は全く機能していないが、そのことを批判すると報復で受診できなくなるから皆黙っていると酷評している。彼女の暴言、迷言ぶりはトランプに劣らないが、日本からみた米英の医療制度をごく大雑把に見ておくことも必要かも知れない。

何年前のことであろうか、東京で開かれた全米研究創薬企業連合会のレセプションで、筆者はアメリカ医師会（ＡＭＡ）会長、上院議員などのテーブルについて会食をしたことがある。歴代で二人目だという女性の医師会会長の名前も思い出せないが、日本側から挨拶をしたのが坪井榮孝会長であったから、すでにクリントン政権でヒラリー・クリントン大統領夫人が医療制度改革に乗り出し、それが無残にも敗退した一九九四年をしばらく過ぎた時のことで、おそらく二〇〇〇年の少し前のことだろう。

全米研究創薬企業協会（PhRMA）が、お金をかけたレセプション（最近は簡素化している）を東京で開くのは、日本の管理的な医療制度を変えさせ薬価基準なる制度を廃止するよう働きかけるためでもある。日本の大手医薬品会社のアメリカ子会社もそのメンバーになっている。筆者はその時、坪井会長の挨拶を承けて、日本の皆保険制度を擁護した話を皆保険に反対するＡＭＡ会長を囲むテーブルの話題にした。

医療・介護を成長分野として位置づけようとしている現在の政権もそうだが、政府が医療を拡張しようとするときには、アメリカの自由市場型の医療をモデルとして取り上げる。その一方、医療を抑制しようとする意図があるときはイギリス型の管理医療をモデルとしてきた（図７‐６）。坪井会長も、当時、日本の医療改革は、いつもイギリス型の管理医療を推し進めようとする一派と、逆にこれからはアメリカの自由市場型の医療を目指さなくてはならないという一派が議論し、この二つが混在してあたらしい医療を作ろうとしてきた。どちらも極端すぎる、日本は、この二つの中間を目指していると述べた。その内容を、最近のカナダの事情も織り込みながら、少しアップデートしてみよう。

確かにアメリカの医療は、お金を出せば最先端の医療技術を利用でき、薬価も自由価格というシステムがあるがゆえに研究開発が進み、先端に立っている。だが、日本の医療システムは、強者のためにだけに存在するのではない、医療を受けなくてはならない人は生まれつき体が弱い人などになりがちであるため、皆が医療サービスにアクセスできる仕組みとして構築されたと説明した。それは、社会主義ではないかという上院議員に対し、社会主義の過去を引きずるイギリスとは違うと、筆者は次のような説明をした。要はイギリスは管理派の代表なら、アメリカは市場派の代表だ。両者の抱えている問題点を

図 7-6　医療制度比較：アメリカ型とイギリス型

	理念型	分母分子の別	医療の質	医療保険
医療費を節約しようとする一派	イギリス型管理医療	総枠規制（分母に注目）	コスト優先、一定の質で、待ちがある	国家による国民皆保険
中間派	カナダ方式 日本方式	・州ごとに交渉、したがってサービスとコストが州ごとに違う ・医療報酬・薬価の中央交渉	・ある程度の待ち ・コスト、質、アクセスのバランス	・57種から選べる全国適用の皆保険 ・企業提供の保険、国民健康保険などで皆保険
医療を拡張する一派	アメリカ型自由市場医療	科学の成果利用（分子に注目）	コストより質アクセス悪い（コスト、待ちの両方）	基本私的保険・政府保険で補完

（出所）　日本医師会資料をヒントに筆者作成

回避するために、日本ではある程度の自由と市場制度を活用していると、日本の医療費の分配、管理方法が日本社会のニーズに合致した制度だと説明した。

だが、ベヴァレッジ報告をベースに揺りかごから墓場までと謳われた大々的な社会福祉を導入したのもイギリスならば、逆にサッチャーの保守革命を起こしたのもイギリスだ。ところが、そのサッチャー改革で特別な役所が予算を管理するシステムを末端のかかりつけの医師の手に渡して非効率的なものを改善したものの、なお硬直的なシステムの桎梏から免れえなかった。その例示として、二人のオックフォード大学出身の外科医がアナリストとして働きたいといってきた筆者のロンドン駐在時代に経験談をした。末端のかかりつけ医からまわってくる患者をみる医者の立場からすれば、どこに配置されるか分からない、どの時間帯に手術を要請されるのか分からない状況にあって、医者をやめたいという風潮の中の実例だ。

イギリスではマクロコントロールの下で一定の疾病に対しては一定の報酬という体系があるが、どんなに費用をかけても収入が一定の場合、必要な治療やケアを実施しない過小診療が起こり得るため、業績払い分に約三割を割り振り、これを支える電子カルテを通じて医療の質を担保するという改革を進めた。そのため、ブルメンソール論文でも指摘しているように、イギリスでは電子カルテが全国レベルで普及していて活用も進んでいる。

一方、アメリカの医療制度は基本、市場至上主義である。そうした中、マクロコントロールがうまくいかないことに対応して、アレイン・エントーヴェンの市場の失敗をうまく除去する「管理された競争モデル」が一世を風靡した時期もあった。(15) つまり、医療法人と患者の間にたって、疾病リスクの調整や診療報酬の包括的支払いを司る、いわゆるＨＭＯの盛行である。しかし、見かけの「管理された競争」では管理できなかった。大きな医療市場で些細な効率化を図っても医療コストの上昇に保険がついていけなくなり、市場にまかせっぱなしであることが露呈したのだ。

日本の医療制度も、カナダの制度も、今なおイギリス・モデルとアメリカ・モデルの中間にある。両面を見てベストミックスのサービス提供ができる体制にあるかどうかはここでの課題ではない。管理モデルを提示したうえでアメリカ・モデルを検討していくことにしたい。

高度医療の提供とそのアクセスに隘路があることに特徴があるアメリカの医療供給構造は人口当たりの医師の数で日本の一・二倍だが、人口当たりの病床数では日本の約三分の一、したがって急性期病院滞在日数では日本の四分の一強とならざるを得ない。(16) 一方、カナダとの比較でいえば、アメリカでは保険による受診可能な医師や病院の制約があるが、カナダでは皆保険のためどの医師、どの病院でも受診可能である。このため、アメリカでは検査や手術のための待ち時間が多くなるが、日本ではほぼ需給があっており、カナダでは待ち時間がなくはないが、イギリスやアメリカほどにひどくはないということになる。

比較での核心は医療保険制度とコストコントロールにある。イギリスでは予算総枠が三年単位で設けられているが、アメリカではそうした枠組みはなく、細分化された保険と医療機関の間の交渉に委ねられ医療費用の高騰に見舞われている。一人当たり総医療費と医療保険の保険料はほぼパラレルに動くと見てよいが、一九七五年以降、国民一人当たりの年間の医療費（物価調整後）の伸びが、一人当たりの経済成長の伸びを毎年二・一ポイント上回ってきたとの指摘になる。その結果起こっていることは、たとえば医療保険を手にしても、それは大きな傷病の対応していない欠陥商品になっているといったことだ。そうした光景をまざまざと描き出しているのが、マイケル・ムーア監督の二〇〇七年制作の記録映画『シッコ』だ。電気ノコの事故で二本の指を切断した男性を取り上げ、彼が医師から薬指一万二〇〇〇ドル、中指六万ドルという提示を受け、自分の財布と相談して一本の手術だけを受けるのだ。保険は大怪我の手術をカバーしていないものだったのだ。企業が支払う保険も、やがて見るように、医療保険と株式会社組織を含む医療機関相互の競争など市場原理を適用しているがゆえに細分化され保険本来の機能を失い、医療費の高騰についていけなくなっているのだ。

こうした英米の対比に対し、日加の皆保険制度はイギリスと異なる。カナダでは連邦政府が五七タイプの全国ポータブルな保険を提供する一方、医療報酬の交渉など運営は州政府に委ねられる形になっている。さまざまなタイプの保険が提供されている意味は、ミニマムサービスは保険でカバーしているが、それ以上は自己負担でということだが、よいプランが選択できるよう最大七二％の補助がある。一方医療サービスは州ごとで微妙に異なることになるが、それは住民や医師の意思が反映されているということであり、保険は全国どこでも通用するので、移住すればよいということになる。これに対し、日本の皆保険は、企業の提供する保険、高齢者医療制度などが大きな役割を持つ点でアメリカに似ているが、国民健康保険が他の保険組織からの融通を受けながら全加入を保証していることに特色がある。医療報酬・薬価などが中央交渉で決められ、医学部の定員などが中央政府の手で行われているというのは、先述のアメリカの上院議員が社会主義ではないかとの疑義を呈したものだが、コストコントロールをしながら、ある程度うまく需給を統合するものであったといえよう。

冷戦後のアメリカでは、政府の志向が上記に見たごとくR&Dセンター志向となり、結果として高コストになる一方、本文で見てきたようにアメリカ企業の国際競争力が弱まったことで、高度な医療はあっても国民の多くはそれを享受できないという、きわめて不都合な状況になった。不都合な状況をめぐってアメリカ国民はイデオロギッシュになり分裂していることは上記の通りだ。

◆国民皆保険「オバマケア」に至るアメリカの政治状況の変遷

保険の論理は、被保険者のプールは偏向がなく大きければ大きい方がよいというものだ。そこで、先進国の医療保険での「国際標準」は、当面医療保険にお世話にならないと考える若くて健康な人や、保険に入らなくとも事後に医療費を支払える大金持ちも含めて全員で「いざという時」の直面した個人を支えるという保険思想に依拠する医療保険制度になっている。しかし各国の社会の状況、発展の経緯などの違いにより「皆保険制度」として運用されている運用態度が異なることになる。医療サービスへのアクセスという観点から評価する時、通常はその運用態度の違いの問題ということになる。

厚生官僚であった島崎謙治は、皆保険制度を「飛行機」に譬え、これを飛ばすには広い翼、つまり国民的合意が必要だとする。上記の日英加の比較で見たように、パスデペンデント性をもちながらも、国民的合意を形成してそれぞれの国の医療制度をつくってきたのだ。だがアメリカの場合、私的な医療保険を提供してきたという伝統があまりに強く、アメリカ以外の先進国ではどこも「生存権の具体化」としての「皆保険制度」の普及を妨げてきたのだ。島崎の言葉を借りれば、アメリカでは私的医療保険が先取特権を主張し、翼に大きな穴が開いているということになろう。[17]具体的に言えば、州法によって規定され、それによって八〇万人の雇用を生み出している二〇〇〇社を数える保険会社の力が強く、自分たちの既得権益を冒す皆保険を敵とみなしてきたのだ。そのパスデペンデント性を支えている力は『アメリカン・デモクラシー』の著者、渡辺靖にいわせれば三三〇〇人のロビイストを動員して利益誘導する保険会社のカネだということになる。

こうした例外であった国、アメリカにも飛行機を飛ばそうと考えたパイロットがいなかったわけではない。一九四四年にワグナー、ミュレイ、ディンジェルが提出した皆保険の法案に賛成する形でF・ルーズベルトが、翌四五年に大統領を引き継ぎ改選の選挙公約に掲げ四九年に法案化したH・トルーマンが、六二年にはJ・ケネディが、そして九三年にはB・クリントンが離陸を試みている。だが、翼が風を浮力に変えるほどには強力ではなかったのだ。ニューディールの余波を持っていた一九六五年に偉大な社会を掲げたジョンソンの下で成立したのが弱者救済としてのメディケイド、メディケアである。

なぜ浮力が得られなかったのか。筆者の見方は、本章で見てきたように、当初こそニューディーラーの主導の下、ある程度フォローの風が吹いていたが、その風がそもそも飛行機をとばそうという発想は間違っていると主張するリバタリアンのかもし出すアゲインストの風に変わったからであり、その理論的なバックボーンをなしてきた新古典派経済学であるというものだ。

こうしたつむじ風の吹く中、曲がりなりにもアメリカ流の国民皆保険の体裁をもって導入されたのがＡＣＡ、通称オバマケアなのだ。

では、なぜバラク・オバマは、多少小さな穴の開いた翼という欠陥をもつにせよ、国民皆保険という飛行機を曲がりなりにも飛ばすことができたのだろうか。オバマが国民の分裂をつなぎ合わす契機となるものとしての飛行機を構想したときの状況を振り返って見てみることにしよう。

ニーズの側からすれば、すでに見てきたように、医療保険の上昇で、現在普通の家庭が入れるような保険ではかつてのような医療、保健サービスが受けられない状況にあったことが、まず指摘できる。

一つは、ジャコービーいうところの福祉資本主義の退潮だ。具体的に言えば、アメリカの医療保険制度の根幹をなしてきた企業の提供する医療保険の質の低下、あえていえば保険機能の空洞化である。

アメリカの医療保険の基本は、やがて論じる公的保険の補完はあるが、企業の提供する年金・医療保険であり、保険会社の提供する医療保険ということになる(18)。こうしたシステムは、二〇世紀のアメリカ経済が順調であり、アメリカ企業が抜群の国際競争力をもっていたことによって機能していた。ところが、本文でも論じたように、企業の競争力の低下と医療費の高騰によって、それを補う保険システムによるマネジドケアなど数々の医療システム改革が行われてきたものの、その効果は限定的にとどまって、医療保険に質の低下、あえて言えば「空洞化」が起こっていたのだ。それは企業の提供する保険での支払いのシェアが、一九九八〜二〇〇五年の平均の二六%から二〇〇七年には二四%に下がり、二〇〇八年には二三%にまで低下したことで裏づけられよう。これはリーマンショックによる不況で従業員が解雇され、それだけ対象が減ったということもあるが、保険の内容が低下し、雇用者負担の部分を被雇用者に転嫁したり、サービスメニューを減らしたりするといった手段などで対処してきた結果である。

今一つは大量の無保険者の発生である。根幹とされる企業提供保険の給付が減った分、無保険者や保険でカバーできない出費を直接自分の蓄えの中から支払う比率が高くなることを意味する。二〇〇八年における直接支払いは、二七七八億ドル、一二％を占める。多くは保険のカバーが低くなっているために支払う自己負担分であり、無保険者が致し方なく病気になったら自分で支払っていた分といえよう。

だが、この中には世帯収入が七万五〇〇〇ドルを超えながら医療保険に加入していない九二八万人が含まれる。つまり、無保険者の五人のうち一人は、民間医療保険を購入する資力がありながら保険市場で逆選択という形で、自己判断で加入していない層なのだ。その中には、保険などには入らなくとも、脳外科手術が必要になればマウントサイナイ病院で自分のお金でゆうゆう払うことのできる富豪もいるだろう。だが、彼らを含めて多くが保険商品の劣化で加入が割に合わないと、自己の健康に賭ける人や積極的に医療皆保険制度に協力したくない健康な人達とみられる。

その意味では、加入したくとも加入できないという無保険者は、無保険者五人のうちの四人ということになる。このうち悪質ないし悲惨なのは、救急病院に駆け込み、切羽つまった形で治療を受け、請求された額を交渉して値切ったり、支払いを免れて政府に負担してもらったりする人たちであろう。一九八五年予算関連法案の追加法案として生まれた、救急病院に運び込まれた患者を拒否してはならないとの一項目が、結果として救急医療を利用せざるを得ない多くの人間を生み出したのだ。二〇〇六年までの救急患者一億二〇〇〇万件のうち二〇％は無保険者になっていて、救急病院が彼らのための一般病院化していた。このうちには悪用した人もいよう。いずれにせよ無保険者の治療はメディケア、メディケードなどの負担になり一件あたり一〇〇〇ドルが政府の負担になっているとされる。

保険加入の状況がこうした状況にあれば、もし高額な医療費を要する傷病に倒れれば、年に〇・五～〇・六％とされる確率に当てはまる自己破産へと導かれることになる。二〇〇七年における自己破産の七割までが医療費によるものだった。ここまで悪化した国民の福祉状況を改善すべきだという潜在的な声があり「翼」が広がったことは間違いない。

一方、「翼」の大きな穴に関していえば、一九九三年にヒラリー・クリントンが主導した法案では反対キャンペーンを張った保険業界、創薬業界が賛成にまわったことが指摘できよう。保険会社はコストコントロールをしながら強制によって保険対象者が増えることから、同じく製薬業界も薬品の使用が増えると踏んだことから賛成に回ったのである。従業員に保険を提供していなかったり、提供してもそれが「すずめの涙」ほどといわれた小売業界の中でも、ウォルマートが賛成にまわったりしたことも寄与した。

では、飛ばした「飛行機」はどんな姿をしていたのか。オバマが高所得層に税負担を求めて低所得者には所得に応じた補助金を支給する一方、既往症のある被保険者の受け入れを強制することで国民皆保険をほぼ達成したのがＡＣＡ（オバマ医療保険改革法）である。これは国民皆保険の実現を公約に掲げたオバマ大統領が、これまでの医療制度の流れを変える法案を成立させたことを意味する。

他方で個人に課せられた義務は、二〇一四年までに全国民が医療保険を購入しなければならないというものである。不履行の場合は一部の低所得者層を除き、年間六九五ドルの罰金が課されることになっていた。先に見た世帯収入が七万五〇〇〇ドルを超えながら医療保険に加入していない九二八万人に対して、非加入を認めないというのである。また、新制度の実施に必要な財源として、国民への間接的な税負担も増える。例えば、利息などの不労所得をメディケア税の対象に加えたり、一万二〇〇〇ドル以上の個人保険および二万七五〇〇ドル以上の家族保険である高額保険（通称「キャディラック・プラン」）に対するメディケア税の増税などが導入されている。

このように、ＡＣＡが健康な人も金持ちも強制された形で加入し、その資金が運悪く病気になった人たちに回るという曲がりなりにも相互扶助の精神を持つ「飛行機」の姿になっているとすれば、ＡＣＡの成立は史上に残る偉業といってもおかしくはない[19]。

ところが国民皆医療保険の導入はさらなるアメリカの分裂をもたらした。すなわち、医療保険改革法が実施されることになれば、ますます大きな政府負担となり、税を引き上げざるを得なくなるとの共和党との議会の内外で起こしたキャンペーンである。彼らは皆保険ということで国民に医療保険への加入を義務づけるのは強制であり、国民の選択の自由を奪うものだという。下院で多数を占めた共和党は、さっそくオバマ大統領が内政分野で最大の実績としている医療保険改革法を廃止するための法案を上程した。

なぜ議会を通過した法が直ちに廃棄されなくてはならないのか、国民皆保険は社会の相互扶助精神を高揚させるものではないか。ペンシルバニア大学教授のアーノルド・ロゴフはヘルスケア関連の立法を長年観察してきたが、議論がいくら白熱しても一旦議決されればその法に従うという慣習のようなものがあったが、今やその議会の原則が壊れてしまったと嘆く。長年アメリカを観測してきた明治大学名誉教授の越智道雄ですら、なぜ多くがＡＣＡに反対するのか、全く分からないという。

ＡＣＡが議会を通過したということは、議会では反対派が少数ということになる。なぜ廃止法案が上程されることになったのか。それは資産家による寡頭政治をかつぐ一派による共和党内におけるダイナミックスの観察抜きには理解できないことだ。

多くの保守派議員にとっては財政の悪化と福祉予算のバランスで前者に重きを置くところに重点がある。そうした議員心理を巧みに突きながら、ＡＣＡの廃止法案の上程を主導したのが、トランプの大統領選でのアドバイザーとなった、当時三回生下院議員だったミッシェル・バックマンである。彼女はリバタリアンのコック兄弟のバックアップするティーパーティ運動議員連盟の会長に就き、上院で否決されることがわかっていても下院で可決をして気勢をあげた。その後、米上院での採決に回され、賛成四七と可決に必要な六〇票に届かず否決された。しかし彼女のデモンストレーションは、ティーパーティ運動の担い手たちが掲げたオバマ医療保険改革法を撤廃するという主張を共和党としての主張に格上げするのに成功したという意味で大きな効果をあげた。そして彼女たちは共和党の中で中核的な党内勢力、フリーダムコーカスとなり、下院で多数を握る共和党が関連の予算をつけないことでACAが実質的な効力を及ぼさないようにした。そしてバックマンは毒舌をもってオバマを批判することで、自身もまたサラ・ペイリンに代わる形で大統領候補に名乗りをあげることができたのである。

共和党の政策になったことで、裁判でも気勢をあげることになった。すなわち、共和党保守の州で保険加入を強制することが憲法違反であると司法長官をして提訴せしめ、バージニア州連邦地裁などでは、強制は立法の範囲を超えているとの判断が下され、勝訴した。政府側はただちに控訴したが、最高裁はレーガン以来の任命によって九名中四人までがリバタリアン的保守派で固められており、違憲となる確率が高いとされた。だが二〇一二年にジョン・ロバーツ長官からなる最高裁は五対四でオバマケアは合憲と認めた。

もちろん、アメリカにもシングル・ペイヤー（国民医療保険制度）を提唱する人がいなかったわけではない。例えば、元ニューイングランドジャーナル・オブ・メディスン編集長のマルシア・エンジェルであり、先にも紹介したキャシー・ハーウィットなどだ。だが、そうした声は選択の自由を奪うなというアメリカの世論形成の喧騒の中ではかき消されてしまったのだ。草の根の勢いは、法案の賛成にまわった創薬業界も、保険業界も沈黙を守らざるを得ないほどのものであった。

そしてオバマケアは大きな政府の代名詞、個人の選択の自由を奪うものというキャンペーンが功を奏し、中間選挙では民主党に大敗北をもたらし、トランプの登場へとつらなっていった。それは経済問題というよりも、第2章で論じたイデオロギーの問題ととらえなくてはならないことを意味しよう。なぜなら、皆保険という「人類の叡智」なり、保険数理上の原理を受け入れようとしないのがアメリカのリバタリアンということになるからだ。先に紹介したミシガン州立大とボストン大の准教授コンビの共和党と民主党との政策形成なり綱領形成なりの在り方で対称性がないとの議論を紹介したが、対決姿勢を鮮明にすることを共和党がとってきたことがイデオロギーでの団結を生んだ一方、政策の作成が得意ではなくなってきていたのだ。[20] ACAが実施されるままに放置していては政府管掌保険のために健全な民間保険が侵食されるだけだと、その廃止を訴えつづけ、そのリバタリアンのイデオロギーの提示をしているのが、消費者主導の医療サービスを掲げるハーバード大学教授のレジーナ・ハーツリンガーやマイケル・ポーターたちである。[21] 彼らの論が、上述のリバタリアンや保守派の「理論的」サポートにもなっている。彼らの言説の誤りに関しては、次にアメリカ医療サービスの問題点を論じた後に立ち戻ることにしよう。

2 アメリカ医療制度の非効率、高コスト化はどこで生じているのか

アメリカでは、見てきたように、医療の発達や医療機器の進歩では世界一だ。医療サービスに関しても、たとえば、カリフォルニア大学（ロサンゼルス）で内科の教授をつとめたことのある政策研究院大学名誉教授の黒川清も紹介しているように、アメリカの病院では指名、紹介などによって最高の医療

サービスが受けられる一方、選ばれた医者も歩合給で報酬を受け取り強いインセンティブシステムで運営されている。[22]トップクオリティの病院、たとえばマウントサイナイ病院で、脳外科手術を受ければ、脳外科手術の専門家はもちろん視神経や言語中枢神経を傷めないよう一〇名近い各種専門医が立会い、ベテラン看護師などの補助を受けながら細心の注意を払いながら施術が行われる。[23]つまり、徹底したメリットクラシーの制度なのだ。こうした中で、トップ一%の所得層に医者が一割程度顔を見せることになる。

問題含みながら、アメリカには高度医療サービスが存在していることをもって、これを国民的合意の下に生まれた医療制度と見て良いのだろうか。アメリカの医療制度の抱える最大の問題は、世界に誇る高度な医療・創薬をもちながらコストが高く、それへのアクセスが、見てきたように極めて悪く、一握りの人々以外には閉ざされていることではないか。

そうした観点からアメリカ医師会誌（JAMA）に掲載された論文が、LSE助教授のイレーネ・パパニコラスがハーバード大学訪問時に同僚と書いたものだ。先にアンダーソンらの「一六年調査」を紹介したが、JAMA掲載論文はACA導入後の二〇一三〜一六年を対象に高額な医療費を投入しながら他の主要一〇か国と比較して国民の健康維持でのパフォーマンスが良くないと糾弾している。なぜ高額な医療費を投入しながら良い結果が得られていないのか、パパニコラスらがあげる主因もまたアメリカ医療の高コスト体質だ。[24]

二〇一六年でみてGDPの一七・八%という医療費は、アメリカに次ぐスイスですら一二・四%であって、九・六%のオーストラリアと比べるべくもなく、OECDの主要一〇か国の中でも群を抜く。たとえば、被雇用者の医療費を取り上げてみると、賃金・給与との対比で見ても、その九・四%を占め、総報酬に対しても七・九％の負担になっている。にもかかわらず、七八・八歳という平均寿命は一一か国中〈中間値八一・七歳〉の最低であり、幼児死亡率も一〇〇〇人に対し五・八人は一一か国平均の三・六人を大きく上回り、最高だ。そして平均寿命も低いだけでなく短くなったという状況は、先進国の中でも特異な存在といえるが、この点は本章の中で自殺率の上昇と関連して述べたところだ。健康体維持への一般的アプローチの禁煙こそ、一一か国中（中間値一六・六％）で二番目に良い喫煙率の一一・四％だが、いわゆるメタボ比率では他の一〇か国では二三・八〜六三・四％のレンジに収まっているのに七〇・一％と極めて高いことが平均寿命を短くする要因であろう。

アメリカ流の皆保険たるＡＣＡの導入はあったものの、なお多くが基本的な医療サービスにもアクセスできないでいることも医療パフォーマンスを下げている要因だと、パパニコラスらは他の一〇か国では九九から一〇〇％になっている医療保険カバー率が九〇％にとどまっている（一七年には八八％に低下）ことを指摘する。ＡＣＡの成立はこの「アクセス」の悪さを改善するための必死の企てだったが、国際標準に近づいていないというのだ。

だが、彼女たちは、アクセスを悪くしているのは医療サービスコストが高くなっていること自身にあり、メリットクラシー制度で医者・看護師のコストが二一万八一七三ドルと、他の一〇か国では八万六六〇七ドル〜一五万四一二六ドルの範囲に収まっているのに対し非常に高くなっていることを槍玉にあげる。

また一人当たりの医薬品コストも、他の一〇か国では一人当たり四六六ドル〜九三九ドルのレンジにあるのに対し、一四三三ドルと倍近い。医薬品の価格も需要が強ければ価格の値上げが可能という市場機能からくる高価格化は、アメリカ医療の品質確保する上で役立っているという側面はあるが、同時に自由市場を維持するがゆえの歪みもあることは確かだ。まず歪みに関して言えば、そうした環境を担保するため業界がロビイストを使ってメディケアのパートD医薬品補助を追加した二〇〇六年メディケア現代化法において、政府は受益者に代わって錠剤価格の割引交渉をしてはならないとの条項を盛り込ませたことがあげられる。この問題はアカロフらの『不道徳な見えざる手』の中でも批判的に取り上げられている。クリントン、トランプが争った大統領選で、このアメリカの創薬への批判が高まりトランプも大統領就任後の早い機会に創薬メーカーをホワイトハウスに呼び、善処を求めた。量産が進めば安くなるはずだと薬価基準を引き下げる日本とは対照的である。

なぜ医療報酬、医薬品価格は上昇を続けるのか。パパニコラスらの指摘は、一方では、保険の支払い能力に合わせてコスト削減の進んだ定形型サービスの数量増があるものの、一部の支払い能力のある層に支えられ創薬の価格上昇、医療サービス価格の上昇が起こっているという。これは「一六年調査」の見方と重なるものだ。医者の報酬が高い背景に市場至上主義、メリットシステムがあることは確かだが人口一〇〇〇人当たりの看護師・医者の人数がそれぞれ七・九人（OECD平均九・九人）、二・六人（OECD平均三・二人）と少なく、医学部の定員もOECD平均よりも絞り込まれていて供給が少ないこともあると指摘している。「一六年調査」はまた、アメリカでは先端医療が行われているから医療費が高いという通り相場に対し、人口当たりのMRIやCTなど先端医療器具の導入では日本の後塵を拝しており、日本が一六年の一人当たり医療費をOECDのなかで最低に保っていることに鑑みれば稼働率を必要以上に高くしている可能性もあると、無駄遣いの恐れを示唆している。

だが、アメリカ医療の高コストの原因の最たるものは、主要一〇か国では一から三％の範囲に収まっている管理コストが不理尽なほどに高い八％にあることではないかと、パパニコラスらは指摘する。本来ならシングルペイヤー・システムの導入をすることで要らざる時間を省くことだろうが、共和党のいう「選択の自由」というイデオロギーが簡単に消えない中では、事実上、複雑な保険とその支払いのための対応をしなければならないことが大きい。すなわち、時間に換算していえば医者は診察する前にますます複雑化する保険と診療の対応を説明するだけでも二割の時間を使っているとされる。

こうしたパパニコラスらの指摘は、管理コストにおける無駄な部分は二〇一五年で一九〇〇億ドルに達すると、アメリカの医療サービス無駄に関し、大胆な診断をしたブラウン大学附属病院の准教授でアメリカ内科医師会前会長であるナティン・デーメルの主張と重なるものだ。

デーメルが対象とした年は二〇一五年で、その医療費の対GDP比は「一六年調査」などが対象とした二〇一六年より一%ポイント以上低いが、医療費全体三・二兆ドルの実に二四%が無駄に使われているとの彼の推計には十分に耳を傾けるだけの価値があろう。それはアメリカ医療費のうち七六五〇億ドル、対GDP比で四・二五%が無駄づかいになっているというものだ。[25]

ではどこで無駄が生じているのか。デーメルは、パパニコラスらの指摘する管理コストよりも大きい無駄が二一〇〇億ドルに達すると推定している。それは、「一六年調査」でも示唆されている無駄づかいで、訴訟回避などの理由からいらざる検査、いらざる処置をしているというのだ。

アメリカは訴訟国家として知られ、医師も医療過誤の容疑で頻繁に訴訟を起こされる。そのため医師は医療過誤保険の加入が必須でこれも医療コストを高める要因だ。保険料そのものも高く、リスクの高い診療科目では高額に属する五万ドル以上の保険料を支払う。その分布シェアは脳神経外科医三四%、心臓血管外科二五%、成形外科二一%、産婦人科医二〇%といったところだ。そして訴訟リスクを軽減するために防衛的、保険的な検査や診療が増える。たとえば、入院患者が腰痛を訴えた時、何か見逃すといけないから念のためＭＲＩを撮っておこう、発熱したとあらば念のため広域の抗生物質を使っておき、また感染症科にも相談しておこうといった具合だ。普通分娩で事故につながるといけないので初めから帝王切開出産にしておこうということになれば、無駄な医療コスト増がプログラムされていることになる。この点は医療サービスをアメリカ国民がどうとらえているかにもよるので、消費者主導の医療サービスを論じる際に再論することにしよう。

一方、トランプ大統領が目の敵にしている高価格の設定での無駄は一〇五〇億ドルで、一三〇〇億ドルの非効率による無駄より小さいと推定されている。

サービス提供が分散され過ぎていて非効率の改善という点に関し、オバマ時代に打ち出された政策が個人営業に近いヘルス産業の集約化策だ。具体的には、病院、医師、その他もろもろのヘルスケア関係者の協議機関たる責任医療組織（Accountable Care Organizations; ACOs）の組成である。ＡＣＯｓとは、デューク大学医療センターとギージンガー・ヘルスシステムが二〇〇〇年代半ばに始めた医療コスト削減の試みから生まれた工夫である。患者は多くの場合、いくつかの慢性病を抱えているが、それぞれの専門医のところを訪れ重複したサービスを受けている。ＡＣＯｓの営みを通じてこの医療本位のシステムを患者本位の形に組み換えることで、重複をなくし、出来高制ではなく結果責任にすることで過剰診療をなくす一方、治療結果の改善もみられたことから注目されるようになったものである。アメリカでは医者は多くがいわゆる開業医で四七％が五人以下、二五％が六人以上の集まりで診療所を営んでおり、病院、大学、ＨＭＯｓ、ＡＣＯｓで働く人は二四％にとどまる。ＡＣＡが二〇一四年から導入によって、開業医たちは保険のカバーで受診の増加につながっているとの見方の一方、すべからく病院で働くか、ＡＣＯｓなど組織に属さなくてはやっていけなくなるとの警戒も呼んでいる。

こうした動向をにらみながら、MIT教授のジョセフ・ドイル・ジュニアらは、救急医療における早めのナーシングホームの活用での効率化を例にとり、ヘルスケア産業内での分業体制の在り方を再編していってはどうかと提案している(26)。同様に、専門医といわゆるプライマリケア担当の総合診察医との分業も医療システムの効率化を促進する要因となる。医学生の数を増やすことも当然視野に入ってくる。アメリカでは、先の黒川の提言とは逆に、アメリカの医療教育の簡素化を推進すべきだとの声があるのは、質の高いプライマリケア医を多く供給していく必要があるからだ。そのためには、政府が、プライマリケア医としてのキャリアを選択した医学生に対して奨学金やその他のインセンティブを与え、より多くの医学生がこの分野を選ぶように仕向ける、そしてプライマリケア分野を選んだ医学生、看護師に対し、十分な訓練が施せるようその教育訓練機関の強化を図る施策が考えられる。

デーメルは、この他の無駄としてインチキ医療が七五〇億ドル、予防できたはずのものができていない分として五五〇億ドルをあげている。だが、医療制度の改革によって増える医療費、財政負担増を減らすための手段をともに探し出そうという地道な動きは始まったばかりである。そこで次は医療の標準化、ICT技術の最大限の利用などの動きを見ることにしよう。

◆医療情報のICT化、AIの活用

医療の効率化で、その役割が期待されるのは医療情報のICT化だ。ところが当時大統領だったオバマは「この国では、モノの動きは簡単に追跡できるシステムが整っているが、人の健康管理履歴はそうなっていない」と嘆かざるを得なかった。プライバシーを重んじるアメリカは日本のように健康管理のための検診という考えも薄いためだ。したがって集団健康診断といった制度もない。

だが一連の診察の記録は、そのまま健康管理のレコードだ。HMOや公的な機関などが人の健康管理情報をEHR（エレクトリックヘルスレコード）として一元的に保管するようになれば、アメリカでも筆者が描いたような仕組みを実現できることになろう。そこで、二〇〇九年の米国経済再生法では、経済的臨床的健全性のための医療ICTに関する法（HITECH法）と銘打って、医療のICT化促進に焦点を当てていた。考えられたのは、医師や患者へ質のよい医療情報がまんべんなく伝わり、その情報を活かしてより良い医療が施せ、受けられるよう構造改革を行い、情報システムの向上を図ることだ。そのため、二〇一四年までに国民すべてに電子医療カルテ（EHR）を提供する」という目標を掲げた。EHRには民間の業者も多く参入し、その普及に貢献するものと思われた。消費者主導の医療が盛んになるとすれば、女優のアンジェリーナのように自分で健康・医療情報を収集し分析することからスタートするはずのものだからである。

だが、たとえばグーグルヘルスを通じてそうした業務インフラを展開しようとしたグーグルの試みは頓挫した。すなわち、同事業はクリーブランド・クリニックの患者二〇〇〇人をテストモデルとして二〇一一年にスタートし、普及させていこうと目論んだが失敗し、一三年には顧客をマイクロソフトヘルスボールトに移管して業務を終了した。マイクロソフトのサイトでは、「症状セルフチェック」では、例えば、腹部をクリックすれば痛みや食欲不振といった症状がリストアップされ、その対応策が示されるのでアメリカ向きといえよう。だが、加入者数は発表されていず、同社自身もカネが取れないとしている。

目標年の次の年、二〇一五年には、たとえばカリフォルニア大学（ロサンゼルス）では四五〇万人の患者データが電子媒体に収められ、それと同時に、EHRを活用が進められているといった、個々の場所、個々のケースの報告はある。だが、国が音頭をとっても、ブルメンソール論文でイギリスにならって国民すべてにEHRをという目標は今なお達成できていないと見られる。

そうした中で、EHRの活用で効率を上げたところもある。病院、診療施設が一三〇〇か所あり、年間五四〇万人の患者が治療を受けるアメリカ最大の医療機関である退役軍人局傘下の医療機関だ。それら機関はその非効率でも悪名を轟かせていたが、その悪評を跳ね返すべくEHRが導入され成功を収めたのである。

退役軍人局の医療システムを管理運営しているのは、インターシステムである。同社は金融の先端分野でのシステム構築に定評があったが、その実績を活かしてジョンホプキンス大学の癌センターなど医療システムにも展開し、退役軍人局に食い込んできたのだ。インターシステムは、システムの中核をなすEHR（電子カルテ）を、他の多くのアプリケーションとリンクできるようにすることで業務の効率化、安全確認などがスムーズに進むように図った。たとえば、看護師が携帯端末を使って患者のリストバンドや薬剤のラベルをスキャンすると患者に必要で適切な薬剤投与ができるといった応用である。

国土の広いアメリカではICT技術を駆使した遠隔医療も進んでいる。それは野戦病院をもつ国防総省でなおさらである。筆者も医療情報化の提言で遠隔医療の先駆けとして日本の癌研とアメリカの陸軍病院とがハイビジョンをつかった遠隔癌病理判断を取材し遠隔医療の活用を説いたことがある。それはもう二〇年以上前のことだが、陸軍病院は今になって、かつての日本との実証実験の経験も活かしながら実用化にこぎつけたのである。二〇一六年には陸軍病院を中心に数百万人が遠隔医療サービスを享受するようになっている。[27]

ICTを利用した遠隔治療や、遠隔地への薬の処方ができれば、医師や薬剤師のいない地域の住人には大いに役に立つ。遠隔地でなくても、混んだ病院に高齢者が出かけることなく、家にいながら診断してもらえれば、非常に楽だろう。ICTが格段に進歩した作今では、携帯電話に付属しているテレビ電話機能を使って患部の状況を映像で連絡したり、診察を受けたその後の様態を報告したりすることが当たり前になるような手軽な「オンライン医療」が中心になる。手軽にテレケアなりオンライン医療が提供されることで、利用頻度が上がり医療コストがあがってしまうのではないかとの懸念もないではないが、対面しないで健康管理を行うテレケア（遠隔健康管理）も、生活習慣病の改善をしっかりとモニタリングし重症化することを防ぐという意味で重要だ。たとえば糖尿病では透析治療を必要とするようになれば高額な医療費を要することになり、重症化を防ぐオンラインの指導医療が大いに役立つのではないか。

一方、病理診断という切り口で取り出せば、癌研の病理診断システムは、正確な診断名の付いたデータや検体の収集に努力して評価は高いが、収録のコストも高いので本当に重要なケースしか持ち込まれなかったため、ビッグデータ時代のニーズにあった収集ではなかったとの反省とともに運営が危機に陥っている一方、多くの分野、多くのところで画像診断でのAI活用が進み始めたというニュースが報じられている。グーグルの〈アルファ碁・ゼロ〉では医療分野ではイギリスの国民保健サービス（NHS）と眼科疾病、放射線治療経過、乳癌の三分野画像診断に焦点を絞り、その実証試験を進めてきた。このうち、ロンドンにあるムーアフィールド眼科病院と提携してアルゴリズムを訓練したところ、三大眼疾患である緑内障、糖尿病性網膜症、加齢黄斑変性の予兆を見抜く方法を学びとり、失明のおそれがある五〇件超の疾患を検出するのに成功した。その読み取り精度が専門臨床医と同じ九四%に達したことからネイチャー・メディシンへ投稿した。世界人口の高齢化により、眼疾患が一般的になりつつあるが、目のスキャンから眼病を診断するのは医師にとって複雑で時間のかかる作業であると同時に医療制度への負担が増していることを意味する。ＡＩがどういった根拠で診断を下したかも説明可能にしていることから、ディープマインドでは、いずれは世界中で目の検査方法を変革するのに使われるだろうと期待している。同じ手法で、ユニバーシティ・カレッジ・ロンドン・ホスピタルズと組み放射線治療のスキャンの分析を、そしてインペリアル・カレッジ・ロンドンとの共同でマンモグラム（乳房撮影）の分析対象を広げ、より多くの分野でＡＩが投入される機会を生みだそうとしている。

そして日本でも、医療開発機構のプロジェクトとして病理組織のデジタル画像をＡＩに診断させる試みが始まった。とりあえず利用の可能性の高い皮膚科病理組織画像を対象にスマートフォンのカメラで所見を撮ってクラウド上にアップするという方法で研究が進んでいる。ところが、二〇一八年に入って、ＡＩが皮膚癌を専門医並みの精度で判定したという衝撃的な論文がネイチャーに載り、日本は後追いになったが、逆にいえば実用化は間近いとみられる。

世界の医療機関や企業がプレシジョン・メディシン（個別化医療）の旗を掲げ、大量のゲノム、遺伝子情報を個人から集め、それをＡＩで分析して処方までを行おうとしている。彼らが頼りにしているのは、この一五年間のあいだ幾何級数的にコストダウンが進んできたＤＮＡシークエンサーの技術進歩の速さだ。二〇〇三年に初めてヒトゲノムのＤＮＡシークエンシングが行われたとき、一人分のゲノム解析の費用と時間は二七億ドル一〇年もの時間を要したとされる。しかし、ＤＮＡシークエンシング企業のイリミナは、このゲノム解析を二〇〇六年には三〇万ドルに、二〇一六年には一〇〇〇ドルに、そして二〇一七年には一〇〇ドルの費用で一日程度あれば結果を知ることができる新製品を発表したのだ。こうした幾何級数的なコスト低下はアメリカの科学医療が想定したことだが、ＤＮＡシークエンサーがほとんど唯一の例といってよい。コールド・スプリング・ハーバー研究所は二〇二五年までに一〇億人がDNAのフル解析を受けるだろうとの予測を発表している。

さて遠隔医療、画像、遺伝子情報などのAI診断といったことの先には当然のこととしてグローバル医療サービスデリバリーといったことが考えられる。事実、アマゾンの二四時間、全地球への病気診断を行うと同時にドローンをつかって二時間以内に薬をデリバリーするとのビジネスプランを発表している。これに対して、イスラエルの医薬品メーカー、テバは家庭に置かれた3Dプリンターから、薬が調合されピルになって出てくるというデリバリーシステムを考えているとする。

ICT，AI，DNAシークエンサー、さらにはゲノム編集といった技術の活用は、医療の現場を大きく変えることになろう。だが、バイオ創薬によって幾何級数的にコストが下がるといった期待は裏切られている。また仮に人類が新たな技術の活用によって強く長寿になったとしても、それが社会保障の観点からはプラスなのか、マイナスなのか、未知というべきだろう。要は技術の発展を注意深く見守りながら費用対効果を計っていくこと以外になさそうだ。

3 消費者主導の医療サービス提唱の欺瞞

「一六年調査」をしたアンダーソン、JAMA掲載論文のパパニコラスらが異口同音に指摘していることは、アメリカの医療保険システムが劣悪で、アメリカの消費者が高度な医療に極端なまでにアクセスを妨げられていることだ。分けても乱立し、保険と医療機関が一種のなれ合い現象の中でコストコントロールを失っていることに厳しい目を向けている。

このアクセスを改善するための方策という位置づけで、オバマが二〇一〇年に成立させたのが医療保険改革法（ＡＣＡ）である。ところが、選択の自由をたたきこまれてきたリバタリアン等にとって、国家が皆保険を主導することは「選択の自由」を奪うものと見なし、ＡＣＡの廃棄を求めたが成功せず、その後も代替案が提示できないでＡＣＡは、すでに見た如く、事実上のベースラインとなった。

しかし、ＡＣＡは保険カバーが十分でない一億人を残したままだという意味ではその役割を果たせていない。そこで民主党は、カナダ方式ないしメディケアへの全員加入などを唱え皆保険の実質化をもとめ始めている。

◆ベースラインとなったＡＣＡ

ＡＣＡの実施で何が変わったのか。コサリ・サイモンらは、ＡＣＡの実施によりメディケイドの対象者が増えたことによって、低所得層の健康状態なり予防なりにどんな影響が出たかを調べているが、まだ始まったばかりで確かなことは言えないがいずれの点でも前進が見られるとプラスの評価をしている。(28)

確かに、ＡＣＡの導入による健康への効果を言うのは時期尚早であろう。そこで、アクセスという側面に絞ってその効果を見ていこう。二〇〇〇年には三八二〇万人であった無保険者が、二〇一〇年には四九一〇万人、一八～六四歳人口の一八・五％にまで達したが、ＡＣＡの実施により所得を基準に補助金が支給されているから保険の購入が可能になり、二〇一三年から一四年にかけ個人加入が一〇〇〇万人増えたことも寄与して二〇一四年には前年から九五〇万人減り、三三三〇万人、一〇・四％まで低下し、二〇一七年には二八五四万人、八・八％まで低下したことがまず注目される（図表7‐7）。逆に言えば、医療保険でカバーされる人口は九一・二％まで増え、それだけ国民皆保険に近づいたのだ。

図7-7　65歳未満の人口の医療保険加入状況推移

（単位：100万人、％）

	1987	2010	2013	2014	2015	2016	2017
総数	221.4(100)	266.0(100)	313.4(100)	316.2(100)	318.9(100)	320.4(100)	323.2(100)
保険加入者			271.6(86.7)	283.2(89.6)	289.9(90.9)	292.3(91.2)	294.6(91.2)
私的保険加入者			201.0(64.1)	208.6(66.0)	214.2(67.2)	216.2(67.5)	217.0(67.2)
企業提供保険	150.3(70.1)	156.1(58.7)	174.4(55.7)	175.0(55.4)	177.6(55.7)	178.5(55.7)	181.0(56.0)
個人加入	15.0(7.0)	18.9(7.1)	35.8(11.4)	46.2(14.6)	52.0(16.3)	52.0(16.2)	51.8(16.0)
公的保険加入者	28.8(13.4)	57.5(21.6)	108.8(34.6)	115.4(36.5)	118.4(37.1)	119.4(37.3)	122.0(37.7)
メディケア	3.1(1.5)	7.9(3.0)	49.0(15.6)	50.5(16.0)	51.9(16.3)	53.4(17.7)	55.6(17.2)
メディケイド	18.6(8.7)	45.0(16.9)	54.9(17.5)	61.7(19.5)	62.4(19.6)	62.3(19.4)	62.5(19.3)
軍隊提供			14.0(4.4)	14.1(4.5)	14.8(4.7)	14.6(4.6)	15.5(4.8)
無保険者	29.5(13.7)	49.1(18.5)	41.8(13.3)	32.9(10.4)	29.0(9.0)	28.0(8.8)	28.1(8.8)

（出所）センサス＋ Paul Fronstin, Sources of Health Insurance, *EBRI Brief* No.419 (Sep., 2015)

共和党はオバマケアの廃案ができなかった一方、税法を改正して加入強制の手段であった罰金の支払いを二〇一九年から免除することにした。だが、二〇一八年分のオバマケア申し込みは八八〇万人と予想以上だった。ドレクセル大学のヘルスケアの教授であるロバート・フィールドは、フリーランサーが急速な勢いで増えており、彼らが補助金がもらえるものなら加入しなければ損だと加入したもので、入らなくても罰則がないからという理由でやめる人は少ないだろうと見る。

だが、ＡＣＡの導入によっても、これまでアメリカの医療保険の根幹をなしていた企業提供の保険の空洞化に何の対策もないとすれば問題解決とは程遠いと従業員福祉研究所のポール・フロンスティンは主張する。

彼は一九八七年には六五歳未満の被保険者の七〇％が自分の勤め先なり、配偶者の勤務先なりで提供される保険の加入者であったものが、リーマンショックで五八％まで減退し、その後の回復で少しはリカバーしたが二〇一三年からは増えることなく二〇一七年も五六％にとどまっていることに注意を向ける。それは、本文の中でも記述したように、企業が提供する医療保険がアメリカの医療保険の基本だったからだ。しかも、その基本であるはずの企業提供の医療保険の後退は、単に人口シェアでの低下にとどまらず、『アメリカの医療保険』を著した長谷川千春も指摘しているように、補償内容が劣化し、保険の空洞化を起こしているのだ。つまり、同じ企業の提供する医療保険といってもレジェンド負債となってGMの倒産の一因ともなった素晴らしい医療保険が消え、医療保険とは名ばかりで、ウォルマートのように薬の斡旋をするという程度の医療保険が多くなるというように企業保険の中身が変わってきている。

ACAの成立によって適格医療保険の基準が定められ、それまで名ばかりの保険を提供していて批判を受け、オバマケアの法案に賛成にまわったウォルマートも適格医療保険を提供するようになった。だがその保険も大きくは改善できていないのだ。こうした十分な補償のない保険加入者は八五〇〇万人とされ、無保険者を加えると一億三〇〇〇万人が大病のリスクに耐えられない状況にあることになる。すなわち、アメリカで自己破産の七割が医療費の支払い不能で、そのうちの八割近くが民間の医療保険に加入していたということが保険の質の劣化を物語っていよう。

◆高騰する医療サービスに対応しきれないマネジドケア

管理コストを下げるにはシングルペイヤー・システムの導入を図ることであろうが、アメリカには二〇〇〇社を超える医療保険の提供業者がいるという現実が立ちはだかってきた。しかも、多くの保険会社が過当競争と妥協を繰り返す中で、アンダーソンらの「一六年調査」によれば、一部の保険が一部の先端医療を標榜する医療機関と対応する形でアメリカの医療費コストを釣り上げてきたために医療保険の設計そのものを困難にしているのだ。

もちろん、アメリカ医療界にも、メイヨー・クリニックを傘下にもつBHSのようにACAが求める効率的で患者本位の医療を展開している医療機関もある。すなわち同機関は、ジョン・ノーズワーシーの下、ACAとの整合性をもつ取り決め、メイヨー兄弟からの伝統である患者第一の精神で新たな臨床研究、臨床技術の向上へと努めてサービスを向上させ、二〇一八年までの三年連続でUSN&Wレポート誌の全米一の評価を受けるまでになった。総収入一二〇億ドルを誇るIHSには、最先端の医薬品、医療機器のメーカーが参集し、ヘルスケア産業のモデル地区となった観がある。一方、ピッツバーグが鉄錆の町を医療の先端を開く町に変えようと、市、大学をあげて転換に取り組んだペンシルバニア州でも、一九八六年にピッツバーグ大学の三病院を核にできた医療介護福祉事業体、UPMCがメイヨー・クリニックに負けないだけの実績を誇るまでになっている。

だが、大宗をとれば「一六年調査」が指摘しているように、多くの保険提供者の存在する自由市場という仕組みと先端医療への取組みが、あるときは保険が、あるときは医療機関が先行する形で、アメリカの医療コストを引き上げてきたといえよう。そうした経緯は、高騰する医療費に企業提供医療保険を中心とする民間の対応として跡づけできるのではないか、企業の医療保険に焦点を合わせながら歴史を振り返ってみることにしよう。

まず確認しておきたいことは、アメリカにおける皆医療保険制度の導入の試みは、メリットクラシーを主張するアメリカ医師会（ＡＭＡ）の反対で挫折した歴史であるということだ。そのためアメリカの医療保険の嚆矢はというべきものは、一九二〇年代の病院から提供されるブルークロス、医師診療所から提供されるブルーシールドといったものになったのは偶然ではない。それらは出来高払いで運営されていた。この方法では被保険者は医療機関のサービスを自由に選び、かかった費用を還付してもらうということになる。やがて私的保険も追随した。しかし、医療費が高騰する中で、この方法では保険会社は利益があげられなくなり、医療費を想定内におさめるべく一九七〇年代にマネジドケアという方法が案出され、注目されるようになった。先に紹介したエントーヴェンの「管理された競争」はこの理論化ということになろう。

民間の医療保険の中心となる企業提供の医療保険では、大企業の場合、自家保険が主流をなしていた。その理由として自家保険は準備金を内部に保有できて財務バッファーになると考えられたこと、州法の適用除外にあたり州保険課税が課せられないこと、多くの州が持つ州法定医療給付の義務を負わないことの三点が挙げられる。しかし、医療費の高騰はこうした企業の自家保険の財政も蝕み、企業は対応のためにマネジドケア・プランの導入を余儀なくされていく。ＧＭがコスト抑制を図るべく医療給付改革を行ってマネジドプランを導入したのは一九八五年のことであった。カイザー＝ＨＲＥＴの被雇用者医療給付の調査を見ると、雇用者提供医療保険におけるマネジドプランの導入は一九八〇年代の後半から急に増え始め一九九三年にはＦＦＳを上回り、今や九五％以上が広義のマネジドケアを採用するようになった。

マネジドケアとは、大雑把にいえば、医療サービスへのアクセスや内容を管理し、制限することで、医療コストを抑えながらある程度の品質を保ったサービスが提供できるようする工夫である。狙いとすれば、情報の非対称性をなくすような取組みによって、過剰受診、過剰治療を抑制し、効率的医療サービスを提供し、効果的な治療を受けるというものになろう。

マネジドケア・プランは、大きくHMO（Health Maintenance Organization）プラン、PPO（Preferred Provider Organization）プランとその二つの中間に位置づけられるPOS（Point of Service）プランの三つのタイプに分けられ、後者ほど発展型と見られている。

HMOプランにも、HMOが複数の医療機関を直接持つようなものから、医療機関の方が主体になって複数の保険会社と契約するものなど、いろいろなタイプがあるが、いずれも保険者と医療サービス機関の間で契約が結ばれ、その特定された医療機関ネットワーク内部でサービスを受けることが基本になる。つまり、お互いに外部を利用すれば、それだけペナルティなり、特典の喪失なりがあるわけである。

では、マネジドケアは、情報の非対称性をなくすような取組みによって、コスト上昇を抑制し、効率的医療サービスを提供することができたのか。現実には、正しい医療情報と適切な医療機器があり、その存在を知っていても、それを活用しないケースもマネジドケアで散見された。それはマネジドケアでは、決められた病気に決められた治療という組織のあり方があり、その標準もあまり変えられなかったためだ。ネットワーク内の医師にはよりよい医療技術を学ぼうとか、先端情報にアクセスするといったインセンティブに欠けていた。

ところが、医学は常に進化している。より良い医療を目指すと同時に、どこに無駄をあるかをチェックし、コストを削減し、品質の向上とコスト削減を同時に進める努力を続けていく必要がある。先に触れたメイヨーやＵＰＭＣのような大病院システムが比較的効率よく運営されているとされるが、よりよいパフォーマンスを上げている病院のベストプラクティスを横展開できるような、取組みが色々なレベルでできるような仕組みもできなかったのだ。

そこで現実の展開としては、医療コストの削減、医療の効率化は想定ほどには進まず、医療費の高騰の前にまずは保険料の引下げ競争で始まり、次にはサービスレベルの低下に対する反発を受け、しだいに保険料率を引き上げることで対応してきたということであろう。だが、景気のよかった二〇〇二年から二〇〇四年にかけては二桁の伸びを示したものの、その後は異議申し立てや加入の減少などの抵抗にあい、しだいに企業提供医療保険の保険料の引上げは難渋した。

企業提供医療保険の保険料の引上げが困難になったということは、二〇〇〇年から二〇〇八年にかけて企業が払い込んだ民間医療保険（ＰＨＩ）保険料での拠出率が、七四・七％から六九・八％に低下していることにも現れている。

当然、被雇用者の負担も大きくなった。果たして医療保険は費用対効果が見合った、効果的なものなのだろうか。被雇用者が抱く、こうした疑問に応えたのが一九九三年に現れた給付割合、定額控除、自己負担上限額を異にする三つのプランを提示した用法別医療保険（Signature Benefits）なる給付プログラムであった。従来通りの真ん中の「竹プラン」を選択するものが多かったが、上のクラスにあたる「松プラン」を選択するものが一〇％、下の「梅プラン」を選択するものが六％いた。これがカフェテリア・プランの嚆矢とされるものだ。

カフェテリア・プランが出たことは、消費者主導の医療サービスの提唱者、ハーツリンガーにとっては、民間保険の創意工夫の徹底で、進歩ということになる。だが、筆者の評価は逆である。消費者に選択権を与えるカフェテリア・プランの盛行は、まさしくアメリカの医療保険制度のウォルマート化を促すものであったと見るのである。また、同プランの出現によって無保険という選択、モラルハザードが促進されたとの見方もできる。いずれも高騰する医療サービス価格によってアクセスが困難になったことを証明するものだったからである。ハーバード大学助教授であったアーサー・デームリックも、コスト抑制に失敗した以上、総体としてのＨＭＯが解体されてしまっていたのだと見る。事実、ＨＭＯにカバーされる人員は二〇〇〇年の八〇〇〇万人をピークにその後急減してきている。

ＨＭＯの行き詰りに対応し、よりオープンなアクセスへの試みが続けられている。ＰＯＳプランでは、ネットワーク内での医療サービスではＨＭＯの場合と同じだが、外部の機関を利用した場合には出来高払いでカバーされる。一方、ＰＰＯでも、従来の出来高払い制度を踏襲しながら、利用者である企業と被保険者の間に立ってＰＯＳプランと同じようにより多くの医療機関と交渉し、値引きサービスを提供する組織になっている。

だが、コストが抑えられるという「管理された競争」の理念、その実践主体としてのマネジドケアは当初の目的を果たさなかったことになろう。なぜなら、ＨＭＯの解体が進む一方、増えているのが免税限度額の中で労使双方での払込みで提供される非課税貯蓄口座（ＨＳＡ）と高額医療免責の民間保険とを組み合わせた高額免責医療費支払いプラン（ＨＤＨＰ／ＨＳＡ）とＨＡＳ資格付与ＨＤＨＰだからである。高額免責の民間保険とは、日本にある高額療養制度や中国の大病保険とは真逆の制度だ。

それでもＨＤＨＰ／ＨＡＳとＨＡＳ資格付与ＨＤＨＰのシェアは二〇〇六年の四％から着実にシェアを拡大し二〇一六年には二八％に達している。そしてＨＡＳ資格を得るための最低金額と免税限度額とが年々引き上げられ、二〇一六年では最低金額は個人プランで一三〇〇ドル（家族プランで二六〇〇ドル）であり免税限度額は個人プランで六七五〇ドル（家族プランで一万三一〇〇ドル）となっている。ただＨＤＨＰ／ＨＡＳは、実際のところＨＭＯに非課税貯蓄口座（ＨＳＡ）がつけられたもので、将来リスクに備えて蓄えを増やしておきましょうというプランだとみなしてよく、比較的従業員が多い中堅企業が提供している場合が多い。これに対し、ＨＡＳ資格付与ＨＤＨＰの場合、保険料ベースでみて個人プランで二〇一六年平均で五七一九ドル（家族プランで一万六二四六ドル）で、ＨＤＨＰ／ＨＳＡと比較すると若干とも劣り、主として零細企業が提供しているとされる。[29]

こうした高額免責の保険と非課税貯蓄の組み合わせが提供されるようになったことは、企業の確定給付の年金が行き詰り確定拠出年金が増え始めたことが医療保険でも起こっていると見ることもできよう。従業員福祉レポートは二〇一八年現在企業の七割がＨＤＨＰを提供しており、そのうち五％がそれまでの企業提供の医療保険に代替するもので、残りの六五％が企業提供の保険の補完としてだとしている。

確定給付の年金が将来に予測される支出に対応できたように、保険は本来予期せぬリスクに対応できるものであるべきということになる。その点で、高額医療の支払いを免責した医療保険がどれほど役立つかは大いに疑問だ。つまり、高額医療費を擁するような傷病に遭遇すれば、〇・四％前後とされる医療費を原因とする自己破産に直行する運命が待ち受けている可能性があるからだ。

◆新古典派経済学ではとらえられない保険の過当競争

消費者主導の医療サービスを掲げ、先に保守派の理論的擁護者と紹介したハーバードビジネススクールのポーター、ハーツリンガーなどは、政府が保険を提供し、口出しをするから民間の保険の質が低下しているのだとの論理を立てる。つまり、アメリカの医療が問題なのは競争を抑圧しているからだというのだ。こうした主張は偏向していて特殊に見えるが、アメリカ経済学の本流の中の議論だといってよい。彼女は、かつて『米国医療崩壊の構図』を上梓し、崩壊したアメリカの医療産業を消費者主導の医療サービスに切り替えれば、競争を通じてより良い品質のサービスが低廉な価格で提供され、消費者のニーズに応えられる産業に生まれ変わると主張した。(30) 彼女によれば、市場にさからい、競争を制限しようというHMOが倒産することは予測されたことだったということになる。

アメリカは今激烈な医療戦争に突入しているが、そこでの戦士は医者、病院、保険会社、政府だ。肝心の消費者がいないと彼女はいう。そして先にあげたHASをもって、個人の自由と自己責任を強調する消費者主導の医療の考えに沿うものだという説明がなされている。(31) つまり、政府が管掌する保険が後退し、こうしたプランが伸びるといった報道も盛んになされたことに現れているように、所得が少ないこと、医療アクセスが悪いことには触れず将来のリスクに備えて少しでも貯蓄を増やしていくことは自己責任の考えに沿うというのだ。

もちろん、彼女がいうように患者が医療市場から追い出され、疎外されてしまってはならない。だが、彼女がいうように消費者が自由に医療保険を買い、医者や病院は自由にサービス料金を設定すれば、競争を通じてより良いサービスが安いコストで提供されるというのは本当に実現するのか。アメリカ医療市場においてコストが高いのは十分に競争原理が働いていないからというのは本当だろうか。

医療保険は保険で得をしそうな人間、すなわち自分は病気になる可能性が高いと考えている人々に「逆に選択されてしまう」と成り立たなくなる。いわゆる逆選択の問題である。新古典派理論における市場の参加者は、無人格的な人間を前提としているので、このような自分は病気になりそうだという自覚、つまり「私的情報を持った参加者が市場に参加する場合」には本来適用できないのである。ところがハーツリンガーは、保険理論を無視して、モノの経済学からの類推で、より多くの保険から多くの個人が自分の選択で自分に適した保険を選べと主張している。個々人に保険への加入の自由を認めると、どうしても逆選択が生じやすいのだ。逆選択の参加者が多くなれば保険料率は上がらざるをえず、プールの小さくなった保険会社はこの逆選択の参加者を排除しようと躍起になると、そこにはどうしても保険でカバーしてもらえない弱者、無保険者が生まれる。ハーツリンガー理論なるものの結果がこれなのだ。その意味では彼女は完全に間違った主張をしていることになる。

この極限の形が現れているのが、オバマケアにおける限界的な被保険者に対して州ごとに細分化した医療保険取引所を設けるという妥協の産物だ。少数者を対象に保険をつくれというもので、左右の両方から批判されている。そもそも制度設計として無理があるということだ。例えば、オバマケアをある程度評価していた故ラインハルトも、州ごとに細々と保険を提供しているという情況では民間保険への信頼はさらに低いものとなり、いずれにしても改革が必要になると主張していたが未だに修正されていない。

そして医療の高額化に保険、そしてその背後にある所得が対応しきれていないために八〇〇〇万人もの十分なカバーができていない保険への加入者が生まれているのだ。政府が改革に乗り出さず、高額の医療費請求となるような病気にならないよう祈りながら貯蓄にでも励むより仕方がないという消費者に自己責任を問うことの意味は何だろう。

今一つ新古典派経済学者がおかしている誤謬は、彼らが消費者主導の医療サービスを主張する背景には、サービスの需要者である患者（＝消費者）と供給者である医師とが同等でサービス契約を結ぶという前提が隠されていることだ。医師と患者という関係は、会社という法人から経営を信託させる経営者が単なる雇用契約ではなく、専門家として経営を受託されている信認関係である以上に優れた信認関係なのである。医師と患者との間に展開される医療サービスは、ハーツリンガーがしばしば例に出す自動車やパソコンを売るような売買契約ではないのだ。信認関係であるものを契約関係であると誤って理解しているがゆえに、医師が病気を治せなかったのは医療過誤だとクレームすることになり、アメリカが訴訟社会なっている一つの背景だ。

信認関係とは社会的に望ましいが契約によって維持しようとすると必然的に一方の当事者の自己契約になってしまう人間関係であるが、こうした場合に契約法に代わるものが信任法なのだ。信任法は一貫した体系を持っており、信任法は、信任受託者となることを同意した人間に対し自己の利益を押さえ、信任預託者の利益を最優先すべしという忠実義務（fiduciary responsibility）を負わせ、その違反（breach of fiduciary responsibility）に関してはそれを疑われる行動をしただけで想定有罪とし、被告となった信任受託者の側に反証責任を負わせている。[32] この信任法での違反行為を律するのが不当利益法で、二〇世紀の最終年、当時カリフォルニア大学（バークレー）の教授だったジェームズ・ゴードレイは、二〇世紀のコモン・ローの発展を振り返った論文の中で不当利得法の発展を取り上げ、それが二一世紀の法になるのではと示唆していた。[33]

信認関係が生まれる背景には、信任受託者（ここでは医師）と信任預託者（ここでは患者）との間に情報格差、情報を判断する技量で格段の格差が大きいことがある。普通の商品の売買契約でも、「レモン（中古車の俗語）」ではディーラーと消費者の間での情報格差が大きいということを指摘したのが『不道徳な見えざる手』の著者の一人、アカロフの出世論文「レモンの経済学」であることは広く知られている。

ところが、現在ではゲノム情報が明らかになり、レントゲン撮影像はＡＩで判断できるようになり、むずかしい病因の判定には〈ワトソン〉のようなＡＩの手を借りざるを得なくなっている。そしてネット上には、ありとあらゆる病状や病因の解説があふれている。このため、医師と消費者（＝患者）の情報格差はかつてなく低くなっているのではないかと、ハーツリンガーの立場を擁護する人も少なくない。

彼らが自己責任を全うしている例としてあげるのは、母と祖母とを卵巣がんで四〇代で亡くし、自身にも癌発症のリスクの高い遺伝子が見つかると、三八歳で「予防」手術で両乳房を切断した後に、俳優ブラッド・ピットと結婚し映画『不屈の男――アンブロークン』では監督をつとめ、そして四〇歳になったときには卵巣を除去し次の年にはビットとの離婚手続きに入っている女優のアンジェリーナ・ジョリーだ。遺伝子情報で発症の確率を知り自己責任で「予防」手術を受け女性特有のガンにかかる可能性を限りなく減らしたというのである。

合理的に考えれば何も予防手術を受けることはない、初期症状が発見されるまで待機し、運悪く初期症状がでたらその段階で切除すればよいのではないかと言うことなかれ。女優にはベールに包まれた部分が必要であり、自分を売り込む露出があってしかるべきなのだ。消費者主導の医療サービスの提唱の中で、インフォームドコンセント、セコンドオピニオンなどの慣習が確立されてきたことの意義を認めるとしても、消費者（＝患者）が医師と対等の立ち場に立ち、情報を分析し判断できるのか。一歩退いて消費者（＝患者）と医師との間で情報格差が限りなく無くなったとしても、診断の技術、施術などでは質的に異なる格差があり、そこに信認関係以外にないことに変わりがないのだ。

医療保険は民間が優先されなくてはならないというハーツリンガーやポーターの主張は先には経済問題というよりもイデオロギーであるという言い方をしたが、彼らの拠る新古典派経済学のイデオロギー性、あるいは誤謬に目を向けなくてはならない。

一方、彼らが眼の敵にするメディケア、メディケイドの受給者の実態をみることも重要であろう。ACAによって貧困レベルが引き上げられたことによりメディケイドの加入者は二〇一三年の五四九一万人が二〇一四年には六一六五万人へと増え、それだけ無保険者を減らした一方、ひたひたと押し寄せる高齢化の波により一九八〇年代にはまったく取るに足りなかったメディケアの受給者が二〇一七年には人口の一七％を占めるまでになってきている。また民主党は今やサンダースに限らず国民皆保険をメディケア全入で実現しようという動きもあり、メディケアにはモデル性もあることになる。

◆メディケアの膨張：アメリカでも進む高齢化

移民の国アメリカは先進国の中では高齢化の進展が遅いことで知られる。だが高齢化という視点からすれば、まず六五歳以上の国民に提供されている社会保険としてのメディケアの費用の増嵩を見てみると、必ずしも楽観できないのではないか。六五歳以上の人口は、アメリカでも一九七〇年には人口の九・五％に過ぎなかったものが、二〇〇〇年には一二％となり、二〇三〇年には二〇％にも達すると見込まれ、メディケアの費用は大きく膨らむと見られるからだ。

事実、メディケアでカバーされる人数は戦後のベビーブームに生まれた世代が二〇一〇年代になって高齢化したことから急拡大している。それに伴いメディケアの支出も膨張を続けている。一九六七年には三三億ドルであったものが、一〇年後には七倍になり、二〇年後には二五倍の八一〇億ドルになるなど急増したが、二〇〇八年には四六九二億ドルと一九九九年の二二二八億ドルから二・二倍になった。二〇一七年には七〇二〇億ドルと、二〇〇八年から五〇％増となっている。

　こうした日本流にいえば自然増に対応して、オバマケアでは必要な財源として、国民への間接的な税負担も増やす仕組みになっている。例えば、利息などの不労所得をメディケア税の対象に加えたり、一万二〇〇〇ドル以上の個人保険および二万七五〇〇ドル以上の家族保険である高額保険（通称「キャディラック・プラン」）に対するメディケア税の増税などが導入された。

図7-8　急速に伸びているメディケア・アドバンテッジの加入者（1999-2017）

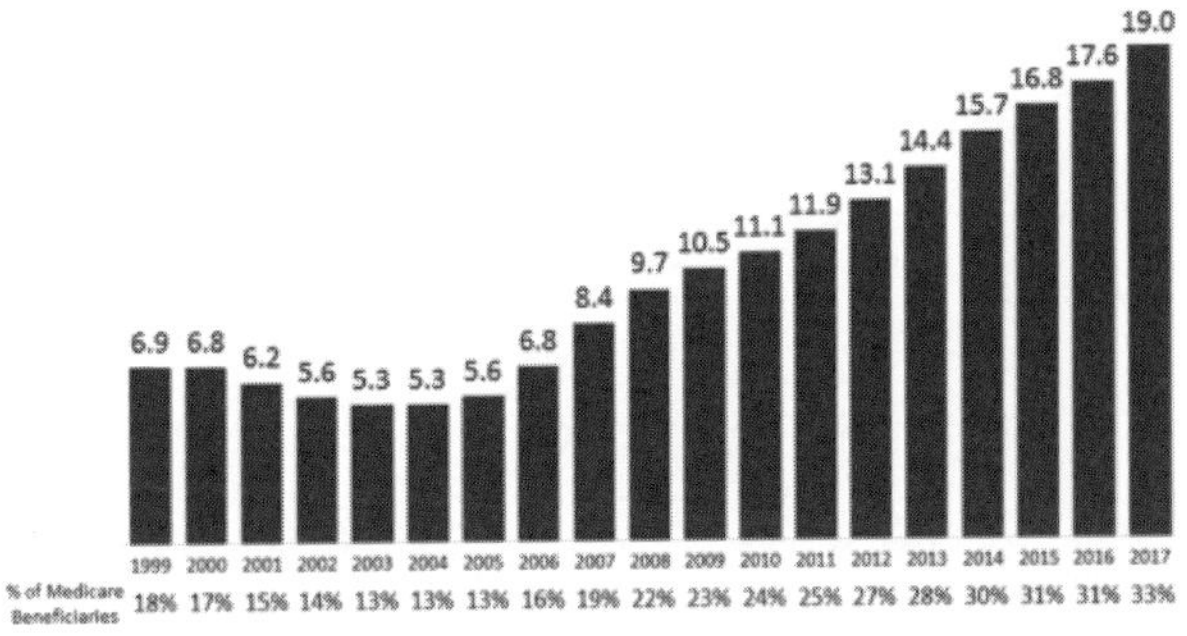

（注）　グラフ下部の数字はメディケア対象者のうち民間補完サービスの利用者割合
（出所）　カイザー

　メディケアには、入院保険（パートA）、医師・医療関係者のサービス（外来診察、在宅ケアなど）に対して年間一三五ドルを定額支給する補足的医療保険（パートB）から成るオリジナル・メディケアと、一九九七年に導入され二〇〇三年以降、メディケア・アドバンテッジと呼ばれるようになったパートC、それに同年に制定されたメディケア処方箋給付（パートD）の四つで構成されている。中核をなすパートAを支える社会保障税は、現役負担で賃金の二・九％を労使で折半負担する。

　メディケア・アドバンテッジは、パートA、Bの対象のサービスの高度化を狙った民間保険会社が提供する優遇版であり、追加保険料を払ってサービスを受けるのが原則となる。メディケア・アドバンテッジの加入者数は二〇〇四年の五三〇万人が二〇一八年には推定二〇〇〇万人と一四年で四倍ちかく増えた（図7-8）。

アドバンテッジの加入者数が急拡大し、加入比率も二〇〇五年には一三％だったが二〇一八年現在でメディケアでカバーされている推定六一〇〇万人のうちアドバンテッジ加入者が三三％までになっている背景には、同プログラムでは民間保険であるからかかれる機関が制限されるという難点はあるが、オリジナル・メディケアでは対象になっていないサービスがコストを削減した形で提供されるので、いわば「お得」になっているからだ。

では、「お得」になっているのに、なぜ七〇％近くの人はアドバンテージに加入しないのか。ドイツ出身のウヴェ・ラインハルトは、リバリタリアンはオリジナル・メディケアではかかれる機関に制限がなく選択の自由があるからだというかも知れないが、オリジナル・メディケアが政府によってキチンと提供されてきた実績から「信頼」が寄せられているからだという。つまり、ラインハルトは、現状では大数をまとめて運用しコスト削減も進んでいるメディケア・アドバンテッジの民間保険でも、それが民間であるとすればいつプログラムを変更したり、他社に合併されてしまったりするか分からないのでそれだけ「信頼」が低いというのだ。(34)

なおメディケア（高齢者向け公的医療保険）改革には、通称、「ドーナッツホール」と呼ばれる制度設計上のミスの解消、そして一度は退院したメディケア患者が必要とする十分なケアが受けられなかった場合には一か月以内に再入院を認められる制度の停止が含まれている。こうした措置をとることによって今後一〇年間で二五〇億ドルの節約が可能になる。またメディケアアドバンテージによる過払いをやめることも対象だ。先にみたようにメディケアアドバンテージが伝統的な医療サービスで想定していたものをはるかに超えるようなプランになってしまっているからだ。それは保険会社への補助金をやめるということでもある。

◆オピオイド汚染：メディケイドの逆説

ＡＣＡの導入によってメディケイドの加入者が増えたことに触れた。だが、そのことが健康増進につながるどころか、アメリカが他国に勝る医療費を投入しながら平均寿命が短くなったという唯一の先進国になっていることに寄与しているのではないかという事象が起こっている。すなわち、医師の安易な処方態度もあってトランプ大統領の「非常事態宣言」にもなっているオピオイドの使用の蔓延をもたらしている元凶ではないかとの疑惑である。

三〇〇〇万人の加入者をもつブルークロス・ブルーシールド協会（ＢＣＢＳＡ）が全米で数百万件に上る二〇一〇〜一六年の医療保険請求を分析した結果、「オピオイド使用障害」との診断件数が過去七年間に約五倍に増えたと報告したのは二〇一七年六月のことだ。実は、合成麻薬であるオピオイドは処方鎮痛剤としてパデューファーマが〈オキシコンティン〉として販売しているが効果抜群で高価な薬剤だ。この〈オキシコンティン〉を初めとする「オピオイド」に関しては、法務省傘下のＤＥＡ（麻薬取締局）がその呑み過ぎによる死亡が交通事故を上回るまでになっていると警告を発していたものであり、その売上規模は卸売り段階で五〇〇〇億ドルにも達するとされる。汚染の進むオハイオ州では州民の一一％が「オピオイド」の処方を受けていることを州の保健局が認めており、それは単にオハイオにとどまらず、ラストベルト地帯に蔓延している。

疾病センター（ＣＤＣ）によれば、オピオイド中毒による死亡は二〇一七年に二万九〇〇〇人と、四年前の九倍に増えてきている。こうした状況は、ジャーナリストのサム・キナンズが『ドリームランド』の中で告発していたことを裏づけるものだった。ドリームランドとは、ニューディール政策の一環としてオハイオ州プリマスに建設された水泳プールなどをもつ健康促進のための施設だった。それが今やメディケード・カードを提示することで麻薬入手のための手段となっていると、同じ連邦政府の資金がまったく違う方向に利用されていることに憤りを表明したのだ。

ラストベルト地帯の実情はどうなっているのか。同地帯といえば、その州債が投資不適格になろうとしているイリノイ州に代表される経済悪化がひどいところであり、先に見た働き盛りの年代にありながら働こうとしない、あるいは働けなくなっている白人男性を中心とした七〇〇万人の居所でもある。ブルークロス・ブルーシールド協会の医療保険にも入れない、貧困にあえぐ人々はどのようにして高価な〈オキシコンティン〉を手に入れることができるのか。

もちろん、非合法の安価な「オピオイド」はごまんと出回っている。だがメディケイドこそが合成麻薬「オピオイド」の入手手段となっているのだ！キナンズはメディケイドの処方医薬獲得プログラムにのっとって三ドルの支払いで堂々と〈オキシコンティン〉を処方してもらうことができているのだと指摘する。こうして手に入れた〈オキシコンティン〉は往々にして市場で売却され、そのことで数千ドルを手にする一方、自身は非合法の代替品でがまんするのだ。その少なからぬ部分が中国からの密輸品と見られるフェンタニルだとされる。中国の化学工業は今や世界の生産量の三分の一を占め輸出は世界一で、幅広な規制がない中ではフェンタニルやその類似品が成分を少しずつ変えながら過去何年にもわたって合法的に製造できてしまったのだ。メキシコやカナダにも広がる密輸組織がこれをアメリカに密輸しオンラインなどで販売しているが、司法省の推計では三〇〇〇～五〇〇〇ドルで買い付けたものが多少の加工して末端にわたると一五〇万ドルになるというから犯罪組織の格好の資金源となっている。

一方、国内でのからくりとしては、数千ドルと三ドルの差額は納税者の負担であり、彼らはメディケイドの処方医薬獲得プログラムを悪用してちゃっかりと自分の生活費を捻出していることになる。だが、働かない一団は事実上多くがモルヒネの二〇倍の鎮痛効果をもつとされるフェンタニルの中毒に陥ってアメリカ社会に大きな影を落としているのだ。オピオイド撲滅を掲げるトランプは、習近平との首脳会談の席でもフェンタニルの密輸問題を取り上げ、中国にフェンタニルと類似品を幅広く規制して、海外への供給をなくすよう約束させたゆえんだ。アメリカの麻薬取締局も期間をかぎってフェンタニルの違法化を決め、厳重な取り締まりを始めた。

だが米中の取締強化にもかかわらず密輸は全くなくならない。このためトランプは習近平が約束を守らないと非難を投げかける。問題の本質は、エバーシュタットが指摘している働けるのに働こうとしていない七〇〇万人がいるということ自体なのだ。本文の中で述べた白人男性の自殺が多いというディートンの発見に刺激されて「働き手はどこへ行ってしまったのか」というワーキングペーパーを出したのが、先にごく最近に自殺したことに触れたプリンストン大学のアラン・クルーガーである。同論文はその今や働こうとしていない一団の男女の別、年代別のプロファイルを明確にしている。[35] 先に体制内のエコノミストは失業率にからまない、七〇〇万人ともいわれる働こうとしていない一団の存在を無視しているといったが、クルーガーはオバマ大統領の下で閣僚級ポストの経済諮問委員会の委員長や財務省で経済担当の次官補をつとめた経済政策、労働経済学の泰斗だ。

クルーガーによれば、今や七〇〇万人と言われる働かない一団の半数が毎日鎮痛剤のお世話になっており、毎日鎮痛剤を服用している人の三分の二が処方を受けている。そして半分の人が気分がすぐれず四割の人が痛み等のため仕事に就けないでいる。そして、これをセンサスの所得・プログラム参加者調査で補足すれば、二〇一三年現在でみて、二五〜五五歳の男女の五人に一人、二一％がメディケイドの受給者になっており、働かない一団をとれば五三％が、そしてその一団の非イスパニックの白人男子をとれば四八％が対象者ということになる。そして、非イスパニックの白人男子の五七％が連邦なり地方政府の身体障碍者プログラムを利用している。これらは、図7-7でみたように、オバマケアでメディケイドの対象が拡大される前のことであるから、現状はさらに悪いことになる。

こうしたメディケイドの使われ方は、国民が健康になれば、それは高い経済成長率、豊かな生活となって戻ってくるという前提とは異なる。クルーガーは、働かない一団は自身が健康状態を維持できていない労働市場の供給側の事情を斟酌しながらも、一部でいわれている格差が激しすぎ働く気をなくしているという見方にある程度まで与し、最低賃金の引き上げという政策選択肢を提示する。つまり、この世の中ばかばかしくてやってられないとの叫びに耳を傾けるべきだというのだ。

一方、「オピオイド」に州民の健康をむしばまれ、失業や医療保険、犯罪対策など一連の対応で年七四〇〇億ドルを負担しているとする州政府は個別にパデューなど複数医薬品メーカーを相手取って訴訟を起こしていたが、大統領声明を受けて、九月一九日には全米四一州の司法長官が一斉に医薬品五社、医薬卸三社に召喚状を送付した。各州はオピオイド汚染が広がったのは、オピオイドに習慣性がないなど安全性を誇大広告して使用を広めてきた医薬品メーカーにあると主張し、オピオイド汚染対策は医薬品業界をターゲットとして、その製造販売、ことに宣伝広告の違法性を問う全米レベルでの運動となった。

こうした中、二〇〇〇件を超える自治体などから集団訴訟が起こされたパデューなど三社は二〇一九年三月に「和解」で決着させることとした。和解金が最も多かったのはジョンソンエンドジョンソン（J&J）で五億七二〇〇万ドルだった。パデューの場合、二億七〇〇〇万ドルと、J&Jの半分であったが、企業規模が小さく倒産に至った。具体的には、連邦破産法一一条の申請をした上で、公益信託へと衣替えをし、その信託財産をベースにオピオイド中毒の患者の支援、治療の費用として各自治体に配布していくが、創業社長のディヴィッド・サックラーに個人資産による補償を求める訴訟はまだ続いている。

オピオイド汚染は、医薬品メーカー、メディケイドといった単発の理由で起こっているものではない。クルーガーが指摘しているように、ジョブの劣化・消滅、所得格差、人種、医療保険など、社会を構成する複雑な要因の結果として起こっていることだ。したがって、パデューを倒産させるといったもぐらたたきでは対策としての効果はあがらないことも確かで、ACA導入による医療アクセスの改善が確実に国民の健康増進に資するようモニタリングしていく体制が必要だろう。

言うならば、オピオイド汚染という事象はアメリカ社会の病理の現れなのだ。社会の病理を問うということは哲学的な意味を問うことでもある。例えば次のような問いを発することだ。社会にも参加する意欲すら失った彼らを社会の中に取り込み、社会を再生させることが喫緊の課題になっているのではないか、と。そして、富と所得の格差について決定論の正統性がないことが分かった以上、そして減税を伴うACA改革の代替案がどんなに頭をひねって考えてみても思いつけないとすれば、今や「豊かな国では、すべての人びとに必要な医療を提供するのは当然ではないか」と自問してみる時になったのではなかろうか、と。

◆メディケア全入による皆保険制度の提案

スプートニクショックに襲われたアイゼンハワーの時代には累進所得課税の累進度は九〇％に届いていて、国民の凝縮度は高かった。この国民の結束が対ソ連の仕掛けてきたハイテク戦争を跳ね返し、最終的に冷戦で勝利をおさめる原動力となったといってもよい。今、アメリカ社会における亀裂がどうしようもないまでに拡大している中で、中国とのＡＩ開発競争にさらされることになった。中国に対抗しハイテク戦争での勝利を期すためにも、社会の中に生まれた格差を是正して社会の一体化をめざすべきだろう。それにはＡＣＡを超えて真の皆保険を目指すべきではないか。

バーニー・サンダースが提案しているのが、メディケア全入による皆保険制度の実現である。一方、このサンダースの真逆の提案をしてきたのが、今は下院議長を退いたポール・ライアンだ。彼は、メディケア民営化論の提唱者として知られる。ライアン計画によれば、二〇二二年以降に六五歳に達する人たちにはメディケアは適用されず、代わりに民間の保険が買えるバウチャーが支給される。バウチャーは消費者物価にスライドし、医療保険は医療費の高騰率にリンクすることがミソだ。二〇三〇年ころには六五歳以上の高齢者の自己負担比率がメディケアが存続していれば二五％に抑えられているが、バウチャー制度では六八％程度になり、その差額がそっくり議会予算上の節約になるという皮算用だ。ライアンの提案に関しては『不道徳な見えざる手』の著者たちも人口の相当部分が社会保障に依存していることを考えれば、それに手をつけようとする政治家がいるとは考えられないと述べたが、事実、この案は消滅し、ライアンも引退を余儀なくされる運命をたどった。

自国の建国理念を盾にとって、極端なまでにリバタリアンな主張を繰り返してきたティーパーティ運動の担い手たちが、ディヴィッド・コークが亡くなったからといってその主張を変えるという期待はできないかも知れない。だが、マサチューセッツ州立大学（アマースト）の政治経済研究所が二〇一八年にメディケア全入による皆保険に関して二〇〇ページにちかい調査・評価レポート（ＰＥＲＩレポート）を出版し、現行にくらべて一〇年間で五・一兆ドルの節約を生むものだと計算したが、それをエール大学教授のアリソン・ガルヴァーニなどが、きちんとした評価手順を踏んだ本格的なものだとしたことで、議論の叩き台が出たことになる。なぜなら国民皆保険に関しては、トランプがベネズエラ化するだけと攻撃すれば、ホワイトハウスも可処分所得が一九％減るとの試算を発表して、水掛け論になろうとしていたからだ。

ＰＥＲＩレポートは、同じコスト節約といっても、これまで紹介してきたアンダーソンを初め現状を批判した論文での文脈とは異なり、十分な医療保険に加入できていない一億人余の人々に適切な医療保険が得られているという前提を置いていることに特色がある。では、その内容はどうなっているのか。医療費は皆が保険でカバーされることから三・二兆ドルから三・六兆ドルに増える一方、アンダーソンらが指摘していた私保険の交渉力のなさ、重複の無駄などの節約で管理・医薬・報酬などでのコスト低下で費用は三・六兆ドルから二・九三兆ドルへと減少する。この二・九三兆ドルを予想される政府の支出とした時、現状の政府負担は総計一兆八八四〇億ドルになっており、新たに徴収すべき額は一・〇五兆ドルになる。ちなみに、現状の政府負担は総医療費の六割ほどになるが、それはメディケア、メディケイド、軍人・連邦政府職員の保険、それに私的保険に支払われる三三二〇億ドルの補助金が含まれる。

では、一・〇五兆ドルをどう徴収するのか。ＰＥＲＩレポートは、四つの税のミックスで調達することを提案しているが、その五八％を企業の拠出に求めている。ただし、ここでは企業部門が現在負担し

図7-9　メディケア全入の皆保険の所得階層別のインパクト

	現行システム (A)	メディケア全入 (B)	差額 (B−A)
所得（1.3万ドル）、メディケイド加入	3.5%	-0.1%	-3.7%
所得（3万ドル）、無保険	2.5	1.7	-0.8
所得（６万ドル）、保険カバー不十分	8.0	1.6	-6.4
所得（６万ドル）、個人で保険加入	15.5	1.6	-14.0
所得（６万ドル）、企業で保険カバー	4.2	1.6-	-2.6
所得（22万ドル）トップ20%に相当	-0.1	3.7	3.9
所得（40万ドル）トップ５%に相当	-0.9	4.7	5.6

（注）　数字は所得に対する医療保険負担率（%）。
（出所）　PERIレポート、2018年。

ているよりも八%少ないレベルにとどめるという前提を置く一方、過渡的措置として無保険者を抱える企業主は一人当たり五〇〇ドルを新たに負担する三年間をもうけ、その後は一律に月額報酬の八・二%を徴収するというものだ。こうして企業から六二三〇億ドルを徴収し、後は非重要品に対する三・七五%の売上税で一九六〇億ドル、一〇〇万ドル以上の資産に〇・三六%の資産課税で一九三〇億ドル、キャピタルゲイン課税の一部廃止で六九〇億ドルで、年に三〇〇〇億ドルの余剰をもたらすというパッケージになる。

メディケア全入の皆保険が導入された場合、負担は現状とくらべてどう変わるのか。ＰＥＲＩレポートは、上記のような形で皆保険が運用された場合に家族の所得階層別に負担がどう変わるかを試算して示している（図7-9）。

それによれば、最も大きな恩恵を被るのが年収六万ドルレンジの中所得層のうち現在個人で保険に加入している者で、彼らは割高な保険に加入しているハンディを負いながら、保険のカバレッジにない病になったときには自己負担となるので現状では所得の一五・五%の負担になっているが、皆保険になれば一・六%の負担で済むことになり実に一四%ポイントの負担軽減になる。無保険者の場合、病気になった時の自己負担だけなので現状では個人加入の保険者の半分の負担だが、負担が一・六％に減ること以上に新たに十分な保険でカバーされているという恩恵を受けることになる。

年収六万ドルの中所得層は現在医療保健支出が年一万ドルにも達しているが皆保険の場合の税負担は九〇〇〇ドルで済むなど中間層の恩恵は大きいが、恩恵は低所得層にも及んでおり、いわゆる勤労層にメリットのある制度ということになる。一方、年二二万ドルを稼ぐ上位二〇％層は現状では年間健康保健費用として七九八〇ドル支出しているが医療費控除など税制優遇策で八二九〇ドルを受け取っているので事実上費用は発生せず、逆に所得の〇・一％の受取りになっている。四〇万ドル以上を稼ぐ上位五％では受取りは〇・九％に増える。逆に言えば、現行の医療システムは金持ち優遇策になっていることが分かる。メディケア全入の皆保険が導入されると、多少とも累進性の体系がもたらされることになる。

冒頭で見たように、アメリカ国民の七割が医療制度に不満を持っており、改革が必要だと認識している。そして改革の必要な分野は二〇〇〇社以上が乱立する私的保険にあることも徐々に認識されるようになった。国民皆保険になった場合、医療保険業界がかかえる八〇万人に及ぶ雇用に手をつけざるをえないだろう。ＰＥＲＩレポートは、先に捻出した三〇〇億ドルの余剰も財源としながら、三年ほどの期間をかけて保険業界の移行プランを実施していくことを勧めている。グローバル化、フィナンシャリゼーションの進行の中で所得を減らしてきた中間層は、これまで既得権益を主張してきた勢力、それを応援してきた勢力の影響力を排除できるだけの準備が出来てきたのではなかろうか。彼らの影響を排除することで、社会の中に医療の皆保険を受け入れる下地ができていくことになろう。

(1) 桐野高明『医療の選択』岩波新書、二〇一四年。

(2) 付章への感想を述べラインハルトの調査について注意を促してくれた桐野高明東京大学名誉教授に感謝したい。

(3) Gerald Anderson, Peter Hussey, and Vaduhi Petrosyan, Its Still The Prices, Stupid” Why The US Spends So Much On Health Care, And A Tribute to Uwe Reinhardt, *Health Affairs*, vol.38(1), 2019.

(4) オバマケアの廃絶の代替案としてライアン下院議長が用意した法案は先のコッチ兄弟に支援される四〇人のフリーダムコーカスによって「オバマケア・ライト」にしか過ぎないと当初拒否され、法案提出が見送られた。コカ・コーラライトもコカ・コーラに変わりないというのだ。しかし、トランプ支持の白人貧困者は実はオバマケアにお世話になっている層でもある。多数工作でコーカスとの妥協が成立して法案は下院を通過した。

(5) Arthur Daemmrich, “U.S. Healthcare Reform and the Pharmaceutical Industry,” HBS Working Paper 12-015.

(6) Gary P. Pisano, *Science Business: The Promise, the Reality, and the Future of Biotech*, Harvard Business School Press, 2006

(7) J. A. DiMasi, H. G. Grabowski, and H. G. Hansenx, “The cost of drug development,” *The New England Journal of Medicine* 372, no. 20 (May 2015).

(8) J. A. DiMasi, H. G. Grabowski, and R. W. Hansen, “Innovation In Pharmaceutical Industry : New Estimates of R&D Costs,” *Journal of Health Economy*, May, 2016.

(9) メルクの日本子会社MSDによれば日本での〈キイトルーダ〉の薬価収載では一四〇〇万円に決まり、アメリカよりディスカウントしているとしている。

(10) S. Smith, J.P Newhouse, and M.S. Freeland, “Income, Insurance, and Technology: Why Does Healthcare Spending Outpace Economic Growth?, *Health Affairs*, Sep.-Oct., 2009.

(11) CDC（アメリカ疾病予防センター）によれば、アメリカの医療費は高騰し、二〇一五年では三兆二〇〇〇億ドル、GDPの一七・八％にも達したとされる。

(12) David Blumenthal and Jenifer Dixon, “Healthcare reforms in the USA and England: reas for useful learning,” *The Lancet*, Oct., 11 ,2012.

(13) Merck & Co. Inc. “Open Letter from Merck and Company, Inc.” *New York Times*, (Feb.19, 1993).

(14) P Abelson, “Improvements in Healthcare,” *Science* 260 (1993).

(15) Alain C. Enhorven, *Theory and Practice of Managed Competition in Health Care Finance*, North Holland, 1988.

(16) 島崎謙治『日本の医療――制度と政策』東京大学出版会、二〇一一年。

(17) 島崎謙治「医療政策を問い直す：国民皆保険の将来。」ちくま新書、二〇一五年。

（18）渋谷博史・中浜隆「アメリカの年金と医療」渋谷博史・中浜隆・編『アメリカモデル福祉国家二』昭和堂（二〇一〇）

（19）天野拓『オバマの医療改革：国民皆保険制度への苦闘』勁草書房、二〇一三年。

（20）Matt Grossman and David A. Hopkins, *Asymmetric Politics: Ideological Republicans and Group Interest Democrats*, Oxford University Press, 2018.

（21）Regina Herzlinger *Who Killed Health Care?*, McGraw Hill; Michael Porter, “Strategy for Health Care Reform—Toward a Value-based Syst em,” *New England Journal of Medicine*, June3, 2009

（22）黒川清『大学病院革命』日経ＢＰ社。二〇〇七年。

（23）こうした姿は経営学者、故ピーター・ドラッカーが描いた二一世紀の専門家、プロフェッショナルのモデルでもある。

（24）I. Papanicolas, L. R. Woskie, and A. K. Jha, “Health Care Spending in the United States and Other High-income Countries,” *Journal of American Medical Association*, Mar., 13, 2018.

（25）Natin Damele, “High Valu Care: Make informed Decisions, Reduce Waste and Improve Outcomes,” paper presented at the Japan chapter conference of the American College of Physician in June of 2017.

（26）Joseph Doyle, John Graves and Jonathan Gruber, “Uncovered Waste in U.S. Healthcare,” *Journal of Health Economics*, forthcoming.

（27）E. Ray Dorsey and Erick J. Topol, “State of Telehealth,” *New England Journal of Medicine*, July 14, 2016.

（28）Kosali Simon, Aparna Soni, and John Cawley, “The Impact of Health Insurance on Preventive Care and Health Behaviors: Evidence from the 2014 ACA Medicaid Expansions,” *Journal of Policy Analysis and Management*, 2016.

（29）Kaiser Family Foundation, 2016 Employer Benefits Survey, Sep.14, 2016.

（30）レジーナ・E・ハーツリンガー『米国医療崩壊の構図』（岡部陽二監訳・竹田悦子訳）一灯社、二〇〇九年。

（31）Kant Patel and Mark Rushefsky, *Health Care Politics and Policy in America*, 4th ed., M.E. Sharpe, 2014.

（32）岩井克人「信任関係の統一理論に向けて—倫理と法が重なる領域として」『経済研究』六七巻二号、二〇一六年。

（33）Jamas Gordley, “The Common Law in the 20th Century: Some Unfinished Business,” *California Law Review* vol.88, 2000.

（34）Uwe Reinhardt, “Why Many Medicare Beneficiaries Cling to an Allegedly Worse Deal” *JAMA Forum*, June 1, 2016.

（35）Alan P. Krueger, “Where Have All the Workers Gone ?,” October 4, 2016.

あとがきに代えて　『不均衡動学の理論』の時代が二〇年遅れて始まるのか

亡くなったジェームズ・トービン教授は岩井克人の『不均衡動学の理論』を高く評価しつつも、生前いつも「出版は二〇年早すぎる」と言っていた。『不均衡動学の理論』の主張は、ミルトン・フリードマンが暗黙に、そして新古典派経済学が明示的に前提とする「均衡」はまったくの幻想であり経済の常態は不均衡であるというものだ。トービンの主張は市場が効率的すぎるのは危ういというものであり、先にも見たように過度の効率化する市場を制御するためにトービン税を提唱した。短期金融証券に対してトービン税を課すことは、早すぎる短期金利の調整スピードを落とし、他の市場の調整スピードとの間とのバランスをとれという提案でもあった。たとえば、ロドリックも指摘しているように「労働市場の硬直性」は、所得と雇用の安全性をたもち先進国社会の極めて重要な要素である。シュトレークが後悔していることは、市場市民の要求に応じて労働市場を流動化し、金融市場の調整スピードに合わせ、結果としてドイツ以外のＥＵ市民に対して不安定な労働者の生活を押し付けたということにも向けられる。

ところでトービンが『不均衡動学の理論』の出版への道筋を付けた人物なら、『不均衡動学の理論』の査読者の一人として出版を後押ししたのが『不道徳な見えざる手』の著者の一人、ジョージ・アカロフだった。市場が得てして「不道徳」であるとすれば、国家が介入して道徳的な方向づけをする必要があることになる。

新古典派経済学は過去四〇年にわたって社会科学の世界に君臨し、グローバル世界を席巻してきた。だが、市場が最適の配分をすると間違った指針を提示してきたのだ。カリフォルニア大学（バークレー）でアカロフの同僚だったJ・ブラットフォード・デロングは、裏返せば、われわれ経済学者の責任は重いと、自分のハーバード時代の師匠であるベンジャミン・フリードマンの『経済成長とモラル』に続くものが書かれなくてはならないという。『経済成長とモラル』は基本的にはトリクルダウン的展開を主張しているが、フリードマンは同著の中で、「極端な例外としての大恐慌」では、景気下降がそれほどではないときには防御的になり人のことをかまっていられないという態度をとる人々も、社会が真の危機に直面している時には、その道徳的資質を発揮したことを指摘している。

デロングはいう。どのような経済制度や政策が公平な高度成長と低い失業率につながったか、経済学者は過去のパターンを知っている。また地球上の七五億人の人々の意思決定や相互作用により、様々な経済システムからどのように富が生み出されたか、よく理解している。だから経済学者は十分に分析して、自分が支持する理論やイデオロギー的偏見に惑わされることなく、過去二世紀の市場経済を生きた人々の現実の経験に基づいて結論を下さなければならない、と。

だが、ノーベル経済学賞の受賞対象をみても、二〇〇〇年以降には行動経済学、実験経済学、メカニズムデザイン、サーチ理論といった、市場の限界や多様性、個人の非合理性を視野に入れた新分野が増えてきた。しかし、いずれも機能不全に陥る恐れの市場をいかにうまく働かせるかに焦点があり、市場機能の不全に切り込んだ研究をしている分野には目もくれていない。

社会の片隅で筆者は政治経済学をやってきた。『マネーセンターの興亡』では、篠原三代平も取り上げたコンドラチェフの波とマネーセンターの変遷がほぼ重なることを指摘すると同時に、科学者と自称するようになった新古典派経済学者に向かって、篠原三代平と同じように、経済学はインフレ時にはマネタリスト理論が、不況期にはケインズ理論がといった具合に、割当ての理論でしかないと言い続けて来た。デフレ期にマネタリスト理論を適用しているアベノミクスは間違っており、大きな副作用をもたらしているだけでなく次の金融危機での対応力をなくすという意味でも危険な政策だ。

また、現代経済は金融危機のサイクルの中に置かれていると指摘してきたが、経済学者は今まで忌避してきた金融危機の研究に正面から取り組むべきではないか。そのためには、今こそ、新古典派経済学の手法をもちいて新古典派経済学の主張してきた「均衡」はあり得ないことを証明し、経済学が科学的であっても科学ではないことを示唆した岩井克人の『不均衡動学の理論』が正当な評価を受けるべき時ではないか。すなわち、今こそリバタリアンというイデオロギー色を排除した経済学が正面に出てきて本来の民主主義が回復されなくてはならない時だといえよう。

〈著者紹介〉

髙 橋 琢 磨（たかはし　たくま）

1943年岐阜県生まれ。慶應義塾大学経済学部／新聞研究所卒業。MBA（カリフォルニア大学バークレー校）、論文博士（中央大学）。野村総合研究所時代には、ニューヨーク駐在、ロンドン支店長、経営開発部長、主席研究員などをつとめ、北海道大学客員教授、中央大学大学院教授などを経て、評論・著作活動に。

〈主要著書〉

『21世紀の格差』（WAVE出版）、同中国語版（上海社会科学院出版）、『戦略の経営学』（ダイヤモンド社）、『中国市場を食い尽くせ』（中央公論新社）、『マネーセンターの興亡』（日本経済新聞社）、『金融はこれからどう変わるのか』（金融財政事情研究会）、『葬られた文部大臣　橋田邦彦』（WAVE出版）など。

トランプ後のアメリカ社会が見えるか
資本主義・新自由主義・民主主義

2019（令和元）年10月15日　第1版第1刷発行
¥4800E-020-050-010

著　者　髙 橋 琢 磨
発行者　今井貴・稲葉文子
発行所　株式会社 信 山 社
〒113-0033 東京都文京区本郷 6-2-9-102
Tel 03-3818-1019　Fax 03-3818-0344
笠間才木支店 〒309-1611 茨城県笠間市笠間 515-3
Tel 0296-71-9081　Fax 0296-71-9082
笠間来栖支店 〒309-1625 茨城県笠間市来栖 2345-1
Tel 0296-71-0215　Fax 0296-72-5410
出版契約 2019-2792-5-01011　Printed in Japan

組版・翼／印刷・亜細亜印刷／製本・牧製本
ISBN978-4-7972-2792-5 C0031 分類 310.000

民主主義は可能か？
―新しい政治的討議のための原則について

ロナルド・ドゥオーキン
（水谷英夫 訳）

ライフズ・ドミニオン
―中絶と尊厳死そして個人の自由

ロナルド・ドゥオーキン
（水谷英夫／小島妙子 訳）

民主主義と政治的無知
―小さな政府の方が賢い理由

イリヤ・ソミン
（森村　進 訳）

感情労働とは何か

水谷英夫

宇宙六法

青木節子・小塚荘一郎 編

どしなやかな著作権制度に向けて
— コンテンツと著作権法の役割

中山信弘・金子敏哉 編

ＥＵとは何か（第3版）
— 国家ではない未来の形

中村 民雄